KB059247

민사소송, 민사집행

청구취지,
신청취지,
준비서면,
답변서 작성례

편저 : 최용환

 법문북스

머 리 말

인간은 사회적인 동물이라 공동생활을 영위하게 되었고, 함께 어울려 공동으로 생활을 하다 보면 여러 가지로 문제로 분쟁이 발생하고 개인간에 크고 작은 다툼이 있게 마련입니다. 이러한 분쟁을 해결하기 위하여 민사소송법이 제정되었습니다. 그런데 산업의 급속한 발달로 사회·경제적으로 많은 변화에 맞춰서 민사소송 절차가 수없이 복잡하게 바뀌었습니다.

이러한 민사소송을 하기 위해서는 소장에는 청구취지를 반드시 기재하여야 하는데, 「청구취지」란 원고가 소송을 제기해 얻길 원하는 판결의 내용을 말하는 것으로서 소의 결론부분입니다. 따라서 청구취지는 판결의 기준이 됩니다. 소장 중의 청구취지를 통해 심판의 대상이 무엇인지를 판명할 수 있고, 법원의 판결은 이 청구를 인정한다거나 또는 인정하지 않는다는 형태로써 내려집니다.

또 민사소송에서 집행절차를 이행하기 위한 소장에는 신청취지를 기재해야 하는데, 일반적으로 「신청취지」라 함은 소송을 진행하고자 하는 사유를 기재한 문서를 말합니다. 신청취지를 작성할 때에는 해당 사건에 관해 소송을 신청하고자 하는 사유를 정확하게 작성하는 것이 중요합니다. 신청취지는 사건에 따라 다르나 정정하거나 취소할 수 없는 경우도 있으므로 작성할 때 그 내용이 정확한지 반드시 확인하고 제출하여야 합니다.

이외에도 민사소송을 제기하려면 여러 가지 서류를 작성하여야 하기 때문에 전문적인 법률지식이 필요한 어렵고 복잡한 절차입니다. 그래서 일반인인 비법률가로서는 좀처럼 민사소송을 홀로 제기한다는 것은 쉽지 않은 어려운 점이 있습니다.

이 책에서는 이렇게 까다롭고 어려운 민사소송의 소장을 제출하려면 반드시 기재해야 할 청구취지와 신청취지를 각종 사례별로 작성례를 알기 쉽도록 정리하였습니다. 아울러 소송진행상 원·피고의 준비서면과 답변서 작성 방법도 기술하여 누구나 민사소송에서 소장작성에 꼭 필요한 작성례들을 쉽게 이해할 수 있도록 엮었습니다.

이러한 자료들은 법제처의 생활법령 및 대한법률구조공단의 법률 서식들을 참고하였으며, 이를 체계적으로 정리·분석하여 민사소송 및 민사집행을 위해 필요한 소장을 작성하는데 참고가 될 수 있도록 각종 사례별로 정리하였습니다,

이 책이 복잡한 민사관련 분쟁을 해결하고자 하는 모든 분과 이들에게 조언을 하려는 전문가들에게 큰 도움이 되리라 믿으며, 열악한 출판시장임에도 불구하고 흔쾌히 출간에 응해 주신 법문북스 김현호 대표에게 감사를 드립니다.

편저자

차 례

1

21

제4편

제1편
민사소송 청구취지

제1장
청구취지 작성법

1. 총설

원고의 주장은 원칙적으로 일정한 권리 또는 법률관계의 존부의 주장이라는 형식을 취한다. 이것이 바로 청구이고 그 내용이 되는 권리관계를 '소송물'이라 한다. 청구의 특정은 청구취지 및 청구원인의 기재에 의하여 행하여진다.

먼저 '청구의 취지'라 함은 원고가 당해 소송에 있어서 소로써 청구하는 판결의 주문내용을 말하는 것으로서 소의 결론 부분이다. 이는 청구의 원인에 대한 결론으로서 원고가 소로써 달성하려는 목적이 구체적으로 표현되며, 이에 의하여 원고가 어떤 주문의 판결을 구하는가가 표시되는 것이므로 그 내용·범위 등이 간결·명확하지 않으면 안 된다.

청구취지는 소송물의 동일성을 가리는 기준으로서 당사자 처분주의(민사소송법 제203조)에 의하여 법원은 그 범위에 구속되어 재판하여야 하기 때문에 매우 중요한 의미를 가지고 있다. 그 밖에는 청구취지는 소송목적의 값의 산정, 사물관할, 상소이익의 유무, 소송비용의 분담비율, 시효중단의 범위 등을 정함에 있어서 표준이 된다.

소장 중 '청구의 취지'는 별도의 항목으로 구분하여 기재함이 일반적이다. 다만, 예비적 청구취지를 청구취지라는 제목 아래 별도로 표시하지 않고 준비서면에 표시하였다 하여 청구취지를 표시하지 않은 것이라 할 수 없다(대법원 1965. 4. 27. 선고 65다319 판결).

2. 청구취지의 명확성·확정성·간결성

첫째로, 청구취지를 기재함에 있어서는 청구가 인용되는 경우 이를 판결의 주문으로 그대로 옮겨 적을 수 있을 만큼 정확하여야 한다. 소송의 유형은 청구취지에 따라 정하여 지는 것이므로 청구취지는 청구의 형태와 범위를 분명히 하여 확정할 수 있도록 특정하여야 한다. 금액의 경우에는 그 액수가 명시되어야 하고, 물건의 경우에는 그 물건이 특정되도록 구체적으로 표시되어야 하며, 법률관계인 경우에는 그 동일성을 인식할 수 있을 정도로 특정하여야 한다.

청구취지의 특정 여부는 직권조사사항이라 할 것이므로 청구취지가 특정되지 않은 경우에는 법원은 피고의 이의 유무에 불구하고 직권으로 그 보정을 명하고, 그 보정명령에 응하지 아니할 때에는 소장각하명령(소장부본 송달 후에는 소각하판결)을 하여야 할 것이다. 또 청구취지 자체가 법률적으로 부당하거나 그 청구원인과 서로 맞지 아니함이 명백한 경우에도, 법원은 원고가 소로써 달성하려는 진정한 목적이 무엇인가를 석명하여 청구취지를 바로 잡아야 한다(대법원 2001. 11. 13. 선고 99두2017 판결).

둘째로, 청구취지에서 요구하는 판결의 내용을 확정적이어야 한다. 따라서 조건부 또는 기한부로 판결을 구하는 것은 절차의 안정을 해하므로 허용되지 않는 것이 원칙이다. 다만, 당해 소송절차 내에서 밝혀진 사실을 조건으로 하여 청구취지를 기재하는 예비적 청구나 예비적 반소(대법원 1991. 6. 25. 선고 91다1651 판결)는 소송절차의 안정을 해할 염려가 없기 때문에 허용되며, 민사소송법은 일정한 요건하에 예비적 공동소송(제70조)도 허용하고 있다. 심판청구 자체에 조건을 다는 것이 아니라, 상환이행 또는 선이행을 구하는 소와 같이 권리의 내용이 조건인 것을 토대로 심판을 구하는 것이 허용됨은 물론이다.

셋째로, 청구취지는 원고가 소로서 달성하고자 하는 목적만을 간결하게 기재하여야 한다. 예컨대 금전의 지급을 구하는 청구일 때에는 지급할 금전의 액수와 부대금액의 발생기간과 비율 등을 명시하면 충분하고, 그 외에 차용금인지 손해배상금인지, 부대금액이 이자인지 지연손해금인지 따위를 기재할 필요는 없다. 한편 내용이 복잡하거나 다수의 목적물을 표시하여야 할 사건에서는 별지 또는 별표를 작성하여 그것을 청구취지에서 인용하는 방법이 활용되고 있는데, 이러한 별지 또는 별표는 청구취지의 일부가 되므로 오기나 누락이 없도록 유의하여야 한다.

3. 소송비용과 가집행에 관한 기재 여부

보통 소장의 청구취지에는 이와 같이 원고가 구하는 판결의종류와 내용 이외에 '소송비용은 피고가 부담한다"라는 소송비용에 관한 재판과 가집행선고의 신청을 기재하는 것이 대부분이다. 그러나 소송비용의 재판은 원칙적으로 직권으로 하여야 하고(민사소송법 제104조), 또 가집행선고도 상당한 이유가 없는 한 당사자의 신청의 유무를 불문하고 직권으로 하여야 하는 것이기 때문에(제213조 제1항, 예외: 제406조, 435조), 이러한 신청은 직권의 발동을 촉구하는 데 그치는 것이고 이를 기재할 필요는 없다. 설사 따로 가집행선고를 신청을 하더라도 직권발동을 촉구하는 의미밖에 없기 때문에 인지를 붙일 필요가 없다(민사소송 등 인지법 제10조 단서, 인지액: 편철방법예규).

4. 유형별 작성방법

청구취지의 유형별 작성방법은 아래와 같다.

① 기본적인 청구취지

　1. 피고는 원고에게 5,000,000원을 지급하라.

　2. 소송비용은 피고가 부담한다.

　3. 제1항은 가집행할 수 있다.

② 약정이자 및 지연이자가 있는 경우

　1. 피고는 원고에게 5,000,000원 및 이에 대한 2007.10.10.부터 이 사건 소장부본 송달일까지는 연 11%, 그 다음 날부터 다 갚을 때까지는 연 12%의 각 비율에 의한 돈을 지급하라.

　2. 소송비용은 피고가 부담한다.

　3. 제1항은 가집행할 수 있다.

③ 지연이자의 이율이 기간별로 각각 다른 경우

　1. 피고는 원고에게 5,000,000원 및 이에 대한 2007.10.10.부터 2008. 10. 10. 까지는 연 10%의, 2008.10.11.부터 2009. 04.11.까지는 연 18%의, 그 다음 날부터 이 사건 소장부본 송달일까지는 연 11%, 그 다음 날부터 다 갚을 때까지는 연 12%의 각 비율에 의한 돈을 지급하라.

　2. 소송비용은 피고의 부담으로 한다.

　3. 제1항은 가집행할 수 있다.

④ 피고가 여럿이고 피고별로 청구금액이 각각 다른 경우

　1. 원고에게 피고 홍길동은 5,000,000원, 피고 박문수는 1,000,000원을 지급하라.

　2. 소송비용은 피고들의 부담으로 한다.

　3. 제1항은 가집행할 수 있다.

⑤ 연대 채무인 경우

   1. 피고들은 연대하여 원고에게 5,000,000원을 지급하라.

   2. 소송비용은 피고들의 부담으로 한다.

   3. 제1항은 가집행할 수 있다.

제2장
이행의 소 청구취지 기재 요령 및 작성례

PART 1. 청구취지 기재 요령

이행의 소에 있어서는 "피고는 원고에게 금 10,000,000원을 지급하라", "피고는 원고에게 ○○건물을 인도하라"와 같이 이행명령을 구하는 취지를 간결하게 표시하여야 한다. 청구취지에는 이행할 채무의 종류, 법적 성질, 발생원인 등을 나타내지 않는 간결한 표현을 사용한다.

이행판결은 집행력을 가지므로 이행의 소에 관한 청구취지는 강제집행의 단계까지 고려하여 그 집행이 가능하도록 구성하여야 한다.

이행의 소에는 건물명도 청구소송, 소유권이전등기 청구소송, 손해배상 청구소송, 부당이득반환 청구소송, 임차보증금반환 청구소송 등이 있다.

① 금전의 지급을 구하는 경우에는 그 금액을 명시하여야 하며, 구체적인 금액을 밝히지 않고 '현시가 상당의 임대료' 또는 '법원이 적당하다고 인정하는 금액'을 지급하라는 방식의 청구취지는 인정되지 않는다.

여러 명의 피고들에 대하여 중첩적으로 금전의 지급을 구하는 때에는 연대채무관계와 부진정연대채무관계인 경우에는 '연대하여', 어음·수표 채무자 상호간에는 '합동하여'와 같이 각각의 상호관계와 각자의 의무의 범위가 명확하게 되도록 부기하여 기재하여야 한다. 그러한 중첩관계를 표시하지 아니하면 분할 지급을 구하는 것이 된다.

② 물건의 인도를 구하는 경우에는 집행 대상 물건이 특정되도록 구체적으로 표시하여야 한다. 특정물의 인도를 구하는 경우에는 그 목적물의 특정을 위하여 동일성을 인식하는 데 필요한 사항을 명확하게 표시하여야 한다.

특히 소송의 목적물이 부동산인 경우에는 청구취지의 특성에 관하여 주의를 할 필요가 있는 바, 토지인 경우에는 토지대장상 표시에 따라 그 지번. 지목과 면적을, 건물인 경우에는 등기기록상의 표시에 따라 그 대지의 지번, 건물의 구조·층수·용도·건축면적 등을 빠짐없이 정확히 기재하여야 한다.

이때 해당 건물의 부동산등기기록 표제부 기재방식에 따라 지번주소만 있는 경우에는 지번주소를 기재하고, 도로명주소와 지번주소가 모두 있는 경우에는

'서울 서초구 서초대로 219(서초동 967)와 같이 도로명주소와 및 지번주소를 병기한다. 나아가 토지의 일부 또는 건물의 일부 등에 대한 인도·철거 등 소송에서는 방위와 거리·척도 등으로 그 부분을 특정하는 도면을 별지로 붙여야 한다.

특정물을 목적으로 하는 이행의 소에 있어서 원고가 그 목적물을 특정하여 청구하고 있는지 여부는 소장(또는 그 정정서)의 청구취지 기재뿐만 아니라 변론의 전 과정에 의하여 판단되어야 한다(대법원 1988. 4. 25. 선고 87다카2819 판결). 그리고 종류물의 인도를 구하는 청구취지는 목적물을 특정할 수 있도록 수량·품질·종별 등 종류물의 표준을 확정하는 데 필요한 사항을 빠짐없이 표시하여야 한다(대법원 1965. 9. 12. 선고 65다1427 판결).

③ 의사의 진술을 구하는 경우에는 그 판결이 확정되면 일정한 의사의 진술이 있는 것으로 보게 되므로(민사집행법 제263조 제1항) 의사표시의 내용을 구체적으로 명시하여야 한다. 말소등기나 회복등기 절차의 이행을 구하는 경우에는 원칙적으로 목적부동산, 말소 또는 회복의 대상인 등기의 관할등기소, 접수연월일, 접수번호, 등기의 종류를 순서대로 명시하면 되고, 그 밖의 등기의 원인이나 등기의 내용까지 표시할 필요는 없다.

다만, 유효하던 등기가 후발적 실효사유에 의하여 장래에 향하여 실효됨을 원인으로 말소등기를 구할 경우, 예컨대 변제나 설정계약의 해지로 인한 저당권의 소멸 등의 경우에는 그 소멸사유를 말소등기의 원인으로 청구취지에 기재하여야 한다. 그러나 이전등기절차의 이행을 구하는 소송의 청구취지에는 등기의 종류와 내용뿐만 아니라 등기원인과 그 연월일까지 기재하여야 한다. 등기원인이 달라지면 소송물이 달라지므로 법원은 당사자가 청구한 등기원인에 구속되며 마음대로 등기원인을 달리 표시할 수 없다.

④ 하나의 채권 중 일부만을 청구하는 경우에는 일부 청구임을 명시하여야 한다(대법원 1985. 4. 9. 선고 84다552 판결). 일부 청구라는 취지를 명시하면 그 일부청구에 대한 판결의 기판력은 나머지 부분에 대하여도 미친다. 한편 소액사건심판법의 적용을 받을 목적으로 청구를 분할하여 그 일부만을 청구할 수 없고(제5조의 2 제1항), 이에 위반한 소는 판결로 이를 각하하여야 한다(제5조의 2 제2항).

PART 2. 청구취지 작성례

1. 건물인도청구의 소

① 임대인의 상속인들이, 주택에 대해

---

1. 피고는 원고들에게 별지목록 기재 건물을 인도하라.
2. 소송비용은 피고가 부담한다.
3. 위 제1항은 가집행할 수 있다.
라는 판결을 구합니다.

[별 지]

부동산의 표시

1동의 건물의 표시
      ○○시 ○○구 ○○동 ○○○ ○○아파트 가동
      [도로명주소] ○○시 ○○구 ○○길 ○○
      철근콘크리트조 슬래브지붕 7층 아파트
        1층 ○○○.○○㎡
        2층 ○○○.○○㎡
        3층 ○○○.○○㎡
        4층 ○○○.○○㎡
        5층 ○○○.○○㎡
        6층 ○○○.○○㎡
        7층 ○○○.○○㎡
        지층 ○○○.○○㎡
전유부분 건물의 표시
        건물의 번호 가-5-505
        구조 철근콘크리트조
        면적 5층 505호 ○○.○㎡
대지권의 표시
        대지권의 목적인 토지의 표시 ○○시 ○○구 ○○동 ○○○ 대 ○○○㎡
        대지권의 종류 소유권
        대지권의 비율 ○○○○분지 ○○.○○. 끝.

---

② 무단전대, 주택

1. 가. 피고 김◇◇은 원고로부터 95,000,000원을 지급 받음과 동시에 원고에게 별지목록 기재 건물을 인도하라.
   나. 피고 이◇◇은 원고에게 별지목록 기재 건물 1층 ○○○㎡ 중 별지도면 표시 1, 2, 5, 4, 1의 각 점을 차례로 연결하는 선내 (가)부분 ○○.○㎡에서 퇴거하라.
   다. 피고 박◇◇은 원고에게 별지목록 기재 건물 1층 ○○○㎡ 중 별지도면 표시 2, 3, 6, 5. 2의 각 점을 차례로 연결하는 선내 (나)부분 ○○.○㎡에서 퇴거하라.
2. 소송비용은 피고들이 부담한다.
3. 위 제1항은 가집행할 수 있다.
라는 판결을 구합니다.

[별 지]

부동산의 표시

○○시 ○○구 ○○동 ○○-○○
[도로명주소] ○○시 ○○구 ○○길 ○○ 지상 벽돌조 평슬래브 지붕 2층 주택
   1층 ○○○㎡
   2층 ○○○㎡
   지층 ○○㎡.

끝.

도   면

○○시 ○○구 ○○동 ○○-○○ 2층주택 중 1층 평면도

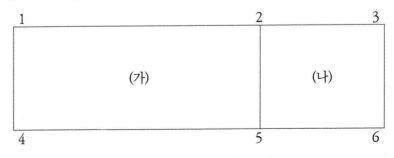

③ 무단양도, 주택

1. 피고는 원고에게 별지목록 기재 건물을 인도하라.
2. 소송비용은 피고가 부담한다.
3. 위 제1항은 가집행할 수 있다.
라는 판결을 구합니다.

[별　지]

부동산의 표시

1동의 건물의 표시
　　서울 ○○구 ○○동 ○○○-○○
　　[도로명주소] ○○시 ○○구 ○○길 ○○
　　철근콘크리트조 슬래브 위 아스팔트슁글지붕 4층 다세대주택(명칭:○○빌라)
　　1층 내지 4층 : 각 ○○○.○○㎡
　　옥탑 : ○.○○㎡
　　지층 : 주차장 ○○.○○㎡, 주거 ○○.○○㎡
전유부분의 건물의 표시
　　건물번호 : 1층 101호
　　구　　조 : 철근콘크리트조
　　면　　적 : ○○.○○㎡
대지권의 표시
　　대지권의 목적인 토지의 표시 : 서울 ○○구 ○○동 ○○○-○○ ○○.○○㎡
　　대지권의 종류 : 소유권
　　대지권의 비율 : ○○○.○○분의 ○○.○○.
　　　　　　　　　　　　　　　　　　　　　　　　　　　　　　　　끝.

④ 임대차기간 만료, 다세대주택

---

1. 피고는 원고로부터 25,000,000원을 지급받음과 동시에 원고에게 별지목록 기재 건물을 인도하라.
2. 소송비용은 피고가 부담한다.
3. 위 제1항은 가집행할 수 있다.
라는 판결을 구합니다.

[별 지]

부동산의 표시

1동의 건물의 표시
  ○○시 ○○구 ○○동 ○○ ◎◎빌라 나동
  [도로명주소] ○○시 ○○구 ○○길 ○○
  철근콘크리트 스라브지붕 4층 다세대주택
  1층 ○○○.○○㎡
  2층 ○○○.○○㎡
  3층 ○○○.○○㎡
  4층 ○○○.○○㎡
  지층 ○○.○○㎡
전유부분건물의 표시
  건물의 번호 나-1-103
  구조 철근콘크리트조
  면적 1층 103호 ○○.○㎡
대지권의 표시
  대지권의 목적인 토지의 표시 ○○시 ○○구 ○○동 ○○ 대 ○○○○㎡
  대지권의 종류 소유권
  대지권의 비율 ○○○○분지 ○○.○○㎡.

끝.

---

⑤ 대항력없는 주택임차인을 상대로

1. 피고는 원고에게 별지목록 기재 건물을 인도하라.
2. 소송비용은 피고가 부담한다.
3. 위 제1항은 가집행할 수 있다.
라는 판결을 구합니다.

[별 지]

부동산의 표시

○○시 ○○구 ○○동 ○○
[도로명주소] ○○시 ○○구 ○○길 ○○ 지상 철근콘크리트조 슬래브지붕 단층주택
○○.○○㎡.

끝.

⑥ 월임차료 체불, 주택

1. 피고는 원고에게 별지목록 기재 건물 중 별지도면 표시 3, 4, 5, 6, 3의 각 점을 차례로 연결한 선내 (가)부분 20㎡를 인도하고, 900,000원 및 20○○. ○. ○○.부터 인도일까지 월 300,000원의 비율에 의한 돈을 지급하라.
2. 소송비용은 피고가 부담한다.
3. 위 제1항은 가집행할 수 있다.
라는 판결을 구합니다

[별 지]

부동산의 표시

○○시 ○○구 ○○동 ○○
[도로명주소] ○○시 ○○구 ○○길 ○○ 지상 철근콘크리트조 슬래브지붕 단층 주택 50㎡.

끝.

도   면

○○시 ○○구 ○○동 ○○ 단층주택 평면도

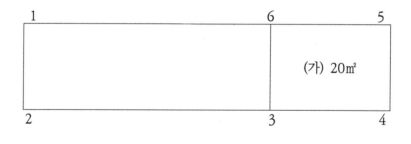

⑦ 무단전대, 주택상가 겸용

1. 가. 피고 정◇◇은 원고로부터 95,000,000원을 지급 받음과 동시에 원고에게 별
    지목록 기재 건물을 인도하라.
   나. 피고 김◇◇은 원고에게 별지목록 기재 건물 1층 ○○㎡ 중 별지도면 표시
    1, 2, 5, 4, 1의 각 점을 차례로 연결하는 선내 (가)부분 ○○.○㎡에서 퇴거
    하라.
2. 소송비용은 피고들이 부담한다.
3. 위 제1항은 가집행할 수 있다.
라는 판결을 구합니다.

[별 지]

부동산의 표시

○○시 ○○구 ○○동 ○○-○○
[도로명주소] ○○시 ○○구 ○○길 ○○ 지상 벽돌조 평슬래브 지붕 2층 근린 생활시설
   1층 ○○㎡
   2층 ○○㎡.

끝.

도   면

○○시 ○○구 ○○동 ○○-○ 2층근린생활시설 중 1층 평면도

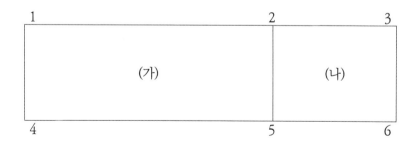

⑧ 대위인도 및 전부금 청구

1. 가. 피고 □□□은 피고 ◆◆◆에게 별지목록 기재 부동산을 인도하라.
   나. 피고 ◆◆◆는 피고 □□□으로부터 위 별지목록 기재 부동산을 인도받음과
       동시에 원고에게 금 25,000,000원 및 이에 대하여 이 사건 소장부본 송달일
       다음날부터 완제일까지 연 12%의 비율에 의한 금원을 지급하라.
2. 소송비용은 피고의 부담으로 한다.
3. 제 1항은 가집행할 수 있다.
라는 판결을 구합니다.

[별 지]

목 록

○○시 ○○구 ○○동 ○○○-○○
[도로명주소] ○○시 ○○구 ○○길 ○○
 철근콘크리트 및 벽돌조 평슬래브지붕 3층 다가구용 단독주택
   1층 ○○○.○○㎡
   2층 ○○○.○○㎡
   3층 ○○○.○○㎡
   지층 ○○○.○○㎡
   옥탑 ○○.○○㎡
   중 2층 202호 ○○.○○㎡

끝.

⑨ 묵시적 갱신후 임대차 기간만료, 주택

1. 피고는 원고에게 별지목록 기재 건물을 인도하고, 20○○. ○. ○.부터 인도일까지 매월 금 200,000원의 돈을 지급하라.
2. 소송비용은 피고가 부담한다.
3. 위 제1항은 가집행할 수 있다.
라는 판결을 구합니다

[별 지]

부동산의 표시

○○시 ○○구 ○○동 ○○
[도로명주소] ○○시 ○○구 ○○길 ○○ 지상 철근콘크리트조 평스라브지붕 단층주택 86.6㎡.

끝.

⑩ 원상회복과 인도청구

1. 피고는 원고에게 별지목록 기재 건물 중 별지도면 표시 1, 2, 5, 4, 1,의 각 점을 차례로 연결하는 선내 (ㄱ)부분 ○○㎡를 원상회복하고, 별지목록 기재 건물을 인도하라.
2. 소송비용은 피고가 부담한다.
3. 위 제1항은 가집행할 수 있다
라는 판결을 구합니다.

[별 지]

부동산의 표시

○○시 ○○구 ○○동 ○○
[도로명주소] ○○시 ○○구 ○○길 ○○ 지상 철근콘크리트조 평스라브지붕 단층주택 ○○㎡.

끝

[별지]

도 면

○○시 ○○구 ○○길 ○○ 단층주택 평면도

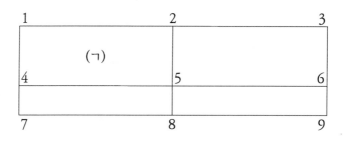

⑪ 임차인의 상속인들을 상대로, 주택

1. 피고들은 원고에게 별지목록 기재 건물 2층 180㎡ 중 별지도면 표시 1, 2, 3, 6, 1의 각 점을 차례로 연결한 선내 (가)부분 80㎡를 인도하라.
2. 피고들은 연대하여 20○○. ○. ○.부터 위 명도일까지 매월 금 300,000원을 지급하라
3. 소송비용은 피고들이 부담한다.
4. 위 제1, 2항은 가집행할 수 있다.
라는 판결을 구합니다.

[별 지]

부동산의 표시

○○시 ○○구 ○○동 ○○
[도로명주소] ○○시 ○○구 ○○길 ○○ 지상 철근콘크리트조 평스라브지붕 2층주택
   1층 200㎡
   2층 180㎡.

끝.

[별 지]

도 면

○○시 ○○구 ○○길 ○○ 2층주택 중 2층 평면도

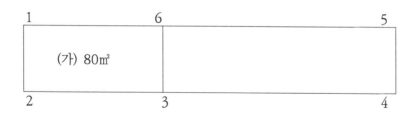

⑫ 무단양도, 상가

1. 피고는 원고에게 별지목록 기재 건물을 인도하라.
2. 소송비용은 피고가 부담한다.
3. 위 제1항은 가집행할 수 있다.
라는 판결을 구합니다.

[별   지]

부동산의 표시

○○시 ○○구 ○○동 ○○
[도로명주소] ○○시 ○○구 ○○길 ○○ 지상 벽돌조 기와지붕 단층상가 ○○○㎡.
끝.

⑬ 임대차기간 만료, 상가

1. 피고는 원고에게 별지목록 기재 건물 중 별지도면 표시 1, 2, 6, 5, 1의 각 점을 차례로 연결하는 선내 (ㄱ)부분 ○○.○㎡를 인도하라.
2. 소송비용은 피고가 부담한다.
3. 위 제1항은 가집행할 수 있다.
라는 판결을 구합니다.

[별 지]

부동산의 표시

○○시 ○○구 ○○동 ○○
[도로명주소] ○○시 ○○구 ○○길 ○○ 지상 벽돌조 기와지붕 단층상가 ○○○.○㎡.

끝.

도   면

○○시 ○○구 ○○동 ○○ 단층상가 평면도

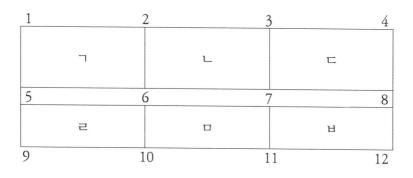

⑭ 월임차료체불, 상가 일부

1. 피고는 원고로부터 25,000,000원에서 20○○. ○. ○.부터 별지목록 기재 건물 1층 ○○○.○㎡ 중 별지 1층 평면도 표시 1, 2, 6, 5, 1의 각 점을 차례로 연결하는 선내 (ㄱ)부분 ○○.○㎡의 인도일까지 월 500,000원의 비율에 의한 금액을 공제한 나머지 돈을 지급받음과 동시에 원고에게 위 (ㄱ)부분을 인도하라.
2. 소송비용은 피고가 부담한다.
3. 위 제1항은 가집행할 수 있다.
라는 판결을 구합니다.

[별 지]

부동산의 표시

○○시 ○○구 ○○동 ○○
[도로명주소] ○○시 ○○구 ○○길 ○○ 지상 철근콘크리트 슬래브지붕 2층상가
　　1층 ○○○.○㎡
　　2층 ○○○.○㎡
　　지층 ○○.○㎡.

끝.

도 면

○○시 ○○구 ○○동 ○○ 2층상가 중 1층 평면도

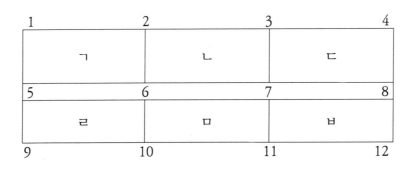

⑮ 경락인이 임차인들을 상대로, 상가

1. 원고에게,
    가. 피고 최◇◇는 별지목록 기재 건물 1층 ○○○㎡ 중 별지도면 표시 1, 2, 6,
       5, 1의 각 점을 차례로 연결하는 선내 (가)부분 ○○.○㎡를,
    나. 피고 정◇◇는 별지목록 기재 건물 1층 ○○○㎡ 중 별지도면 표시 2, 3, 7,
       6, 2의 각 점을 차례로 연결하는 선내 (나)부분○○.○㎡를,
    다. 피고 이◇◇는 별지목록 기재 건물 1층 ○○○㎡ 중 별지도면 표시 3, 4, 8,
       7, 3의 각 점을 차례로 연결하는 선내 (다)부분 ○○.○㎡를
    각 인도하라.
2. 소송비용은 피고들이 부담한다.
3. 위 제1항은 가집행할 수 있다.
라는 판결을 구합니다.

[별　지1]

부동산의 표시

○○ 시 ○○구 ○○동 ○○
[도로명주소] ○○시 ○○구 ○○길 ○○지상 벽돌조 평슬래브 지붕 2층 근린
생활시설
　1층 ○○○㎡
　2층 ○○○㎡
　지층 ○○○㎡.

끝.

도　　면

○○ 시 ○○구 ○○동 ○○ 2층 근린생활시설 중 1층평면도

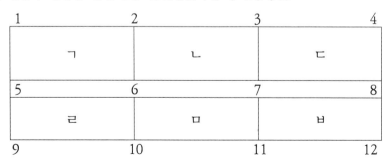

⑯ 갱신거절의 경우, 상가

1. 피고는 원고에게 별지목록 기재 건물 1층 96.6㎡중 별지도면 표시 1, 2, 3, 6, 1의 각 점을 차례로 연결한 선내 (가)부분 48㎡를 인도하라.
2. 소송비용은 피고가 부담한다.
3. 위 제1항은 가집행할 수 있다.
라는 판결을 구합니다.

[별 지]

부동산의 표시

○○시 ○○구 ○○동 ○○의 ○
[도로명주소] ○○시 ○○구 ○○길 ○○ 지상
철근콘크리트조 스라브지붕 3층 근린생활시설
　　1층 96.6㎡
　　2층 96.6㎡
　　3층 80㎡.

끝

[별지]

도　면

○○시 ○○구 ○○길 ○○의 ○ 3층 근린생활시설 중 1층 평면도

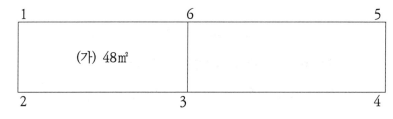

⑰ 임대차기간 2년만료, 상가

1. 피고는 원고에게 별지목록 기재 건물 1층 중 별지도면 표시 점 "마, 바, 자, 차, 마"의 각 점을 차례로 연결한 선내의 (ㄱ)부분 점포 26.4㎡를 인도하라.
2. 소송비용은 피고가 부담한다.
3. 위 제1항은 가집행 할 수 있다.
라는 판결을 구합니다.

[별 지]

부동산의 표시

○○시 ○○구 ○○동 ○○
[도로명주소] ○○시 ○○구 ○○길 ○○ 지상 철근콘크리트조 슬라브지붕 3층
근린생활시설
    1층 132㎡
    2층 115.5㎡
    3층 99㎡.

끝.

도 면

○○시 ○○구 ○○동 ○○ 3층근린생활시설 중 1층 평면도

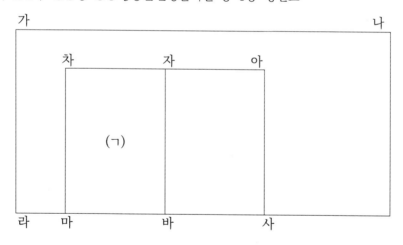

⑱ 임대차기간 만료, 아파트

1. 피고는 원고로부터 120,000,000원을 지급받음과 동시에 원고에게 별지목록 기재 건물을 인도하라.
2. 소송비용은 피고가 부담한다.
3. 위 제1항은 가집행 할 수 있다.
라는 판결을 구합니다.

[별 지]

부동산의 표시

1동의 건물의 표시
　　　　○○시 ○○구 ○○동 ○○○ ○○아파트 가동
　　　　[도로명주소] ○○시 ○○구 ○○로 ○○
　　　　철근콘크리트조 슬래브지붕 7층 아파트
　　　　　　1층 ○○○.○○㎡
　　　　　　2층 ○○○.○○㎡
　　　　　　3층 ○○○.○○㎡
　　　　　　4층 ○○○.○○㎡
　　　　　　5층 ○○○.○○㎡
　　　　　　6층 ○○○.○○㎡
　　　　　　7층 ○○○.○○㎡
　　　　　　지층 ○○○.○○㎡
전유부분 건물의 표시
　　　　　　건물의 번호 가-5-505
　　　　　　구조 철근콘크리트조
　　　　　　면적 5층 505호 ○○.○㎡
대지권의 표시
　　　　대지권의 목적인 토지의 표시 ○○시 ○○구 ○○동 ○○○ 대 ○○○㎡
　　　　대지권의 종류 소유권
　　　　대지권의 비율 ○○○○분지 ○○.○○㎡.

끝.

⑲ 임대차기간 만료, 단독주택

1. 피고는 원고로부터 195,000,000원을 지급받음과 동시에 원고에게 별지목록 기재 건물을 인도하라.
2. 소송비용은 피고가 부담한다.
3. 위 제1항은 가집행할 수 있다.
라는 판결을 구합니다.

[별 지]

부동산의 표시

○○시 ○○구 ○○동 ○○
[도로명주소] ○○시 ○○구 ○○길 ○ 지상 벽돌조 기와지붕 단층주택 ○○㎡.

끝.

■ 원상회복 및 건물인도청구의 소

1. 피고는 원고에게 별지목록 기재 부동산 중 별지도면 표시 1, 2, 5, 4, 1의 각 점을 차례로 연결하는 (ㄱ)부분의 방 1칸 9.9㎡를 원상회복하고 별지목록 기재 부동산을 인도하라.
2. 소송비용은 피고가 부담한다.
3. 위 제1항은 가집행할 수 있다
라는 판결을 원합니다.

[별 지]

부동산의 표시

○○시 ○○구 ○○동 ○○
[도로명주소] ○○시 ○○구 ○○로 ○○지상 블록조 목조지붕 단층주택 60㎡. 끝.

도   면

(○○시 ○○구 ○○동 ○○ 단층주택 평면도)

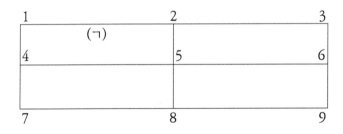

■ 건물인도 및 유체동산인도청구의 소

1. 피고는 원고에게 별지 제1목록 기재 건물 중 별지도면 표시 1, 2, 6, 5, 1의 각 점을 차례로 연결하는 (ㄱ)부분 ○○.○㎡를 인도하고 별지 제2목록 기재 동산을 인도하라.
2. 소송비용은 피고가 부담한다.
3. 위 제1항은 가집행할 수 있다
라는 판결을 구합니다.

[별 지1]

부동산의 표시

○○시 ○○구 ○○동 ○○
[도로명주소] ○○시 ○○구 ○○로 ○○ 지상 벽돌조 기와지붕 단층주택 ○○㎡. 끝.

도   면

○○시 ○○구 ○○동 ○○ 단층주택 평면도

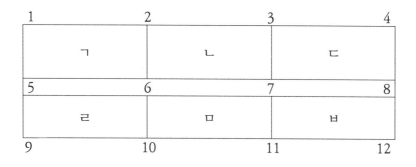

[별 지2]

동산의 표시

품 명	제작사	모델명	수 량(대)
T V	(주)○○전자	○○-○○○	1
냉장고	(주)○○전자	○○-○○○○	1
에어컨	(주)○○전자	○○-○○○	1

물건 소재지 : ○○시 ○○구 ○○로 ○○ 내.

끝

■ 가등기의 본등기절차 이행 및 건물인도청구의 소

① 매매예약완결을 원인으로 한 소유권이전등기

1. 피고는 원고에게,
   가. ○○시 ○○길 ○○ 지상 벽돌조 기와지붕 단층주택 ○○○㎡에 관하여 ○○
      지방법원 ○○지원 20○○. ○. ○. 접수 제○○○호로 마친 소유권이전청구
      권보전의 가등기에 기한 20○○. ○. ○. 매매예약완결을 원인으로 한 소유권
      이전등기절차를 이행하고,
   나. 위 주택을 인도하라.

2. 소송비용은 피고가 부담한다.

3. 제1의 나항은 가집행 할 수 있다.
라는 판결을 원합니다.

② 대물변제를 원인으로 한 소유권이전등기

1. 피고는 원고에게 별지목록 기재 건물에 관하여 ○○지방법원 ○○지원 20○○. ○. ○○. 접수 제○○○○호로 마친 소유권이전등기청구권보전을 위한 가등기에 기하여 20○○. ○○. ○○. 대물변제를 원인으로 한 소유권이전등기절차를 이행하라.

2. 피고는 원고에게 별지목록 기재 건물을 인도하고, 20○○. ○. ○○.부터 위 건물을 인도할 때까지 월 ○○원의 비율에 의한 금원을 지급하라.

3. 소송비용은 피고가 부담한다.

4. 위 제2항은 가집행 할 수 있다.
라는 판결을 구합니다.

2. 소유권이전등기 청구의 소

① 토지, 사기에 의한 계약의 취소

1. 피고는 원고에게 별지목록 기재 부동산에 관하여 ○○지방법원 ○○지원 20○○. ○. ○. 접수 제○○○○호로 마친 소유권이전등기의 말소등기절차를 이행하라.

2. 소송비용은 피고의 부담으로 한다.
라는 판결을 구합니다.

[별   지]

부동산의 표시

○○시 ○○구 ○○동 ○○ 답 1,235㎡.

끝.

② 토지, 상호명의신탁해지

1. 피고는 원고에게 ○○시 ○○구 ○○동 ○○ 대 661.16㎡ 중 별지도면 표시 1, 2, 5, 6, 1의 각 점을 차례로 연결한 선내 ㉮부분 330.58㎡의 1/2 지분에 관하여 이 사건 소장부본이 피고에게 송달된 날 명의신탁해지를 원인으로 한 소유권이전등기절차를 이행하라.
2. 소송비용은 피고의 부담으로 한다.
라는 판결을 구합니다.

[별 지]

도　　　　　면

(○○시 ○○구 ○○동 ○○ 대 661.16㎡)

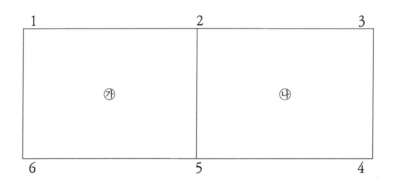

③ 진정명의회복을 원인으로

1. 피고는 원고에게 별지 목록 기재 부동산에 관하여 진정한 등기명의의 회복을 원
   인으로 하는 소유권이전등기절차를 이행하라.
2. 소송비용은 피고가 부담한다.
라는 판결을 구합니다.

[별지]

부동산의 표시

○○ ○○군 ○○면 ○○리 000 대 ○○○㎡.

끝.

④ 대지 및 건물, 처가 명의신탁해지

1. 피고는 원고에게 별지목록 기재 부동산에 대하여 이 사건 소장부본 송달일자 명의신탁해지를 원인으로 한 소유권이전등기절차를 이행하라.
2. 소송비용은 피고의 부담으로 한다.
라는 판결을 구합니다.

[별 지]

부동산의 표시

1. ○○시 ○○구 ○○동 ○○ 대 ○○㎡
1. 위 지상 벽돌조 평슬래브 지붕 단층주택 ○○㎡.

끝.

⑤ 아파트, 남편이 명의신탁해지

1. 피고는 원고에게 별지목록 기재 부동산에 대하여 이 사건 소장부본 송달일자 명의신탁해지를 원인으로 한 소유권이전등기절차를 이행하라.
2. 소송비용은 피고의 부담으로 한다.
라는 판결을 구합니다.

[별 지]

부동산의 표시

1동의 건물의 표시
　　○○시 ○○구 ○○동 ○○ ○○○아파트
　　[도로명주소] ○○시 ○○구 ○○길 ○○
　　철근콘크리트조 슬래브지붕 5층 아파트
　　　1층　○○○.○○㎡
　　　2층　○○○.○○㎡
　　　3층　○○○.○○㎡
　　　4층　○○○.○○㎡
　　　5층　○○○.○○㎡
　　　지층　○○○.○○㎡
전유부분의 건물의 표시
　　구　　조　철근콘크리트조
　　건물번호　206호
　　면　　적　○○.○○㎡
대지권의 표시
　　대지권의 목적인 토지의 표시 : ○○시 ○○구 ○○동 ○○ 대 ○○○㎡
　　대지권의 종류 : 소유권
　　대지권의 비율 : ○○○의 ○○.○○

끝.

⑥ 토지, 종중이 명의신탁해지

1. 피고는 원고에게 ○○시 ○○구 ○○동 ○○ 답 2,000㎡에 관하여 20○○. ○○.
   ○○. 명의신탁해지를 원인으로 한 소유권이전등기절차를 이행하라.
2. 소송비용은 피고의 부담으로 한다.
라는 판결을 구합니다.

⑦ 대지, 구분소유적 공유의 신탁해지

1. 피고는 원고에게 경기 ○○군 ○○면 ○○ 전 2,575.2182㎡ 중 별지도면 표시
   1, 2, 3, 4, 1의 각 점을 차례로 연결한 선내 "가"부분 2,244.6382㎡에 대한
   피고의 지분 779분의 100에 관하여 이 사건 소장부본 송달일자 명의신탁해지
   를 원인으로 한 소유권이전등기절차를 이행하라.
2. 소송비용은 피고의 부담으로 한다.
라는 판결을 원합니다.

[별   지]

도   면

(경기 ○○군 ○○면 ○○ 전 2,575.2182㎡)

끝.

⑧ 임야, 구분소유적 공유의 신탁해지

1. 원고에게 피고들은 경기 ○○군 ○○면 ○○리 산 ○○ 임야 3,579㎡ 중 별지도
   면 표시 1, 2, 3, 4, 1의 각 점을 차례로 연결한 선내 "가"부분 1,193㎡에 관
   한 피고들의 각 지분 4분지 1에 관하여 이 사건 소장부본 송달일자 명의신탁해
   지를 원인으로 한 소유권이전등기절차를 이행하라.
2. 소송비용은 피고들의 부담으로 한다.
라는 판결을 구합니다.

[별 지]

부동산의 표시

(경기 ○○군 ○○면 ○○리 산 ○○ 임야 3,579㎡)

1 "가"	2 "나"
4 3 "라"	"다"

⑨ 구분소유적 공유임야, 명의신탁해지

1. 원고에게, ○○ ○○군 ○○○리 산 278의 2 임야 729㎡ 중 별지도면 표시 1, 2, 3, 4, 5, 1의 각 점을 차례로 연결한 선내부분 493.7㎡에 관하여, 피고 ◇①◇는 300/49980 지분에 관하여, 피고 ◇②◇, 피고 ◇③◇, 피고 ◇④◇, 피고 ◇⑤◇, 피고 ◇⑥◇는 각 49510/49980 중 1/5 지분에 관하여 각 1998. 12. 22. 명의신탁해지를 원인으로 한 소유권이전등기절차를 이행하라.
2. 소송비용은 피고들의 부담으로 한다.
라는 재판을 구합니다.

[별 지]

도   면

(○○ ○○군 ○○○리 산 278의 2 임야 729㎡)

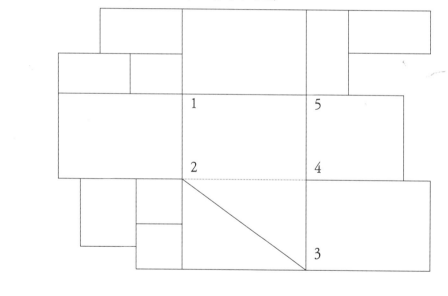

⑩ 토지, 상호명의신탁해지

1. 피고는 원고에게 ○○시 ○○구 ○○동 ○○ 대 661.16㎡ 중 별지도면 표시 1, 2, 5, 6, 1의 각 점을 차례로 연결한 선내 ㉮부분 330.58㎡의 1/2 지분에 관하여 이 사건 소장부본이 피고에게 송달된 날 명의신탁해지를 원인으로 한 소유권이전등기절차를 이행하라.
2. 소송비용은 피고의 부담으로 한다.
라는 판결을 구합니다.

[별지]

도   면

(○○시 ○○구 ○○동 ○○ 대 661.16㎡)

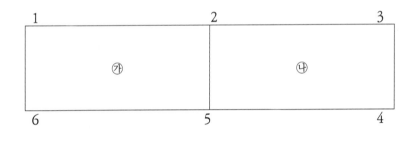

⑪ 대지·건물, 주위적 매매, 예비적 취득시

1. 피고는 원고에게 별지목록 기재 각 부동산에 관하여 1978. 4. 1. 매매를 원인으로 한 소유권이전등기절차를 이행하라.
2. 소송비용은 피고의 부담으로 한다.
라는 판결을 구합니다.

[별지]

부동산의 표시

1. ○○시 ○○구 ○○동 ○○ 대 296.6㎡
2. 위 지상 라멘조 및 조적조 슬래브지붕 3층 점포, 사무실 및 주택
   1층 점포 115.25㎡ 주택 51㎡
   2층 주택 166.25㎡
   지하창고 59.25㎡
   부속건물 조적조 슬래브지붕 단층부속 13.14㎡.

끝.

⑫ 구분소유적 공유관계토지 시효취득

1. 원고에게, 서울 ○○구 ○○동 ○○○의 ○ 대 ○○○○.○㎡ 중 별지도면 표시 1, 2, 7, 8, 1의 각 점을 차례로 연결한 선내 ㉮부분 ○○○.○○㎡에 관하여, 피고들은 각 3분의 1 지분에 대하여 각 2023. 5. 31. 취득시효완성을 원인으로 한 소유권이전등기절차를 이행하라.
2. 소송비용은 피고들의 부담으로 한다

라는 판결을 구합니다.

[별 지]

도   면

(서울 ○○구 ○○동 ○○○의 ○ 대 ○○○○.○㎡)

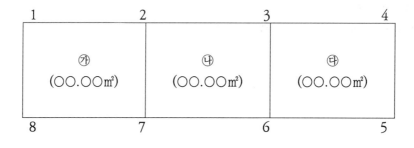

⑬ 국유 일반재산에 대한 점유취득시효

1. 피고는 경기 ○○군 ○○면 ○○리 ○○○ 전 1,652.9㎡ 중 원고 이○○에게 별
   지도면 표시 1, 2, 5, 6, 1의 각 점을 차례로 연결한 선내 (가)부분 661.16㎡에
   관하여, 원고 김○○에게 별지도면 표시 2, 3, 4, 5, 2의 각 점을 차례로 연결
   한 선내 (나)부분 991.74㎡에 관하여 1990. 3. 5. 취득시효완성을 원인으로 한
   소유권이전등기절차를 각 이행하라.
2. 소송비용은 피고의 부담으로 한다.
라는 판결을 구합니다.

[별　지]

도　　　면

(경기 ○○군 ○○면 ○○리 ○○○ 전 1,652.9㎡)

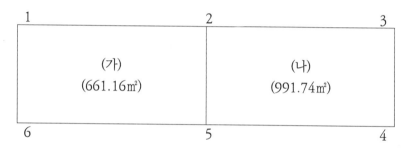

⑭ 임야, 취득시효

1. 피고는 원고에게 경기 ○○군 ○○면 ○○리 산 ○○ 임야 ○○○㎡ 중 별지도면 표시 1, 2, 3, 4, 1의 각 점을 차례로 연결한 선내 ㉮부분 ○○㎡에 관하여 20○○. ○○. ○○. 취득시효완성을 원인으로 한 소유권이전등기절차를 이행하라.
2. 소송비용은 피고의 부담으로 한다.
라는 판결을 구합니다.

[별지]

도   면

(경기 ○○군 ○○면 ○○리 산 ○○ 임야 ○○○㎡)

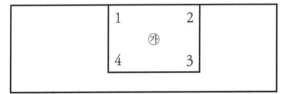

⑮ 취득시효완성 뒤 소유권 상속된 경우

1. 피고는 원고에게 경기 ○○군 ○○면 ○○리 ○○ 대 300㎡ 중 별지도면 표시
   1, 2, 5, 6, 1의 각 점을 차례로 연결한 선내 ㉮부분 150㎡에 관하여 20○○.
   ○. ○. 취득시효완성을 원인으로 한 소유권이전등기절차를 이행하라.
2. 소송비용은 피고의 부담으로 한다.
라는 판결을 구합니다.

[별지]

도   면

(경기 ○○군 ○○면 ○○리 ○○ 대 300㎡)

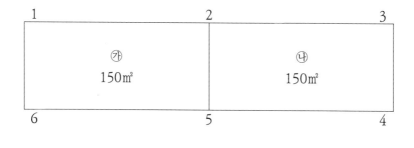

⑯ 공동소유토지의 점유취득시효

1. 원고들에게, ○○시 ○○구 ○○동 ○○ 대 214.877㎡ 중 별지도면 표시 ㄱ, ㄴ, ㄷ, ㄹ, ㄱ의 각 점을 차례로 연결한 선내 ㉮부분 29.7522㎡에 관하여, 피고 김◇◇는 9.9174/214.877 지분, 피고 박◇◇는 19.8348/214.877 지분에 대하여 별지 원고별 상속지분표 기재 각 지분비율에 따라 각 1999. 2. 28. 취득시효완성을 원인으로 한 소유권이전등기절차를 이행하라.
2. 소송비용은 피고들의 부담으로 한다.
라는 판결을 구합니다.

[별지]

도 면

	ㄱ	ㄴ	
○○시 ○○구 ○○동 ○○○ 330.58㎡		○○시 ㉮ 29.7522㎡	○○구 ○○동 ○○ 185.1248㎡
	ㄹ	ㄷ	

[별 지]

원고별 상속지분표

성명	상속지분	상속분	비고
김○○	3/9	1.5	소외 망 박◉◉의 처
박①○	2/9	1	소외 망 박◉◉의 자
박②○	2/9	1	소외 망 박◉◉의 자
박③○	2/9	1	소외 망 박◉◉의 자

⑰ 국유 일반재산에 대한 점유취득시효

1. 피고는 원고에게 ○○ ○○군 ○○읍 ○○리 ○○○ 전 1,983.48㎡ 중 별지도면
   표시 1, 2, 3, 4, 1의 각 점을 차례로 연결한 선내 (가)부분 330.58㎡에 대하여
   1995. 1. 14. 취득시효완성을 원인으로 한 소유권이전등기절차를 이행하라.
2. 소송비용은 피고의 부담으로 한다.
라는 판결을 구합니다.

[별   지]

도   면

(○○ ○○군 ○○읍 ○○리 ○○○ 전 1,983.48㎡)

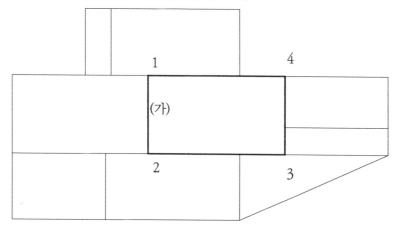

⑱ 토지, 대물변제

1. 별지목록 기재 부동산에 관하여,
    가. 피고 ◇◇◇주택개발조합은 피고 □□주식회사에게 1993. 7. 16. 대물변제
       약정을 원인으로 한,
    나. 피고 ◇◇◇주식회사는 원고에게 1996. 7. 17. 매매를 원인으로 한 각 소유
       권이전등기절차를 이행하라.
2. 소송비용은 피고들의 부담으로 한다.
라는 재판을 구합니다.

[별 지]

부동산의 표시

1동의 건물의 표시
    ○○시 ○○구 ○○동 ○○ ○○○아파트
    [도로명주소] ○○시 ○○구 ○○길 ○○
    철근콘크리트조 슬래브지붕 5층 아파트
     1층 ○○○.○○㎡
     2층 ○○○.○○㎡
     3층 ○○○.○○㎡
     4층 ○○○.○○㎡
     5층 ○○○.○○㎡
     지층 ○○○.○○㎡
전유부분의 건물의 표시
    구   조 철근콘크리트조
    건물번호 206호
    면   적 ○○.○○㎡
대지권의 표시
    대지권의 목적인 토지의 표시 : ○○시 ○○구 ○○동 ○○ 대 ○○○㎡
    대지권의 종류 : 소유권
    대지권의 비율 : ○○○의 ○○.○○
                                                              끝.

⑲ 매매, 여러 명에게 차례로 이전청구

1. 피고 ◆◆◆에게, 별지목록 기재 부동산 중
   가. 피고 ◇●◇는 3/15지분에 관하여,
   나. 피고 ◇①◇, 피고 ◇②◇, 피고 ◇③◇, 피고 ◇④◇, 피고 ◇⑤◇, 피고 ◇⑥
      ◇는 각 2/15지분에 관하여 각 1973. 11. 13. 매매를 원인으로 한 소유권
      이전등기절차를 이행하고,
2. 피고 ◆◆◆는 피고 ◆◆◆에게 별지목록 기재 부동산에 관하여 1978. 11. 30.
   매매를 원인으로 한 소유권이전등기절차를 이행하고,
3. 피고 ◆◆◆는 원고에게 별지목록 기재 부동산에 관하여 1982. 12. 29. 매매를
   원인으로 한 소유권이전등기절차를 이행하라.
4. 소송비용은 피고들의 부담으로 한다.
라는 판결을 구합니다.

[별   지]

부동산의 표시

○○ ○○군 ○○면 ○○리 ○○ 답 ○○○○㎡.

끝.

⑳ 임야, 매매대금을 모두 지급한 경우

1. 피고는 원고에게 별지목록 기재 부동산에 관하여 20○○. ○. ○. 매매를 원인으로 한 소유권이전등기절차를 이행하라.
2. 소송비용은 피고의 부담으로 한다.
라는 판결을 구합니다.

[별 지]

부동산의 표시

1. ○○ ○○군 ○○면 ○○동 산 ○○ 임야 1,500㎡
1. ○○ ○○군 ○○면 ○○동 산 ○○-○○ 임야 1,000㎡
1. ○○ ○○군 ○○면 ○○동 산 ○○-○ 임야 1,600㎡.

끝.

㉑ 토지, 매도인의 상속인들을 상대로

1. 피고들은 원고에게 별지 제1목록 기재 부동산에 대한 별지 제2목록 기재 각 피
   고별 해당지분에 관하여 20○○. ○. ○. 매매를 원인으로 한 소유권이전등기절
   차를 이행하라.
2. 소송비용은 피고들의 부담으로 한다.
라는 판결을 구합니다.

[별 지1]

부동산의 표시

1. ○○시 ○○구 ○○동 ○○-○○ 대 157.4㎡
1. 위 지상 벽돌조 평슬래브 지붕 2층주택
   1층 74.82㎡
   2층 74.82㎡
   지층 97.89㎡.

끝.

[별 지2]

상속지분의 표시

1. 김◇◇(망 ◈◈◈의 배우자) : 3/9
2. 박①◇(망 ◈◈◈의 자)   : 2/9
3. 박②◇(망 ◈◈◈의 자)   : 2/9
4. 박③◇(망 ◈◈◈의 자)   : 2/9.

끝.

㉒ 매매잔금 지급과 동시에 하는 경우

---

1. 피고는 원고로부터 45,000,000원을 지급 받음과 동시에 원고에게 별지목록 기재 부동산에 관하여 20○○. ○. ○. 매매를 원인으로 하는 소유권이전등기절차를 이행하고, 별지목록 기재 부동산을 인도하라.
2. 소송비용은 피고의 부담으로 한다.
3. 위 제1항 중 부동산인도부분은 가집행할 수 있다.
라는 판결을 구합니다.

[별 지]

부동산의 표시

1동의 건물의 표시
   ○○시 ○○구 ○○동 ○○○ ○○○아파트
     제 ○○○동
  [도로명주소] ○○시 ○○구 ○○길 ○○
  전유부분의 건물의 표시
  건물번호 : ○○○ - 5 - 508
  구   조 : 철근콘크리트조
  면   적 : 5층 508호 ○○.○○㎡
  대지권의 목적인 토지의 표시
   1. ○○시 ○구 ○○동 ○○○   대 ○○○○○.○㎡
   2. ○○시 ○구 ○○동 ○○○-2 대 ○○○○.○○㎡
  대지권의 종류 : 소유권
  대지권의 비율 : ○○○○○.○○분의 ○○.○○.
      :   ●   끝.

㉓ 토지, 증여를 원인으로

1. 피고는 원고에게 ○○시 ○○구 ○○동 ○○ - ○○ 대 2,070㎡에 대하여 20○
   ○. ○. ○. 증여를 원인으로 하는 소유권이전등기절차를 이행하라.
2. 소송비용은 피고의 부담으로 한다.
라는 판결을 구합니다.

㉔ 아파트, 사인증여를 원인으로

1. 피고는 원고에게 별지목록 기재 부동산에 관하여 20○○. ○. ○. 사인증여를 원
   인으로 한 소유권이전등기절차를 이행하라.
2. 소송비용은 피고의 부담으로 한다.
라는 판결을 구합니다.

[별 지]
부동산의 표시

1동의 건물의 표시
    ○○시 ○○구 ○○동 ○○
    [도로명주소] ○○시 ○○구 ○○길 ○○
    철근콘크리트조 슬래브지붕 10층 아파트
    제609동
    1층 1,097㎡
    2층 1,097㎡
    3층 1,097㎡
    4층 1,097㎡
    5층 1,097㎡
    6층 1,097㎡
    7층 1,097㎡
    8층 1,097㎡
    9층 1,097㎡
    10층 1,097㎡
    지층 1,097㎡
전유부분의 건물의 표시
    구   조 철근콘크리트조
    건물번호 506호
    면   적 99㎡
대지권의 목적인 토지의 표시
    ○○시 ○○구 ○○동 ○○ 대 1,258㎡
대지권의 종류 : 소유권
대지권의 비율 : 1,258분의 46.5125.

끝.

㉕ 토지, 교환

1. 피고는 원고로부터 경기 ○○군 ○○면 ○○리 19의 3 전 98㎡에 관하여 20○
   ○. 11. 12. 교환을 원인으로 한 소유권을 이전 받음과 동시에 원고에게 경기
   ○○군 ○○면 ○○리 18 전 129㎡에 관하여 같은 날짜 교환을 원인으로 한 소
   유권이전등기절차를 이행하라.
2. 소송비용은 피고의 부담으로 한다
라는 재판을 구합니다.

■ 소유권이전등기말소청구의 소

① 아파트, 계약 합의해제

---

1. 피고는 원고에게 별지목록 기재 부동산에 관하여 ○○지방법원 ○○지원 등기과 20○○. ○. ○. 접수 제○○○○호로 마친 소유권이전등기의 말소등기절차를 이행하라.
2. 소송비용은 피고의 부담으로 한다.
라는 판결을 구합니다.

[별 지]

부동산의 표시

1동의 건물의 표시
  ○○시 ○○구 ○○동 ○○
  [도로명주소] ○○시 ○○구 ○○길 ○○
  철근콘크리트조 슬래브지붕 5층 아파트
        1층   225.18 ㎡
        2층   293.04 ㎡
        3층   293.04 ㎡
        4층   293.04 ㎡
        5층   293.04 ㎡
        지층 293.04 ㎡
전유부분의 건물의 표시
  구   조   철근콘크리트조
  건물번호   4층 402호
  면   적   67.58㎡
대지권의 목적인 토지의 표시
    ○○시 ○○구 ○○동 ○○ 대 888.81㎡
대지권의 종류 : 소유권
대지권의 비율 : 888.81분의 10.71.

끝.

---

② 토지, 계약불이행에 의한 계약해제

1. 피고는 원고에게 ○○시 ○○구 ○○동 ○○ 대 158.5㎡에 관하여 ○○지방법원 ○○등기소 20○○. ○. ○. 접수 제○○○○○호로 마친 소유권이전등기의 말소등기절차를 이행하라.
2. 소송비용은 피고의 부담으로 한다.
라는 재판을 구합니다.

③ 토지, 사실혼관계 처의 무권대리

1. 원고에게, 별지목록 기재 부동산에 관하여,
   가. 피고 김◇◇는 ○○지방법원 ○○등기소 20○○. ○. ○. 접수 제○○○호로
      마친 소유권이전등기의,
   나. 피고 주식회사 ◇◇는 위 같은 등기소 20○○. ○. ○. 접수 제○○○○호로
      마친 근저당권설정등기의,
   다. 피고 이◇◇는 위 같은 등기소 20○○. ○. ○. 접수 제○○○○호로 마친
      근저당권설정등기 및 같은 날 접수 제○○○○호로 마친 전세권설정등기의
      각 말소등기절차를 이행하라.
2. 소송비용은 피고들의 부담으로 한다.
라는 재판을 구합니다.

[별 지]

부동산의 표시

1. ○○시 ○○구 ○○동 ○○-○○ 대 157.4㎡
2. 위 지상 벽돌조 평슬래브 지붕 2층 주택
   1층 74.82㎡
   2층 74.82㎡
   지층 97.89㎡.

끝.

④ 명의신탁 무효인 경우

1. ○○시 ○○구 ○○동 ○○ 전 1,428㎡에 관하여,
   가. 피고 이◇◇는 피고 김◇◇에게 ○○지방법원 ○○○지원 ○○○등기소 200
      ○. ○○. ○○. 접수 제○○○호로 마친 소유권이전등기의 말소등기절차를
      이행하고,
   나. 피고 김◇◇는 원고에게 20○○. ○. ○○. 매매를 원인으로 한 소유권이전등
      기절차를 이행하라.
2. 소송비용은 피고들의 부담으로 한다.
라는 판결을 구합니다.

⑤ 공유지분 명의신탁, 무효

1. ○○시 ○○구 ○○동 ○○ 전 1428㎡ 중 3분의 2지분에 관하여,
   가. 피고 이◇◇는 피고 김◇◇에게 ○○지방법원 ○○○지원 ○○○등기소 190
      ○. ○. ○○. 접수 제○○○호로 마친 소유권이전등기의 말소등기절차를 이
      행하고,
   나. 피고 김◇◇는 원고들에게 1900. ○○. ○○. 매매를 원인으로 한 소유권이
      전등기절차를 이행하라.
2. 소송비용은 피고들의 부담으로 한다.
라는 판결을 구합니다.

⑥ 문서위조

1. 원고에게
   가. 피고 ◈◈◈, ◆◆◆, ◇①◇, ◇②◇, ◇③◇, ◇④◇, ◇⑤◇, ◇⑥◇, ◇⑦◇
      은 별지목록 기재 제1, 2, 3 부동산에 관하여 ○○지방법원 19○○. ○○.
      ○○. 접수 제○○○호로서 각 마쳐진 소유권이전등기의,
   나. 피고 ◇◇시는 별지목록 기재 제1부동산에 관하여 같은 법원 19○○. ○○.
      ○○. 접수 제○○호, 같은 목록 기재 제2부동산에 관하여 같은 법원 같은
      날 접수 제○○호, 같은 목록 기재 제3부동산에 관하여 같은 법원 같은 날
      접수 제○○호로서 각 마쳐진 소유권이전등기의
   각 말소등기절차를 이행하라.
2. 소송비용은 피고들의 부담으로 한다.
라는 판결을 구합니다.

[별 지]

부동산의 표시

1. ○○시 ○○구 ○○동 ○○-○ 대 ○○○㎡
2. ○○시 ○○구 ○○동 ○○-○○ 대 ○○㎡
3. 위 같은 리 3○○-○, ○○-○○ 지상 벽돌조 평슬래브 지붕 2층주택
   1층 74.82㎡
   2층 74.82㎡
   지층 97.89㎡.

끝.

⑦ 교환계약 해제

1. 피고는 원고에게,
   가. 경기 ○○군 ○○면 ○○리 275의 5 전 1,471㎡에 관하여 ○○지방법원 ○
      ○등기소 20○○. ○. ○. 접수 제○○호로 마친 소유권이전등기의 말소등기
      절차를 이행하고,
   나. 금 500,000원 및 이에 대하여 이 사건 소장부본 송달 다음날부터 다 갚을
      때까지 연 15%의 비율에 의한 돈을 지급하라.
2. 소송비용은 피고의 부담으로 한다.
3. 위 제1의 나.항은 가집행 할 수 있다.
라는 판결을 구합니다.

■ 소유권이전등기와 보존등기의 말소등기청구의 소(원인무효)

1. 원고에 대하여, 피고 김◇◇는 별지목록 기재 부동산에 대한 ○○지방법원 ○○ 등기소 20○○. ○. ○○. 접수 제○○○호로 마친 소유권보존등기의, 피고 박◇ ◇는 위 등기소 20○○. ○○. ○○. 접수 제○○○○호로 마친 소유권이전등기 의 각 말소등기절차를 이행하라.
2. 소송비용은 피고들의 부담으로 한다.
라는 판결을 구합니다.

[별 지]

부동산의 표시

○○시 ○○구 ○○동 ○○-○○ 대 157.4㎡.

끝.

■ 소유권이전등기청구권보전가등기의 말소등기절차이행청구의 소

1. 피고는 원고에게 ○○시 ○○구 ○○동 ○○ 산 124 임야 7,225㎡에 관하여 ○
   ○ 지방법원 20○○. ○. ○. 접수 제○○○호로 마친 소유권이전등기청구권보전
   가등기의 말소등기절차를 이행하라.
2. 소송비용은 피고의 부담으로 한다.
라는 판결을 구합니다.

■ 소유권이전등기절차이행 및 인도청구의 소(건물)

1. 피고는 원고에게 별지목록 기재 건물에 관하여 20○○. ○. ○. 매매를 원인으로 한 소유권이전등기절차를 이행하고, 별지목록 기재 건물을 인도하라.
2. 소송비용은 피고의 부담으로 한다.
3. 위 제1항 중 건물인도부분은 가집행 할 수 있다.
라는 판결을 구합니다.

[별 지]

부동산의 표시

○○시 ○○구 ○○동 ○○

[도로명주소] ○○시 ○○구 ○○길 ○○ 지상 철근콘크리트조 슬래브지붕 82.39㎡.

끝.

■ 소유권이전등기절차이행 및 인도청구의 소(매매, 토지)

1. 피고는 원고로부터 금 40,000,000원을 지급 받음과 동시에 원고에게 별지목록 기재 토지에 관하여 20○○. ○. ○. 매매를 원인으로 한 소유권이전등기절차를 이행하고, 별지목록 기재 토지를 인도하라.
2. 소송비용은 피고의 부담으로 한다.
3. 위 제1항 중 소유권이전등기절차이행부분을 제외한 나머지 부분은 가집행 할 수 있다.
라는 판결을 구합니다.

[별 지]

부동산의 표시

○○시 ○○구 ○○동 ○○ 잡종지 21,325㎡.

끝.

■ 토지소유권이전등기절차이행 및 인도청구의 소(증여)

1. 피고는 원고에게 별지기재 제1목록 토지에 관하여 20○○. ○. ○. 증여를 원인으로 한 소유권이전등기절차를 이행하라.
2. 피고는 원고에게,
   가. 별지기재 제2목록 건물을 철거하고,
   나. 별지기재 제1목록 토지를 인도하라.
3. 소송비용은 피고의 부담으로 한다.
4. 위 제2항은 가집행할 수 있다.
라는 판결을 구합니다.

[별 지]

부동산의 표시

1. ○○시 ○○구 ○○동 ○○ 대 187㎡
2. 위 지상 시멘트블록조 스레트지붕 단층건물 건평 75㎡(가건물).

끝.

3. 손해배상청구 소송

　‘손해배상’이란 채무불이행이나 불법행위 등과 같이 법률이 규정한 일정한 경우에 타인에게 끼친 손해를 전보하는 것을 말하며, 원상회복주의와 금전배상주의가 있으며 「민법」은 금전배상주의를 원칙으로 하고 있다.

■ 자동차사고

① 일용직 잡부 사망, 영업용택시

1. 피고는 원고 박○○에게 금 ○○○○원, 원고 김①○, 원고 김②○에게 각 금 ○
   ○○○원 및 각 이에 대하여 20○○. ○. ○.부터 이 사건 소장부본 송달일까지
   는 연 5%의, 그 다음날부터 다 갚는 날까지는 연 12%의 각 비율에 의한 돈을
   지급하라.
2. 소송비용은 피고의 부담으로 한다.
3. 위 제1항은 가집행할 수 있다.
라는 판결을 구합니다.

② 미성년 남자고등학생, 부상

1. 피고는 원고 박○○에게 금 126,723,065원, 원고 박◉◉, 원고 이◉◉에게 각
   금 20,000,000원, 원고 박◎◎에게 금 10,000,000원 및 각 이에 대하여 20○
   ○. 8. 29.부터 이 사건 소장부본 송달일까지는 연 5%의, 그 다음날부터 다 갚
   는 날까지는 연 12%의 각 비율에 의한 돈을 지급하라.
2. 소송비용은 피고의 부담으로 한다.
3. 위 제1항은 가집행할 수 있다.
라는 판결을 구합니다.

③ 개인택시 운전기사 사망, 무보험 승용차

1. 피고들은 각자 원고 김○○에게 금 84,148,911원, 원고 이①○, 원고 이②○에게 각 금 49,099,327원 및 각 이에 대하여 20○○. 7. 22.부터 이 사건 소장 부본 송달일까지는 연 5%의, 그 다음날부터 다 갚는 날까지는 연 12%의 각 비율에 의한 돈을 지급하라.
2. 소송비용은 피고들의 부담으로 한다.
3. 위 제1항은 가집행할 수 있다.
라는 판결을 구합니다.

④ 월급생활자 사망, 보험가입한 승용차

1. 피고는 원고 김○○에게 금 107,365,776원, 원고 박①○, 원고 박②○에게 각
   금 68,577,184원, 원고 최○○에게 금 7,000,000원 및 각 이에 대한 20○○.
   6. 15.부터 이 사건 소장부본 송달일까지는 연 5%의, 그 다음날부터 다 갚는
   날까지는 연 12%의 각 비율에 의한 돈을 지급하라.
2. 소송비용은 피고의 부담으로 한다.
3. 위 제1항은 가집행할 수 있다.
라는 판결을 구합니다.

⑤ 여고생사망, 호프만수치 240넘는 경우

1. 피고는 원고 김◉◉에게 금 90,711,520원, 원고 이◉◉에게 금 88,211,520원, 원고 김◎◎에게 금 4,000,000원 및 각 이에 대하여 20○○. 8. 2.부터 이 사건 소장부본 송달일까지는 연 5%의, 그 다음날부터 다 갚는 날까지는 연 12%의 각 비율에 의한 돈을 각 지급하라.
2. 소송비용은 피고의 부담으로 한다.
3. 위 제1항은 가집행할 수 있다.
라는 판결을 구합니다.

⑥ 성년피해자 부상, 일부청구

1. 피고는 원고에게 금 15,964,090원 및 이에 대한 20○○. 5. 26.부터 이 사건 소장부본 송달일까지는 연 5%의, 그 다음날부터 다 갚는 날까지 연 12%의 각 비율에 의한 돈을 지급하라
2. 소송비용은 피고의 부담으로 한다.
3. 위 제1항은 가집행할 수 있다.
라는 판결을 구합니다.

⑦ 농부 사망, 시내버스

1. 피고는 원고 한①○, 원고 한②○에게 각 금 ○○○○원 및 각 이에 대하여 20
   ○○. ○. ○.부터 이 사건 소장부본 송달일까지는 연 5%의, 그 다음날부터 다
   갚는 날까지는 연 12%의 각 비율에 의한 돈을 지급하라.
2. 소송비용은 피고의 부담으로 한다.
3. 위 제1항은 가집행할 수 있다.
라는 판결을 구합니다.

⑧ 일용직 형틀목공 사망, 영업용 화물차

1. 피고는 원고 박○○에게 금 ○○○○○원, 원고 김○○에게 금 ○○○○○원 및 각 이에 대하여 20○○. ○. ○.부터 이 사건 소장부본 송달일까지는 연 5%의, 그 다음날부터 다 갚는 날까지는 연 12%의 각 비율에 의한 돈을 지급하라.
2. 소송비용은 피고의 부담으로 한다.
3. 위 제1항은 가집행할 수 있다.
라는 판결을 구합니다.

⑨ 유아사망, 보험가입한 승용차

1. 피고는 원고 박◉◉에게 금 97,330,558원, 원고 이◉◉에게 금 72,330,558원, 원고 박◎◎에게 금 4,000,000원 및 각 이에 대하여 20○○. 8. 22.부터 이 사건 소장부본 송달일까지는 연 5%의, 그 다음날부터 다 갚을 때까지는 연 12%의 각 비율에 의한 돈을 지급하라.
2. 소송비용은 피고의 부담으로 한다.
3. 위 제1항은 가집행할수 있다.
라는 판결을 구합니다.

⑩ 군필자사망, 호프만수치 240넘는 경우

1. 피고는 원고 김◉◉에게 금 91,211,520원, 원고 이◉◉에게 금 88,211,520원, 원고 김◎◎에게 금 4,000,000원 및 각 이에 대하여 20○○. ○. ○○부터 이 사건 소장부본 송달일까지는 연 5%의, 그 다음날부터 다 갚는 날까지는 연 12%의 각 비율에 의한 돈을 각 지급하라.
2. 소송비용은 피고의 부담으로 한다.
3. 위 제1항은 가집행 할 수 있다.
라는 판결을 구합니다.

■ 산업재해사고

① 안전시설 미비, 공동불법행위

1. 피고들은 각자 원고 박○○에게 금 28,000,000원, 원고 서○○에게 금 3,000,000원, 원고 박①○, 원고 박②○에게 각 금 1,000,000원 및 각 이에 대한 20○○. 2. 15.부터 이 사건 소장부본 송달일까지는 연 5%의, 그 다음날부터 다 갚는 날까지는 연 12%의 각 비율에 의한 돈을 지급하라.
2. 소송비용은 피고들의 부담으로 한다.
3. 위 제1항은 가집행할 수 있다.
라는 판결을 구합니다.

② 건축물 붕괴로 인한 사고

1. 피고는 원고에게 금 48,217,114원 및 이에 대한 20○○. 6. 16.부터 이 사건 소장부본 송달일까지는 연 5%의, 그 다음날부터 다 갚는 날까지는 연 12%의 각 비율에 의한 돈을 지급하라.
2. 소송비용은 피고의 부담으로 한다.
3. 위 제1항은 가집행할 수 있다.
라는 판결을 구합니다.

③ 프레스에 의한 사고

1. 피고는 원고에게 금 50,254,154원 및 이에 대한 20○○. 4. 24.부터 이 사건 소장부본 송달일까지는 연 5%의, 그 다음날부터 다 갚을 때까지는 연 12%의 각 비율에 의한 돈을 지급하라.
2. 소송비용은 피고의 부담으로 한다.
3. 위 제1항은 가집행할 수 있다.
라는 판결을 구합니다.

④ 압박사고, 부상

1. 피고는 원고 김○○에게 금 53,000,266원, 원고 이○○에게 금 10,000,000원, 원고 김①○, 원고 김②○에게 각 금 5,000,000원 및 각 이에 대하여 20○○. 2. 23.부터 이 사건 소장부본 송달일까지는 연 5%의, 그 다음날부터 다 갚는 날까지는 연 12%의 각 비율에 의한 돈을 각 지급하라.
2. 소송비용은 피고의 부담으로 한다.
3. 위 제1항은 가집행할 수 있다.
라는 판결을 구합니다.

⑤ 절단기에 의한 사고, 부상, 일부청구

1. 피고는 원고에게 금 21,529,740원 및 이에 대하여 20○○. 7. 7.부터 이 사건 소장부본 송달일까지는 연 5%의, 그 다음날부터 다 갚는 날까지는 연 12%의 각 비율에 의한 돈을 지급하라.
2. 소송비용은 피고의 부담으로 한다.
3. 위 제1항은 가집행할 수 있다.
라는 판결을 구합니다.

⑥ 추락사고, 부상

1. 피고는 원고에게 금 11,000,000원 및 이에 대하여 20○○. 2. 12.부터 이 사건 소장부본 송달일까지는 연 5%의, 그 다음날부터 다 갚는 날까지는 연 12%의 각 비율에 의한 돈을 지급하라.
2. 소송비용은 피고의 부담으로 한다.
3. 위 제1항은 가집행할 수 있다.
라는 판결을 구합니다.

⑦ 건축자재에 의한 충격, 장해발생

1. 피고는 원고 김○○에게 금 ○○○원, 원고 이○○에게 금 ○○○원, 원고 김◎◎에게 금 ○○○원 및 각 이에 대하여 20○○. ○○. ○○.부터 이 사건 소장부본 송달일까지는 연 5%의, 그 다음날부터 다 갚는 날까지는 연 12%의 각 비율에 의한 돈을 지급하라.
2. 소송비용은 피고의 부담으로 한다.
3. 위 제1항은 가집행할 수 있다.
라는 판결을 구합니다.

⑧ 업무차량에 의한 사고, 도급자의 책임

1. 피고들은 각자 원고에게 금 59,216,240원 및 이에 대하여 20○○. 3. 31.부터 이 사건 소장부본 송달일까지는 연 5%의, 그 다음날부터 다 갚는 날까지는 연 12%의 각 비율에 의한 돈을 지급하라.
2. 소송비용은 피고들의 부담으로 한다.
3. 위 제1항은 가집행할 수 있다.
라는 판결을 구합니다.

⑨ 추락사고, 사망

1. 피고는 원고 김○○에게 금○○○원, 원고 이○○에게 금○○○원, 원고 김◎◎에게 금○○○원 및 각 이에 대하여 20○○. ○○. ○○.부터 이 사건 소장부본 송달일까지는 연 5%의, 그 다음날부터 다 갚는 날까지는 연 12%의 각 비율에 의한 돈을 지급하라.
2. 소송비용은 피고의 부담으로 한다.
3. 위 제1항은 가집행할 수 있다.
라는 판결을 구합니다.

■ 의료사고

① 뇌수술 사고, 공동불법행위

1. 피고들은 연대하여 원고 ○○○에게 금 325,891,618원, 원고 ○①○, 원고 ○②○에게 각 금 10,000,000원 및 각 이에 대하여 2000. 3. 23.부터 이 사건 소장부본 송달일까지는 연 5%의, 그 다음날부터 다 갚는 날까지는 연 12%의 각 비율에 의한 돈을 각 지급하라.
2. 소송비용은 피고들의 부담으로 한다.
3. 위 제1항은 가집행할 수 있다.
라는 판결을 구합니다.

② 설명의무불이행, 불법행위책임

1. 피고들은 각자 원고 김○○에게 금 ○○○원, 원고 이○○에게 금 ○○○원, 원고 김◎◎에게 금 ○○○원 및 각 이에 대하여 20○○. ○○. ○○.부터 이 사건 소장부본 송달일까지는 연 5%의, 그 다음날부터 다 갚는 날까지는 연 12%의 각 비율에 의한 돈을 지급하라.
2. 소송비용은 피고들의 부담으로 한다.
3. 위 제1항은 가집행할 수 있다.
라는 판결을 구합니다.

③ 출산 중 사고, 장해발생, 채무불이행책임

1. 피고는 원고 김○○에게 금 32,000,000원, 원고 김◉◉에게 금 5,000,000원, 원고 이◉◉에게 금 5,000,000원 및 각 이에 대하여 2002. 5. 30.부터 이 사건 소장부본 송달일까지는 연 5%의, 그 다음날부터 다 갚는 날까지는 연 12%의 각 비율에 의한 돈을 지급하라.
2. 소송비용은 피고의 부담으로 한다.
3. 위 제1항은 가집행할 수 있다.
라는 판결을 구합니다.

④ 약물쇼크 사고, 공동불법행위책임

1. 피고들은 각자 원고 ○○○에게 금 ○○○원, 원고 ○①○, 원고 ○②○에게 각 금 ○○○원 및 각 이에 대하여 20○○. ○. ○.부터 이 사건 소장부본 송달일까지는 연 5%의, 그 다음날부터 다 갚는 날까지는 연 12%의 각 비율에 의한 돈을 지급하라.
2. 소송비용은 피고들의 부담으로 한다.
3. 위 제1항은 가집행할 수 있다.
라는 판결을 구합니다.

⑤ 수술거즈 미제거 상태에서 봉합한 사고

1. 피고는 원고 최○○에게 금 ○○○원, 원고 유○○에게 금 ○○○원, 원고 최◎◎ 에게 금 ○○○원 및 각 이에 대하여 20○○. ○○. ○○.부터 이 사건 소장부본 송달일까지는 연 5%의, 그 다음날부터 다 갚는 날까지는 연 12%의 각 비율에 의한 돈을 지급하라.
2. 소송비용은 피고의 부담으로 한다.
3. 위 제1항은 가집행 할 수 있다.
라는 판결을 구합니다.

⑥ 출산 중 태아사망, 불법행위책임

1. 피고는 원고 김○○에게 금 ○○○원, 원고 이○○에게 금 ○○○원 및 각 이에 대하여 20○○. ○○. ○○.부터 이 사건 소장부본 송달일까지는 연 5%의, 그 다음날부터 다 갚는 날까지는 연 12%의 각 비율에 의한 돈을 지급하라.
2. 소송비용은 피고의 부담으로 한다.
3. 위 제1항은 가집행할 수 있다.
라는 판결을 구합니다.

■ 기타 사유로 인한 손해배상

① 횡령으로 인한 손해배상

1. 피고는 원고에게 금 10,000,000원 및 이에 대한 20○○. 3. 5.부터 이 사건 소 장부본 송달일까지는 연 5%의, 그 다음날부터 다 갚는 날까지는 연 12%의 각 비율에 의한 돈을 지급하라.
2. 소송비용은 피고가 부담한다.
3. 위 제1항은 가집행할 수 있다.
라는 판결을 구합니다.

② 상해, 사기, 절도, 공갈, 협박

1. 피고는 원고에게 금 ○○○원 및 이에 대한 20○○. ○. ○.부터 이 사건 소장부
   본 송달일까지는 연 5%의, 그 다음날부터 다 갚는 날까지는 연 15%의 각 비율
   에 의한 돈을 지급하라.
2. 소송비용은 피고의 부담으로 한다.
3. 위 제1항은 가집행할 수 있다.
라는 판결을 구합니다.

③ 소유권방해배제 등

1. 피고는 원고에 대하여 ○○시 ○○구 ○○동 ○○ 대 ○○○㎡중 별지도면 표시 1, 2, 3, 4, 1의 각 점을 차례로 연결한 선내 (가)부분 ○○㎡ 지상의 담장을 철거하여 위의 (가)부분 ○○㎡를 인도하라.
2. 피고는 원고에게 20○○. ○. ○.부터 이 사건 토지의 인도일까지 월 금 500,000원의 비율에 의한 돈을 지급하라.
3. 소송비용은 피고가 부담한다.
4. 위 제1항 및 제2항은 가집행할 수 있다.
라는 판결을 구합니다.

[별 지]

도 면

(○○시 ○○구 ○○동 ○○ 대 ○○○㎡)

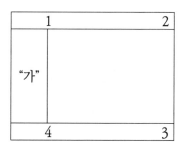

- 끝 -

④ 불법토사채취

1. 피고는 원고에게 금 10,000,000원 및 이에 대한 2000. 7. 30.부터 이 사건 소
   장부본 송달일까지는 연 5%의, 그 다음날부터 다 갚는 날까지는 연 15%의 각
   비율에 의한 돈을 지급하라.
2. 소송비용은 피고의 부담으로 한다.
3. 위 제1항은 가집행할 수 있다.
라는 판결을 구합니다.

⑤ 수확기 미도래 농작물매매에서의 하자

1. 피고는 원고에게 금 10,000,000원 및 이에 대하여 20○○. 5. 30.부터 다 갚을 때까지 연 5%의 비율에 의한 돈을 지급하라.
2. 소송비용은 피고의 부담으로 한다.
3. 위 제1항은 가집행할 수 있다.
라는 판결을 구합니다.

⑥ 직원이 횡령한 경우

1. 피고는 원고에게 금 10,000,000원 및 이에 대한 20○○. ○. ○.부터 이 사건 소장부본 송달일까지는 연 5%의, 그 다음날부터 다 갚는 날까지는 연 15%의 각 비율에 의한 돈을 지급하라.
2. 소송비용은 피고의 부담으로 한다.
3. 위 제1항은 가집행할 수 있다.
라는 판결을 구합니다.

⑦ 불량사료로 인한 피해

1. 피고는 원고에게 금 ○○○○○원 및 이에 대한 20○○. ○○. ○○.부터 이 사건 소장부본 송달일까지는 연 5%의, 그 다음날부터 다 갚는 날까지는 연 15%의 각 비율에 의한 돈을 지급하라.
2. 소송비용은 피고의 부담으로 한다.
3. 위 제1항은 가집행할 수 있다.
라는 판결을 구합니다.

⑧ 경업금지의무 위반, 명예훼손, 보이스 피싱, 강간, 신용훼손, 안면방해

1. 피고는 원고에게 금 ○○○원 및 이에 대한 20○○. ○. ○.부터 이 사건 소장부
   본 송달일까지는 연 5%의, 그 다음날부터 다 갚는 날까지는 연 15%의 각 비율
   에 의한 돈을 지급하라.
2. 소송비용은 피고의 부담으로 한다.
3. 위 제1항은 가집행할 수 있다.
라는 판결을 구합니다.

⑨ 목욕탕 온수에 화상을 입은 경우

1. 피고는 원고 ○○○에게 금 31,530,706원, 원고 ◉◉◉에게 금 1,000,000원 및 각 이에 대한 2000. 12. 31.부터 이 사건 소장부본 송달일까지는 연 5%의, 그 다음날부터 다 갚는 날까지는 연 12%의 각 비율에 의한 돈을 지급하라.
2. 소송비용은 피고의 부담으로 한다.
3. 위 제1항은 가집행할 수 있다.
라는 판결을 구합니다.

⑩ 근로계약불이행으로 인한 손해

---

1. 피고들은 연대하여 원고에게 금 35,000,000원 및 이에 대한 2002. 9. 30.부터 이 사건 소장부본 송달일까지는 연 5%의, 그 다음날부터 다 갚는 날까지는 연 12%의 각 비율에 의한 돈을 지급하라.
2. 소송비용은 피고들이 부담한다.
3. 위 제1항은 가집행할 수 있다.
라는 판결을 구합니다.

---

⑪ 공작물의 보존하자, 소유자를 상대로

1. 피고는 원고에게 금 5,000,000원 및 이에 대한 2000. 7. 25.부터 이 사건 소장부본 송달일까지는 연 5%의, 그 다음날부터 다 갚는 날까지는 연 15%의 각 비율에 의한 돈을 지급하라.
2. 소송비용은 피고가 부담한다.
3. 위 제1항은 가집행할 수 있다.
라는 판결을 구합니다.

⑫ 양도담보권 침해

1. 피고는 원고에게 금 9,500,000원 및 이에 대하여 20○○. ○○. ○○.부터 이
   사건 소장부본 송달일까지는 연 5%의, 그 다음날부터 다 갚는 날까지는 연
   12%의 각 비율에 의한 돈을 지급하라.
2. 소송비용은 피고가 부담한다.
3. 위 제1항은 가집행할 수 있다
라는 판결을 구합니다.

⑬ 감전사고, 사망

1. 피고는 원고 김○○에게 금 ○○○원, 원고 김①○에게 금 ○○○원, 같은 김②○ 에게 금 ○○○원 및 각 이에 대하여 20○○. ○○. ○○.부터 이 사건 소장부본 송달일까지는 연 5%의, 그 다음날부터 다 갚을 때까지는 연 12%의 각 비율에 의한 돈을 지급하라.
2. 소송비용은 피고의 부담으로 한다.
3. 위 제1항은 가집행할 수 있다.
라는 판결을 구합니다.

⑭ 동물 점유자 책임

1. 피고는 원고에게 금 6,727,000원 및 이에 대하여 20○○. ○. ○○.부터 이 사건 소장부본 송달일까지는 연 5%의, 그 다음날부터 다 갚을 때까지는 연 12%의 각 비율에 의한 돈을 지급하라.
2. 소송비용은 피고가 부담한다.
3. 위 제1항은 가집행할 수 있다.
라는 판결을 원합니다.

⑮ 미성년자의 감독자 책임

1. 피고는 원고에게 금 5,000,000원 및 이에 대하여 2018. 6. 18.부터 이 사건 소장부본 송달일까지는 연 5%의, 그 다음날부터 다 갚을 때까지는 연 12%의 각 비율에 의한 돈을 지급하라
2. 소송비용은 피고가 부담한다.
3. 위 제1항은 가집행할 수 있다.
라는 판결을 원합니다.

⑯ 굴착공사로 가옥, 벽 등의 균열

1. 피고는 원고에게 9,500,000원 및 이에 대하여 20○○. ○○. ○○.부터 이 사건
   소장부본 송달일까지는 연 5%의, 그 다음날부터 다 갚는 날까지는 연 12%의
   각 비율로 계산한 돈을 지급하라.
2. 소송비용은 피고가 부담한다.
3. 위 제1항은 가집행할 수 있다
라는 판결을 구합니다.

⑰ 계약불이행

1. 피고는 원고에게 금 10,000,000원 및 이에 대한 2000. 10. 1.부터 이 사건 소장부본 송달일까지는 연 5%의, 그 다음날부터 다 갚는 날까지 연 12%의 각 비율에 의한 돈을 지급하라.
2. 소송비용은 피고의 부담으로 한다.
3. 위 제1항은 가집행할 수 있다.
라는 판결을 구합니다.

⑱ 위임계약위반

1. 피고는 원고에게 금 ○○○원 및 이에 대한 20○○. ○○. ○○.부터 이 사건 소
   장부본 송달일까지는 민법에서 정한 연 5%의, 그 다음날부터 다 갚는 날까지는
   연 12%의 각 비율에 의한 돈을 지급하라.
2. 소송비용은 피고의 부담으로 한다.
3. 위 제1항은 가집행할 수 있다.
라는 판결을 구합니다.

⑲ 사용자 책임

1. 피고는 원고에게 금 100,000,000원 및 이에 대하여 20○○. ○. ○○.부터 이 사건 소장부본 송달일까지는 연 5%의, 그 다음날부터 다 갚을 때까지는 연 12%의 각 비율에 의한 돈을 지급하라.
2. 소송비용은 피고가 부담한다.
3. 위 제1항은 가집행할 수 있다.
라는 판결을 원합니다.

⑳ 농약의 용도를 잘못 알려준 경우

1. 피고는 원고에게 금 ○○○○○원 및 이에 대한 20○○. ○○. ○○.부터 이 사건 소장부본 송달일까지는 연 5%의, 그 다음날부터 다 갚는 날까지는 연 12%의 각 비율에 의한 돈을 지급하라.
2. 소송비용은 피고의 부담으로 한다.
3. 위 제1항은 가집행 할 수 있다.
라는 재판을 구합니다.

㉑ 주거침입 등, 일조권 침해

1. 피고는 원고에게 금 ○○○만원 및 이에 대한 20○○. ○○. ○○.부터 이 사건 소장부본 송달일까지는 연 5%의, 그 다음날부터 다 갚는 날까지는 연 12%의 각 비율에 의한 돈을 지급하라.
2. 소송비용은 피고의 부담으로 한다.
3. 위 제1항은 가집행할 수 있다.
라는 판결을 구합니다.

㉒ 일부 이행불능인 경우

1. 피고는 원고에게 금 120,000,000원 및 이에 대한 2001. 6. 30.부터 이 사건 소장부본 송달일까지는 연 5푼의, 그 다음날부터 다 갚는 날까지는 연 12%의 각 비율에 의한 돈을 지급하라.
2. 소송비용은 피고의 부담으로 한다.
3. 위 제1항에 한하여 가집행할 수 있다.
라는 판결을 구합니다.

㉓ 공작물의 보존의 하자로 인한 손해

1. 피고는 원고에게 금 10,000,000원 및 이에 대한 2000. 6. 30.부터 이 사건 소
   장부본 송달일까지는 연 5%의, 그 다음날부터 다 갚는 날까지는 연 12%의 각
   비율에 의한 돈을 지급하라.
2. 소송비용은 피고의 부담으로 한다.
3. 위 제1항은 가집행할 수 있다.
라는 판결을 구합니다.

㉔ 회사공금 횡령에 대한 신원보증인의 책임, 모욕, 지하철역 추락사고

1. 피고는 원고에게 금 ○○○원 및 이에 대하여 20○○. ○○. ○○.부터 이 사건 소장부본 송달일까지는 연 5%의, 그 다음날부터 다 갚을 때까지는 연 12%의 각 비율에 의한 돈을 지급하라.
2. 소송비용은 피고의 부담으로 한다.
3. 위 제1항은 가집행할 수 있다.
라는 판결을 구합니다.

㉕ 초상권 침해

1. 피고들은 연대하여 원고에게 금 ○○○원 및 이에 대한 20○○. ○. ○.부터 이 사건 소장부본 송달일까지는 연 5%의, 그 다음날부터 다 갚을 때까지는 연 12%의 각 비율에 의한 돈을 지급하라.
2. 소송비용은 피고들의 부담으로 한다.
3. 위 제1항은 가집행 할 수 있다.
라는 판결을 구합니다.

4. 부당이득반환 청구소송

① 부당이득반환 청구소송은 법률상 원인없이 타인의 재화나 노무로부터 이익을 얻은 자에게 권리자가 반환을 청구하는 소송이다.

② '부당이득'이란 법률상 원인없이 타인의 재화나 노무로부터 얻은 이익을 말하며, 부당이득은 권리자에게 반환해야 한다(민법 제741조).

③ 부당이득이 되려면 타인은 그 이익으로 인해 손실을 입었어야 한다. 일방이 이득을 보았더라도 상대방이 손실을 입지 않았다면 부당이득은 성립하지 않는다.

■ 부당이득반환 청구

① 판결선고일까지 연 5%로 청구한 경우

1. 피고는 원고에게 금 2,000,000원 및 이에 대한 이 사건 소장부본 송달 다음날
   부터 이 판결 선고일까지는 연 5%의, 그 다음날부터 다 갚을 때까지는 연 12%
   의 각 비율에 의한 돈을 지급하라.
2. 소송비용은 피고의 부담으로 한다.
3. 위 제1항은 가집행할 수 있다.
라는 판결을 구합니다.

② 사유지를 무단으로 도로로 사용한 경우

1. 피고는 원고에게,
   가. 금 ○○○원 및 이에 대하여 이 사건 소장부본 송달일 다음날부터 이 사건
       판결선고일까지는 연 5%의, 그 다음날부터 다 갚을 때까지는 연 12%의 각
       비율에 의한 돈을 지급하라.
   나. 20○○. ○. ○.부터 별지목록 기재 토지의 별지도면 표시 3, 4, 5, 6, 3의
       각 점을 차례로 연결한 (가)부분 150㎡에 대한 피고의 도로폐쇄 또는 원고의
       소유권상실일까지 매월 금 ○○○원을 지급하라.
2. 소송비용은 피고의 부담으로 한다.
3. 위 제1항의 가항은 가집행할 수 있다.
라는 판결을 구합니다.

[별 지]
부동산의 표시
○○시 ○○구 ○○동 ○○ 대 600㎡. 끝.

[별 지]

도   면

(○○시 ○○구 ○○동 ○○ 대 600㎡)

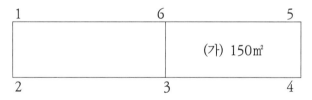

③ 배당받지 못한 근저당권자

1. 피고는 원고에게 금 35,000,000원 및 이에 대한 20○○. ○. ○.부터 이 사건 소장부본 송달일까지는 연 5%의, 그 다음날부터 다 갚을 때까지 연 12%의 각 비율에 의한 돈을 지급하라.
2. 소송비용은 피고의 부담으로 한다.
3. 위 제1항은 가집행할 수 있다.
라는 판결을 구합니다.

④ 배당받지 못한 주택임차

1. 피고는 원고에게 금 63,000,000원 및 이에 대한 20○○. ○. ○.부터 이 사건 소장부본 송달일까지는 연 5%의, 그 다음날부터 다 갚을 때까지는 연 12%의 각 비율에 의한 돈을 지급하라.
2. 소송비용은 피고의 부담으로 한다.
3. 위 제1항은 가집행할 수 있다.
라는 판결을 구합니다.

⑤ 가집행으로 인한 부당이득

---

1. 원고에게 피고 김◇◇는 ○○만원, 피고 이◇◇는 ○○만원 및 위 각 돈에 대하여 20○○. ○○. ○○.부터 이 사건 소장부본 송달일까지는 연 5%의, 그 다음 날부터 다 갚을 때까지는 연 12%의 각 비율에 의한 돈을 각 지급하라.
2. 소송비용은 피고들의 부담으로 한다.
3. 위 제1항은 가집행할 수 있다.
라는 재판을 구합니다.

■ 보이스피싱 피해

① 보이스피싱

1. 피고는 원고에게 (   )원 및 이에 대한 이 사건 소장부본 송달일 다음날부터 다 갚는 날까지 연 15%로 계산한 돈을 지급하라.
2. 소송비용은 피고가 부담한다.
3. 위 제1항은 가집행할 수 있다.
라는 판결을 구합니다.

1. 피고는 원고에게 금 3,000,000원 및 이에 대하여 20○○. ○. ○○.부터 이 사건 소장부본 송달일까지는 연 5%의, 그 다음날부터 다 갚을 때까지는 연 15%의 각 비율로 계산한 돈을 지급하라(원고는 불법행위로 인한 손해배상과 부당이득반환을 선택적으로 청구하였습니다).
2. 소송비용은 피고가 부담한다.
3. 위 제1항은 가집행 할 수 있다.
라는 판결을 원합니다.

② 착오송금으로 인한

1. 피고는 원고에게 500,000원 및 이에 대한 이 사건 소장 부본 송달 다음날부터 다 갚는 날까지 연 12%로 계산한 돈을 지급하라.
2. 소송비용은 피고가 부담한다.
3. 위 제1항은 가집행할 수 있다.
라는 판결을 구합니다.

5. 임차보증금반환 청구소송

■ 임차보증금반환

① 대항력있는 임차인이 경락인에게

1. 피고는 원고에게 금 60,000,000원 및 이에 대한 이 사건 소장부본 송달 다음날
   부터 다 갚는 날까지 연 12%의 비율에 의한 돈을 지급하라.
2. 소송비용은 피고의 부담으로 한다.
3. 위 제1항은 가집행할 수 있다.
라는 판결을 구합니다.

② 임대인사망, 상속인들을 상대로, 주택

1. 원고에게 피고 ◇◇◇는 금 30,000,000원, 피고 ◆①◇, 피고 ◆②◇는 각 금 20,000,000원 및 각 이에 대한 이 사건 소장부본 송달 다음날부터 다 갚는 날 까지 연 12%의 비율에 의한 돈을 지급하라.
2. 소송비용은 피고들의 부담으로 한다.
3. 위 제1항은 가집행할 수 있다.
라는 판결을 구합니다.

③ 임대차기간 1년 6월 만료, 다가구 주택

1. 피고는 원고에게 금 120,000,000원 및 이에 대한 20○○. ○○. ○○.부터 이 사건 소장부본 송달일까지는 연 5%의, 그 다음날부터 다 갚는 날까지는 연 12%의 각 비율에 의한 돈을 지급하라.
2. 소송비용은 피고의 부담으로 한다.
3. 위 제1항은 가집행할 수 있다.
라는 판결을 구합니다.

④ 계약기간 만료, 아파트

---

1. 피고는 원고에게 금 300,000,000원 및 이에 대한 이 사건 소장부본 송달 다음 날부터 다 갚는 날까지 연 12%의 비율에 의한 돈을 지급하라.
2. 소송비용은 피고의 부담으로 한다.
3. 위 제1항은 가집행할 수 있다.
라는 판결을 구합니다.

---

⑤ 임차인이 사망하여 상속인들이, 주택

1. 피고는 원고 ○○○에게 금 130,000,000원, 원고 ◉①○, 원고 ◉②○에게 각 금 120,000,000원 및 각 이에 대한 이 사건 소장부본 송달 다음날부터 다 갚는 날까지 연 12%의 비율에 의한 돈을 지급하라.
2. 소송비용은 피고의 부담으로 한다.
3. 위 제1항은 가집행할 수 있다.
라는 판결을 구합니다.

⑥ 임차주택 양도된 경우 양도인에게 청구

1. 피고는 원고에게 금 60,000,000원 및 이에 대한 이 사건 소장부본 송달 다음날부터 다 갚는 날까지 연 12%의 비율에 의한 돈을 지급하라.
2. 소송비용은 피고의 부담으로 한다.
3. 위 제1항은 가집행할 수 있다.
라는 판결을 구합니다.

⑦ 임대차기간 2년 만료, 다세대 주택

1. 피고는 원고에게 금 130,000,000원 및 이에 대한 이 사건 소장부본 송달 다음 날부터 다 갚는 날까지 연 12%의 비율에 의한 돈을 지급하라.
2. 소송비용은 피고의 부담으로 한다.
3. 위 제1항은 가집행할 수 있다.
라는 판결을 구합니다.

⑧ 지하방, 누수를 원인으로 계약해지

1. 피고는 원고에게 금 80,000,000원 및 이에 대한 20○○. ○○. ○○.부터 이 사건 소장부본 송달일까지는 연 5%의, 그 다음날부터 다 갚는 날까지는 연 12%의 각 비율에 의한 돈을 지급하라.
2. 소송비용은 피고가 부담한다.
3. 위 제1항은 가집행할 수 있다.
라는 판결을 구합니다.

⑨ 묵시적 갱신 후 기간만료, 다세대주택

1. 피고는 원고에게 금 25,000,000원 및 이에 대하여 20○○. ○○. ○○.부터 이 사건 소장부본 송달일까지는 연 5%의, 그 다음날부터 다 갚는 날까지는 연 12%의 각 비율에 의한 돈을 지급하라.
2. 소송비용은 피고의 부담으로 한다.
3. 위 제1항은 가집행할 수 있다.
라는 판결을 구합니다.

⑩ 기간만료, 상가

1. 피고는 원고에게 금 ○○○,○○○,○○○원 및 이에 대한 20○○. ○○. ○○.부터 이 사건 소장부본 송달일까지는 연 5%의, 그 다음날부터 다 갚는 날까지는 연 12%의 각 비율에 의한 돈을 지급하라.
2. 소송비용은 피고의 부담으로 한다.
3. 위 제1항은 가집행할 수 있다.
라는 판결을 구합니다.

⑪ 임차상가 양도된 경우 양도인에게 청구

1. 피고는 원고에게 금 150,000,000원 및 이에 대한 이 사건 소장부본 송달 다음
   날부터 다 갚는 날까지 연 12%의 비율에 의한 돈을 지급하라.
2. 소송비용은 피고의 부담으로 한다.
3. 위 제1항은 가집행할 수 있다.
라는 판결을 구합니다.

⑫ 묵시적 갱신 후, 상가건물임대차

1. 피고는 원고에게 금 700,000,000원 및 이에 대한 이 사건 소장부본 송달 다음 날부터 다 갚는 날까지 연 12%의 비율에 의한 돈을 지급하라.
2. 소송비용은 피고의 부담으로 한다.
3. 위 제1항은 가집행할 수 있다.
라는 판결을 구합니다.

⑬ 매수인이 전세금반환채무를 인수한 경우, 상가

1. 피고는 원고에게 금 300,000,000원 및 이에 대한 이 사건 소장부본 송달 다음
   날부터 다 갚는 날까지 연 12%의 비율에 의한 돈을 지급하라.
2. 소송비용은 피고의 부담으로 한다.
3. 위 제1항은 가집행 할 수 있다.
라는 판결을 구합니다.

6. 기타 이행청구의 소

■ 분묘철거 등 이행청구(분묘·망주석 철거의 경우)

1. 피고는 원고에게 ○○시 ○○동 산 ○○의 ○ 임야 ○○○㎡ 가운데 별지도면 표시 ㄱ, ㄴ, ㄷ ,ㄹ, ㄱ의 각 점을 차례로 연결한 선내 (가)부분 34㎡ 지상에 설치된 분묘 1기 및 망주석 2개를 철거하고 위 (가)부분 34㎡를 인도하라.
2. 소송비용은 피고의 부담으로 한다.
3. 위 제1항은 가집행할 수 있다.
라는 판결을 구합니다.

[별 지]

도   면

(○○시 ○○동 산 ○○의 ○ 임야 ○○○㎡)

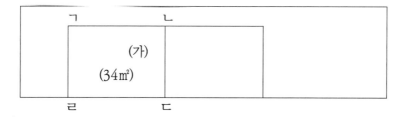

끝

■ 가등기의 말소등기절차이행청구

1. 피고는 원고에게 별지 목록 기재 부동산에 관하여 ○○지방법원 ○○등기소 20
   ○○. ○. ○○. 접수 제○○○○○호로 마친 가등기에 대하여 말소등기절차를
   이행하라.
2. 소송비용은 피고가 부담한다.
라는 판결을 구합니다.

[별지]

부동산의   표시

1. 경기 ○○군 ○○면 ○○길 ○○
[도로명주소] ○○시 ○○구 ○○로 ○○ 지상 벽돌조 기와지붕 단층주택 ○○○㎡.
끝.

■ 근저당권말소등기의 회복등기절차이행청구 등

1. 원고에게
   가. 피고 김◇◇는 원고에게 별지목록 기재 부동산에 관하여, ○○지방법원 ○○ · 등기소 20○○. ○○. ○. 접수 제○○○○호로 말소등기된 같은 등기소 20○ ○. ○. ○. 접수 제○○○호 근저당권설정등기의 회복등기절차를 이행하고,
   나. 피고 박◇◇는 위 회복등기에 대하여 승낙의 의사표시를 하라.
2. 소송비용은 피고의 부담으로 한다
라는 판결을 구합니다.

[별 지]

부동산의 표시

1. ○○시 ○○구 ○○동 ○○-○○
   대 157.4㎡
1. 위 지상
   벽돌조 평슬래브지붕 2층주택
    1층 74.82㎡
    2층 74.82㎡
    지층 97.89㎡.

끝.

■ 저당권설정가등기의 본등기절차 이행청구

1. 피고는 원고에게 별지목록 기재 부동산에 대하여 20○○. ○. ○. ○○지방법원
   접수 제○○○호로서 마친 저당권설정청구권보전가등기에 대하여 20○○. ○.
   ○. 계약을 원인으로 한 본등기절차를 이행하라.
2. 소송비용은 피고의 부담으로 한다.
라는 판결을 구합니다.

[별 지]

부동산의 표시

○○시 ○○구 ○○동 ○○-○○ 대 ○○○㎡.

끝.

■ 근저당권설정등기절차 이행청구

1. 피고는 원고에게 별지목록 기재 부동산에 관하여 20○○. ○. ○. 근저당권설정 계약에 의한 근저당권설정등기절차를 이행하라.
2. 소송비용은 피고의 부담으로 한다.
라는 판결을 구합니다.

[별   지]

부동산의 표시

○○시 ○○구 ○○동 ○○ 대 676.5㎡.

끝.

■ 채무자변경등기절차 이행청구

1. 피고는 원고에게 별지 목록 기재 부동산에 관하여 ○○지방법원 ○○지원 20○
   ○. ○. ○. 접수 제○○○호로 경료한 근저당권의 등기사항 중 "채무자 ◉◉◉
   ○○시 ○○로 ○○번지 ○○"을 "채무자 ◆◆◆ ○○시 ○○로 ○○번지 ○○"로
   변경하는 근저당권설정등기 변경등기절차를 이행하라.
2. 소송비용은 피고의 부담으로 한다.
라는 판결을 구합니다.

[별 지]

부 동 산 의 표 시

1. ○○시 ○○구 ○○동 ○○-○○
   대 157.4㎡
1. 위 지상
   벽돌조 평슬래브지붕 2층주택
   1층 74.82㎡
   2층 74.82㎡
   지층 97.89㎡.

끝.

■ 분양계약자 명의변경절차 이행청구

1. 피고는 원고들에게 별지 목록 기재 부동산에 관하여 20○○. ○. ○. 매매를 원
   인으로 한 주식회사 ◆◆ 보관 ○○○○타운 분양계약자 대장상의 분양계약자명
   의변경절차를 이행하라.
2. 소송비용은 피고의 부담으로 한다.
라는 판결을 구합니다.

[별 지]

부 동 산 의 표 시

1. 소재지: ○○시 ○○구 ○○로 ○○ 77.0904㎡ (23.31평형)
2. 건 물: 전용면적   59.9850㎡ (18.1454평)
              주거공용면적   17.1054㎡ (5.1743평)
              공급면적   77.0904㎡ (23.3197평)
              기타공급면적   2.6340㎡ (0.7967평)
              법정초과지하증면적   17.0431㎡ (5.1555평)
              계약면적   96.7675㎡ (29.2719평)
3. 대 지: 공유지분   30.4644㎡ (9.2154평)
4. 부대시설(공용)   이 아파트에 따른 전기, 도로, 상수도 시설 및 부대시설

끝.

■ 분양계약자 명의변경절차 이행청구(분양권 매도인을 상대로)

1. 피고는 원고에 대하여 별지 목록 기재 부동산에 관하여 피고와 소외 ◉◉주식회사 사이에 20○○. ○. ○. 체결된 분양계약에 기한 분양계약자 명의변경절차를 이행하라.
2. 소송비용은 피고의 부담으로 한다.
라는 판결을 구합니다.

[별 지]

부 동 산 목 록

(1동 건물의 표시)

  서울 ○○구 ○○동 ○○○의 292

  같은 곳   ○○○의 293

  같은 곳   ○○○의 294

  같은 곳   ○○○의 295

  [도로명주소] ○○시 ○○구 ○○길 ○○

  철근콘크리트조 모임지붕 4층 연립주택(19세대)

(전유부분의 건물의 표시)

  철큰콘크리트조 4층 402호 166.15㎡

(대지권의 목적인 토지의 표시)

  1. 서울 ○○구 ○○동 ○○○의 292 대 165㎡

  2. 같은 곳   ○○○의 293 대 165㎡

  3. 같은 곳   ○○○의 294 대 165㎡

  4. 같은 곳   ○○○의 295 대 165㎡

(대지권의 표시)

  1 내지 4번 소유권 660분지 68.870

끝.

■ 토지거래허가절차 이행청구

1. 피고는 원고에게, 원고와 피고 사이에 20○○. ○. ○. 체결된 별지 목록 기재 토지의 매매계약에 관하여 토지거래허가 신청절차를 이행하라.
2. 소송비용은 피고의 부담으로 한다.
라는 판결을 구합니다.

[별 지]

부동산의 표시

서울 ○○구 ○○동 ○○-○○ 대 ○○○㎡.

끝.

■ 자동차소유권이전등록절차 이행청구(명의신탁해지)

1. 피고는 원고에게 별지목록 기재 자동차에 관하여 20○○. ○. ○. 명의신탁해지를 원인으로 하여 소유자 명의를 원고에서 피고로 하는 소유권이전등록절차를 이행하라.
2. 소송비용은 피고가 부담한다.
라는 판결을 구합니다.

[별　지]

자동차의 표시

1. 자동차등록번호: ○○다○○○○호
1. 형식승인번호: ○-○○○○-005-006
1. 차　　　　　명: ○ ○
1. 차　　　　　종: 승용자동차
1. 차 대 번 호: ○○
1. 원 동 기 형 식: ○○
1. 등 록 연 월 일: 1997
1. 최 종 소 유 자: △ △ △
1. 사 용 본 거 지: ○○시 ○○구 ○○길 ○○.

끝.

■ 건축허가 명의변경절차 이행청구

1. 피고는 원고에게 20○○. ○○. ○○.자 매매계약을 원인으로 하여 별지 목록 기재 건물에 관한 건축허가서(○○구청 건축허가번호 20○○년 제○○○호)의 건축주 명의를 변경하는 절차를 이행하라.
2. 소송비용은 피고의 부담으로 한다.
라는 판결을 구합니다.

[별지]

건물목록

서울 ○○구 ○○동 ○○ ○○.○○㎡ 지상
적벽돌조적조 슬래브지붕 단층주택 ○○.○○㎡
부속건물 적벽돌조적조 슬래브지붕 단층변소 및 창고 ○.○㎡.

끝.

■ 아파트 수분양자 명의변경절차 이행청구(분양자를 상대로)

1. 피고는 원고에게 별지 목록 기재 부동산에 관하여 20○○. ○. ○. 원고와 소외 김◆◆ 사이에 체결된 매매계약을 원인으로 한 수분양자명의변경절차를 이행하라.
2. 소송비용은 피고의 부담으로 한다.
라는 판결을 구합니다.

[별 지]

부동산의 표시

○○시 ○○구 ○○동 ○○ 대 ○○○○.○○㎡ 지상 ○○아파트 제○동
철근콘크리트조 슬래브지붕 ○층 아파트 중 ○층 ○호
건물의 표시
　전용면적: 132.960㎡
　공용면적: 33.297㎡
　공급면적:166.257㎡
　지하주차장 면적: 32.558㎡
　계약면적: 198.815㎡
대지의 표시
　공유면적: 53.861㎡.

끝.

■ 영업허가 명의변경절차 이행청구(영업양도의 경우)

1. 피고는 원고에게 별지 목록 기재 영업허가에 관하여 20○○. ○. ○. 영업양도를
   원인으로 한 명의변경절차를 이행하라.
2. 소송비용은 피고의 부담으로 한다.
라는 판결을 구합니다.

[별　지]

목　　록

허가번호	제500호
대표자	○○○
주민등록번호	111111 - 1111111
주소지	○○시 ○구 ○○길 ○○
명칭	○○○
소재지	○○시 ○○구 ○○길 ○○
영업의 종류	단란주점영업
허가년월일	20○○. ○. ○.
허가자	○○구청장.

끝.

■ 전화가입권 명의변경절차 이행청구

1. 피고는 원고에게 별지 목록 기재 전화가입권에 대하여 20○○. ○. ○. 영업양도를 원인으로 한 명의변경절차를 이행하라.
2. 소송비용은 피고의 부담으로 한다.
라는 판결을 구합니다.

[별　지]

전 화 목 록

1. 종류 : 일반전화
2. 전화번호 : ○○○ - ○○○○
3. 가입자명의 : ○○○
4. 가입자주소지 : ○○시 ○○구 ○○로 ○○
5. 설치장소 : ○○시 ○○구 ○○로 ○○
6. 가입전화국 : ○○통신 ○○전화국.

끝.

제3장

확인의 소 청구취지 기재 요령 및 작성례

PART 1. 청구취지 기재 요령

① 확인의 소에는 적극적인 확인의 소와 소극적인 확인의 소가 있는바, "○○부동산이 원고의 소유임을 확인한다", "원고의 피고에 대한 2023. 10. 15.자 소비대차계약에 기한 10,000,000원의 대여금 채무가 존재하지 아니함을 확인한다"와 같이 확인의 대상이 되는 권리 또는 법률관계가 특정될 수 있도록 그 종류·범위·발생원인 등을 명확히 하고 목적물도 특정하여 표시한 후 그 존재나 부존재의 확인을 구하는 취지를 기재하여야 한다. 특히 토지의 일부가 확인소송의 목적이 된 경우에는 특정물의 인도를 구하는 이행의 소의 경우와 마찬가지로 목적물을 정확하게 특정하여야 한다.

② 그렇지 아니하고 토지와 그 지상건물의 소유권확인을 구하면서 토지의 지번·지목·면적만을 표시하고 건물에 관하여는 '지상건물 일체 포함'으로만 표시하였다면 건물의 표시가 특정된 것이라 할 수 없으므로 위법하다.

③ 그 표시의 정도는 대상 권리가 물권인가 채권인가에 따라 약간의 차이가 있다. 물권의 확인을 구하는 경우에는 목적물과 주체 및 종류(제한물권의 경우에는 내용까지)만 명확히 하는 것으로 충분하다. 물권의 경우에는 동일 주체가 동일 목적물에 대하여 가지는 동일 종류의 권리가 여러 개 있을 수 없기 때문이다. 그러나 채권의 존재 또는 채무의 부존재의 확인을 구하는 경우에는 채권의 목적, 범위뿐만 아니라 발생원인까지도 명백히 하여야 한다. 왜냐하면, 채권의 경우에는 동일 당사자 사이에 동일한 내용의 권리가 발생원인을 달리하여 여러 개 존재할 수 있기 때문이다. 당사자가 복수인 경우에는 당사자 누구와 누구 사이에 어떠한 권리관계의 확정을 구하는 것인가를 명확히 표시하여야 한다.

④ 확인 청구의 대상은 현재의 권리 또는 법률관계이지만, 예외적으로 법률관계를 증명하는 서면에 대하여는 사실관계임에도 불구하고 그 진부확인의 청구가 허용되고 있다(민사소송법 제250조). 위와 같은 증서의 진정여부를 확인하는 소의 청구취지는 확인의 대상이 되는 문서의 작성일자와 내용을 명확하게 하여야 한다.

⑤ 확인의 소에는 채무부존재확인소송, 임차권확인소송, 해고무효확인소송 등이 있다.

PART 2. 청구취지 작성례

1. 채무부존재확인소송

① '채무부존재 확인소송'이란 권리 또는 법률관계에서 범위의 다툼이 있는 경우 존부확인에 관한 판단을 청구하는 것을 말한다.

② 채무부존재 확인소송은 권리 또는 법률관계에서 범위의 다툼이 있는 경우 존부확인에 관한 판단을 청구하는 것을 말한다.

③ 채무부존재 확인소송의 소가는 확인할 물건(토지, 건물, 유가증권 등) 및 권리(소유권, 전세권 등)의 종류에 따라 산정된 금액이고, 인지대는 소가에 따른 인지대 계산방법으로 계산하면 된다.

■ 채무부존재확인소송 청구취지

① 전소유자의 체납관리비채무 부존재확인

---

1. 원고와 피고 사이에 별지목록 기재 아파트에 관한 20○○. ○. ○.부터 20○○. ○. ○○.까지의 사이에 발생한 관리비 금 ○○○○원에 대한 원고의 채무는 존재하지 아니함을 확인한다.
2. 소송비용은 피고의 부담으로 한다.
라는 판결을 구합니다.

[별　지]

부동산의 표시

1동의 건물의 표시

　○○시 ○○구 ○○동 ○○ ○○아파트 제5동

　[도로명주소] ○○시 ○○구 ○○로 ○○

전유부분의 건물표시

　　　　건물의 번호 : 5 - 2- 205

　　　　구　　　　조 : 철근콘크리트라멘조 슬래브지붕

　　　　면　　　　적 : 2층 205호 84.87㎡

대지권의 표시

　　　　토지의 표시 : ○○시 ○○구 ○○동 ○○

　　　　　　　　　　　　대 9,355㎡

　　　　대지권의 종류 : 소유권

　　　　대지권의 비율 : 935500분의 7652.

끝.

---

② 근저당권 피담보채권 부존재

---

1. 피고는 원고에게 별지 제1목록 기재 부동산에 대한 별지 제3목록 기재 근저당권설정 등기 목록과 같은 근저당권설정등기가 담보하는 채권이 존재하지 않음을 확인한다.
2. 소송비용은 피고의 부담으로 한다.
라는 판결을 구합니다.

[별지 1]

부동산의 표시

1. ○○시 ○○구 ○○동 ○○ 대 ○○○○.○㎡
1.위 지상 철근 콘크리트조 평슬래브지붕 7층 점포 및 사무실
  1층 ○○○.○㎡(점포)
  2층 ○○○.○㎡(사무실)
  3층 ○○○.○㎡(사무실)
  4층 ○○○.○㎡(사무실)
  5층 ○○○.○㎡(사무실)
  6층 ○○○.○㎡(사무실)
  7층 ○○○.○㎡(사무실)
  지하실 ○○○.○㎡(점포).

끝.

[별지 2]

부동산의 표시

1. ○○시 ○○구 ○○동 ○○ 대 ○○○.○㎡
2. ○○시 ○○구 ○○동 ○○-○ 대 ○○○.○㎡
3. ○○시 ○○구 ○○동 ○○-○○ 대 ○○○.○㎡
4. ○○시 ○○구 ○○동 ○○○ 대 ○○○.○㎡.

끝.

[별지 3]

근저당권설정등기 목록

1. 20○○. ○. ○. ○○지방법원 제○○○○호, 채권최고액 950,000,000원, 원인 20○○. ○. ○.자 근저당권설정계약
2. 위 같은 날 위 법원 접수 제○○○○호, 채권최고액 350,000,000원, 위 같은 날 근저당권설정계약
3. 위 같은 날 위 법원 접수 제○○○○호, 채권최고액 200,000,000원, 위 같은 날 근저당권설정계약
4. 위 같은 날 위 법원 접수 제○○○○호, 채권최고액 900,000,000원, 위 같은 날 근저당권설정계약.

끝.

③ 대여금채무, 변제공탁으로 소멸된 경우

---

1. 원고와 피고 사이의 20○○. ○. ○.자 금전소비대차계약에 기한 금 70,000,000
   원의 원고의 채무는 존재하지 아니함을 확인한다.
2. 소송비용은 피고의 부담으로 한다.
라는 판결을 구합니다.

---

④ 채무액이 특정되지 않는 경우

1. 원고의 피고에 대한, 피고가 20○○. ○. ○. 00:00경 ○○시 ○○길 ○○ 앞길
   에서 넘어진 사고로 인한 손해배상 채무는 존재하지 아니함을 확인한다.
2. 소송비용은 피고가 부담한다.
라는 판결을 구합니다.

2. 임차권확인소송

■ 토지임차권 존재확인 등 청구

1. 원고와 피고 김◇◇와의 사이에 별지 목록 1 기재 토지에 대하여 임대인 피고 김◇◇, 임차인 원고, 월 임료 금 ○○○원, 임대차기간 20○○. ○. ○.부터 20○○. ○○. ○○.까지 5년으로 하는 임대차계약이 존재함을 확인한다.
2. 피고 이◇◇는 별지 목록 2 기재 건물을 철거하고 별지목록 1 기재 토지를 원고에게 인도하라.
3. 소송비용은 피고들의 부담으로 한다.
4. 위 제2항은 가집행할 수 있다.
라는 판결을 구합니다.

[별지]

부동산의 표시

1. ○○시 ○○구 ○○동 ○○ 대 50㎡
2. 위 지상 목조 시멘트기와지붕 단층주택 30㎡.

끝.

■ **토지임차권 확인**

1. 원고와 피고 사이의 20○○. ○. ○.자 임대차계약에 기해 ○○시 ○○동 ○○○ 대 300㎡에 대하여 월임료 금 1,000,000원, 임차기간 20○○. ○. ○.부터 20 ○○. ○. ○.까지 ○년간으로 하는 임차권이 존재함을 확인한다.
2. 소송비용은 피고의 부담으로 한다.
라는 판결을 구합니다.

■ 임차권존재 확인청구

1. 원고와 피고 사이에 별지 목록 기재 부동산에 관하여 피고를 임대인, 원고를 임
   차인으로 하고 보통건물의 소유를 목적으로, 임대차기간 20○○. ○. ○.부터 20
   년간, 월 차임 금 500,000원으로 하는 임차권이 존재함을 확인한다.
2. 소송비용은 피고의 부담으로 한다.
라는 판결을 구합니다.

[별지]

부동산의 표시

○○시 ○○구 ○○동 ○○ 대 200㎡.

끝.

3. 해고무효확인소송

■ 해고무효확인 및 임금청구

1. 피고가 원고에 대하여 한 20○○. ○. ○○.자 해고는 무효임을 확인한다.
2. 피고는 원고에게 금 ○○○원 및 20○○. ○○. ○○.부터 원고가 복직하는 날까지 매월 말일에 금 ○○○원의 비율에 의한 돈을 지급하라.
3. 소송비용은 피고의 부담으로 한다.
4. 위 제2항은 가집행할 수 있다.
라는 판결을 구합니다.

■ 해고무효확인 청구

1. 피고가 원고에 대하여 한 20○○. ○. ○.자 해고는 무효임을 확인한다.
2. 소송비용은 피고가 부담한다.
라는 판결을 구합니다.

4. 기타 확인소송

■ 동업관계 및 부동산공유관계 확인

1. 원고와 피고 사이에 20○○. 8. 20.자 동업계약은 유효함을 확인한다.
2. 별지 목록 기재 부동산에 관하여, 원고가 3분의 2, 피고 각 3분의 1의 각 지분비율로 공유하고 있음을 확인한다.
2. 소송비용은 피고의 부담으로 한다.
라는 판결을 구합니다.

[별지]

부동산의 표시

○○시 ○○구 ○○동 ○○ 대 200㎡.

끝.

■ 주주총회결의 부존재확인

1. 20○○. ○. ○. 개최한 피고회사 주주총회에서 "◉◉◉를 이사에 선임하고 ◎◎
◎를 감사에 선임한 결의와 주식회사 상호를 ◇◇주식회사로 명칭을 변경한다."
라는 결의는 존재하지 아니함을 확인한다.
2. 소송비용은 피고의 부담으로 한다
라는 판결을 구합니다.

■ 주주총회결의 무효확인

1. 20○○. ○. ○. 개최한 피고회사 임시 주주총회에서 소외 ◆◆◆를 이사로 선임한 결의는 무효임을 확인한다.
2. 소송비용은 피고의 부담으로 한다
라는 판결을 구합니다.

■ 이사장선임결의 부존재확인

1. 피고의 20○○. ○○. ○.자 대의원총회에서 소외 ◆◆◆를 이사장으로 선임한 결의는 존재하지 아니함을 확인한다.
2. 소송비용은 피고가 부담한다.
라는 판결을 구합니다.

■ 대여금채무 부존재확인청구(채무면제로 인한 채무소멸)

1. 원고와 피고 사이의 20○○. ○. ○.자 금전소비대차계약에 의한 원금 10,000,000
   원 및 이에 대한 이자 기타 일체의 채무는 존재하지 아니함을 확인한다.
2. 소송비용은 피고의 부담으로 한다.
라는 판결을 구합니다.

■ 가계수표금채무 부존재확인

1. 원고가 발행한 별지목록 기재 가계수표금채무는 존재하지 아니함을 확인한다.
2. 소송비용은 피고의 부담으로 한다.
라는 판결을 원합니다.

[별   지]

수표의 표시

1. 금액 : 금 5,000,000원
1. 수표번호 : ○호○○0123456
1. 발행일 : 20○○. ○. ○.
1. 발행지 및 지급지 : ○○시
1. 지급장소 : ○○중앙회 ○○지점.

끝.

■ 친생자관계부존재확인 청구

① 이중등록부 정정 목적, 허위의 출생신고, 문서위조

1. 원고와 피고 사이에는 친생자관계가 존재하지 아니함을 확인한다.
2. 소송비용은 피고가 부담한다.
라는 판결을 구합니다.

② 혼인외의 자

1. 피고 박△△과 소외 망 김□□(주민등록번호)사이 및 피고 박△△과 소외 망 김
   ◎◎(주민등록번호) 사이에는 각 친생자관계가 존재하지 아니함을 확인한다.
2. 원고 김○○와 피고 박△△사이에는 친생자관계가 존재하지 아니함을 확인한다.
3. 원고 신○○과 소외 망 김◎◎(주민등록번호) 사이에는 친생자관계가 존재함을
   확인한다.
4. 소송비용중 원고들과 피고 박△△ 사이에서 생긴 부분은 피고 박△△의 부담으
   로 하고, 원고 신○○과 피고 검사 사이에서 생긴 부분은 국고의 부담으로 한다.
라는 판결을 구합니다.

제4장
형성의 소 청구취지 기재 요령 및 작성례

PART 1. 청구취지 기재 요령

① 형성의 소에 있어서는 '피고와 소외 ○○○ 사이에 별지 목록 기재 부동산에 관하여 2023. 4. 1. 체결된 매매계약을 취소한다" 또는 "피고의 주주총회가 2023. 5. 1.에 한 별지 지재 결의를 취소한다"와 같이 권리관계의 변동을 구하는 취지를 명확하게 하여야 한다.

② 청구취지는 확인청구의 그것과 마찬가지로 대체로 형성효과의 발생을 선언하는 형태(....한다)로 표시하여야 하고, 그 효과의 발생을 명하는 형태(....하라)를 취아여서는 아니 된다.

③ 다만, 공유물분할의 소, 경계확정의 소, 법정지상권자에 대한 지료청구의 소(민법 제366조) 등 형식적 형성의 소에서는 어떠한 내용의 판결을 할 것인가는 법원의 재량에 맡겨지기 때문에 통상의 소에서와 같이 청구취지를 반드시 명확히 특정할 필요는 없고, 법관의 재량권행사의 기초가 될 정도로만 기재하면 된다(대법원 1993. 11. 23. 선고 93다 41792 판결).

④ 형성의 소에는 제3자 이의소송, 사해행위취소등 청구소송, 공유물분할 청구소송 등이 있다.

PART 2. 청구취지 작성례

1. 제3자 이의소송

① 양도담보 동산

---

1. 피고가 소외 박◉◉에 대한 ○○지방법원 20○○가단○○○○호 집행력 있는 판결정본에 기하여 20○○. ○○. ○. 별지목록 기재 동산에 대하여 한 강제집행은 이를 불허한다.
2. 소송비용은 피고의 부담으로 한다.
라는 판결을 구합니다.

[별 지]

물 건 목 록

품명	수량(대)
○○ 에어컨(23평형)	1
○○지펠 냉장고(600L)	1
○○ 16인치 스탠드 선풍기	1

물건소재지 : ○○시 ○○구 ○○로 ○○.

끝.

---

② 아들의 채권자가 집행한 경우

1. 피고가 소외 ◉◉◉에 대한 공증인가 ○○법률사무소 20○○증서 제○○○○호 집행력 있는 공정증서에 기하여 별지목록 기재 동산에 대하여 20○○. ○. ○. 한 강제집행은 이를 불허한다.
2. 소송비용은 피고의 부담으로 한다.
라는 판결을 구합니다.

[별　지]

물 건 목 록

품명	수량(대)
○○ 에어컨(20평형)	1
○○냉장고(700L)	1
○○ 18인치 스탠드 선풍기	1

물건소재지 :　○○시 ○○구 ○○로 ○○.

끝.

③ 가압류집행에 대한 이의

1. 피고가 소외 ◉◉주택주식회사에 대한 ○○지방법원 ○○지원 20○○ 카단○○ ○○호 집행력 있는 가압류결정정본에 기하여 20○○. ○. ○. 가압류 집행한 물건 중 별지목록 기재 물건에 대하여 한 가압류집행은 이를 불허한다.
2. 소송비용은 피고의 부담으로 한다.
라는 판결을 구합니다.

[별 지]

물 건 목 록

소나무 원목 통나무 11,000사이
('사이'란 통나무를 3m간격으로 절단한 경우의 단위임}
물건소재지 : ○○시 ○○구 ○○로 ○○.

끝.

④ 양도담보 동산

1. 피고가 소외 ◉◉◉에 대한 ○○지방법원 20○○가단○○○○ 집행력 있는 판결
   정본에 기하여 20○○. ○. ○○. 별지목록 기재 동산에 대하여 한 강제집행은
   이를 불허한다.
2. 소송비용은 피고의 부담으로 한다.
라는 재판을 구합니다.

[별 지]

물 건 목 록

물 건 명 : 면직기
수   량 : 3대
제작회사 : ○○정밀
소 재 지 : ○○시 ○○구 ○○길 ○○.

끝.

⑤ 부부 일방소유 입증가능 동산

1. 피고가 소외 ◉◉◉에 대한 ○○지방법원 20○○. ○. ○. 선고 20○○가단○○
   ○ 판결의 집행력 있는 정본에 기초하여 20○○. ○. ○. 별지 목록 기재 물건에
   대하여 한 강제집행을 불허한다.
2. 소송비용은 피고가 부담한다.
라는 판결을 구합니다.

[별 지]

물 건 목 록

품명	수량(대)
○○ 에어컨(15평형)	1
○○지펠 냉장고(500L)	1
○○ 10인치 스탠드 선풍기	1

물건소재지 : ○○시 ○○구 ○○로 ○○.

끝.

2. 사해행위취소등 청구소송

① '사해행위'란 채권자를 해치려는 의도로 채무자의 일반재산의 감소를 일으켜 채권자에게 충분한 변제를 할 수 없는 상태가 되도록 하는 것을 말한다.

② 채무자가 채권자를 해치려는 의도는 적극적인 의욕이 아니라 책임재산에 감소가 생긴다는 사실을 인식하는 정도면 충분하다.

③ 사해행위취소 등 청구소송은 채무자가 채권자를 해치려는 의도로 일반재산의 감소를 일으켜 채권자에게 충분한 변제를 할 수 없는 상태로 만든 경우 채무자의 재산을 원상복귀하여 채무를 변제하도록 해줄 것을 채권자가 요청하는 소송이다.

④ 사해행위취소 등 청구소송의 소가는 취소되는 법률행위 목적의 가액을 한도로 한 원고의 채권액 이지만, 1개의 소장에 여러 개의 청구를 신청하는 경우에는 가장 다액인 청구 가액이 소가가 된다.

■ 사해행위취소 등 청구

① 사해행위취소 및 원상회복, 채무병합청구

1. 피고 김◇◇와 피고 이◇◇ 사이에 별지 목록 기재 부동산에 관하여 20○○. ○. ○. 체결한 매매계약을 취소한다.
2. 피고 이◇◇는 피고 김◇◇에게 별지 목록 기재 부동산에 관하여 ○○지방법원 ○○○등기소 20○○. ○. ○○. 접수 제○○○○호로 마친 소유권이전등기의 말소등기절차를 이행하라.
3. 피고 김◇◇는 원고에게 금 15,000,000원 및 이에 대한 이 사건 소장 부본 송달일 다음날부터 다 갚는 날까지 연 12%의 비율로 계산한 돈을 지급하라.
4. 소송비용은 피고들이 부담한다.
5. 위 제3항은 가집행할 수 있다.
라는 판결을 구합니다.

[별지]

부동산의 표시

○○시 ○○구 ○○동 ○○ 대 762㎡.

끝.

② 공유지분 증여계약 취소

1. 피고와 소외 ◆◆◆ 사이에 ○○시 ○○구 ○○동 ○○ 임야 12,853㎡ 중 1/5 지분에 관하여 20○○. ○○. ○. 체결된 증여계약을 취소한다.
2. 피고는 소외 ◆◆◆(주소:○○시 ○○구 ○○동 ○○)에게 위 부동산 중 위 지분에 관하여 ○○지방법원 ○○등기소 20○○. ○○. ○. 접수 제○○○호로 마친 소유권이전등기의 말소등기절차를 이행하라.
3. 소송비용은 피고가 부담한다.

라는 판결을 구합니다.

③ 증여계약취소, 진정명의회복

1. 피고와 소외 ◆◆◆ 사이에 별지 목록 기재 부동산에 관하여 20○○. ○○. ○. 체결된 증여계약을 취소한다.
2. 피고는 소외 ◆◆◆에게 위 부동산에 관하여 서울○○지방법원 ○○등기소 20○○. 3. 3. 접수 제1234호로 마친 소유권이전등기의 말소등기절차를 이행하라.
3. 소송비용은 피고가 부담한다.
라는 판결을 구합니다.

[별   지]

부동산의 표시

1동의 건물의 표시
　○○시 ○○구 ○○동 ○○ ○○○아파트 제5동
　[도로명주소] ○○시 ○○구 ○○로 ○○
전유부분 건물의 표시
　건물의 번호 : 5-2-203
　구　　　조 : 철근콘크리트조
　면　　　적 : 2층 203호 56.19㎡
대지권의 표시
　토지의 표시 : ○○시 ○○구 ○○동 ○○ 대 4003㎡
　대지권의 종류 : 위 토지의 소유권
　대지권의 비율 : 4003분의 36.124.

끝.

④ 사해행위취소 및 원상회복청구

1. 피고와 소외 ◈◈◈ 사이에 별지목록 기재 부동산에 관하여 20○○. ○○. ○. 체결한 부동산매매계약을 취소한다.
2. 피고는 원고에게 위 부동산에 관하여 ○○지방법원 ○○등기소 20○○. ○○. ○○. 접수 제○○○호로 마친 소유권이전등기의 말소등기절차를 이행하라.
3. 소송비용은 피고의 부담으로 한다.
라는 판결을 구합니다.

[별   지]

부동산의 표시

1동의 건물의 표시
  ○○시 ○○구 ○○동 ○○ ○○○아파트 제5동
  [도로명주소] ○○시 ○○구 ○○로 ○○
전유부분의 건물표시
        건물의 번호 : 5 - 2- 205
        구   조 : 철근콘크리트라멘조 슬래브지붕
        면   적 : 2층 205호 84.87㎡
대지권의 표시
        토지의 표시 : ○○시 ○○구 ○○동 ○○
                         대 9,355㎡
        대지권의 종류 : 소유권
        대지권의 비율 : 935500분의 7652.

끝

⑤ 증여계약 취소

1. 피고와 소외 ◈◈◈ 사이에 별지 목록 기재 부동산에 관하여 20○○. ○○. ○.
   체결된 증여계약을 취소한다.
2. 피고는 소외 ◈◈◈에게 별지 목록 기재 부동산에 관하여 ○○지방법원 ○○지원
   ○○등기소 20○○. ○○. ○○. 접수 제○○○○○호로 마친 소유권이전등기의
   말소등기절차를 이행하라.
3. 소송비용은 피고가 부담한다.
라는 판결을 구합니다.

[별 지]

부동산의 표시

1동의 건물의 표시
  ○○시 ○○구 ○○동 ○○ ○○○아피트 제6동
  [도로명주소] ○○시 ○○구 ○○로 ○○
전유부분 건물의 표시
   건물의 번호 : 6-1-103
   구   조 : 철근콘크리트조
   면   적 : 1층 103호 35.0㎡
대지권의 표시
  토지의 표시 : ○○시 ○○구 ○○동 ○○ 대 4003㎡
  대지권의 종류 : 위 토지의 소유권
  대지권의 비율 : 4003분의 36.124.

끝.

3. 공유물분할 청구소송

① '공유물분할'은 공유관계 소멸 원인 중의 하나로, 법률의 규정이나 별단의 특약이 없는 한, 각 공유자는 공유물의 분할을 청구할 수 있다(민법 제268조 제1항).

② 공유물분할 청구소송은 공유관계에 있는 자가 다른 공유자에게 분할을 청구하는 소송이다.

③ 공유물분할 청구소송의 소가는 목적물건 가액에 원고의 공유 지분 비율을 곱해 산출한 가액의 3분의 1이고, 인지대는 소가에 따른 인지대 계산방법으로 계산하면 된다.

■ 공유물분할청구

① 경매절차 공동매수한 단독주택 및 대지

1. 별지(1)목록 기재의 부동산에 관하여 별지도면 표시 ㄱ, ㄴ, ㄷ, ㄹ, ㄱ의 각 점을 차례로 연결한 선내 ㉮부분 ○○.○㎡는 원고의 소유로, 같은 도면 표시 ㄹ, ㄷ, ㅂ, ㅁ, ㄹ의 각 점을 차례로 연결한 선내 ㉯부분 ○○.○㎡는 피고의 소유로 분할하고, 만약 현물분할이 불가능할 때에는 별지(1)목록 기재의 부동산을 경매에 붙여 그 매각대금 중에서 경매비용을 뺀 나머지 금액을 원고 및 피고에게 각 2분의 1씩 배당한다.
2. 별지(2)목록 기재의 부동산은 이를 경매에 붙여 그 매각대금에서 경매비용을 뺀 나머지 금액을 원고 및 피고에게 각 2분의 1씩 배당한다.
3. 소송비용은 피고가 부담한다.
라는 판결을 구합니다.

[별 지(1)]

부동산의 표시

○○시 ○○구 ○○동 ○○-○○ 대 ○○○.○㎡. 끝.

[별 지(2)]

부동산의 표시

○○시 ○○구 ○○동 ○○-○○ 대 ○○○.○㎡ 지상
벽돌조 평슬래브지붕 단층주택 ○○.○○㎡. 끝.

[별 지]

도   면

(○○시 ○○구 ○○동 ○○ 임야 ○○○㎡)

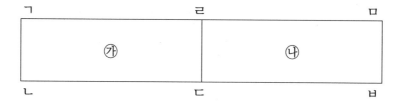

② 공동매수, 임야

1. 별지목록 기재 토지를, 그 중 별지도면 표시 ㄱ, ㄴ, ㄷ, ㄹ, ㄱ의 각 점을 차례로 연결한 선내 ㉮부분 ○○○㎡는 원고의 소유로, 같은 도면 표시 ㄹ, ㄷ, ㅂ, ㅁ, ㄹ의 각 점을 차례로 연결한 선내 ㉯부분 ○○○㎡는 피고의 소유로 각 분할한다.
2 소송비용은 피고의 부담으로 한다.
라는 판결을 구합니다.

[별 지]

부동산의 표시

○○시 ○○구 ○○동 ○○ 임야 ○○○㎡. 끝.

[별지]

도 면

(○○시 ○○구 ○○동 ○○ 임야 ○○○㎡)

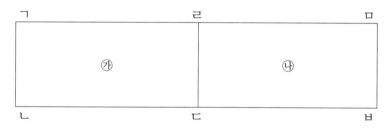

③ 공동매수, 대지

1. 별지 목록 기재의 부동산은 이를 경매하여 그 대금에서 경매비용을 공제한 금액을 3분하여 원고 및 피고들에게 각 3분의 1씩 배당한다.
2. 소송비용은 피고들이 부담한다.
라는 판결을 구합니다.

[별 지]

부동산의 표시

1. ○○시 ○○구 ○○동 ○○-○○ 대 ○○○㎡
2. 위 지상 철근콘크리트 슬래브지붕 2층주택
   1층 ○○㎡
   2층 ○○㎡.

끝.

④ 대금분할

---

1. 별지목록1 기재의 부동산을 경매하고, 그 매각대금에서 경매비용을 공제한 금액을 분할하여 별지목록2 기재의 공유지분 비율에 따라 원·피고들에게 각 배당한다.
2. 소송비용은 피고들이 부담한다.
라는 판결을 구합니다.

[별지 1]

부동산의 표시

　　　　1동 건물의 표시
　　　　○○시 ○○구 ○○동 ○○
　　　　[도로명주소] ○○시 ○○구 ○○길 ○○
　　　　철근콘크리트조 슬래브지붕 6층 아파트
　　　　　　　　1층 201㎡
　　　　　　　　2층 260㎡
　　　　　　　　3층 260㎡
　　　　　　　　4층 260㎡
　　　　　　　　5층 260㎡
　　　　　　　　6층 260㎡
　　　　　　　　지층 238㎡
　　　전유부분의 건물표시
　　　　　　제3층 제302호
　　　　　　철근콘크리트조
　　　　　　59㎡
　　　대지권의 목적인 토지의 표시
　　　　○○시 ○○구 ○○동 ○○
　　　　　　대 1861.5㎡, 대 1909.9㎡
　　　대지권의 표시
　　　　　소유대지권
　　　　　대지권비율 3771.4분의 37.67.

　　　　　　　　　　　　　　　　　　　　　　　　끝.

[별지 2]

공유자 및 지분표시

공 유 자	공 유 지 분
원 고 ○○○	1/3
피 고 1. 김◇◇	1/3
피 고 2. 이◇◇	1/3

⑤ 상속된 공유토지 분할

1. 별지목록 기재 부동산에 관하여 별지도면 표시 "4,5,6,7,4"의 각 점을 차례로 연결한 선내의 (가)부분 719.9㎡를 원고 정○○, 같은 정○○, 같은 정○○, 같은 정○○의 공유로, 같은 도면 표시 "1,2,3,4,7,8,9,1"의 각 점을 차례로 연결한 선내의 (나)부분 867.1㎡를 피고들의 공유로 분할한다. 만약 현물분할이 불가능할 때에는 위 부동산을 경매에 붙여 그 대금 중에서 경매비용을 공제한 금액 중 각 615분의 72를 원고 정○○, 원고 정○○, 원고 정○○에게, 615분의 63을 원고 정○○에게, 615분의 102를 피고 정◇◇에게, 각 615분의 72를 피고 정◇◇, 피고 정◇◇, 피고 정◇◇에게, 615분의 18을 피고 정◇◇에게 각 배당한다.
2. 소송비용은 피고들이 부담한다.
라는 판결을 구합니다.

■ 공유물분할 및 공유관계확인의 소

1. 별지목록 기재 부동산은 원고가 3/5, 피고가 2/5 지분비율로 공유하고 있음을 확인한다.
2. 별지목록 기재 부동산에 관하여 별지도면 표시 1, 2, 3, 4, 1의 각 점을 차례로 연결한 선내 (가)부분 240㎡는 원고의 소유로, 같은 도면 표시 3, 4, 5, 6, 3 각 점을 차례로 연결한 선내 (나)부분 160㎡는 피고의 소유로 각 분할한다.
3. 소송비용은 피고의 부담으로 한다.
라는 판결을 구합니다.

[별　지]

부동산의 표시

○○시 ○○구 ○○동 ○○ 대 400㎡. 끝.

[별　지]

도　　　　　면

(○○시 ○○구 ○○동 ○○ 대 400㎡)

1	2
가(240㎡)	
4	3
나(160㎡)	
5	6

4. 경계확정소송

■ 토지경계확정

1. 원고 소유인 ○○시 ○○구 ○○동 ○○ 대 47㎡와 피고 소유인 같은 동 ○○-○ 대 40㎡의 경계선은 별지도면 표시 "가"와 "나"를 일직선으로 연결하는 선으로 확정한다.
2. 소송비용은 피고의 부담으로 한다.
라는 판결을 구합니다.

[별 지]

도   면

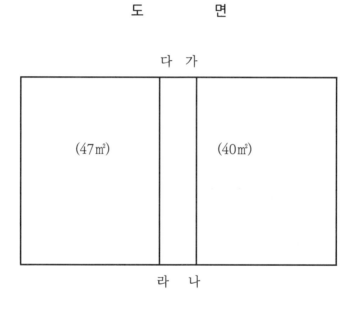

■ 대지경계확정

1. 원고 소유의 별지목록 제1기재 토지와, 피고 소유의 별지목록 제2기재 토지사이의 경계선은 위 별지목록 제1기재 토지상의 별지도면 표시 (가)건물의 동쪽 후면인 별지 도면 표시 ㉠, ㉡을 연결한 직선으로부터 동쪽으로 2.5m 거리인 같은 도면 표시 ㉢, ㉣을 연결한 직선으로 확정한다.
2. 소송비용은 피고의 부담으로 한다.
라는 판결을 구합니다.

[별 지]

부동산의 표시

제1부동산 : ○○시 ○○구 ○○동 ○○ ○○○㎡
제2부동산 : ○○시 ○○구 ○○동 ○○-○ ○○○㎡. 끝.

도   면
○○시 ○○구 ○○동 ○○○○시 ○○구 ○○동 ○○-○

제2편

민사집행 신청취지

제1장
가압류에 대한 신청취지

Part 1. 개론(概論)

1. 가압류의 의미

"가압류"란 금전채권이나 금전으로 환산할 수 있는 채권(예컨대 매매대금, 대여금, 어음금, 수표금, 양수금, 공사대금, 임금, 손해배상청구권 등)의 집행을 보전(保全)할 목적으로 미리 채무자의 재산을 동결(凍結)시켜 채무자로부터 그 재산에 대한 처분권을 잠정적으로 빼앗는 집행보전제도(執行保全制度)를 말한다(민사집행법 제276조 제1항).

2. 재산 종류에 따른 가압류 구분

① 가압류는 가압류의 대상이 되는 재산의 종류에 따라 부동산가압류, 선박·항공기·자동차·건설기계에 대한 가압류, 채권가압류, 유체동산가압류, 전세권 등 그 밖의 재산권에 대한 가압류로 구분할 수 있다.

② 전세권 등 그 밖의 재산권에는 채무자의 제3자에 대한 유체동산 인도청구권, 부동산인도청구권, 골프회원권, 스포츠회원권, 콘도회원권, 유체동산에 대한 공유지분권, 특허권, 실용신안권, 상표권, 디자인권, 저작권 등의 지식재산권(저작인격권은 제외), 합명·합자·유한회사의 사원권, 조합권의 지분권, 주식발행 전의 주식이나 신주인수권, 예탁유가증권, 전세권 등이 있다.

3. 신청의 취지

① 소장의 청구취지에 상응하는 것으로 가압류를 통해 구하려는 그 내용을 말하며, 권리를 보전하기 위하여 필요한 보전처분의 종류와 태양을 적는다(민사집행규칙 제203조 제2항).

② 법원을 구속하는 것은 아니지만 당사자의 신청목적과 한도를 나타내는 표준이 되므로 다음과 같이 명확히 적어야 한다.

〈예시 1: 부동산가압류〉

> 1. 채권자는 채무자에 대한 위 청구채권의 집행을 보전하기 위하여 채무자 소유의 별지 목록 기재 부동산을 가압류한다.
> 라는 재판을 구합니다.

〈예시 2: 자동차가압류〉

> 1. 채권자는 채무자에 대한 위 청구채권의 집행을 보전하기 위하여 채무자 소유의 별지 목록 기재 자동차를 가압류한다.
> 라는 재판을 구합니다.

〈예시 3: 채권가압류〉

> 1. 채권자가 채무자에 대해 가지고 있는 위 청구채권의 집행을 보전하기 위하여 채무자의 제3채무자에 대한 별지 기재 채권을 가압류한다.
> 2. 제3채무자는 채무자에게 위 채권에 관한 지급을 해서는 아니된다.
> 라는 재판을 구합니다.

Part 2. 신청취지 작성례

1. 부동산가압류, 취소신청서

① 손해배상(자)

채권자가 채무자에 대하여 가지는 위 채권의 집행을 보전하기 위하여 채무자 소유의 별지 제1목록 기재 부동산을 가압류한다.
라는 재판을 구합니다.

[별 지 1]

가압류할 부동산의 표시

     1. ○○시 ○○구 ○○동 ○○-○○
       대 157.4㎡
    1.위 지상
     벽돌조 평슬래브 지붕 2층주택
      1층 74.82㎡
      2층 74.82㎡
      지층 97.89㎡.

                        끝.

---

② 손해배상금 또는 대여금

채권자가 채무자에 대하여 가지는 위 청구채권의 집행을 보전하기 위하여 채무자
소유의 별지 제1목록 기재 부동산은 이를 가압류한다.
라는 재판을 구합니다.

[별 지 1]

부동산의 표시

1. ○○시 ○○구 ○○동 ○○
    대 103.8㎡
2. 위 지상 벽돌조 시멘트기와지붕 2층주택
    1층 66.30㎡
    2층 44.30㎡.

끝.

③ 대여금, 약정금

채권자가 채무자에 대하여 가지는 위 채권의 집행을 보전하기 위하여 채무자 소유의 별지 제1목록 기재 부동산을 가압류한다.
라는 재판을 구합니다.

[별지 1]

가압류할 부동산의 표시

1. ○○시 ○○구 ○○동 ○○-○○
   대 180.4㎡
1. 위 지상
   벽돌조 평슬래브지붕 3층주택
   1층 74.82㎡
   2층 74.82㎡
   3층 74.82㎡
   지층 97.89㎡.

끝.

④ 양육비, 위자료

채권자가 채무자에 대하여 가지는 위 채권의 집행을 보전하기 위하여 채무자 소유의 별지 제1목록 기재 부동산을 가압류한다.
라는 재판을 구합니다.

[별 지 1]

부동산의 표시

1동의 건물의 표시
　　　○○시 ○○구 ○○동 ○○
　　　[도로명주소] ○○시 ○○구 ○○길 ○○
　　　○○시 ○○구 ○○동 ○○-○ ◎◎아파트 제107동
　　　철근콘크리트조 슬래브지붕 15층 아파트

전유부분의 건물의 표시
　　　철근콘크리트조 제9층 제901호 131.40㎡
대지권의 목적인 토지의 표시
　　　　1. ○○시 ○○구 ○○동 ○○ 대 ○○○○㎡
　　　　2. ○○시 ○○구 ○○동 ○○-○ 대 ○○○㎡
대지권의 표시　 1, 2 소유대지권 비율 43685.4분의 58.971.

끝.

⑤ 장비 사용료

　채권자의 채무자에 대한 위 청구채권의 집행을 보전하기 위하여 채무자 소유의 별지 제1목록 기재 각 부동산을 각 가압류한다.
라는 결정을 구합니다.

[별지 1]

부동산의 표시

1. 토지의 표시
　가. ○○시 ○○구 ○○동 ○○ 대 625㎡
　나. 위 같은 동 ○○○의 ○ 대 1,260㎡

2. 건물의 표시
　○○시 ○○구 ○○동 ○○ 및 같은 동 ○○○의 ○ 양 지상 제1호
　철근콘크리트조 슬래브지붕 2층 근린생활시설 및 운동시설, 업무시설
　　　　1층 1,030.58㎡
　　　　2층 1,002.62㎡
　　　　지층 1,403.62㎡

　용도 : 지층볼링장
　　　　1층 주차장 263.95㎡
　　　　　사무실 767.63㎡
　　　　2층 목욕탕, 대중음식점.

끝.

---

⑥ 임금 및 퇴직금청구, 공탁 보증보험증권 이용

　채권자가 채무자에 대하여 가지는 위 청구채권의 집행을 보전하기 위하여 채무자
소유의 별지 제1목록 기재의 부동산은 이를 가압류한다.
라는 재판을 구합니다.

[별 지 1]

가압류하여야 할 부동산의 표시

1동의 건물의 표시
　　　○○시 ○○구 ○○동 ○○
　　　[도로명주소] ○○시 ○○구 ○○길 ○○
　　　○○시 ○○구 ○○동 ○○-○ ◎◎아파트 제107동

　　　철근콘크리트조 슬래브지붕 15층 아파트
　　　1층 291.80㎡
　　　2층 283.50㎡
　　　3층 283.50㎡
　　　4층 283.50㎡
　　　5층 283.50㎡
　　　6층 283.50㎡
　　　7층 283.50㎡
　　　8층 283.50㎡
　　　9층 283.50㎡
　　　10층 283.50㎡
　　　11층 283.50㎡
　　　12층 283.50㎡
　　　13층 283.50㎡
　　　14층 283.50㎡
　　　15층 283.50㎡
　　　지층 282.38㎡

전유부분의 건물의 표시

철근콘크리트조 제9층 제901호 131.40㎡

대지권의 목적인 토지의 표시
    1. ○○시 ○○구 ○○동 ○○ 대 ○○○○㎡
    2. ○○시 ○○구 ○○동 ○○-○ 대 ○○○㎡

대지권의 표시   1, 2 소유대지권 비율 43685.4분의 58.971.

끝.

⑦ 체불임금 및 퇴직금

채권자들의 채무자에 대한 별지 제1목록 체불임금 및 퇴직금 내역서 (마)항 기재의 미지급임금 및 퇴직금 합계 금 28,696,745원 청구채권의 집행을 보전하기 위하여 채무자 소유의 별지 제2목록 기재 부동산을 가압류한다.
라는 결정을 구합니다.

[별 지 1]

체불임금 및 퇴직금내역서

(단위 : 원)

번호	성 명	(가) 입사일	(나) 퇴사일	(다) 미지급 임금	(라) 퇴직금	(마) 합계
1	○①○	98.2.12	2000.3.23	5,237,220	3,313,110	8,550,330
2	○②○	98.12.1.	2000.3.23	3,601,540	1,371,770	4,973,310
3	○③○	97.4.1.	2000.3.23	3,758,380	3,555,400	7,313,780
4	○④○	99.5.1.	2000.12.3	1,135,980	2,488,510	3,624,490
5	○⑤○	99.4.6.	2000.11.1		4,234,835	4,234,835
계				13,733,120	14,963,625	28,696,745

[별 지 2]

가압류할 부동산의 표시

1. 1동의 건물의 표시
   ○○시 ○○구 ○○동 ○○
   [도로명주소] ○○시 ○○구 ○○길 ○○
   철근콘크리트조 시멘트기와지붕 3층연립주택
       1층 316.43㎡
       2층 316.43㎡
       3층 316.43㎡

지하실 316.43㎡
　　전유부분의 건물의 표시
　　철근콘크리트조 1층 101호 52.5㎡
　　지하실 17.02㎡
2. 대지권의 목적인 토지의 표시
　　○○시 ○○구 ○○동 ○○ 대 955.2㎡
　　대지권의 표시
　　소유권 955.2 분지 52.82 .

끝.

⑧ 수표금, 약속어음

채권자의 채무자에 대한 위 청구채권표시의 채권을 보전하기 위하여 채무자 소유의
별지 제1목록 기재 부동산을 가압류한다.
라는 재판을 구합니다.

[별지 1]

부동산의 표시

1동의 건물의 표시
　　○○시 ○○구 ○○동 ○○-○○ ○○연립 ○○동
　　　　1층　　243㎡
　　　　2층　　243㎡
　　　　3층　　243㎡
　　　　지층　　243㎡

전유부분의 건물의 표시
　　건물번호 : 라 - 3 - 303
　　구　　　조 : 철근 콘크리트조 슬래브지붕
　　면　　　적 : ○○층 ○○○호 60.75㎡
　　　　　　　　부속건물 지하9호 20.25㎡

대지권의 표시
　　토지의 표시
　　○○시 ○○구 ○○동 ○○-○○ 대 4,479㎡

대지권의 종류 : 소유권
대지권의 비율 : 4479분의 53.98
　　　　　　　　4479분의 18(부속건물의 대지권).

　　　　　　　　　　　　　　　　　　　　　　　　　　　끝.

⑨ 임차보증금반환채권

채권자의 채무자에 대한 위 청구채권을 보전하기 위하여 채무자 소유 별지 제1목
록 기재 부동산을 가압류한다.
라는 재판을 구합니다.

[별지 1]

부동산의 표시

1. ○○시 ○○구 ○○동 ○○-○○
   대 157.4㎡
1.위 지상
   벽돌조 평슬래브지붕 2층주택
   1층 74.82㎡
   2층 74.82㎡
   지층 97.89㎡.

끝.

⑩ 사전구상권(事前求償權)

채권자들이 채무자에 대하여 가지는 위 채권의 집행보전을 위하여 채무자 소유의
별지 제2목록 기재의 부동산을 가압류한다.
라는 재판을 구합니다.

[별지 2]

부동산의 표시

1. ○○시 ○○구 ○○동 ○○-○○
   대 157.4㎡
1. 위 지상
   벽돌조 평슬래브지붕 2층주택
    1층 74.82㎡
    2층 74.82㎡
    지층 97.89㎡.

끝.

⑪ 사해행위취소 원인

채권자가 채무자에 대하여 가지고 있는 위 채권의 집행을 보전하기 위하여 채무자 소유의 별지 목록 기재 부동산을 가압류한다.
라는 결정을 구합니다.

[별지]

부동산의 표시

(1동의 건물의 표시)
전라남도 목포시 상동 ○○○
[도로명주소]
전라남도 목포시 신흥로 ○○○
철근콘크리트 벽식구조 평슬래브지붕 15층 공동주택(아파트)
지층 574.53㎡　 (지하대피소)
1층 623.46㎡　 2층 578.28㎡　 3층 578.28㎡　 4층 578.28㎡ 5층 578.28㎡
6층 578.28㎡　 7층 578.28㎡　 8층 578.28㎡　 9층 578.28㎡ 10층 578.28㎡
11층 578.28㎡ 12층 578.28㎡ 13층 578.28㎡ 14층 578.28㎡ 15층 578.28㎡
(대지권의 목적인 토지의 표시)
1. 전라남도 목포시 상동 ○○○ 대 40102.5㎡
2. 전라남도 목포시 상동 ○○○대 1135.2㎡
(전유부분의 건물의 표시)
제12층 제○○○호 철근콘크리트 벽식구조 84.94㎡
(대지권의 표시)
1, 2 소유권대지권 41237.7분의 46.15.

끝.

⑫ 약속어음금청구채권

채권자가 채무자에 대하여 가지는 위 청구채권의 집행을 보전하기 위하여 채무자 소유의 별지 제1목록 기재 부동산은 이를 가압류한다.
라는 재판을 구합니다.

[별 지 1]

부동산의 표시

1. ○○ ○○군 ○○면 ○○리 ○○ 전 1,045㎡
2. ○○ ○○군 ○○면 ○○리 ○○-○○ 도로 113㎡.

끝.

■ 부동산가압류취소신청서

① 채무변제를 원인으로

1. 피신청인의 신청인에 대한 귀원 20○○카단○○○○호 부동산가압류신청사건에 관하여 귀원이 20○○. ○○. ○○. 신청인 소유의 별지목록 기재 부동산에 대하여 한 가압류결정은 이를 취소한다.
2. 소송비용은 피신청인의 부담으로 한다.
3. 위 제1항은 가집행할 수 있다.
라는 재판을 구합니다.

[별 지]

부동산의 표시

1. ○○시 ○○구 ○○동 ○○ 대 ○○○㎡
2. ○○시 ○○구 ○○동 ○○ 임야 ○○○㎡.

끝.

② 해방공탁을 이유로

　　위 당사자 사이의 귀원 20○○카단○○호 부동산가압류신청사건에 관하여 귀원에
서 20○○. ○. ○.자 결정한 가압류결정에 의한 채무자 소유의 별지목록 표시 부동
산에 대한 가압류의 집행이 완료되었는바, 채무자는 위 결정주문에 표시된 해방금
을 공탁하였기에 집행을 취소하여 주시기 바랍니다.

[별　지]

가압류부동산의 표시

　　1. ○○시 ○○구 ○○동 ○○-○○
　　　　대 157.4㎡
　　1. 위 지상
　　　　벽돌조 평슬래브지붕 2층주택
　　　　　　1층 74.82㎡
　　　　　　2층 74.82㎡
　　　　　　지층 97.89㎡.

끝.

---

2. 선박·자동차·건설기계에 대한 가압류

■ 선박강제경매신천서

1. 채권자의 채무자에 대한 위 청구채권의 변제에 충당하기 위하여, 채무자소유의 별지목록 기재 선박에 대한 강제경매절차를 개시하고, 채권자를 위하여 이를 압류한다.
2. 채무자는 위 선박을 ○○○항에 정박하여야 한다.
3. 귀원 소속 집행관은 위 선박의 선박국적증서 기타 항행에 필요한 문서를 수취하여 이 법원에 제출하여야 한다.
라는 재판을 구합니다.

[별 지]

선박의 표시

선박의 종류와 명칭	기선 제○○○호
선 적 항	○ ○ ○
선 질	강(鋼)
총 톤 수	○○○t
순 톤 수	○○○t
기관의 종류 및 수	디젤발동기 ○기
추진기의 종류 및 수	나선추진기 ○개
진수연월일	20○○년 ○월 ○일
정박장소	○○○항
소유자	○○해운주식회사
선장	◆◆◆(위 선박 안에 있음)
임대차	없음.

끝.

■ 선박담보권실행을 위한 경매신청서

1. 채권자의 채무자에 대한 위 청구채권의 변제를 위하여, 채무자소유의 별지목록 기재 선박에 대한 담보권실행을 위한 경매절차를 개시하고, 채권자를 위하여 이를 압류한다.
2. 채무자는 위 선박을 ○○○항에 정박하여야 한다.
3. 귀원소속 집행관은 위 선박의 선박국적증서 기타 항해에 필요한 문서를 수취하여 이 법원에 제출하여야 한다.
라는 재판을 구합니다.

[별   지]

선박의 표시

선박의 종류와 명칭	기선 제○○○호
선적항(또는 선적국)	○○항
선 질	강(鋼)
총 톤 수	○○○t
순 톤 수	○○○t
기관의 종류 및 수	디젤발동기 ○기
추진기의 종류 및 수	나선추진기 ○개
진수연월일	20○○. ○. ○.
정박장소	○○○항
소유자	◇◇◇
선장	◆◆◆
임대차	없음.

끝.

■ 자동차가압류신청서

　　채권자가 채무자에 대하여 가지고 있는 위 청구채권의 집행을 보전하기 위하여
채무자 소유의 별지 제1목록 기재의 자동차를 가압류한다.
라는 재판을 구합니다.

[별 지 1]

자동차의 표시

자동차등록번호　　서울○○마○○○○
형식승인번호　　　1-00187-0011-○○○○
차 명　　　　　　○○○
차 종　　　　　　승용자동차
차대번호　　　　　KMHMF21FPVU○○○○○
원동기 형식　　　 G4CP
년 식　　　　　　20○○년
최종소유자　　　 ◇◇◇
사용본거지　　　 ○○시 ○○구 ○○길 ○○.

끝.

■ 자동차가압류명령신청서

　채권자가 채무자에 대하여 가지고 있는 위 청구채권의 집행을 보전하기 위하여 채무자 소유의 별지 제1목록 기재의 자동차를 가압류한다.
라는 재판을 구합니다.

[별 지 1]

자동차의 표시

1. 자동차등록번호: 서울○○다○○○○호
1. 형식승인번호: ○-○○○○-005-006
1. 차　　　　　명: ○○○
1. 차　　　　　종: 승용자동차
1. 차 대 번 호: ○○○○○○○
1. 원 동 기 형 식: ○○○○○
1. 등록연월일: 20○○. ○. ○.
1. 최 종 소 유 자: ◇◇◇
1. 사 용 본 거 지: ○○시 ○○구 ○○길 ○○.

끝.

■ 자동차담보권실행을 위한 경매신청서

1. 채권자는 채무자에 대하여 가지는 위 청구채권의 변제에 충당하기 위하여 별지 목록 기재의 자동차에 대하여 담보권실행을 위한 경매절차를 개시하고, 채권자를 위하여 이를 압류한다.
2. 채무자는 위 자동차에 대한 점유를 풀고 이를 채권자가 위임하는 집행관에게 인도할 것을 명한다.
3. 집행관이 상당하다고 인정할 때는 인도 받은 자동차를 채권자 및 기타 적당하다고 인정되는 자에게 보관시킬 수 있다.
라는 재판을 구합니다.

[별 지]

경매할 자동차 목록

1. 자동차등록번호 : 서울○타○○○○
1. 자 동 차 명 : ○○○ L.P.G
1. 형   식 : ABC○○
1. 차 대 번 호 : ○○-○○-○○-○○○○○지
1. 원 동 기 형 식 : ○○-○○-○○-○○○○○지
1. 사 용 본 거 지 : ○○시 ○○구 ○○길 ○○
1. 소   유   자 : ◇◇◇

끝.

■ 자동차강제경매신청서

1. 채권자의 채무자에 대한 위 청구금액의 변제를 받기 위하여 채무자소유의 별지 목록 기재 자동차에 대한 강제경매절차를 개시하고, 채권자를 위하여 이를 압류한다.
2. 채무자는 위 자동차를 채권자의 위임을 받은 집행관에게 인도하여야 한다.
라는 재판을 구합니다.

[별   지]

경매할 자동차의 표시

1. 자동차등록번호　　　○○12가1234
1. 차　　　　　명　　　크레도스
1. 최 초 등 록 일　　　1999 -01 - 01
1. 년　　　　　식　　　 1999
1. 원 동 기 형 식　　　T8
1. 형식 승인 번호　　　1-0462-004-003
1. 차 대 번 호　 KNAGC2232TA163466
1. 사 용 본 거 지 ○○시 ○○구 ○○길 ○○
1. 소　　유　　자　　　◇◇◇.

끝.

■ 자동차인도명령신청서(압류 후 제3채무자가 점유한 경우)

  귀원 20○○타기○○○호 자동차강제경매사건에 관하여 채권자는 귀원소속 집행관에게 인도집행을 신청하였고, 이에 따라 집행관은 채무자로부터 인도를 받으려고 하였으나 목적 자동차가 존재하지 아니하여 그 소재를 조사한바, 위 점유자가 보관 중인 것으로 밝혀져 점유자에 대하여 인도를 청구하였으나 인도를 거부하여 이 사건 신청에 이른 것입니다.

[별 지]

경매할 자동차의 표시

1. 자 동 차 등 록 번 호   ○○12가1234
1. 차   명   크레도스
1. 최 초 등 록 일   1999 -01 - 01
1. 년   식   1999
1. 원 동 기 형 식   T8
1. 형 식 승 인 번 호   1-0462-004-003
1. 차 대 번 호   KNAGC2232TA163466
1. 사 용 본 거 지   ○○시 ○○구 ○○길 ○
1. 소   유   자   ◇◇◇.

끝.

■ 자동차인도명령신청서(강제경매신청 전의 자동차인도명령)

　　채무자(겸 소유자)는 채권자의 위임을 받은 집행관에게 별지목록 표시의 자동차를 인도하여야 한다.
라는 재판을 구합니다.

[별　지]

경매할 자동차의 표시

1. 자동차등록번호　　　○○12가1234
1. 차　　　　　명　　　크레도스
1. 최 초 등 록 일　　1999 -01 - 01
1. 년　　　　　식　　　1999
1. 원 동 기 형 식　　T8
1. 형 식 승 인 번 호　　1-0462-004-003
1. 차 대 번 호　　KNAGC2232TA163466
1. 사 용 본 거 지　　○○시 ○○구 ○○길 ○
1. 소　　유　　자　　◇◇◇.

　　　　　　　　　　　　　　　　　　　　　　끝.

■ 건설기계 가압류신청서(임금)

　　채권자가 채무자에 대하여 가지는 청구채권의 집행을 보전하기 위하여 채무자 소유의 별지 제1목록 기재 건설기계를 가압류한다.
라는 재판을 구합니다.

[별 지 1]

건설기계의 표시

1. 중　　기　　명 : 덤프트럭
1. 중기등록번호 : 전남 ○○가○○○○
1. 형　　　　식 : AM ○○○○
1. 중기차대번호 : ○○○○
1. 원동기형식 : DSC ○○○
1. 등록년월일 : 20○○. ○. ○.
1. 사용본거지 : ○○시 ○○구 ○○길 ○○
1. 소　유　자 : ◇◇◇.

끝.

3. 채권가압류신청서

① 손해배상채권으로 부동산경매에서의 배당금 청구채권

---

1. 채무자의 제3채무자에 대한 별지 기재의 채권을 가압류한다.
2. 제3채무자는 채무자에게 위 채권에 관한 지급을 하여서는 아니 된다.
라는 결정을 구합니다.

[별 지]

목   록

금 5,000,000원
◇◇법원 ▽▽▽타경▽▽▽▽호 부동산강제경매사건에서, 부동산매각대금 중 채무자
가 제3채무자로부터 수령할 배당금액 중 위 청구채권에 이르기까지의 금액.

끝.

---

② 금청구채권으로 공매절차에서 배분받을 배분금

1. 채무자의 제3채무자에 대한 별지 기재의 채권을 가압류한다.
2. 제3채무자는 채무자에게 위 채권에 관한 지급을 하여서는 아니 된다.
라는 결정을 구합니다.

[별 지]

목 록(가압류할 채권의 표시)

청구채권의 표시 : 금 10,000,000원 (임금 등)

채무자가 제3채무자에 대하여 가지는 (관리번호: OO 세무서 2017-OOOOO-001,
매각재산: 전남 화순 전 571㎡) 부동산공매사건에 대한 매각대금 중 배분절차에 의하
여 채무자가 제3채무자로부터 교부받을 배분금(잉여금) 청구채권 중 위 청구채권 금
액에 이르기까지 금액.

끝.

③ 손해배상채권으로 임차보증금반환채권에 대하여

> 1. 채무자의 제3채무자에 대한 별지 제1목록 기재의 채권을 가압류한다.
> 2. 제3채무자는 채무자에게 위 채권에 관한 지급을 하여서는 아니 된다.
> 라는 결정을 구합니다.
>
> [별 지 1]
> ### 가압류할 채권의 표시
>
> 금 19,978,765원
>
> 채무자가 제3채무자로부터 20○○. ○. ○. ○○시 ○○구 ○○길 ○에 있는 철근콘크리트조 평슬래브지붕 다세대주택인 ○○빌라 401호를 임차함에 있어서 제3채무자에게 지급한 임대차보증금의 반환채권[다만, 「주택임대차보호법」 제8조, 같은 법 시행령의 규정에 따라 우선변제를 받을 수 있는 금액에 해당하는 경우에는 이를 제외한 나머지 금액] 가운데 위 청구금액에 이르기까지의 금액.
>
> 끝.

④ 부당이득금반환채권으로 우체국 예금채권

1. 채무자의 제3채무자에 대한 별지 제1목록 기재의 채권을 가압류한다.
2. 제3채무자는 채무자에게 위 채권에 관한 지급을 하여서는 아니 된다.
라는 결정을 구합니다.

[별 지 1]

가압류할 채권의 표시

청구금액 : 금 170,000,000원

채무자가 제3채무자에 대하여 가지는 다음의 예금채권 중 현재 입금되어 있거나 장래 입금될 예금채권으로서 다음에서 기재한 순서에 따라 위 청구금액에 이를 때까지의 금액(단, 민사집행법 제246조 제1항 제8호 및 같은 법 시행령 제7조에 의하여 입류가 금지되는 예금을 세외한다).

- 다   음 -

1. 압류·가압류되지 않은 예금과 압류·가압류된 예금이 있는 때에는 다음 순서에 따라서 가압류한다.
    ① 선행 압류 · 가압류가 되지 않은 예금
    ② 선행 압류 · 가압류가 된 예금
2. 여러 종류의 예금이 있는 때에는 다음 순서에 의하여 가압류한다.
    ① 보통예금 ② 당좌예금 ③ 정기예금 ④ 정기적금
    ⑤ 별단예금 ⑥ 저축예금 ⑦ MMF   ⑧ MMDA
    ⑨ 신탁예금 ⑩ 채권형 예금 ⑪ 청약예금
3. 같은 종류의 예금이 여러 계좌가 있는 때에는 계좌번호가 빠른 예금부터 가압류한다.

끝.

⑤ 전부금채권으로 예금채권에 대하여-채권자가 선정당사자

1. 채권자(선정당사자) 및 선정자(채권자)가 채무자에 대하여 가지는 위 채권의 집행을 보전하기 위하여 채무자의 제3채무자들에 대하여 가지는 별지 제1목록 기재의 각 채권을 가압류한다.
2. 제3채무자들은 채무자에게 위의 각 채권에 관한 지급을 하여서는 아니 된다.
라는 재판을 구합니다.

[별 지 1]

당 사 자 선 정 서

선정 당사자 :
선정자들은 위 사람을 선정당사자로 정하고, 다음 소송에 관하여 선정자들 전원을 위한 소송수행자로 민사소송법 제 53조 제 1항에 의하여 선정당사자로 선정합니다.

- 다 음 -

1. 사건의 표시
   선정자들의 임금사건 및 이와 관련된 집행사건
2. 사건선정당사자의 공동 이해관계에 대하여
   선정당사자는 선정자들과 동일 사업체에서 근로한 근로자임.

20 .   .   .

선정자 목록 및 청구금액

성명	주민등록번호	주 소	청구금액

⑥ 부당이득금채권으로 급여채권(지자체 소속 소방공무원)

1. 채무자의 제3채무자에 대한 별지 기재 채권은 이를 가압류한다.
2. 제3채무자는 채무자에게 위 채권에 관한 지급을 하여서는 아니 된다.
라는 재판을 구합니다.

[별 지]

가압류할 채권의 표시

금 50,000,000원

채무자가 제3채무자로부터 매월 수령하는 급여채권(급료, 상여금, 그 밖에 이와 비슷한 성질을 가진 급여채권)에서 제세공과금을 뺀 잔액의 1/2씩 위 청구금액에 이를 때까지의 금액[다만, 국민기초생활보장법에 의한 최저생계비를 감안하여 민사집행법 시행령이 정한 금액에 해당하는 경우에는 이를 제외한 나머지 금액, 표준적인 가구의 생계비를 감안하여 민사집행법 시행령이 정한 금액에 해당하는 경우에는 이를 제외한 나머지 금액] 및 위 청구금액에 이르지 아니한 사이에 퇴직, 명예퇴직 또는 퇴직금 중간정산을 할 때에는 그 퇴직금, 명예퇴직금(또는 명예퇴직수당 등) 또는 중간정산금 중 제세공과금을 공제한 잔액의 2분의 1 한도 내에서 위 청구금액에 이를 때까지의금액.

끝.

⑦ 구상금 채권, 임금 및 퇴직금채권, 제3채무자 회생법인

1. 채무자의 제3채무자에 대한 별지 제1목록 기재의 채권을 가 압류한다.
2. 제3채무자는 채무자에게 위 채권에 관한 지급을 하여서는 아니 된다.
라는 결정을 구합니다.

[별지 1]

가압류할 채권의 표시

금 10,000,000원

채무자가 제3채무자로부터 매월 수령하는 급여채권(급료, 상여금, 그 밖에 이와 비슷한 성질을 가진 급여채권)에서 제세공과금을 뺀 잔액의 1/2씩 위 청구금액에 이를 때까지의 금액[다만, 국민기초생활보장법에 의한 최저생계비를 감안하여 민사집행법 시행령이 정한 금액에 해당하는 경우에는 이를 제외한 나머지 금액, 표준적인 가구의 생계비를 감안하여 민사집행법 시행령이 정한 금액에 해당하는 경우에는 이를 제외한 나머지 금액] 및 위 청구금액에 달하지 아니한 사이에 퇴직한 때에는 퇴직금에서 제세공과금을 뺀 잔액의 1/2 중 위 청구금액에 이를 때까지의 금액.

끝.

⑧ 임차보증금반환채권으로 입찰에 따른용역대금채권에-자치단에 입찰 등

1. 채무자의 제3채무자에 대한 별지 제1목록 기재의 채권을 가압류한다.
2. 제3채무자는 채무자에게 위 채권에 관한 지급을 하여서는 아니 된다.
라는 결정을 구합니다.

[별 지 1]

가압류할 채권의 표시

청구금액 : 금 170,000,000원

채무자가 20○○. ○. ○. 제3채무자(◆◆시)가 실시한 전산프로그램제작 및 관리용역업무 공개입찰에서 낙찰되어 제3채무자(◆◆시)에게 이행한 전산프로그램제작 및 관리용역대금채권 중 위 청구금액에 이르기까지의 금액.

끝.

⑨ 임금청구채권으로 공매절차에서 배분받을 배분금

1. 채무자의 제3채무자에 대한 별지 기재의 채권을 가압류한다.
2. 제3채무자는 채무자에게 위 채권에 관한 지급을 하여서는 아니 된다.
라는 결정을 구합니다.

[별 지]

목 록(가압류할 채권의 표시)

청구채권의 표시 : 금 10,000,000원 (임금 등)

채무자가 제3채무자에 대하여 가지는 (관리번호: ○○ 세무서2017-○○○○-001, 매각재산: 전남 화순 전 571㎡) 부동산공매사건에 대한 매각대금 중 배분절차에 의하여 채무자가 제3채무자로부터 교부받을 배분금(잉여금) 청구채권 중 위 청구채권 금액에 이르기까지 금액.

끝.

⑩ 약정금채권으로 공사대금

1. 채권자가 채무자에 대하여 가지는 위 청구금액의 채권집행을 보전하기 위하여 채무자의 제3채무자에 대한 별지 목록 기재 채권을 가압류한다.
2. 제3채무자는 채무자에게 위 채권에 관한 지급을 하여서는 아니된다.
라는 결정을 구합니다.

[별지]

가압류할 채권의 표시

청구금액 금 44,962,817원 (약정금채권)

1. 위 청구금액 중 10,000,000원에 대하여
채무자 양○○이 제3채무자 주식회사 ○○종합건설로부터 전남 광양시 황금동 산 100번지 일원에 대한 토지 평탄화 공사를 수행하고 지급받을 공사대금채권 중 위 청구금액에 이를 때까지의 금액. 다만 건설산업기본법 제88조 및 건설산업기본법 시행령 제84조의 규정에 의하여 당해 공사의 근로자에게 지급하여야 할 노임에 상당하는 금액은 제외함.

2. 위 청구금액 중 10,000,000원에 대하여
채무자 양○○이 제3채무자 ○○건설 주식회사로부터 경남 통영시 용남면 산150번지 일원에 대한 토지 평탄화 건설공사를 수행하고 지급받을 공사대금채권 중 위 청구금액에 이를 때까지의 금액. 다만 건설산업기본법 제88조 및 건설산업기본법 시행령 제84조의 규정에 의하여 당해 공사의 근로자에게 지급하여야 할 노임에 상당하는 금액은 제외함.

3. 위 청구금액 중 24,962,817원에 대하여
채무자 양○○이 제3채무자 ○○토건 주식회사로부터 전북 김제시 금산면 산50번지 일원에 대한 토지 평탄화 공사를 수행하고 지급받을 공사대금채권 중 위 청구금액에 이를 때까지의 금액. 다만 건설산업기본법 제88조 및 건설산업기본법 시행령 제84조의 규정에 의하여 당해 공사의 근로자에게 지급하여야 할 노임에 상당하는 금액은 제외함.

끝.

⑪ 약정금채권으로 백화점 매출금채권

1. 채무자의 제3채무자에 대한 별지 제1목록 기재의 채권을 가압류한다.
2. 제3채무자는 채무자에게 위의 채권에 관한 지급을 하여서는 아니 된다.
라는 결정을 구합니다.

[별 지 1]

가압류할 채권의 표시

금 10,000,000원

채무자가 20○○. ○. ○. 제3채무자와 체결한 물품납품계약에 따라 제3채무자에게
가지는 백화점 매출금채권 중 위 청구금액에 이를 때까지의 금액.

끝.

⑫ 추심채권으로 대여금채권

1. 채무자의 제3채무자에 대한 별지 목록 기재의 채권을 가압류한다.
2. 제3채무자는 채무자에게 위 채권에 관한 지급을 하여서는 아니된다.
라는 결정을 구합니다.

[별 지]

가압류할 채권의 표시

금 1,000,000원

채무자가 제3채무자에 대하여 가지는 대여금 채권 가운데 위 청구금액에 이를 때까지의 금액.

끝.

⑬ 매매대금채권으로 해방공탁금

1. 채무자의 제3채무자에 대한 별지 제1목록 기재의 채권을 가압류한다.
2. 제3채무자는 채무자에게 위 채권에 관한 지급을 하여서는 아니 된다.
라는 결정을 구합니다.

[별지 1]

가압류할 채권의 표시

청구금액 : 금 10,000,000원 (매매대금채권)
채무자가 제3채무자에 대하여 가지는 공탁금회수청구권(○○법원 ○○ 금 제 ○○ 호) 중 위 청구금액에 이를 때까지의 금액.

끝.

⑭ 임차보증금채권으로 국민건강보험공단 약사 약제비채권

1. 채무자가 제3채무자에 대하여 가지는 별지 제1목록 기재의 채권을 가압류한다.
2. 제3채무자는 채무자에게 위 채권에 관한 지급을 하여서는 아니 된다.
라는 재판을 구합니다.

[별 지 1]

가압류할 채권의 표시

금 ○○○원
채무자가 약제비 등 채권으로서 제3채무자 국민건강보험공단으로부터 지급받게 될
약제비 등 공단부담금 중 위 청구금액에 이르기까지의 금액.

끝.

⑮ 임금채권으로 강제집행정지 담보의 공탁금 회수청구권

1. 채무자의 제3채무자에 대한 별지 목록 기재 채권을 가압류한다.
2. 제3채무자는 채무자에게 위 채권에 관한 지급을 하여서는 아니 된다.
라는 결정을 구합니다.

[별 지]

가압류할 채권의 표시

청구채권액 금○○○원

채무자가 제3채무자에 대하여 가지는   20○○. ○. ○. 피공탁자를 ◆◆◆로 하여
■■지방법원 20○○년 금 제○○○○호로 공탁한 공탁금의 회수청구권(공탁 후 발생한 이자 전부 포함) 중 위 청구금액에 이를 때까지의 금액.

끝.

⑯ 손해배상채권으로 변제공탁금 출급청구권

1. 채무자의 제3채무자에 대한 별지 제1목록 기재의 채권을 가압류한다.
2. 제3채무자는 채무자에게 위의 채권에 관한 지급을 하여서는 아니 된다.
라는 결정을 구합니다.

[별 지 1]

가압류할 채권의 표시

금 19,978,765원

채무자가 제3채무자에 대하여 가지는 20○○. ○. ○. 공탁자 ◆◆◆가 ■■지방법원
■■지원 20○○년 금 제○○○○호로 변제공탁한 금 ○○○원의 출급청구권.
끝.

⑰ 임차보증금채권으로 국민건강보험공단 진료비채권에 대하여

1. 채무자가 제3채무자에 대하여 가지는 별지 제1목록 기재의 채권을 가압류한다.
2. 제3채무자는 채무자에게 위 채권에 관한 지급을 하여서는 아니 된다.
라는 재판을 구합니다.

[별 지 1]

가압류할 채권의 표시

금 ○○○원

채무자가 제3채무자 건강보험공단에 가입한 피보험자를 진료한 후 매월 제3채무자로부터 지급받을 현재 또는 장래의 의료급여 및 요양급여 청구채권 중 위 금원에 이르기까지의 금액.

끝.

⑱ 손해배상채권으로 채권배당에서의 배당금 청구채권

1. 채무자의 제3채무자에 대한 별지 기재의 채권을 가압류한다.
2. 제3채무자는 채무자에게 위 채권에 관한 지급을 하여서는 아니 된다.
라는 결정을 구합니다.

[별 지]

목   록

청구금액 : 금 5,000,000원
(채권자의 채무자에 대한 손해배상채권)

채무자가 제3채무자에 대하여 가지는 "00지방법원 2018타기00호 채권등배당절차
에서 배당받을 배당금 청구채권" 중 위 청구금액에 이르기까지의 금원.

끝.

⑲ 전부채권으로 가압류하면서 공탁한 공탁금 회수청구권

1. 채권자가 채무자에 대하여 가지는 위 청구채권의 집행을 보전하기 위하여 채무자의 제3채무자에 대한 별지 제1목록 기재의 공탁금회수(또는 공탁금출급)청구권을 가압류한다.
2. 제3채무자는 채무자에게 위 채권에 관한 지급을 하여서는 아니된다.
라는 재판을 구합니다.

[별 지 1]
가압류할 채권의 표시

금 10,000,000원
채무자가 제3채무자에 대하여 가지는 아래 기재 공탁금회수청구채권
공탁번호 : ○○지방법원 20○○년 금 제○○○○호
공 탁 금 : 10,000,000원

⑳ 구상금채권, 교육공무원의 급료 등에 대하여

1. 채무자의 제3채무자에 대한 별지 제1목록 기재의 채권을 가압류한다.
2. 제3채무자는 채무자에게 위의 채권에 관한 지급을 하여서는 아니 된다.
라는 결정을 구합니다.

[별 지 1]

가압류할 채권의 표시

금 16,393,497원

채무자가 제3채무자로부터 매월 지급받을 급여(본봉, 각종 수당 및 상여금 등에서 제세공과금을 공제한 금액)에서 1/2씩 위 청구금액에 이를 때까지의 금액[다만, 국민기초생활보장법에 의한 최저생계비를 감안하여 민사집행법 시행령이 정한 금액에 해당하는 경우에는 이를 제외한 나머지 금액, 표준적인 가구의 생계비를 감안하여 민사집행법 시행령이 정한 금액에 해당하는 경우에는 이를 제외한 나머지 금액] 단, 위 청구금액에 이르지 아니한 사이에 퇴직할 때에는 그 퇴직위로금, 명예퇴직금(또는 명예퇴직수당 등) 중 제세공과금을 공제한 잔액의 2분의 1 한도 내에서 위 청구금액에 이를 때까지의 금액.

끝.

㉑ 임금채권으로 매매대금반환채권에 대하여

1. 채무자의 제3채무자에 대한 별지 제1목록 기재의 채권을 가압류한다.
2. 제3채무자는 채무자에게 위 채권에 관한 지급을 하여서는 아니 된다.
라는 결정을 구합니다.

[별 지 1]

가압류할 채권의 표시

금 10,000,000원

채무자와 제3채무자 사이에 체결된 아래 부동산에 관한 매매계약이 해제될 경우 채무자가 제3채무자에 대하여 가지는 매매대금반환채권 가운데 위 청구금액에 이를 때까지의 금액

- 아 래 -

1동의 건물의 표시
  ○○시 ○○구 ○○동 ○○
  [도로명주소] ○○시 ○○구 ○○길 ○○
  철근콘크리트조 슬래브지붕 19층 아파트 제102동
전유부분의 건물의 표시
  철근콘크리트조
  3층 308호
  59.98㎡
대지권의 목적인 토지의 표시
  ○○시 ○○구 ○○동 ○○ 대 11243.8㎡
대지권의 표시
  소유권대지권 11243.8분의 40.151.
  끝.

㉒ 임금채권으로 대여금채권에 대하여

1. 채무자의 제3채무자에 대한 별지 제1목록 기재의 채권을 가압류한다.
2. 제3채무자는 채무자에게 위 채권에 관한 지급을 하여서는 아니 된다.
라는 결정을 구합니다.

[별 지 1]

가압류할 채권의 표시

금 10,000,000원

채무자가 제3채무자에 대하여 가지는 대여금반환청구채권 가운데 위 청구금액에 이를 때까지의 금액.

끝.

㉓ 대여금채권으로 임차보증금에 대하여

1. 채무자가 제3채무자에 대하여 가지는 별지 제1목록 기재의 채권을 가압류한다.
2. 제3채무자는 채무자에게 위 채권에 관한 지급을 하여서는 아니 된다.
라는 재판을 구합니다.

[별지 1]

가압류할 채권의 표시

금 ○○○원

채무자가 제3채무자와의 사이에 ○○시 ○○구 ○○길 ○○에 있는 건물에 대하여
체결한 임대차계약에 의하여 임대차계약만료, 해지 등 임대차계약종료시에 제3채무
자로부터 수령할 임대차보증금반환청구채권[다만, 「주택임대차보호법」 제8조, 같은
법 시행령의 규정에 따라 우선변제를 받을 수 있는 금액에 해당하는 경우에는 이를
제외한 나머지 금액] 중 위 금액에 이르기까지의 금액.

끝.

㉔ 물품대금채권으로 공사대금채권에 대하여

1. 채무자의 제3채무자에 대한 별지 제1목록 기재의 채권을 가압류한다.
2. 제3채무자는 채무자에게 위 채권에 관한 지급을 하여서는 아니 된다.
라는 결정을 구합니다.

[별 지 1]

가압류할 채권의 표시

금 10,000,000원

채무자가 제3채무자로부터 수급하여 시행한 제3채무자의 ○○시 ○○구 ○○길 ○
○에 있는 신축중인 건물에 대한 공사대금채권 가운데 위 청구채권에 이를 때까지
의 금액.

끝.

㉕ 대여금채권으로 임금 및 퇴직금에 대하여

1. 채무자가 제3채무자에 대하여 가지는 별지 제1목록 기재의 채권을 가압류한다.
2. 제3채무자는 채무자에게 위 채권에 관한 지급을 하여서는 아니 된다.
라는 재판을 구합니다.

[별 지 1]

가압류할 채권의 표시

금 10,000,000원정

채무자가 제3채무자로부터 매월 지급받을 급여(본봉, 각종 수당 및 상여금 등에서
제세공과금을 공제한 금액)에서 1/2씩 위 청구금액에 이를 때까지의 금액[다만, 국
민기초생활보장법에 의한 최저생계비를 감안하여 민사집행법 시행령이 정한 금액에
해당하는 경우에는 이를 제외한 나머지 금액, 표준적인 가구의 생계비를 감안하여
민사집행법 시행령이 정한 금액에 해당하는 경우에는 이를 제외한 나머지 금액] 및
위 청구금액에 달하지 아니한 사이에 퇴직한 때에는 퇴직금 중 제세공과금을 뺀 잔
액의 1/2씩 위 청구금액에 이를 때까지의 금액.

끝.

1. 채무자가 제3채무자들에 대하여 가지는 별지 제1목록 기재의 각 채권을 가압류
   한다.
2. 제3채무자들은 채무자에게 위의 각 채권에 관한 지급을 하여서는 아니 된다.
라는 재판을 구합니다.

[별 지 1]

가압류할 채권의 표시

청구채권 금 95,000,000원(1+2+3)
 1. 제3채무자 1. ◼◼주식회사에 대하여
   금 ○○○ 원
   채무자와 제3채무자가 임차목적물(○○시 ○○구 ○○길 ○○에 있는 건물)에 대
   한 임대차계약종료나 해지시 채무자의 임대차보증금반환청구권[다만, 「주택임대
   차보호법」 제8조, 같은 법 시행령의 규정에 따라 우선변제를 받을 수 있는 금액
   에 해당하는 경우에는 이를 제외한 나머지 금액] 가운데 위 청구채권에 이르는
   금액

 2. 주식회사◆◆은행에 대하여
   금 ○○○ 원
   채무자(주민등록번호 : 000000 - 0000000)가 제3채무자 주식회사◆◆은행 (소관
   : 00지점)에 대하여 가지는 다음의 예금채권중 현재 입금되어 있거나 장래 입금
   될 예금채권으로서 다음에서 기재한 순서에 따라 위 청구금액에 이를 때까지의
   금액

 3. ◆◆농업협동조합에 대하여
   금 ○○○ 원
   채무자(주민등록번호 : 000000 - 0000000)가 제3채무자 ◆◆농업협동조합 (소관
   : 00지점)에 대하여 가지는 다음의 예금채권중 현재 입금되어 있거나 장래 입금
   될 예금채권으로서 다음에서 기재한 순서에 따라 위 청구금액에 이를 때까지의
   금액

- 다 음 -

1. 압류·가압류되지 않은 예금과 압류·가압류된 예금이 있는 때에는
   다음 순서에 따라서 압류한다.
   - ① 선행 압류 · 가압류가 되지 않은 예금
   - ② 선행 압류 · 가압류가 된 예금
2. 여러 종류의 예금이 있는 때에는 다음 순서에 의하여 압류한다.
   - ① 보통예금   ② 당좌예금   ③ 정기예금   ④ 정기적금
   - ⑤ 별단예금   ⑥ 저축예금   ⑦ MMF   ⑧ MMDA
   - ⑨ 적립식펀드예금   ⑩ 신탁예금 ⑪ 채권형 예금   ⑫청약예금
3. 같은 종류의 예금이 여러 계좌에 있는 때에는 계좌번호가 빠른 예금부터 압류한다.
4. 다만, 채무자의 1개월간 생계유지에 필요한 예금으로 민사집행법 시행령이 정한 금액에 해당하는 경우에는 이를 제외한 나머지 금액.

끝.

㉗ 임금 및 퇴직금채권으로 예금채권에 대하여

1. 채무자가 제3채무자에 대하여 가지는 별지 제1목록 기재의 채권을 가압류한다.
2. 제3채무자는 채무자에게 위 채권에 관한 지급을 하여서는 아니 된다.
라는 재판을 구합니다.

[별 지 1]

가압류할 채권의 표시

금 6,403,474원
채무자(사업자등록번호 : ○○○-○○-○○○○)가 제3채무자(취급점 : ◉◉지점)에
대하여 가지는 입금되어 있거나 장래 입금될 다음 예금채권중 다음에서 기재한 순
서에 따라 위 청구금액에 이를 때까지의 금액.

- 다   음 -

1. 압류·가압류되지 않은 예금과 압류·가압류된 예금이 있는 때에는 다음 순서에 따
   라서 가압류한다.
   가. 선행 압류·가압류가 되지 않은 예금
   나. 선행 압류·가압류가 된 예금
2. 여러 종류의 예금이 있는 때에는 다음 순서에 의하여 가압류   한다.
   1) 보통예금   2) 당좌예금   3) 정기예금   4) 정기적금   5) 별단예금
   6) 저축예금   7) MMF   8) MMDA
   9) 적립식펀드예금 10)신탁예금 11)채권형예금   12)청약예금
3. 같은 종류의 예금이 여러 계좌에 있는 때에는 계좌번호가 빠른 예금부터 가압류
   한다.

끝.

㉘ 구상금채권, 공탁금출급청구권에 대하여

1. 채무자의 제3채무자에 대한 별지 제1목록 기재의 채권을 가압류한다.
2. 제3채무자는 채무자에게 위의 채권에 관한 지급을 하여서는 아니 된다.
라는 결정을 구합니다.

[별 지 1]

가압류할 채권의 표시

금〇〇〇원
채무자가 제3채무자에 대하여 가지는 20〇〇. 〇. 〇. 공탁자 ◆◆◆가 ▣▣지방법원 ▣▣지원 20〇〇년 금 제〇〇〇〇호로 공탁한 금 〇〇〇원의 출급청구권.

끝.

㉙ 약정금청구, 보석보증금에 대하여

1. 채무자의 제3채무자에 대한 별지 제1목록 기재의 채권을 가압류한다.
2. 제3채무자는 채무자에게 위의 채권에 관한 지급을 하여서는 아니 된다.
라는 결정을 구합니다.

[별 지 1]

가압류할 채권의 표시

금 1,000,000원

채무자가 제3채무자에게 피의자 ◆◆◆(주민등록번호 : ○○○○○○-○○○○○○
○)를 위하여 납부한 ■■지방검찰청 20○○형제○○○호 사건의 보석보증금반환청
구채권 가운데 금1,000,000원.

끝.

㉚ 손해배상채권으로 회원권에 대하여

1. 채무자의 제3채무자에 대한 별지 기재의 회원권을 가압류한다.
2. 제3채무자는 위 회원권에 대하여 예탁금을 반환하거나 채무자의 청구에 의하여 명의변경 그 밖의 일체의 변경절차를 하여서는 아니된다.
3. 채무자는 위 회원권에 대하여 예탁금의 반환을 청구하거나 매매, 양도, 질권의 설정 그 밖의 일체의 처분행위를 하여서는 아니된다.

[별 지]

목   록

금 5,000,000원

채무자가 제3채무자에 대하여 가지는 제3채무자가 경영하고 있는 콘도미니엄 및 시설이용에 아래와 같이 회원입회계약을 체결하여 채무자가 제3채무자에게 회원권 취득을 위한 입회비를 예치한 후, 아래와 같이 가지고 있는 콘도회원권 및 시설이용권.(단, 위 계약기간만료 및 해지 시 채무자가 제3채무자로부터 받을 위 예치금에 대한 반환청구채권)

아   래

1 원소속:○○리조트/○○○ (30박)
2. 이용구분:○○○형
3. 가입자명:주식회사 ○○○ (○○○-○○-○○○○)

끝.

■ 채권가압류집행취소신청서(해방공탁을 이유로)

1. 채권자는 채무자에 대하여 손해배상금 ○○○원을 청구금액으로 하여 채무자가 제3채무자에 대하여 가지는 별지목록 기재의 채권을 귀원 20○○카단○○○○호로 채권가압류결정를 받고, 위 결정이 제3채무자에게 20○○. ○. ○. 송달되어 가압류집행이 되었습니다.
2. 그런데 신청인은 위 결정에서 정한 해방금 ○○○원을 20○○. ○. ○.공탁하였으므로, 위 채권자에 의한 가압류집행의 취소를 신청합니다.

[별 지]

가압류채권의 표시

금 5,000,000원
채무자가 제3채무자에게 지급 받을 대여금 5,000,000원의 채권.

끝.

4. 유체동산가압류

■ 유체동산가압류신청서(물품대금, 약속어음금 청구채권을 원인으로, 약정금, 임금)

채권자가 채무자에 대하여 가지는 위 청구채권의 집행을 보전하기 위하여 채무자 소유의 유체동산을 가압류한다.
라는 재판을 구합니다.

5. 전세권 등 그 밖의 재산권에 대한 가압류

① 전세권이 있는 채권가압류신청서

1. 채무자의 제3채무자에 대한 별지 제1목록 기재의 전세권이 있는 채권을 가압류
   한다.
2. 제3채무자는 채무자에게 위의 채권에 관한 지급을 하여서는 아니 된다.
라는 결정을 구합니다.

[별지 1]

가압류할 전세권이 있는 채권의 표시

금 250,000,000원(낙찰계계금채권 또는 계금상당의 손해배상 합의금채권) 및 위 금액에 대하여 20○○. ○. ○.부터 다 갚는 날까지 연 20%의 비율에 의한 지연손해금

단, 채무자가 제3채무자에 대하여 가지는 아래 표시 부동산에 관한 ○○지방법원 19○○. ○. ○. 접수 제○○○호 전세권설정등기에 기초한 전세금반환채권 금 300,000,000원 가운데 위 청구채권에 이르기까지의 금액.

- 아   래 -

1. ○○시 ○○구 ○○동 ○○ 대 229.8㎡
2. 위 지상
   철근콘크리트조 슬래브지붕 근린생활시설(공중목욕탕) 및 주택
   　1층 114.08㎡
   　2층 114.08㎡
   　3층 95.64㎡
   　지하층 75.64㎡.

끝.

② 전세권이 있는 채권가압류명령 등기부기입촉탁신청서

위 당사자 사이의 귀원 20○○카단○○○호 전세권이 있는 채권가압류신청사건에 관하여, 20○○. ○. ○. 별지목록 기재의 부동산에 대한 전세권이 있는 채권가압류명령이 있었는바, 채권자는 아래와 같이 위 전세권이 있는 채권가압류명령의 등기부기입촉탁을 신청합니다.

[별 지]

목   록

금 400,000,000원(낙찰계계금채권 또는 계금상당의 손해배상 합의금채권) 및 위 금액에 대하여 20○○. ○. ○.부터 다 갚는 날까지 연 20%의 비율에 의한 지연손해금
단, 채무자가 제3채무자에 대하여 가지는 아래 표시 부동산에 관한 ○○지방법원 20○○. ○. ○. 접수 제○○○호 전세권설정등기에 기초한 전세금반환채권 금 300,000,000원 가운데 위 청구채권에 이르기까지의 금액.

부동산의 표시

1. ○○시 ○○구 ○○동 ○○ 대 229.8㎡
2. 위 지상
   철근콘크리트조 슬래브지붕 근린생활시설(공중목욕탕) 및 주택
      1층 114.08㎡
      2층 114.08㎡
      3층 95.64㎡
      지하층 75.64㎡.

끝.

③ 골프회원권, 스포츠회원권, 콘도회원권 등 회원권에 대한 가압류

---

1. 채무자의 제3채무자에 대한 별지 기재의 회원권을 가압류한다.
2. 제3채무자는 위 회원권에 대하여 예탁금을 반환하거나 채무자의 청구에 의하여 명의변경 그 밖의 일체의 변경절차를 하여서는 아니된다.
3. 채무자는 위 회원권에 대하여 예탁금의 반환을 청구하거나 매매, 양도, 질권의 설정 그 밖의 일체의 처분행위를 하여서는 아니된다.

[별　지]

목　　　록

금 50,000,000원
채무자가 제3채무자에 대하여 가지는 제3채무자가 경영하고 있는 콘도미니엄 및 시설이용에 아래와 같이 회원입회계약을 체결하여 채무자가 제3채무자에게 회원권 취득을 위한 입회비를 예치한 후, 아래와 같이 가지고 있는 콘도회원권 및 시설이용권.
(단, 위 계약기간만료 및 해지 시 채무자가 제3채무자로부터 받을 위 예치금에 대한 반환청구채권)

아　　　래

1. 원소속:○○리조트/○○○ (30박)
2. 이용구분:○○○형
3. 가입자명:주식회사 ○○○ (○○○-○○-○○○○).

끝

※ 다음과 같은 재산권도 피보전권리가 인정되어 가압류의 대상이 되며, 가압류 신청할 수 있다.
 - 유체동산에 대한 공유지분권
 - 특허권, 실용신안권, 상표권, 디자인권, 저작권 등의 지식재산권(저작인격권은 제외)
 - 합명·합자·유한회사의 사원권, 조합권의 지분권
 - 주식발행 전의 주식이나 신주인수권
 - 예탁유가증권

제2장
강제집행, 경매에 대한 신청취지

1. 강제집행 일반

■ 간접강제신청서

1. 피신청인들은 이 사건 결정의 고지를 받은 날로부터 7일 이내에 신청인이 위임하는 ○○지방법원 ○○지원 소속 집행관에게 별지목록 기재 기술정보기록을 제출하여 그 기록을 폐기하게 하라.
2. 피신청인들이 위 기간 내에 위 채무의 이행을 하지 아니할 때에는 위 기간만료 다음날부터 3년의 기간범위 내에서 이행완료일까지 1일 금 ○○○원씩을 신청인에게 지급하라.
3. 신청비용은 피신청인들의 부담으로 한다.

라는 재판을 구합니다.

■ 대체집행신청서

채권자는 채무자에 대한 ○○법원 ○○지원 20○○가합 ○○호 건물철거 청구사건의 집행력있는 판결정본에 기하여 채무자에게 ○○시 ○○동 200 대 500㎡ 중 별지도면 표시 ㄱ, ㄴ, ㄷ, ㄹ, ㅁ, ㄱ의 각 점을 순차로 연결한 선내 (가) 부분 지상에 건립된 건물 165㎡을 철거할 것을 촉구하였으나 채무자가 이에 불응하고 있으므로 신청취지와 같은 재판을 구하기 위해 이 사건 신청에 이른 것입니다.

2. 집행에 있어서 구제

■ 집행문부여 거절처분에 대한 이의신청서

1. 신청인(원고)과 피고 ○○○ 사이의 ○○지방법원 20○○가합○○○○ 소유권이
   전등기청구사건의 판결에 대하여 같은 법원 법원사무관 ■■■가 20○○. ○.
   ○.자로 한 집행문부여거절처분은 이를 취소한다.
2. 같은 법원 법원사무관 ■■■는 위 판결에 대하여 집행문을 부여하라.
라는 재판을 구합니다.

■ 집행문부여에 대한 이의신청

1. 신청인과 피신청인 사이의 귀원 20○○가단○○○ 건물명도청구사건의 판결에 대하여 귀원 법원사무관 ■■■가 20○○. ○. ○.자로 부여한 집행문은 이를 취소한다.
2. 위 판결의 집행력 있는 정본에 기한 강제집행은 이를 불허한다.
라는 재판을 구합니다.

■ 집행에 대한 이의신청서

신청인과 피신청인 사이의 ○○지방법원 20○○카단○○○○ 유체동산가압류명령신청사건의 결정정본에 기한 20○○. ○. ○. 피신청인의 위임에 따라 위 법원 집행관이 별첨 물품목록 기재의 물건에 대하여 한 가압류집행은 이를 취소한다.
라는 재판을 구합니다.

3. 재산명시 및 조회 등

■ 재산명시신청서(배상명령)

채무자는 재산상태를 명시한 재산목록을 재산명시기일에 제출하라
라는 명령을 구합니다.

■ **재산명시신청서(소송비용액확정결정, 양육비부담조서)**

채무자는 재산상태를 명시한 재산목록을 20○○. ○. ○.까지 제출하라.
라는 명령을 구합니다.

■ 재산명시신청서(조정조서)

채무자는 재산상태를 명시한 재산목록을 제출하라
라는 명령을 구합니다.

■ 재산명시명령에 대한 이의신청서

위 당사자간 ○○지방법원 20○○카기○○○ 재산명시명령은 이를 취소한다.
라는 재판을 구합니다.

■ 채무불이행자명부등재신청서(이행권고결정에 기하여)

채무자를 채무불이행자명부에 등재한다.
라는 재판을 구합니다.

■ 채무불이행자명부등재말소신청서(변제-채무자신청)

위 당사자간 20○○카불○○○호 채무불이행자 등재신청사건에 관하여, 20○○. ○. ○○.자 결정에 의하여 등재한 채무자의 채무불이행자명부의 등재는 이를 말소한다. 라는 재판을 구합니다.

4. 집행의 정지, 제한 및 취소

■ 강제집행정지명령신청서(청구이의의 소 판결선고시까지)

> 피신청인의 신청인에 대한 공증인가 ○○○법무법인 20○○년 증서 제○○○호, 20○○년 증서 제○○○○호의 각 집행력 있는 공정증서정본에 기초한 강제집행(20○○타경○○○)은, 위 당사자 사이의 ○○지방법원 ○○지원 20○○가단○○○호 청구이의의 소 사건의 판결선고시까지 이를 정지한다.
> 라는 재판을 구합니다.

■ 강제집행정지명령신청서(가집행의 경우 항소심판결선고시까지)

신청인과 피신청인 사이의 ○○지방법원 20○○. ○. ○. 선고 20○○가단○○○ 임금청구사건의 집행력 있는 가집행 선고가 있는 판결에 의한 강제집행은 항소심판결선고시까지 이를 정지한다.
라는 재판을 구합니다.

■ 강제집행 속행명령신청서

신청인(채권자)의 피신청인(채무자)에 대한 공증인가 ○○○법무법인 20○○년 증서 제○○○호의 집행력 있는 공정증서정본에 기초한 강제집행에 대하여 귀원 20○○ 타기○○○호 강제집행정지결정에 따라 정지된 신청인의 피신청인에 대한 강제집행을 계속하도록 명한다.

라는 결정을 구합니다.

■ 강제집행정지명령신청서(제3자이의의 소 판결선고시까지)

피신청인의 소외 ◆◆◆에 대한 ○○지방법원 20○○가단○○○○ 대여금청구사건에 관한 집행력 있는 판결정본에 의한 강제집행은 신청인(원고) ○○○, 피신청인(피고) ◇◇◇ 사이의 제3자이의의 소 판결선고시까지 이를 정지한다.

라는 재판을 구합니다.

5. 부동산 강제집행

■ 부동산강제경매신청서[양육비부담조서(집합건물)]

1. 채권자의 채무자에 대한 위 청구금액의 변제에 충당하기 위하여 별지목록 기재 부동산에 대한 강제경매절차를 개시한다.
2. 채권자를 위하여 별지목록 기재 부동산을 압류한다.
라는 재판을 구합니다.

[별　지]

경매할 부동산의 표시

(1동의 건물의 표시)
　　ㅇㅇ시 ㅇㅇ구 ㅇㅇ동 ㅇㅇ-ㅇㅇㅇ
　　[도로명주소] ㅇㅇ시 ㅇㅇ구 ㅇㅇㅇ로ㅇㅇㅇ
　　철근콘크리트조 및 철골콘크리트조 슬래브지붕 지상 ㅇㅇ층 지하ㅇ층 공동주택(아파트)

(전유부분의 건물의 표시)
　제ㅇㅇ층 제ㅇㅇㅇ호
　철골 및 철근콘크리트조 ㅇㅇㅇㅇ㎡

(대지권의 목적인 토지의 표시)
　토지의 표시 : 1. ㅇㅇ시 ㅇㅇ구 ㅇㅇ동 ㅇㅇ-ㅇㅇㅇ 대 ㅇㅇㅇ㎡
　대지권의 종류 : 1. 소유권
　대지권의 비율 : 1. ㅇㅇㅇㅇ분의 ㅇㅇㅇㅇ.

끝.

■ 부동산강제경매신청서(배상명령으로 공장저당)

1. 채권자의 채무자에 대한 위 청구금액의 변제에 충당하기 위하여 별지목록 기재 부동산에 대한 강제경매절차를 개시한다.
2. 채권자를 위하여 별지목록 기재 부동산을 압류한다.
라는 재판을 구합니다.

[별　지]

경매할 부동산의 표시

1. ○○시 ○○구 ○○동 ○○ 공장용지 1,525㎡
2. 위 지상
   가동　철근콘크리트조 조립식 판넬지붕 단층공장 850㎡
   나동　시멘트벽돌조 슬래브지붕 단층사무실 252㎡ .

끝.

■ 부동산강제경매신청서(공정증서로, 이행권고결정으로 토지)

1. 채권자의 채무자에 대한 위 청구금액의 변제에 충당하기 위하여 별지목록 기재
   부동산에 대한 강제경매절차를 개시한다.
2. 채권자를 위하여 별지목록 기재 부동산을 압류한다.
라는 재판을 구합니다.

[별 지]

경매할 부동산의 표시

1. ○○시 ○○구 ○○동 ○○○-○○ 전 168㎡.

끝.

■ 부동산강제경매신청서(인락조서로 토지, 채권자가 선정당사자)

채권자의 채무자에 대한 위 청구금액의 변제를 위하여 채무자 소유의 별지목록 기재 부동산에 대하여 강제경매절차를 개시하고, 채권자를 위하여 이를 압류한다.
라는 재판을 구합니다.

[별   지]

경매할 부동산의 표시

1. ○○시 ○○구 ○○동 ○○-○○ 답 665㎡
2. ○○시 ○○구 ○○동 ○○ 대 180㎡

끝.

■ 부동산강제경매신청서(노동위원회 화해조서로 집합건물)

채권자의 채무자에 대한 위 청구금액의 변제를 위하여 채무자 소유의 별지목록 기재 부동산에 대하여 강제경매절차를 개시하고, 채권자를 위하여 이를 압류한다.
라는 재판을 구합니다.

[별   지]

경매할 부동산의 표시

1. 1동의 건물의 표시
   00시 00구 000-000 철근콘크리트조 슬래브지붕 다세대주택
    1층 00.00㎡ 2층 00.00㎡ 3층 00.00㎡
 전유부분의 건물의 표시
    제0층 제000호 철근콘크리트조 00.00㎡
 대지권의 목적인 토지의 표시
  토지의 표시 : 1. 00시 00구 000-000 000-000 대 000.0㎡
   대지권의 종류 : 1. 소유권
   대지권의 비율 : 1. 대지권 00000.00분의 0000.00

끝.

■ 부동산강제경매신청서(집행력 있는 조정조서에 기초한 경우)

채권자들의 채무자에 대한 위 청구금액의 변제를 위하여 채무자 소유의 별지목록 기재 부동산에 대하여 강제경매절차를 개시하고, 채권자를 위하여 이를 압류한다. 라는 재판을 구합니다.

[별   지]

경매할 부동산의 표시

1. ○○시 ○○구 ○○동 ○○-○○ 답 665㎡
2. ○○시 ○○구 ○○동 ○○ 대 180㎡
3. ○○시 ○○구 ○○동 ○○ 지상
   철근콘크리트 철골조 콘크리트슬래브지붕 2층 공장
     1층 129.6㎡
     2층 129.6㎡

끝.

■ 부동산강제경매신청서(개인회생채권자표로 건물)

1. 채권자의 채무자에 대한 위 청구금액의 변제에 충당하기 위하여 별지목록 기재 부동산에 대한 강제경매절차를 개시한다.
2. 채권자를 위하여 별지목록 기재 부동산을 압류한다.
라는 재판을 구합니다.

[별 지]

경매할 부동산의 표시

1. ○○시 ○○구 ○○동 ○○○-○○
   [도로명주소] ○○시 ○○구 ○○로 ○○
   브럭조 스레트지붕 단층건물 324㎡.

끝.

■ 부동산강제경매신청서(집행력 있는 판결정본에 기초한 경우)

1. 채권자의 채무자에 대한 위 청구금액의 변제에 충당하기 위하여 별지목록 기재 부동산에 대한 강제경매절차를 개시한다.
2. 채권자를 위하여 별지목록 기재 부동산을 압류한다.
라는 재판을 구합니다.

[별 지]

경매할 부동산의 표시

1. ○○시 ○○구 ○○동 ○○○-○○ 대 168㎡
2. 위 지상건물
   시멘트벽돌조 슬래브지붕 소매점 및 2층 단독주택
   1층 주택 96.44㎡
   (내소매점 17.37㎡)
   2층 주택 83.95㎡.

끝.

■ 부동산강제경매신청서(지급명령으로 토지 및 건물)

1. 채권자의 채무자에 대한 위 청구금액의 변제에 충당하기 위하여 별지목록 기재 부동산에 대한 강제경매절차를 개시한다.
2. 채권자를 위하여 별지목록 기재 부동산을 압류한다.
라는 재판을 구합니다.

[별 지]

경매할 부동산의 표시

1. ○○시 ○○구 ○○동 ○○○-○○ 임야 3273㎡
2. ○○시 ○○구 ○○동 ○○○-○○
   [도로명주소] ○○시 ○○구 ○○로 ○○
   브럭조 스레트지붕 단층축사 324㎡.

끝.

■ 부동산담보권실행을 위한 경매신청서

채권자의 채무자에 대한 위 청구금액의 변제에 충당하기 위하여 별지목록 기재 부동산에 대한 담보권실행을 위한 경매절차를 개시하고 채권자를 위하여 이를 압류한다.

라는 재판을 구합니다.

■ 부동산담보권실행을 위한 경매정지신청서(근저당권말소청구 판결시까지)

위 당사자 사이의 ○○지방법원 20○○타경○○○호 부동산담보권실행을 위한 경매 사건의 경매절차는 원고(신청인) ○○○, 피고(피신청인) ◇◇◇ 사이의 같은 법원 20○○가합○○○호 근저당권설정등기말소등기절차이행청구사건의 판결선고시까지 이를 정지한다.
라는 재판을 구합니다.

■ 부동산강제관리신청서

1. 채권자의 채무자에 대한 위 청구금액의 변제를 위하여 채무자 소유의 별지목록 기재 부동산에 대한 강제관리절차를 개시하고, 채권자를 위하여 이를 압류한다.
2. 채무자는 관리인의 사무를 간섭하거나 또는 위 부동산의 수익의 처분을 하여서는 아니 된다.
3. 제3자는 위 부동산의 수익을 관리인에게 지급하여야 한다.
4. 이 사건 관리인으로 귀원 소속 집행관을 선임하여 제3자가 지급하는 수익을 추심할 권리를 부여한다
라는 재판을 구합니다.

[별   지]

부동산의 표시

1동의 건물의 표시
   ○○시 ○○구 ○○동 ○○ ○○○아파트
   [도로명주소] ○○시 ○○구 ○○로 ○○
   철근콘크리트조 슬래브지붕 5층 아파트
    1층 ○○○.○○㎡
    2층 ○○○.○○㎡
    3층 ○○○.○○㎡
    4층 ○○○.○○㎡
    5층 ○○○.○○㎡
    지층 ○○○.○○㎡
전유부분의 건물의 표시
   구   조 철근콘크리트조
   건물번호 206호
   면   적 ○○.○○㎡
대지권의 표시
   대지권의 목적인 토지의 표시 : ○○시 ○○구 ○○동 ○○ 대 ○○○㎡
   대지권의 종류 : 소유권
   대지권의 비율 : ○○○의 ○○.○○

끝.

■ 부동산매각허가에 대한 이의신청서

1. 신청인은 이 사건 경매목적 부동산에 대한 전세권자로서 정당한 이해관계인임에도 불구하고 이 사건 매각기일을 통지 받지 못하였으므로 이 사건 경매절차는 위법하다 할 것입니다.
2. 따라서 위와 같은 이유로 이 사건 매각을 허가하여서는 아니 되므로 이 사건 신청에 이른 것입니다.

■ 부동산관리명령신청서

○○지방법원 20○○타경○○○호 부동산강제경매사건에 관하여 귀원 소속 집행관 그 밖의 적당한 자를 관리인으로 선임하고, 위 관리인에게 채무자 소유의 별지목록 기재 부동산의 관리를 명한다.
라는 재판을 구합니다.

■ 부동산인도명령신청서

○○지방법원 20○○타경○○○○호 부동산강제경매사건에 관하여 피신청인은 신청인에게 별지목록 기재 부동산을 인도하라.
라는 재판을 구합니다.

[별 지]

부동산의 표시

1. ○○시 ○○구 ○○동 ○○ 대 ○○○○㎡
2. 위 지상 철근 콘크리트조 슬래브지붕 4층
   1층 299.66㎡
   2층 299.66㎡
   3층 299.66㎡
   4층 299.66㎡
   지하층 299.66㎡.

끝.

6. 금전채권 강제집행

■ 채권압류 및 추심명령신청서(공정증서, 수용보상금채권)

1. 채무자의 제3채무자에 대한 별지목록 기재의 채권을 압류한다.
2. 제3채무자는 채무자에게 위 채권에 관한 지급을 하여서는 아니된다.
3. 채무자는 위 채권의 처분과 영수를 하여서는 아니된다.
4. 위 압류된 채권은 채권자가 추심할 수 있다.
라는 재판을 구합니다.

[별지]

압류 및 추심할 채권의 표시

청구금액: 원

　채무자가 제3채무자로부터 받을 ○○군 ○○면 ○○리 답 ○○㎡에 대한 손실(또는 수용)보상금청구채권 중 위 청구금액에 이를 때까지의 금액※. 끝.

※ 이는 채무자가 수용보상금을 현금으로 받는 경우를 전제한 것이며, 만일 채무자가 채권(債券)이나 유가증권으로 보상받는 경우에는 "압류 및 추심할 채권의 표시"를 "채무자가 제3채무자로부터 아래 부동산에 대한 손실(또는 수용)보상으로 지급받을 유가증권 중 위 청구금액에 이를 때까지의 유가증권에 대한 인도청구권"으로 표시하여야 한다.

■ 채권압류 및 추심명령 신청서(개인회생채권자표, 카드대금채권)

1. 채무자가 제3채무자들에 대하여 가지는 별지목록 기재 각 채권을 압류한다.
2. 제3채무자들은 채무자에 대하여 위 압류한 채권의 지급을 하여서는 아니 된다.
3. 채무자는 위 채권의 처분과 영수를 하여서는 아니 된다.
4. 위 압류된 각 채권은 채권자가 추심할 수 있다.
라는 재판을 구합니다.

[별 지]

압류 및 추심할 채권의 표시

청구금액 : 금○○○○○원(채권자의 대여금 채권)

1. 주식회사◆◆ 카드에 대하여
   금○○○○○원
   채무자(주민등록번호 : 000000 - 0000000)가 제3채무자 주식회사◆◆카드사이
   에 체결한 신용카드 이용계약에 따라 채무자가 신용으로 판매 또는 서비스를 제
   공하고 거래승인을 받은 신용거래의 매출에 의하여 제3채무자로부터 지급받을
   일체의 카드매출채권 가운데 위 청구채권에 이를 때까지의 금액.
2. 주식회사■■카드에 대하여
   금○○○○○원
   채무자(주민등록번호 : 000000 - 0000000)가 제3채무자 주식회사 ■■카드 사
   이에 체결한 신용카드 이용계약에 따라 채무자가 신용으로 판매 또는 서비스를
   제공하고 거래승인을 받은 신용거래의 매출에 의하여 제3채무자로부터 지급받을
   일체의 카드매출채권 가운데 위 청구채권에 이를 때까지의 금액.

끝.

■ 채권압류 및 추심명령신청서(대여금채권으로 사립대학교 임금 및 퇴직금)

1. 채무자의 제3채무자에 대한 별지목록 기재의 채권을 압류한다.
2. 제3채무자는 채무자에 대하여 위 압류한 채권의 지급을 하여서는 아니 된다.
3. 채무자는 위 채권의 처분과 영수를 하여서는 아니 된다.
4. 위 압류된 채권은 채권자가 추심 할 수 있다.
라는 재판을 구합니다.

[별 지]

압류 및 추심할 채권의 표시

금○○○○○원

채무자가 제3채무자로부터 매월 지급받을 급여(급료·연금·봉급·상여금·퇴직연금 그밖에 이와 비슷한 성질을 가진 급여채권 중 제세공과금을 공제한 금액)에서 1/2씩 위 청구금액에 이를 때까지의 금액[다만, 국민기초생활보장법에 의한 최저생계비를 감안하여 민사집행법 시행령이 정한 금액에 해당하는 경우에는 이를 제외한 나머지 금액, 표준적인 가구의 생계비를 감안하여 민사집행법 시행령이 정한 금액에 해당하는 경우에는 이를 제외한 나머지 금액] 및 위 청구금액에 달하지 아니한 사이에 퇴직한 때에는 퇴직금(퇴직금 그 밖에 이와 비슷한 성질을 가진 급여채권 중 제세공과금을 공제한 금액)에서 1/2씩 위 청구금액에 이를 때까지의 금액.
끝.

■ 채권압류 및 추심명령신청서(임금채권으로 요양급여 및 장기요양급여채권)

1. 채권자가 채무자에 대하여 가지는 위 청구금액의 변제충당을 위하여 채무자의 제3채무자에 대한 별지목록 기재 각 채권은 이를 압류한다.
2. 제3채무자는 위 압류된 채권을 채무자에게 각 지급하여서는 아니 된다.
3. 채무자는 위 압류된 채권을 영수하거나 기타 처분을 하여서는 아니 된다.
4. 위 압류된 채권은 채권자가 추심할 수 있다.
라는 재판을 구합니다.

[별 지]

압류 및 추심할 채권의 표시

청구금액 금 ○○○○○원
채무자 ○○의료재단(******-*******)이 국민건강보험법에 따라 건강보험 가입자 또는 그 피부양자에게 요양급여 및 부가급여를 실시하고 제3채무사 국민건강보험공단(111471-0008863)에 대해 가지는 **현재 및 장래의 요양급여 및 부가급여 비용청구권**과 노인장기요양보험법에 따라 장기요양보험가입자 또는 그 피부양자, 「의료급여법」 제3조제1항에 따른 수급권자에게 장기요양급여를 실시하고 제3채무자 국민건강보험공단(111471-0008863)에 대해 가지는 **현재 및 장래의 장기요양급여 비용청구권** 중 아래 기재 순서에 따라 위 청구금액에 이를 때까지의 금액

아 래

1. (가)압류되지 않은 채권과 (가)압류된 채권이 있는 경우 다음 순서에 의하여 가압류한다.
   가. 선행 압류 및 가압류가 되지 않은 채권
   나. 선행 압류 및 가압류가 된 채권
2. 요양급여 비용청구권과 부가급여 비용청구권, 장기요양급여 비용청구권 사이에는 다음 순서에 의하여 가압류한다.
   가. 요양급여 비용청구권 나. 부가급여 비용청구권 다. 장기요양급여 비용청구권
3. 여러 종류의 채권이 있는 때에는 다음 순서에 의하여 가압류한다.
   가. 변제기가 이미 도달한 채권
   나. 변제기가 아직 도달하지 않은 채권

다. 변제기가 이미 도달한 채권 상호간, 변제기가 아직 도달하지 않은 채권 상호
간에는 변제기가 빠른 순서에 의한다.

끝.

■ 채권압류 및 추심명령신청서(이행권고결정- 프랜차이즈계약가맹비 채권)

1. 채무자의 제3채무자에 대한 별지목록 기재의 채권을 압류한다.
2. 제3채무자는 채무자에 대하여 위 압류한 채권의 지급을 하여서는 아니 된다.
3. 채무자는 위 채권의 처분과 영수를 하여서는 아니 된다.
4. 위 압류된 채권은 채권자가 추심할 수 있다.
라는 재판을 구합니다.

[별 지]

압류 및 추심할 채권의 표시

청구금액 : 금 ○○○○○원

채무자와 제3채무자 사이에 체결한 프랜차이즈계약에 따라 채무자가 제3채무자에 대하여 가지는 가맹비 채권 중 위 청구금액에 이를 때까지의 금액.

끝.

(단위: 원)

	이름	합계
1.채권자		
2.선정자		
3.선정자		
계		

■ 채권압류 및 추심명령신청서(제3채무자가 1인인 경우)

1. 채무자의 제3채무자에 대한 별지목록 기재의 예금채권을 압류한다.
2. 제3채무자는 채무자에 대하여 위 압류한 채권의 지급을 하여서는 아니 된다.
3. 채무자는 위 채권의 처분과 영수를 하여서는 아니 된다.
4. 위 압류된 채권은 채권자가 추심 할 수 있다.
라는 재판을 구합니다.

[별 지]

압류 및 추심할 채권의 표시

청구금액 : 금○○○○○원

채무자(주민등록번호 : 000000 - 0000000)가 제3채무자(소관 : 00지점)에 대하여 가지는 다음의 예금채권[다만, 채무자의 1개월간 생계유지에 필요한 예금으로 민사집행법 시행령이 정한 금액에 해당하는 경우에는 이를 제외한 나머지 금액] 중 현재 입금되어 있거나 장래 입금될 예금채권으로서 다음에서 기재한 순서에 따라 위 청구금액에 이를 때까지의 금액

- 다 음 -

1. 압류·가압류되지 않은 예금과 압류·가압류된 예금이 있는 때에는 다음 순서에 따라서 압류한다.
    ① 선행 압류 · 가압류가 되지 않은 예금
    ② 선행 압류 · 가압류가 된 예금
2. 여러 종류의 예금이 있는 때에는 다음 순서에 의하여 압류한다.
    ① 보통예금   ② 당좌예금   ③ 정기예금   ④ 정기적금
    ⑤ 별단예금   ⑥ 저축예금   ⑦ MMF   ⑧ MMDA
    ⑨ 적립식펀드예금   ⑩ 신탁예금 ⑪ 채권형 예금 ⑫청약예금
3. 같은 종류의 예금이 여러 계좌에 있는 때에는 계좌번호가 빠른 예금부터 압류한다.

끝.

■ 채권압류 및 추심명령신청서(제3채무자가 복수인 경우)

1. 채무자가 제3채무자들에 대하여 가지는 별지목록 기재 각 채권을 압류한다.
2. 제3채무자들은 채무자에 대하여 위 압류한 채권의 지급을 하여서는 아니 된다.
3. 채무자는 위 채권의 처분과 영수를 하여서는 아니 된다.
4. 위 압류된 각 채권은 채권자가 추심할 수 있다.
라는 재판을 구합니다.

[별 지]

압류 및 추심할 채권의 표시

청구금액 : 금○○○○○원(1+2)

1. 주식회사◆◆은행에 대하여
   금○○○○○원
   채무자(주민등록번호 : 000000 - 0000000)가 제3채무자 주식회사◆◆은행 (소관 : 00지점)에 대하여 가지는 다음의 예금채권중 현재 입금되어 있거나 장래 입금될 예금채권으로서 다음에서 기재한 순서에 따라 위 청구금액에 이를 때까지의 금액

2. ◆◆농업협동조합에 대하여
   금○○○○○원
   채무자(주민등록번호 : 000000 - 0000000)가 제3채무자 ◆◆농업협동조합 (소관 : 00지점)에 대하여 가지는 다음의 예금채권중 현재 입금되어 있거나 장래 입금될 예금채권으로서 다음에서 기재한 순서에 따라 위 청구금액에 이를 때까지의 금액

- 다 음 -

1. 압류·가압류되지 않은 예금과 압류·가압류된 예금이 있는 때에는 다음 순서에 따라서 압류한다.

① 선행 압류·가압류가 되지 않은 예금

　　　② 선행 압류·가압류가 된 예금

2. 여러 종류의 예금이 있는 때에는 다음 순서에 의하여 압류한다.

　　　① 보통예금　② 당좌예금　③ 정기예금　④ 정기적금

　　　⑤ 별단예금　⑥ 저축예금　⑦ MMF　　　⑧ MMDA

　　　⑨ 적립식펀드예금　⑩ 신탁예금　⑪ 채권형 예금　⑫청약예금

3. 같은 종류의 예금이 여러 계좌에 있는 때에는 계좌번호가 빠른 예금부터 압류
한다.

4. 다만, 채무자의 1개월간 생계유지에 필요한 예금으로 민사집행법 시행령이 정한
금액에 해당하는 경우에는 이를 제외한 나머지 금액.

끝.

■ 채권압류 및 전부명령신청서

1. 채무자의 제3채무자에 대한 별지목록 기재의 채권을 압류한다.
2. 제3채무자는 채무자에게 위 채권에 관한 지급을 하여서는 아니 된다.
3. 채무자는 위 채권의 처분과 영수를 하여서는 아니 된다.
4. 위 압류된 채권은 지급에 갈음하여 채권자에게 전부한다.
라는 결정을 구합니다.

[별 지]

압류 및 전부 할 채권의 표시

금 ○○○원
채무자가 제3채무자에 대하여 가지는 ○○지방법원 20○○타경○○○ 부동산 임의
경매 배당절차사건에 관하여 가압류권자 ◈◈◈의 가압류집행이 취소되는 경우 채
무자에게 귀속될 위 가압류권자 ◈◈◈에 대한 배당액 금 ○○○원 상당의 지급청
구권임.

끝.

■ 채권압류 및 추심명령신청서(압류 및 추심할 채권 : 예금 채권)

1. 채권자가 채무자에 대하여 가지는 위 청구금액의 변제충당을 위하여 채무자의 제3채무자에 대한 별지목록 기재 각 채권은 이를 압류한다.
2. 제3채무자는 위 압류된 채권을 채무자에게 각 지급하여서는 아니 된다.
3. 채무자는 위 압류된 채권을 영수하거나 기타 처분을 하여서는 아니 된다.
4. 위 압류된 채권은 채권자가 추심할 수 있다.
라는 재판을 구합니다.

[별 지]

압류 및 추심할 채권의 표시

청구금액 금 16,000,000원
채무자(주민등록번호 : 000000 - 0000000)가 제3채무자(소관 : 00지점)에 대하여 가지는 다음의 예금채권[다만, 채무자의 1개월간 생계유지에 필요한 예금으로 민사집행법 시행령이 정한 금액에 해당하는 경우에는 이를 제외한 나머지 금액] 중 현재 입금되어 있거나 장래 입금될 예금채권으로서 다음에서 기재한 순서에 따라 위 청구금액에 이를 때까지의 금액

- 다 음 -

1. 압류·가압류되지 않은 예금과 압류·가압류된 예금이 있는 때에는 다음 순서에 따라서 압류한다.
    ① 선행 압류 · 가압류가 되지 않은 예금
    ② 선행 압류 · 가압류가 된 예금
2. 여러 종류의 예금이 있는 때에는 다음 순서에 의하여 압류한다.
    ① 보통예금 ② 당좌예금 ③ 정기예금 ④ 정기적금
    ⑤ 별단예금 ⑥ 저축예금 ⑦ MMF ⑧ MMDA
    ⑨ 적립식펀드예금 ⑩ 신탁예금 ⑪ 채권형 예금 ⑫청약예금
3. 같은 종류의 예금이 여러 계좌에 있는 때에는 계좌번호가 빠른 예금부터 압류한다.

끝.

■ 채권압류 및 추심명령신청서(예금 및 보험금채권)

1. 채무자의 제3채무자들에 대한 별지 2 표시의 채권을 압류한다.
2. 제3채무자들은 위 압류된 채권을 채무자에게 각 지급하여서는 아니 된다.
3. 채무자는 위 압류된 채권을 영수하거나 기타 처분을 하여서는 아니 된다.
4. 위 압류된 채권은 채권자가 추심할 수 있다.
라는 재판을 구합니다.

[별지 2]

압류 및 추심할 채권의 표시

합계 :   원

　　채무자가 제3채무자
　　1. ○○○○에　　　금　　　　　　원정
　　2. ○○○○에　　　금　　　　　　원정
　　에 대하여 가지는 다음 예금·보험금 채권 가운데 입금되어 있거나 장래 입금될
　　다음 예금 및 보험금채권 중 다음에서 기재한 순서에 따라 위 청구금액에 이를
　　때까지의 금액.

- 다　　음 -

1. 압류, 가압류되지 않은 예금·보험금과 압류, 가압류된 예금·보험금이 있는 때에는
　　다음 순서에 의하여 압류한다.
　　　1) 압류. 가압류되지 않은 예금·보험금
　　　2) 압류. 가압류된 예금·보험금
2.여러 종류의 예금·보험금이 있는 때에는 다음 순서에 의하여 압류한다.
〈예금〉1) 보통예금　　2) 당좌예금　　3) 정기예금　　4) 정기적금
　　　　5) 별단예금 6) 저축예금　　7) MMF　8) MMDA
　　　　9) 적립식펀드예금　10) 신탁예금 11) 채권형예금
　　　　12)청약예금 13) 기타
〈보험금〉1) 변액보험 2) 저축보험 3) 기업보험 4) 연금보험 5) 건강보험
　　　　　6) 종신보험 7) 생명상해보험 8) 보장보험 9) 어린이보험

10) 다이렉트보험 11) 공제, 방카슈랑스 등 기타 보험

3. 같은 종류의 예금·보험금이 여러 계좌가 있는 때에는 계좌번호가 빠른 예금·보험금부터 압류한다. 단 채무자가 자동차손해 배상보장법상 피해자로서 제3채무자에 대하여 직접 청구권을 행사하여 지급받을 강제보험채권은 제외한다.

4. 채무자가 보험계약에 기하여 의무를 다하던 중 보험기간 만료 전 보험약관에 규정된 사유로 또는 보험계약만료로 인하여 채무자가 제3채무자로부터 지급받을 (만기)보험금 지급청구채권

6. 중도해지로 인하여 채무자가 3채무자로부터 지급받을 해약환급금청구채권.

7. 단, 민사집행법 제246조 제1항 7호, 제8호 및 동법 시행령에 의하여 압류가 금지되는 예금 및 보험금을 제외한다.

끝.

■ 채권압류 및 추심명령신청서 (손해배상채권으로 임금 및 퇴직금 채권, 채무자 군인)

1. 채무자의 제3채무자에 대한 별지목록 기재의 채권을 압류한다.
2. 제3채무자는 채무자에 대하여 위 압류한 채권의 지급을 하여서는 아니 된다.
3. 채무자는 위 채권의 처분과 영수를 하여서는 아니 된다.
4. 위 압류된 채권은 채권자가 추심 할 수 있다.
라는 재판을 구합니다.

[별지]

압류 및 추심할 채권의 표시

금○○○○○○원

채무자가 제3채무자로부터 매월 수령하는 급여채권(급료, 상여금, 그 밖에 이와 비슷한 성질을 가진 급여채권)에서 제세공과금을 뺀 잔액의 1/2씩 위 청구금액에 이를 때까지의 금액[다만, 국민기초생활보장법에 의한 최저생계비를 감안하여 민사집행법 시행령이 정한 금액에 해당하는 경우에는 이를 제외한 나머지 금액, 표준적인 가구의 생계비를 감안하여 민사집행법 시행령이 정한 금액에 해당하는 경우에는 이를 제외한 나머지 금액] 및 위 청구금액에 이르지 아니한 사이에 퇴직, 명예퇴직 또는 퇴직금 중간정산을 할 때에는 그 퇴직금, 명예퇴직금(또는 명예퇴직수당 등) 또는 중간정산금 중 제세공과금을 공제한 잔액의 2분의 1 한도 내에서 위 청구금액에 이를 때까지의금액.

끝.

■ 채권압류 및 추심명령신청서(양육비채권으로 국립대학교 임금 및 퇴직금)

1. 채무자의 제3채무자에 대한 별지 기재의 채권을 압류한다.
2. 제3채무자는 채무자에게 위 채권에 관한 지급을 하여서는 아니 된다.
3. 채무자는 위 채권의 처분과 영수를 하여서는 아니 된다.
4. 위 압류된 채권은 채권자가 추심할 수 있다.
라는 결정을 구합니다.

[별지]

압류 및 추심할 채권의 표시

금37,340,000원
채무자가 제3채무자로부터 매월 수령하는 급여채권(급료, 상여금, 그 밖에 이와 비슷한 성질을 가진 급여채권)에서 제세공과금을 뺀 잔액의 1/2씩 위 청구금액에 이를 때까지의 금액[다만, 국민기초생활보장법에 의한 최저생계비를 감안하여 민사집행법 시행령이 정한 금액에 해당하는 경우에는 이를 제외한 나머지 금액, 표준적인 가구의 생계비를 감안하여 민사집행법 시행령이 정한 금액에 해당하는 경우에는 이를 제외한 나머지 금액] 및 위 청구금액에 이르지 아니한 사이에 퇴직, 명예퇴직 또는 퇴직금 중간정산을 할 때에는 그 퇴직금, 명예퇴직금(또는 명예퇴직수당 등) 또는 중간정산금 중 제세공과금을 공제한 잔액의 2분의 1 한도 내에서 위 청구금액에 이를 때까지의금액.

끝.

■ 채권압류 및 추심명령신청서(대여금채권으로 공립대학교 임금 및 퇴직금)

1. 채권자가 채무자에 대하여 가지는 위 청구금액의 변제충당을 위하여 채무자의 제3채무자에 대한 별지목록 기재 각 채권은 이를 압류한다.
2. 제3채무자는 위 압류된 채권을 채무자에게 각 지급하여서는 아니 된다.
3. 채무자는 위 압류된 채권을 영수하거나 기타 처분을 하여서는 아니 된다.
4. 위 압류된 채권은 채권자가 추심할 수 있다.
라는 재판을 구합니다.

[별지]

압류 및 추심할 채권의 표시

금○○○○○원

채무자가 제3채무자로부터 매월 수령하는 급여채권(급료, 상여금, 그 밖에 이와 비슷한 성질을 가진 급여채권)에서 제세공과금을 뺀 잔액의 1/2씩 위 청구금액에 이를 때까지의 금액[다만, 국민기초생활보장법에 의한 최저생계비를 감안하여 민사집행법 시행령이 정한 금액에 해당하는 경우에는 이를 제외한 나머지 금액, 표준적인 가구의 생계비를 감안하여 민사집행법 시행령이 정한 금액에 해당하는 경우에는 이를 제외한 나머지 금액] 및 위 청구금액에 이르지 아니한 사이에 퇴직, 명예퇴직 또는 퇴직금 중간정산을 할 때에는 그 퇴직금, 명예퇴직금(또는 명예퇴직수당 등) 또는 중간정산금 중 제세공과금을 공제한 잔액의 2분의 1 한도 내에서 위 청구금액에 이를 때까지의 금액.

끝.

■ 채권압류 및 추심명령신청서(양육비채권-압류범위확장)

1. 채무자의 제3채무자에 대한 별지목록 기재의 채권을 압류한다.
2. 제3채무자는 채무자에게 위 압류한 채권의 지급을 하여서는 아니된다.
3. 채무자는 위 채권의 처분과 영수를 하여서는 아니된다.
4. 채권자는 압류된 채권을 추심할 수 있다.
라는 재판을 구합니다.

[별지]

압류 및 추심할 채권의 표시

청구금액 : 금 4,000,000원
채무자(000, 주민번호)가 제3채무자(00000 주식회사)로부터 매월 지급받을 급여(본봉, 각종 수당 및 상여금 등에서 제세공과금을 공제한 금액)에서 다음에 기재한 각 경우에 따른 압류금지금액을 제외한 나머지 금액 중 위 청구금액에 이를 때까지의 금액.

- 다   음 -

1. 월급여가 100만원 이하인 경우에는 전액
2. 월급여가 100만원을 초과하고 200만원 이하인 경우에는 100만원
3. 월급여가 200만원을 초과하고 600만원 이하인 경우에는 월급여의 2분의 1
4. 월급여가 600만원을 초과하는 경우에는
$$300 + [(월급여의 2분의 1 - 300만원) / 2]$$
(단, 채무자가 여러 직장을 다니는 경우, 모든 급여를 합산한 금액을 월 급여액으로 함)
단, 위 청구금액에 이르지 아니한 사이에 퇴직, 명예퇴직 또는 퇴직금 중간정산을 할 때에는 그 퇴직금, 명예퇴직금(또는 명예퇴직수당 등) 또는 중간정산금 중 제세공과금을 공제한 잔액의 2분의 1의 한도 내에서 위 청구금액에 이를 때까지의 금액.
끝.

■ 채권압류 및 추심명령신청서(공사대금채권에 대한 압류 등)

1. 채무자의 제3채무자에 대한 별지목록 기재의 채권을 압류한다.
2. 제3채무자는 채무자에 대하여 위 압류한 채권의 지급을 하여서는 아니 된다.
3. 채무자는 위 채권의 처분과 영수를 하여서는 아니 된다.
4. 위 압류된 채권은 채권자가 추심 할 수 있다.
라는 재판을 구합니다.

[별 지]

압류 및 추심할 채권의 표시

금○○○○○원

채무자가 제3채무자로부터 수급하여 시행한 제3채무자의 ○○시 ○○구 ○○동 ○○에 있는 신축중인 건물에 대한 공사대금채권 가운데 위 청구채권에 이를 때까지의 금액.

끝.

■ 채권압류 및 추심명령신청서(압류 및 추심할 채권 : 잉여금수령권)

1. 채권자가 채무자에 대하여 가지는 위 청구금액의 변제충당을 위하여 채무자의 제3채무자에 대한 별지목록 기재 채권은 이를 압류한다.
2. 제3채무자는 위 압류된 채권을 채무자에게 각 지급하여서는 아니 된다.
3. 채무자는 위 압류된 채권을 영수하거나 기타 처분을 하여서는 아니 된다.
4. 위 압류된 채권은 채권자가 추심할 수 있다.
라는 재판을 구합니다.

[별 지]

압류 및 추심할 채권의 표시

청구금액 금 ○○○원
○○지방법원 20○○타경○○○ 부동산임의경매사건에서 채무자가 제3채무자로부터 수령할 잉여금수령채권 또는 위 경매사건에서 채무자에게 공탁되는 금액이 있을 경우 채무자가 수령할 공탁금청구채권 중 위 금액에 이르기까지 금액.

끝.

■ 가압류를 본압류로 이전하는 채권압류 및 추심명령신청(가압류금액이 적을 경우)

1. 채권자와 채무자간 귀원 20○○카단○○○ 채권가압류결정에 의하여 가압류된 별지목록 제1기재 채권은 본압류로 이전하고, 별지목록 제2기재 채권은 압류한다.
2. 제3채무자는 채무자에 대하여 위 압류된 채권을 지급을 하여서는 아니 된다.
3. 채무자는 위 압류된 채권의 처분과 영수를 하여서는 아니 된다.
4. 위 압류된 채권은 채권자가 추심할 수 있다.
라는 재판을 구합니다.

[별 지]

본압류로 이전하는 압류 및 추심 할 채권 등의 표시

1. 가압류를 본압류로 이전 및 추심 할 채권
   금 ○○○○원
   채무자가 제3채무자로부터 20○○. ○. ○. ○○시 ○○구 ○○길 ○○에 있는 ○○아파트 ○○동 ○○○호를 임차함에 있어 제3채무자에게 지급한 임대차보증금 ○○○○○원의 반환채권[다만, 「주택임대차보호법」 제8조, 같은 법 시행령의 규정에 따라 우선변제를 받을 수 있는 금액에 해당하는 경우에는 이를 제외한 나머지 금액] 가운데 위 금액.
2. 압류 및 추심 할 채권
   금 ○○○○원(청구채권 금 ○○○○○원-본압류전이채권 금 ○○○○원)
   채무자가 제3채무자로부터 20○○. ○. ○. ○○시 ○○구 ○○길 ○○에 있는 ○○아파트 ○○동 ○○○호를 임차함에 있어 제3채무자에게 지급한 임대차보증금 ○○○○○원의 반환채권[다만, 「주택임대차보호법」 제8조, 같은 법 시행령의 규정에 따라 우선변제를 받을 수 있는 금액에 해당하는 경우에는 이를 제외한 나머지 금액] 가운데 위 금액.
   끝.

■ 부동산소유권이전등기청구권 압류 및 추심명령, 보관인선임 등

1. 채권자와 채무자 사이의 ○○지방법원 20○○카단○○○ 부동산소유권이전등기청구권가압류결정에 의하여 한 별지목록 기재 부동산에 대한 소유권이전등기청구권가압류는 이를 본압류로 이전한다.
2. 제3채무자는 채무자에게 위 부동산에 관한 소유권이전등기의 절차를 이행하여서는 아니 된다.
3. 채무자는 위 압류된 소유권이전등기청구권을 양도하거나 기타 처분을 하여서는 아니 된다.
4. ○○지방법원 소속 집행관을 위 부동산의 보관인으로 선임한다.
5. 제3채무자는 위 부동산에 관하여 이 사건 결정송달일자를 원인으로 한 채무자명의의 소유권이전등기절차를 위 보관인에게 이행하여야 한다.

라는 결정을 구합니다.

[별 지]

본압류로 이전하는 압류 및 추심 할 채권의 표시

채무자가 제3채무자에 대하여 가지는 아래 부동산의 표시에 관한 소유권이전등기절차이행청구권

부동산의 표시

1동의 건물의 표시
　　○○시 ○○구 ○○동 ○○
　　[도로명주소] ○○시 ○○구 ○○로 ○○
　　○○시 ○○구 ○○동 ○○-○ ◎◎아파트 제107동
　　철근콘크리트조 슬래브지붕 15층 아파트
　　　　　1층 291.80㎡　　　2층 283.50㎡
　　　　　3층 283.50㎡　　　4층 283.50㎡
　　　　　5층 283.50㎡　　　6층 283.50㎡
　　　　　7층 283.50㎡　　　8층 283.50㎡
　　　　　9층 283.50㎡　　　10층 283.50㎡

11층 283.50㎡　　12층　283.50㎡

　13층 283.50㎡　　14층　283.50㎡

　15층 283.50㎡　　지층　282.38㎡

전유부분의 건물의 표시

　구　　조　철근콘크리트조

　건물번호　901호

　면　　적　131.40㎡

대지권의 표시

　대지권의 목적인 토지의 표시:

　1. ○○시 ○○구 ○○동 ○○ 대 ○○○㎡

　2. ○○시 ○○구 ○○동 ○○-○ 대 ○○㎡

　대지권의 종류: 소유권

　대지권의 비율: 위 대지의 43685.4분의 58.971.

끝.

■ 가압류를 본압류로 이전하는 채권압류 및 추심명령신청 (가압류금액이 클 경우)

1. 채권자와 채무자 사이의 ○○지방법원 20○○카단○○○ 채권가압류결정에 의한 별지목록 기재 채권에 대한 가압류 금 ○○○○○원 가운데 금 ○○○○원은 이를 본압류로 이전한다.
2. 제3채무자는 채무자에 대하여 위 채권의 지급을 하여서는 아니 된다.
3. 채무자는 위 채권의 처분과 영수를 하여서는 아니 된다.
4. 위 압류된 채권은 채권자가 이를 추심할 수 있다.
라는 재판을 구합니다.

[별 지]

본압류로 이전하는 압류 및 추심 할 채권의 표시

금 ○○○○원
채무자가 제3채무자에 대하여 가지는 20○○. ○. ○. 공탁자 ■■보험(주)가 ○○지방법원 20○○년 금 제○○○호로 공탁한 금 ○○○○○원의 출급청구권 가운데 위 청구채권에 이를 때까지의 금액.

끝.

■ 가압류에서 본압류로 이전하는 채권압류 및 전부명령신청서

1. 채권자와 채무자 사이에 ○○지방법원 20○○카단○○○호의 채권가압류결정에 의한 별지목록 기재 채권 가운데 금 ○○○원에 대한 가압류는 이를 본압류로 이전한다.
2. 별지목록 기재 채권 가운데 위 집행력 있는 판결정본에 기초한 나머지 금 ○○○원은 이를 압류한다.
3. 제3채무자는 채무자에게 위 채권의 지급을 하여서는 아니 된다.
4. 채무자는 위 채권의 처분과 영수를 하여서는 아니 된다.
5. 위 압류된 채권은 지급에 갈음하여 채권자에게 전부한다.
라는 재판을 구합니다.

[별 지]

본압류로 이전하는 압류 및 전부 할 채권 등의 표시

1. 가압류를 본압류로 이전 및 전부 할 채권
   금 ○○○원
   채무자가 제3채무자로부터 20○○. ○. ○. ○○시 ○○구 ○○길 ○○에 있는 ○○아파트 ○○동 ○○○호를 임차함에 있어 제3채무자에게 지급한 임대차보증금 ○○○○○원의 반환채권[다만, 「주택임대차보호법」 제8조, 같은 법 시행령의 규정에 따라 우선변제를 받을 수 있는 금액에 해당하는 경우에는 이를 제외한 나머지 금액] 가운데 위 금액.

2. 압류 및 전부 할 채권
   금 ○○○원(청구채권 금 ○○○○원-본압류전이채권 금 ○○○원)
   채무자가 제3채무자로부터 20○○. ○. ○. ○○시 ○○구 ○○길 ○○에 있는 ○○아파트 ○○동 ○○○호를 임차함에 있어 제3채무자에게 지급한 임대차보증금 ○○○○○원의 반환채권[다만, 「주택임대차보호법」 제8조, 같은 법 시행령의 규정에 따라 우선변제를 받을 수 있는 금액에 해당하는 경우에는 이를 제외한 나머지 금액] 가운데 위 금액.

끝.

■ 가압류를 본압류로 이전하는 채권압류 및 추심명령신청 (가압류금액이 같을 경우)

1. 채권자와 채무자 사이의 ○○지방법원 20○○카단○○○ 채권가압류결정에 의한 별지목록 기재 채권에 대한 가압류는 이를 본압류로 이전한다.
2. 제3채무자는 위 채권을 채무자에게 지급하여서는 아니 된다.
3. 채무자는 위 채권을 영수하거나 기타 처분을 하여서는 아니된다.
4. 위 압류된 채권은 채권자가 추심할 수 있다.
라는 재판을 구합니다.

[별 지]

본압류로 이전하는 압류 및 추심 할 채권의 표시

금 ○○○○원
채권자의 ○○지방법원 20○○카단○○○ 채권가압류집행에 대하여 채무자가 제3채무자에게 20○○년 금 제○○○호로써 해방공탁한 공탁금회수청구채권 가운데 위 금액에 이르기까지의 금액.

끝.

■ 채권압류액의 제한허가신청서

1. ○○지방법원 20○○타채○○○ 채권압류 및 추심명령사건에 관하여, 채권자가 채무자의 제3채무자에 대한 별지목록 기재 채권에 관하여 추심할 한도를 그 청구금액인 금 9,500,000원으로 제한한다.
2. 채무자는 제3채무자에 대하여 가지는 채권 가운데 위 제한액을 초과하는 금액에 관하여 그 처분 또는 영수를 할 수 있다.

라는 재판을 구합니다.

[별 지]

압류 및 추심된 채권의 표시

금 15,000,000원

채무자가 제3채무자로부터 20○○. ○. ○. 제3채무자 소유인 ○○ ○○시 ○○길 ○○-○ 점포를 임차하면서 지급한 임차보증금 15,000,000원의 반환청구채권.

끝.

■ 채권추심명령신청서(압류명령받은 뒤 추심명령을 신청하는 경우)

위 당사자 사이의 ○○지방법원 20○○타채○○○ 채권압류명령에 의하여 압류된 별지목록 기재 채권은 채권자가 대위절차없이 이를 추심할 수 있다.
라는 재판을 구합니다.

[별 지]

추심할 채권의 표시

금 13,250,000원
채무자가 제3채무자로부터 20○○. ○. ○. ○○시 ○○구 ○○길 ○에 있는 철근콘크리트조 평슬래브지붕 다세대주택인 ○○빌라 401호를 임차함에 있어서 제3채무자에게 지급한 임대차보증금의 반환채권[다만, 「주택임대차보호법」 제8조, 같은 법 시행령의 규정에 따라 우선변제를 받을 수 있는 금액에 해당하는 경우에는 이를 제외한 나머지 금액] 가운데 위 청구금액에 이르기까지의 금액.

끝.

■ 가압류에서 본압류로 이전하는 채권압류 및 전부명령신청서

1. 채권자와 채무자 사이의 ○○지방법원 20○○가단○○○호 채권가압류결정에 의한 별지목록 기재 채권에 대한 가압류는 이를 본압류로 이전한다.
2. 제3채무자는 채무자에 대하여 별지목록 기재 채권의 지급을 하여서는 아니 된다.
3. 채무자는 위 채권의 처분과 영수를 하여서는 아니 된다.
4. 위 압류된 채권은 지급에 갈음하여 채권자에게 전부한다.
라는 결정을 구합니다.

[별 지]
본압류로 이전하는 압류 및 전부 할 채권의 표시

금 ○○○원
채무자가 제3채무자에 대하여 가지는 신항만 개발로 인하여 지급 받을 어민 보상금 가운데 위 청구금액.

끝.

■ 근저당권 있는 채권압류 및 전부명령신청서

1. 채무자가 제3채무자에 대하여 가지고 있는 별지목록 기재 근저당권 있는 채권을 압류한다.
2. 제3채무자는 위 압류된 채권을 채무자에게 지급하여서는 아니 된다.
3. 채무자는 위 압류된 채권을 영수하거나 기타 처분을 하여서는 아니 된다.
4. 채권자의 청구채권의 지급에 갈음하여 위 압류된 채권을 채권자에게 전부한다.
라는 재판을 구합니다.

[별 지]

목   록

1. 저당목적 부동산의 표시
   1동의 건물의 표시
      ○○시 ○○구 ○○동 ○○ ○○○아파트
      [도로명주소] ○○시 ○○구 ○○로 ○○
      철근콘크리트조 슬래브지붕 5층 아파트
       1층 ○○○.○○㎡
       2층 ○○○.○○㎡
       3층 ○○○.○○㎡
       4층 ○○○.○○㎡
       5층 ○○○.○○㎡
       지층 ○○○.○○㎡
   전유부분의 건물의 표시
      구   조 철근콘크리트조
      건물번호 206호
      면   적 ○○.○○㎡
   대지권의 표시
      대지권의 목적인 토지의 표시 : ○○시 ○○구 ○○동 ○○ 대 ○○○㎡
      대지권의 종류 : 소유권
      대지권의 비율 : ○○○의 ○○.○○.

2. 압류 및 전부 할 채권과 근저당권의 표시

　　위 부동산에 대한 ○○지방법원 ○○등기소 20○○. ○. ○. 접수 제○○○○호
　순위 1번, 원인 20○○. ○. ○. 채권최고액 금 ○○○○○○원으로 정하고 근저
　당권설정등기 한 채권 중 금 ○○○○○원의 지급청구채권.

　　　　　　　　　　　　　　　　　　　　　　　　　　　　　　　　　　　끝.

■ 부동산 소유권이전등기청구권 압류신청서

1. 채권자가 채무자에 대하여 가지고 있는 위 채권의 집행보전을 위하여 별지목록 기재 부동산의 소유권이전등기청구권을 압류한다.
2. 제3채무자는 채무자에게 위 부동산에 관한 소유권이전등기절차를 이행하여서는 아니 된다.
3. 채무자는 위 부동산소유권이전등기청구권을 양도하거나 그 밖의 처분을 하여서는 아니 된다.
라는 결정을 구합니다.

[별　지]

부동산의　표시

1동의 건물의 표시
　　○○시 ○구 ○○동 ○○○ ○○○아파트 제205동
　　[도로명주소] ○○시 ○○구 ○○로 ○○
전유부분의 건물의 표시
　　건물번호 : 205-5-508
　　구　　조 : 철근콘크리트조
　　면　　적 : 5층 508호 42.55㎡
대지권의 목적인 토지의 표시
　　1. ○○시 ○구 ○○동 ○○○　　대 15144.8㎡
　　2.　　같은 동　　　　○○○-2　대 1876.2㎡
　　3.　　같은 동　　　　○○○-3　대 5725.4㎡
　　4.　　같은 동　　　　○○○-4　대 6011㎡
　　5.　　같은 동　　　　○○○-5　대 2056㎡
　　6.　　같은 동　　　　○○○-6　대 3746.3㎡
　　7.　　같은 동　　　　○○○-7　대 1013㎡
　　8.　　같은 동　　　　○○○-8　대 2954.5㎡
대지권의 종류 : 1 내지 8 소유권
대지권의 비율 : 39.66/38527.2.

끝.

7. 유체동산 강제집행

■ 배우자의 매각대금지급요구서

채권자의 채무자에 대한 ○○지방법원 20○○가소○○○호 약정금청구사건의 집행력 있는 판결정본에 의하여 압류한 채무자 소유의 별지목록 기재 동산의 매각대금 가운데 공유지분 2분의 1에 해당하는 돈을 채무자의 처인 지급요구인에게 지급하여 주시기 바랍니다.

[별 지]

물 건 목 록

품명	제작사	수량(대)
○○에어컨(○○평형)	■■전자(주)	1
○○냉장고(○○l)	■■전자(주)	1
○○세탁기(○○ℓ)	■■전자(주)	1
○○텔레비젼(○○인치)	■■전자(주)	1

물건소재지 : ○○시 ○○구 ○○길 ○○ 단층주택 내.

끝.

8. 자동차 등 강제집행

■ 자동차강제경매신청서

1. 채권자의 채무자에 대한 위 청구금액의 변제를 받기 위하여 채무자소유의 별지 목록 기재 자동차에 대한 강제경매절차를 개시하고, 채권자를 위하여 이를 압류한다.
2. 채무자는 위 자동차를 채권자의 위임을 받은 집행관에게 인도하여야 한다.
라는 재판을 구합니다.

[별 지]

경매할 자동차의 표시

1. 자동차등록번호   ○○○가○○○○
1. 차   명   카니발
1. 최초등록일   20○○ -01 - 01
1. 년   식   20○○
1. 원동기형식   T8
1. 형식승인번호   1-0462-004-003
1. 차대번호   KNAGC2232TA163466
1. 사용본거지   ○○시 ○○구 ○○길 ○
1. 소 유 자   ◇◇◇.

끝.

■ 자동차인도명령신청서(압류 후 제3채무자가 점유한 경우)

점유자는 별지목록 표시의 자동차에 대한 점유를 풀고 채권자가 위임하는 집행관에게 인도하여야 한다.
라는 재판을 구합니다.

[별 지]

경매할 자동차의 표시

1. 자동차등록번호   ○○12가1234
1. 차   명   크레도스
1. 최 초 등 록 일   ○○○○ -01 - 01
1. 년   식   ○○○○
1. 원 동 기 형 식   T8
1. 형 식 승 인 번 호   1-0462-004-003
1. 차 대 번 호   KNAGC2232TA163466
1. 사 용 본 거 지   ○○시 ○○구 ○○길 ○
1. 소 유 자   ◇◇◇.

끝.

■ 자동차담보권실행을 위한 경매신청서

1. 채권자는 채무자에 대하여 가지는 위 청구채권의 변제에 충당하기 위하여 별지 목록 기재의 자동차에 대하여 담보권실행을 위한 경매절차를 개시하고, 채권자를 위하여 이를 압류한다.
2. 채무자는 위 자동차에 대한 점유를 풀고 이를 채권자가 위임하는 집행관에게 인도할 것을 명한다.
3. 집행관이 상당하다고 인정할 때는 인도 받은 자동차를 채권자 및 기타 적당하다고 인정되는 자에게 보관시킬 수 있다.
라는 재판을 구합니다.

[별 지]

경매할 자동차 목록

1. 자동차등록번호 : 서울○타○○○○
1. 자 동 차 명 : ○○○ L.P.G
1. 형   식 : ABC○○
1. 차 대 번 호 : ○○-○○-○○-○○○○○지
1. 원 동 기 형 식 : ○○-○○-○○-○○○○○지
1. 사 용 본 거 지 : ○○시 ○○구 ○○길 ○○
1. 소   유   자 : ◇◇◇

끝.

■ 선박강제경매신청서

1. 채권자의 채무자에 대한 위 청구채권의 변제에 충당하기 위하여, 채무자소유의 별지목록 기재 선박에 대한 강제경매절차를 개시하고, 채권자를 위하여 이를 압류한다.
2. 채무자는 위 선박을 ○○○항에 정박하여야 한다.
3. 귀원소속 집행관은 위 선박의 선박국적증서 기타 항행에 필요한 문서를 수취하여 이 법원에 제출하여야 한다.

라는 재판을 구합니다.

[별 지]

선박의 표시

선박의 종류와 명칭	기선 제○○○호
선 적 항	○ ○ ○
선 질	강(鋼)
총 톤 수	○○○t
순 톤 수	○○○t
기관의 종류 및 수	디젤발동기 ○기
추진기의 종류 및 수	나선추진기 ○개
진수연월일	20○○년 ○월 ○일
정박장소	○○○항
소유자	○○해운주식회사
선장	◆◆◆(위 선박 안에 있음)
임대차	없음.

끝.

■ 선박담보권실행을 위한 경매신청서

1. 채권자의 채무자에 대한 위 청구채권의 변제를 위하여, 채무자소유의 별지목록 기재 선박에 대한 담보권실행을 위한 경매절차를 개시하고, 채권자를 위하여 이를 압류한다.
2. 채무자는 위 선박을 ○○○항에 정박하여야 한다.
3. 귀원소속 집행관은 위 선박의 선박국적증서 기타 항해에 필요한 문서를 수취하여 이 법원에 제출하여야 한다.

라는 재판을 구합니다.

[별   지]

선박의 표시

선박의 종류와 명칭	기선 제○○○호
선적항(또는 선적국)	○○항
선 질	강(鋼)
총 톤 수	○○○t
순 톤 수	○○○t
기관의 종류 및 수	디젤발동기 ○기
추진기의 종류 및 수	나선추진기 ○개
진수연월일	20○○. ○. ○.
정박장소	○○○항
소유자	◇◇◇
선장	◆◆◆
임대차	없음.

끝.

9. 압류금지채권범위변경

■ 압류금지채권의 범위변경(은행잔고 중 일부가 장애인 연금)

> 피신청인이 신청한 00지방법원 2018타채000호 채권압류 및 추심명령신청사건에 관하여 이 법원이 2018. 00. 00. 한 채권압류 및 추심명령 중 신청인이 제3채무자에 대해 가지는 예금채권 중 [000000-00-000000(계좌번호)] 계좌의 장애인연금 명목으로 입금된 000,000원 이하의 예금에 대한 부분을 취소한다.

■ 압류금지채권의 범위변경신청서 (은행잔고 중 일부가 실업급여)

피신청인이 신청한 00지방법원 2013타채000호 채권압류 및 추심명령신청사건에 관하여 이 법원이 2013. 00. 00.자 결정한 별지목록 기재의 채권에 대한 채권압류 및 추심명령 부분은 취소한다.

[별지]

채권의 표시

청구금액: 0000000원
신청인이 △△은행에 대하여 가지는 아래 예금계좌에 대한 예금반환청구채권 중 실업급여의 금원.

- 계 좌 내 역 -

과   목 : 저축예금
계좌번호 : 000-000-0000
계좌개설지점: △△△지점.

끝.

■ 압류금지채권의 범위변경(은행잔고 중 일부가 근로기준법상의 재해보상금)

피신청인이 신청한 OO지방법원 2013타채OOO호 채권압류 및 추심명령신청사건에 관하여 이 법원이 2013. OO. OO.자 결정한 별지목록 기재의 채권에 대한 채권압류 및 추심명령 부분은 취소한다.

[별지]

채권의 표시

청구금액: 0000000원
신청인이 △△은행에 대하여 가지는 아래 예금계좌에 대한 예금반환청구채권 중 위 청구금액에 이를 때까지의 금원

계좌내역
과   목 : 저축예금
계좌번호 : 000-000-0000
계좌개설지점: △△△지점.

끝.

■ 압류금지채권의 범위변경(은행잔고 중 일부가 국가유공자 등 보훈급여)

피신청인이 신청한 OO지방법원 2018타채OOO호 채권압류 및 추심명령신청사건에 관하여 이 법원이 2018. OO. OO. 한 채권압류 및 추심명령 중 신청인이 제3채무자에 대해 가지는 예금채권 중 [000000-00-000000(계좌번호)] 계좌의 보훈급여금 명목으로 입금된 000,000원 이하의 예금에 대한 부분을 취소한다.

■ 압류금지채권의 범위변경신청서(은행 잔고 중 일부가 국민연금)

피신청인이 신청한 OO지방법원 2013타채OOO호 채권압류 및 추심명령신청사건에 관하여 이 법원이 2013. OO. OO.자 결정한 별지목록 기재의 채권에 대한 채권압류 및 추심명령 부분은 취소한다.

[별지]

채권의 표시

청구금액: 0000000원
신청인이 △△은행에 대하여 가지는 아래 예금계좌에 대한 예금반환청구채권 중 위 청구금액에 이를 때까지의 금원

계좌내역

과   목 : 저축예금
계좌번호 : 000-000-0000
계좌개설지점: △△△지점.

끝.

■ 압류금지채권의 범위변경(은행잔고 중 일부가 수급비)

신청인과 피신청인 사이의 OO지방법원 201O타채9OO 채권압류 및 추심명령 신청 사건에 관하여 별지 목록 기재 예금반환채권의 압류 부분을 취소한다.
라는 결정을 구합니다.

[별지]

목   록

OO지방법원이 2023. 3. 10.에 한 채권압류 및 추심명령 중 제3채무자 대한민국(소관 과학기술정보통신부 우정사업본부)에 대한 부분은 번호 50OOO9-OO-30OOO1 계좌에 대한 예금반환채권 잔액 중 생계급여, 주거급여로 받은 합계 1,327,913원 및 이를 포함하여 2018. 2. 20. 이후 지방자치단체 및 행정기관으로부터 입금되는 주거급여, 생계급여 등 명목의 금원 부분

끝.

■ 압류금지채권의 범위변경신청 (은행잔고 중 일부가 산재급여)

피신청인이 신청한 00지방법원 2013타채000호 채권압류 및 추심명령신청사건에 관하여 이 법원이 2013. 00. 00.자 결정한 별지목록 기재의 채권에 대한 채권압류 및 추심명령 부분은 취소한다.

[별지]

채권의 표시

청구금액: 0000000원
신청인이 △△은행에 대하여 가지는 아래 예금계좌에 대한 예금반환청구채권 중 위 청구금액에 이를 때까지의 금원

계좌내역
과   목 : 저축예금
계좌번호 : 000-000-0000
계좌개설지점: △△△지점.

끝.

■ 압류금지채권의 범위변경신청

위 당사자 사이의 OO지방법원 2021타채OOOO 채권압류 및 추심명령 사건에 대한 2021. O. OO.자 압류 및 추심명령 중 별지 목록 기재 채권에 관한 부분을 취소한다.
라는 결정을 구합니다.

[별지]

채권의 표시

신청인 OOO(주민등록번호)이 제3채무자에 대하여 가지는 아래 예금계좌의 예금잔액에 대한 예금반환 청구채권.

아 래

제3채무자: 주식회사 OO은행
계좌번호: ***-***-***
예금잔액: 1,382,984원,

끝.

■ 압류금지채권의 축소신청서

신청인이 신청한 00지방법원 2015타채000호 채권압류 및 추심명령 신청사건에 관하여 이 법원이 2015. 00. 00.자 결정한 채권압류 및 추심명령 결정에서 피신청인이 제3채무자에 대하여 가지는 별지 기재의 예금채권 중 민사집행법 제246조 제1항 제8호 및 같은 법 시행령 제7조에 의하여 압류가 금지되는 예금 상당액을 압류범위에서 제외한다는 부분을 취소한다.
라는 재판을 구합니다.

[별지]

압류 및 추심할 채권의 표시

청구금액200,000,000원
단, 피신청인이 제3채무자에 대하여 가지는 예금채권(기 적립된 예금과 그 이자 및 장래 입금될 예금 포함. 다만, 채무자의 1개월간 생계유지에 필요한 예금으로 민사집행법 시행령이 정한 금액에 해당하는 경우에는 이를 제외한 나머지 금액)과 배당금, 예탁금, 신탁, 간접투자신탁상품(펀드) 등 다음 기재한 순서에 따라 위 청구금액에 이를 때까지의 금원

다 음

1. 압류·가압류되지 않은 예금과 압류·가압류된 예금이 있는 때에는 다음 순서에 의하여 압류한다.
    가. 선행 압류·가압류가 되어 있지 않은 예금
    나. 선행 압류·가압류가 되어 있는 예금
2. 여러 종류의 예금이 있는 때에는 다음 순서에 의하여 압류한다.
    가. 자유예금　　　　나. 상호부금　　　　다. 보통예금
    라. 정기예금　　　　마. 기업신탁　　　　바. 당좌예금
    사. 정기적금　　　　아. 청약예금　　　　자. 간접투자증권
    차. 수익증권　　카. 시엠에이(CMA)　　타. 엠엠에프(MMF)
3. 같은 종류의 예금이 여러 계좌 있는 때에는 계좌번호가 빠른 것부터 압류한다.
끝.

■ 압류금지채권의 변경(확장)신청서

채권자 □□은행 채무자○○○ 제3채무자 △△ 주식회사간 ○○지방법원 20○○타
채○○○ 채권압류 및 추심명령신청에 관하여 동원이 20○○. ○○. ○○.자로 한
채권압류 및 추심명령의 압류 및 추심할 채권은 별지목록 기재와 같이 이를 변경한
다.
라는 재판을 구합니다.

[별 지]

압류 및 추심할 채권의 표시

〈변경전(원결정)〉
채무자가 제3채무자로부터 매월 지급받을 본봉 및 제수당과 정기적 또는 부정기적
으로 지급받을 상여금에 대하여 제세공과금을 공제한 나머지 금액 중 2분의 1에
해당하는 금액을 위 청구채권액에 이르기까지의 금원.
단, 위 청구채권액에 달하지 아니한 사이에 퇴직 또는 퇴직금 중간정산시에는 채무
자가 수령할 퇴직금 또는 중간정산금과 채무자에게 퇴직보조금으로 지급하는 명예
퇴직금, 퇴직수당 중 제세공과금을 공제한 나머지 금액의 2분의 1에 해당하는 금액
중 이건 청구채권액에 이르기까지의 금원.

끝.

〈변경후〉
채무자가 제3채무자로부터 매월 지급받을 급여(본봉, 각종 수당 및 상여금 등에서
제세공과금을 공제한 금액)에서 1/2씩 위 청구금액에 이를 때까지의 금액[다만, 국
민기초생활보장법에 의한 최저생계비를 감안하여 민사집행법 시행령이 정한 금액에
해당하는 경우에는 이를 제외한 나머지 금액, 표준적인 가구의 생계비를 감안하여
민사집행법 시행령이 정한 금액에 해당하는 경우에는 이를 제외한 나머지 금액] 및
위 청구금액에 달하지 아니한 사이에 퇴직한 때에는 퇴직금 중 제세공과금을 뺀 잔
액의 1/2씩 위 청구금액에 이를 때까지의 금액.

끝.

■ 압류금지채권의 범위변경신청서

피신청인이 신청한 00지방법원 2013타채000호 채권압류 및 추심명령신청사건에 관하여 이 법원이 2013. 00. 00.자 결정한 별지목록 기재의 채권에 대한 채권압류 및 추심명령 부분은 취소한다.

[별지]

채권의 표시

청구금액: 0000000원
신청인이 △△은행에 대하여 가지는 아래 예금계좌에 대한 예금반환청구채권 중 위 청구금액에 이를 때까지의 금원

계좌내역
과   목 : 저축예금
계좌번호 : 000-000-0000
계좌개설지점: △△△지점.

끝.

■ 압류금지채권의 범위변경(은행잔고 중 일부가 생계비)

신청인과 피신청인 사이의 OO지방법원 2010타채9OO 채권압류 및 추심명령 신청
사건에 관하여 별지 목록 기재 예금반환채권의 압류 부분을 취소한다.
라는 결정을 구합니다.

[별 지]

목   록

OO지방법원이 2017. 3. 10.에 한 채권압류 및 추심명령 중 제3채무자 대한민국
(소관 과학기술정보통신부 우정사업본부)에 대한 우체국 50OOO9-0O-30OOO1
계좌에 관한 예금반환채권 잔액 중 1,850,000원 부분

끝

10. 기타 강제집행

■ 광업권담보권실행을 위한 경매신청서

채권자가 채무자에 대하여 가지고 있는 위 청구채권의 변제에 충당하기 위하여 별
지목록 기재 광업권에 대하여 담보권실행을 위한 경매절차를 개시하고, 채권자를
위하여 이를 압류한다.
라는 재판을 구합니다.

[별 지]

광업권의 표시

1. 등록번호   제○○○호
2. 광구소재지   ○○시 ○○구 ○○길 ○○
3. 광 종 명   금·은·동광
4. 면   적   15,000㎡
5. 광업권의 존속기간   20○○. ○. ○.부터 20○○. ○○.   ○○.까지.

끝.

■ 공장재단담보권실행을 위한 경매신청서

채권자가 채무자에 대하여 가지는 위 청구채권의 변제에 충당하기 위하여 채무자 소유의 별지목록 기재 공장재단에 대하여 담보권실행을 위한 경매절차를 개시하고, 채권자를 위하여 이를 압류한다.
라는 재판을 구합니다.

[별　지]

경매할 공장재단목록의 표시

1. 토지

　　○○시 ○○○구 ○○동 ○○○-○. 공장용지 4,603.8㎡

2. 건물

　　○○시 ○○○구 ○○동 ○○○-○. 공장용지 4,603.8㎡

　　1. 위 지상 철골조 철골 철판지붕 2층공장 1동

　　　　　　1층 2,120.9㎡(공장)

　　　　　　2층 243.485㎡(창고)

　　2. 위 지상 철근콘크리트조 스라브 1층사무실 및 시험실

　　　　　324.845㎡(사무실)

　　　　　지하 345.47㎡(식당 및 기계실)

　　3. 위 지상 연와조 슬라브 1층 수위실 17.6㎡.

3. 기계·기구

　　위 공장 내에 비치한 기계기구 전부

　　1. 명칭 : CNC LATHE

　　　규격 : MODEL:QT15N

　　　제작자 : ○○정공(주)

　　　제작번호 : ○○○-○○○

　　　제작일자 : 200○. ○. ○.

　　　수량 : 1

　　　금액 : 70,000,000원

　　2. 명칭 : 복합밀링

　　　규격 : HMTH×1100

제작자 : ○○기계공업주식회사

제작번호 : ○○○-○○○

제작일자 : 20○○. ○. ○○.

수량 : 1

금액 : 21,510,000원

3. 명칭 : 수동횡형호닝머신

   규격 : KHH - 08M

   제작자 : ○○기계공업주식회사

   제작번호 : ○○○-○○○

   제작일자 : 20○○. ○○. ○○.

   수량 : 1

   금액 : 31,000,000원

- 끝 -

■ 부동산 및 공장및광업재단저당법 제6조목록 담보권실행 경매신청서

채권자가 채무자에 대하여 가지는 위 청구채권의 변제에 충당하기 위하여 채무자 소유의 별지목록 기재 부동산 및 물건에 대하여 담보권실행을 위한 경매절차를 개시하고, 채권자를 위하여 이를 압류한다.

라는 재판을 구합니다.

[별   지]

경매할 부동산 등의 표시

1. ○○시 ○○구 ○○동 ○○ 공장용지 1,525㎡
2. 위 지상
   가동   철근콘크리트조 조립식 판넬지붕 단층공장 850㎡
   나동   시멘트벽돌조 슬래브지붕 단층사무실 252㎡
3. 기계기구

번호	명칭	구조	규격	용량	수량	제작자	제조연월일
1.	선반	자동	6'	3HP	3	00기계	1996
2.	선반	자동	6'	3HP	2	00기계	1997.

끝.

■ 특별현금화명령신청서

1. 귀원 20○○타채○○○호 채권압류명령에 의하여 압류된 별지목록 기재의 채권을 추심에 갈음하여 매각할 것을 명한다.
2. 채권자의 위임을 받은 집행관은 유체동산경매에 관한 절차에 따라 매각하여야 한다.
라는 재판을 구합니다.

제3장
가처분에 대한 신청취지

Part 1. 가처분 개론

① 가처분이란 금전채권 이외의 권리 또는 법률관계에 관한 확정판결의 강제집행을 보전(保全)하기 위한 집행보전제도를 말하며, 이는 다툼의 대상에 관한 가처분과 임시의 지위를 정하기 위한 가처분으로 나눈다.

② 채권자가 채무자에 대하여 가지는 권리를 현실적으로 실현하기 위해서는 민사소송이라는 절차를 거쳐 집행권원(판결서정본, 지급명령정본, 화해조서, 조정조서 등)을 받은 뒤 다시 강제집행이라는 절차를 거쳐야 한다.

③ 그러나 민사소송절차는 많은 시간이 소요되고 그 사이 채무자가 다툼의 대상이 되는 물건의 멸실이나 처분 등으로 사실적인 변경 또는 법률적인 변경이 생기게 되면 채권자는 집행권원을 받더라도 실질적으로 그 권리는 실현할 수 없는 경우가 발생한다.

④ 가처분은 이와 같은 경우에 대비하여 다툼의 대상이 되는 물건이나 지위에 대하여 임시로 잠정적인 법률관계를 형성시켜 채권자가 입게 될 손해를 사전에 예방할 수 있다.

⑤ 예를 들어 채권자가 매매대금 청구소송을 제기하자 채무자가 자신의 재산을 다른 사람의 명의로 변경하는 등의 행위를 하여 채권자가 승소하더라도 채무자 명의의 재산이 없어 매매대금을 받지 못하는 상황을 방지하기 위한 제도이다.

Part 2. 다툼의 대상에 관한 가처분

① 채권자가 금전채권 이외의 권리를 가지고 있을 때 해당 대상물의 현상이 바뀌면 당사자가 권리는 실행하지 못하거나 이를 실행하는 것이 매우 곤란할 염려가 있을 경우에 인정되는 보전처분을 말한다(민사집행법 제300조 제1항). 흔히 실무에선 계쟁물에 관한 가처분이라고도 한다.

② 채권자가 부동산소유권이전 또는 말소등기청구권, 소유물반환청구권, 매매목적물인도청구권, 임차물인도청구권 등과 같은 금전채권 이외의 물건이나 권리를 대상으로 하는 청구권을 가지고 있을 때 채권자가 그 다툼의 대상에 대한 장래의 강제집행을 보전하기 위해 대상물의 현상을 유지하는 것을 목적으로 한다.

1. 부동산처분금지가처분 신청취지 작성례

① 매매, 1필지 토지의 일부에 대한 권리

채무자는 별지 목록 기재 부동산에 대하여 매매, 증여, 저당권설정 그 밖의 일체의 처분행위를 하여서는 아니 된다.
라는 결정을 구합니다.

[별 지]

부동산의 표시

○○시 ○○구 ○○동 ○○ 잡종지 271㎡.

끝.

---

② 매매, 다가구주택

채무자는 별지 목록 기재 부동산에 대하여 매매, 증여, 저당권설정 그 밖의 일체의
처분행위를 하여서는 아니 된다.
라는 결정을 구합니다.

[별 지]

부동산의 표시

1. ○○시 ○○구 ○○동 ○○ 대 234㎡
2. 위 지상
　　　철근콘크리트조 및 평슬래브지붕 3층 다가구 주택
　　　지층 131.98㎡
　　　1층　131.98㎡
　　　2층　136.80㎡
　　　3층　136.80㎡
　　　옥탑 17.04㎡.

끝.

③ 명의신탁해지, 다세대주택

채무자는 별지 목록 기재 부동산에 대하여 매매, 증여, 저당권설정 그 밖의 일체의
처분행위를 하여서는 아니 된다.
라는 결정을 구합니다.

[별   지]

부동산의 표시

1. 1동의 건물의 표시
   ○○ ○○○구 ○○동 ○○
   [도로명주소] ○○시 ○○구 ○○길 ○○
   철근콘크리트 슬래브지붕 4층 다세대주택(6세대)
        1층   115.95㎡ 다세대주택(1세대)
               49.02㎡ 주차장
        2층   161.37㎡ 다세대주택(2세대)
        3층   161.37㎡ 다세대주택(2세대)
        4층   146.12㎡ 다세대주택(1세대)
2. 전유부분의 건물의 표시
      철근콘크리트조
      1층 101호
      84.87㎡
3. 대지권의 목적인 토지의 표시
   ○○ ○○○구 ○○동 ○○○-○ 대 280.9㎡
4. 대지권의 표시
   소유권 280.9분의 40.43.

끝.

④ 이혼 재산분할, 다세대주택

채무자는 별지 목록 기재 부동산에 대하여 매매, 증여, 저당권설정 그 밖의 일체의
처분행위를 하여서는 아니 된다.
라는 결정을 구합니다.

[별 지]

부동산의 표시

1. 1동의 건물의 표시
        ○○시 ○○구 ○○동 ○○ 제4동
        [도로명주소] ○○시 ○○구 ○○로 ○○
            철근콘크리트조 및 벽돌조 슬래브지붕 4층 다세대주택
                1층 152.75㎡
                2층 152.75㎡
                3층 152.75㎡
                4층 152.75㎡
2. 대지권의 목적인 토지의 표시
        ○○시 ○○구 ○○동 ○○ 대 747㎡
3. 전유부분의 건물의 표시
        철근콘크리트조 및 벽돌조 1층 411호 72.80㎡
4. 대지권의 표시
        소유권 7470분의 377 대지권.

끝.

⑤ 매매, 공유지분

채무자는 별지 목록 기재 부동산에 대하여 매매, 증여, 저당권설정 그 밖의 일체의 처분행위를 하여서는 아니 된다.
라는 재판을 구합니다.

[별 지]

부동산의 표시

  ○○시 ○○구 ○○동 ○○ 대 1,000㎡의 공유지분 1/2.

끝.

---

⑥ 교환, 대지

채무자는 별지 목록 기재 부동산에 대하여 매매, 증여, 저당권설정 그 밖의 일체의
처분행위를 하여서는 아니 된다.
라는 재판을 구합니다.

[별　지]

부동산의 표시

○○시 ○○구 ○○동 ○○ 대 ○○○㎡.

끝.

⑦ 증여, 단독건물

채무자는 별지 목록 기재 부동산에 대하여 매매, 증여, 저당권설정 그 밖의 일체의
처분행위를 하여서는 아니 된다.
라는 재판을 구합니다.

[별 지]

부동산의 표시

 1. ○○시 ○○구 ○○동 ○○ 대 176.2㎡
 2. 위 지상 목조 기와지붕, 시멘트블록조 슬래브지붕 2층주택
     1층 64.36㎡
     2층 60.27㎡
(내역 : 8.60㎡는 시멘트블록조 슬래브지붕임).

끝.

⑧ 매매, 아파트

채무자는 별지 목록 기재 부동산에 대하여 매매, 증여, 저당권설정 그 밖의 일체의 처분행위를 하여서는 아니 된다.
라는 재판을 구합니다.

[별 지]

부동산의 표시

1. 1동의 건물의 표시
    ○○ ○○구 ○○동 ○○○ ○○아파트 제101동
    [도로명주소] ○○시 ○○구 ○○로 ○○
    철근콘크리트 평슬래브지붕 15층 아파트
     1층 539.97㎡
      2 내지 15층 각 519.12㎡
     지층 454.98㎡

2. 전유부분의 건물의 표시
     건물의 번호 101-4-405
     구   조 철근콘크리트조
     면   적 39.60㎡

3. 대지권의 목적인 토지의 표시
    ○○ ○○구 ○○동 ○○○ 대 39,883.1㎡

4. 대지권의 표시
    소유권대지권 39,883.1분의 29.734.

끝.

---

⑨ 매매, 대지

채무자는 별지 목록 기재 부동산에 대하여 매매, 증여, 저당권설정 그 밖의 일체의 처분행위를 하여서는 아니 된다.
라는 재판을 구합니다.

[별 지]

부동산의 표시

○○시 ○○구 ○○동 ○○ 대 1,000㎡.

끝.

■ 부동산 처분금지가처분결정에 대한 이의신청서

1. 피신청인이 신청인을 상대로 한 ○○지방법원 ○○지원 20○○카합○○○호 부동산처분금지가처분사건에 관하여 귀원이 20○○. ○. ○.에 한 가처분결정은 이를 취소한다.
2. 피신청인의 가처분신청을 기각한다.
3. 소송비용은 피신청인의 부담으로 한다.
4. 위 제1항은 가집행할 수 있다.
라는 재판을 구합니다.

■ 부동산처분금지가처분해제신청서(채권자)

위 당사자 사이의 귀원 20○○카합○○○호 부동산처분금지가처분신청사건에 대하여 신청인(채권자)는 20○○. ○. ○. 가처분결정을 얻고 그 집행을 하였으나, 금번에 당사자간에 원만히 합의되어 위 가처분의 필요가 없게 되었으므로 위 가처분의 집행해제를 신청합니다.

2. 부동산점유이전금지가처분 신청취지 작성례

① 2층 주택

---

1. 채무자는 별지목록 기재 부동산에 대한 점유를 풀고 채권자가 위임하는 집행관에 게 인도하여야 한다.
2. 위 집행관은 현상을 변경하지 아니하는 것을 조건으로 하여 채무자에게 이를 사용하게 하여야 한다.
3. 채무자는 그 점유를 타인에게 이전하거나 또는 점유명의를 변경하여서는 아니 된다.
4. 집행관은 위 명령의 취지를 적당한 방법으로 공시하여야 한다.
라는 재판을 구합니다.

[별 지]

부동산의 표시

○○시 ○○구 ○○동 ○○
[도로명주소] ○○시 ○○구 ○○길 ○○ 지상
　　철근콘트리트조 슬래브지붕 2층 주택
　　　　1층 80.35㎡
　　　　2층 50㎡
　　　　　　중 2층 50㎡.

끝.

---

② 대위

1. 채무자는 별지 목록 기재 부동산에 대한 점유를 풀고 채권자가 위임하는 집행관에게 인도하여야 한다.
2. 위 집행관은 현상을 변경하지 아니하는 것을 조건으로 하여 채무자에게 이를 사용하게 하여야 한다.
3. 채무자는 그 점유를 타인에게 이전하거나 또는 점유명의를 변경하여서는 아니 된다.
4. 집행관은 위 명령의 취지를 적당한 방법으로 공시하여야 한다.
라는 재판을 구합니다.

[별   지]

부동산의 표시

　　○○시 ○○구 ○○동 ○○
　　[도로명주소] ○○시 ○○구 ○○길 ○○ 지상 ◎◎빌라 나동
　　철근콘크리트 슬래브지붕 4층 다세대주택
　　1층 ○○○.○○㎡
　　2층 ○○○.○○㎡
　　3층 ○○○.○○㎡
　　4층 ○○○.○○㎡
　　지층 ○○.○○㎡
　　　　중 3층 301호 124.98㎡.

끝.

3. 수인의무를 명하는 가처분 신청취지 작성례

■ 토지 출입금지 가처분신청서

채무자는 별지목록 기재 토지에 출입하여서는 아니 된다.
라는 재판을 구합니다.

[별　지]

부동산의 표시

○○ ○○군 ○○면 ○○리 ○○ 전 1,000㎡.

끝.

■ 통행방해금지 등 가처분신청서

1. 채무자는 별지목록 기재 토지 중 별지도면 표시 ㉮, ㉯, ㉰, ㉱, ㉮ 각 점을 차례로 연결한 선내 ①부분의 통로에 통행을 방해하는 흙 및 암석 등의 방해물을 이 사건의 결정 송달일로부터 3일 내에 제거하라.
2. 채무자가 위 명령을 실행하지 아니하면 채권자는 채권자가 위임하는 ○○지방법원 ○○지원 소속의 집행관으로 하여금 채무자의 비용으로 적당한 방법으로 흙 및 암석 등의 방해물을 제거하게 할 수 있다.
3. 채무자는 별지목록 기재 토지 중 별지도면 표시 ㉮, ㉯, ㉰, ㉱, ㉮ 각 점을 차례로 연결한 선내 ①부분 도로 및 이와 연결되는 도로를 채권자, 채권자가족들 및 차량 등이 통로로서 사용함을 방해하여서는 아니 된다.

라는 재판을 구합니다.

[별　지]

도　면

■ 공사중지 가처분신청서(인근 지하 굴착공사로 주택 균열의 경우)

1. 피신청인들은 별지목록기재 부동산에 대한 지하굴착공사를 하여서는 아니 된다.
2. 집행관은 위 취지를 적당한 방법으로 공시하여야 한다.
3. 담보제공은 채권자와 ○○보증보험주식회사간에 체결한 지급보증위탁계약 문서의 제출에 의한다.
4. 신청비용은 피신청인들의 부담으로 한다.
라는 재판을 구합니다.

[별   지]

목적물의 표시

○○시 ○○구 ○○동 □□□
대 275.6평방미터

끝.

■ 공사중지 가처분신청서(도로 위 공작물 설치로 상가 영업 방해)

1. 피신청인은 □□ 도시철도 1호선 1-7공구 공사 중 □□시 □□구 □□동 224의 1 도로 지상 부분에 돌출되는 환기탑 설치공사를 시행함에 있어 그 환기탑의 폭은 2.2m, 길이는 13m, 높이는 도로 지면에서 1.5m를 각 초과하여 시공하여서는 안 되고, 도로 지면에서 높이 1.2m를 초과하는 부분은 신청인의 건물을 가리는 불투명한 소재로 시공하여서는 안 된다.
2. 집행관은 위 취지를 적당한 방법으로 공시하여야 한다.
3. 담보제공은 채권자와 ○○보증보험주식회사간에 체결한 지급보증위탁계약 문서의 제출에 의한다.
4. 신청비용은 피신청인의 부담으로 한다.
라는 재판을 구합니다.

4. 채무자의 적극적 행위를 금지하는 가처분

1. 피신청인들은 별지목록 기재 부동산에 대한 지하굴착공사를 하여서는 아니된다.
2. 집행관은 위 취지를 적당한 방법으로 공시하여야 한다.
라는 재판을 구합니다.

5. 인도(명도) · 철거 · 수거단행가처분 신청취지 작성례

■ 건물인도 단행 가처분신청서

1. 채무자는 채권자소유의 별지목록 기재 부동산에 대한 점유를 풀고 이를 채권자가 위임하는 귀원 소속 집행관에게 인도하여야 한다.
2. 집행관은 현상을 변경하지 아니할 것을 조건으로 하여 채권자에게 이를 사용하게 하여야 한다.
3. 채권자는 그 점유를 타인에 이전하거나 점유명의를 변경하여서는 아니 된다.
4. 집행관은 위 취지를 공시하기 위하여 적당한 방법을 취하여야 한다.
5. 소송비용은 채무자의 부담으로 한다.
라는 재판을 구합니다.

[별   지]

부동산의 표시

○○시 ○○구 ○○동 ○○
[도로명주소] ○○시 ○○구 ○○길 ○○ 지상 시멘트블럭조 기와지붕 단층주택 93.26㎡.

끝.

6. 자동차·건설기계·소형선박 처분금지가처분 신청취지 작성례

■ 자동차 처분금지 가처분신청서

채무자는 별지목록 기재 자동차에 대하여 양도, 저당권설정 기타 일체의 처분행위를 하여서는 아니 된다.
라는 재판을 구합니다.

[별 지]

자동차의 표시

자동차등록번호	인천○가 ○○○
형식승인번호	○-○○-1234-123
차명	○○○
차종	승용자동차
차대번호	○○○TJ4TIN123456
원동기형식	G4DJ
년식	2000
최초등록일	2000. ○. ○.
최종소유자	◇◇◇
사용본거지	○○시 ○○구 ○○길 ○○.

끝.

■ 선박 점유이전금지 가처분신청서

1. 채무자는 별지 목록 기재 선박에 대한 점유를 풀고 이를 채권자가 위임하는 집행관에게 인도하여야 한다.
2. 집행관은 채무자로 하여금 위 선박을 ○○항의 집행관이 명하는 장소에 정박시키고 현상을 변경하지 아니할 것을 조건으로 채무자에게 그 보관을 명할 수 있다.
3. 채무자는 위 선박의 점유를 타인에게 이전하거나 점유병의를 변경하거나 이를 운행하여서는 아니 된다.
4. 집행관은 위 취지를 공시하기 위하여 적당한 방법을 취하여야 한다.
라는 재판을 구합니다.

[별　지]

선박의 표시

1. 선박의 종류 및 명칭　　　기선 ○○호
1. 선　질　　　　　　　　　철강 및 목조
1. 총톤수　　　　　　　　　○○○톤
1. 순톤수　　　　　　　　　○○○톤
1. 기관종류 및 수　　　　　디젤기관○개
1. 추진기의 종류 및 수　　　나선추진기○개
1. 진수연월일　　　　　　　20○○. ○. ○.
1. 정박항　　　　　　　　　○○항
1. 소유자　　　　　　　　　◇◇◇
1. 선장의 이름　　　　　　　◆◆◆
　　　　　　　　　　○○시 ○○구 ○○길 ○○.

끝.

7. 유체동산점유이전금지가처분 신청취지 작성례

■ 유체동산 점유이전금지 가처분신청서

1. 채무자는 별지목록 기재 물건에 대한 점유를 풀고 이를 채권자가 위임하는 집행관에게 인도하여야 한다.
2 집행관은 현상을 변경하지 않을 것을 조건으로 하여 채무자에게 사용을 허가하여야 한다.
3. 채무자는 그 점유를 타인에게 이전하거나 또는 점유명의를 변경하여서는 아니 된다.
4. 집행관은 위 취지를 공시하기 위하여 적당한 방법을 취하여야 한다.
라는 재판을 구합니다.

[별   지]

유체동산의 표시

품명 : 프린터
수량 : 5대
제작회사 ○○주식회사
모델명 : ○○○○○
소재지 : ○○시 ○○구 ○○길 ○○.

끝.

■ 자연석채굴 및 반출금지 가처분신청서

1. 채무자들은 별지목록 기재 자연석에 대한 점유를 풀고 이를 채권자가 위임하는 집행관에게 인도하여야 한다.
2. 채무자들은 별지목록 기재 토지에 출입하여 자연석 등을 채굴하거나 채굴된 자연석을 반출하여서는 아니 된다.
3. 집행관은 위 취지를 공시하기 위하여 적당한 방법을 취하여야 한다.
라는 재판을 구합니다.

[별   지]

목적물의 표시

○○ ○○군 ○○면 ○○리 ○○, 같은 리 ○○○, 같은 리 ○○○○ 각 지상 및 지하의 자연석.

끝.

8. 채권추심 및 처분금지가처분 신청취지 작성례

■ 보상금처분·추심금지 가처분신청서

1. 채무자는 제3채무자로부터 별지목록 기재의 채권을 추심하거나 타인에게 양도, 질권의 설정, 그 밖의 일체의 처분을 하여서는 아니 된다.
2. 제3채무자는 채무자에게 위 채권의 지급을 하여서는 아니 된다.
라는 재판을 구합니다.

[별　지]

목　　　　　록

금 ○○○원

○○시 ○○군 ○○면 ○○리 ○○-○ 임야 171㎡에 대한 국도편입보상금.

끝.

Part 3. 임시의 지위를 정하기 위한 가처분

① 당사자 간에 현재 다툼이 있는 권리관계가 존재하고 그에 대한 확정판결이 있기까지 현상의 진행을 그대로 방치한다면 권리자가 현저한 손해를 입거나 급박한 위험에 처하는 등 소송의 목적을 달성하기 어려운 경우 인정되는 보전처분을 말한다(민사집행법 제300조 제2항).

② 임시의 지위를 정하기 위한 가처분 중 실무상 많이 이용되는 가처분은 특허·실용신안·상표와 상호·의장·저작권 등 지식재산권침해금지가처분, 직무집행정지가처분, 부정경쟁행위금지가처분, 보증보험금·신용장대금지급정지가처분, 이사직무집행정지 및 직무대행자선임가처분, 국가 등이 실시하는 입찰절차속행금지가처분, 유체동산사용금지가처분, 치료비임시지급가처분 등이 있다.

1. 금전지급가처분 신청취지 작성례

소장의 청구취지에 상응하는 것으로 가처분에 의해 구하려는 보전처분의 내용을 말하며, 권리의 보전을 위해 필요한 내용을 적는다(민사집행규칙 제203조 제2항).

〈예시: 정액지급형(치료비 등의 경우)〉

채무자는 채권자에게 금 OOO원을 임시로 지급하라.
라는 재판을 구합니다.

〈예시: 정기지급형(생계비 등의 경우)〉

채무자는 채권자에게 20OO. O. O.부터 20OO. O. O.까지 매월 O일에 금 $OO$$O$원씩을 임시로 지급하라.
라는 재판을 구합니다.

〈예시: 결합형〉

채무자는 채권자에게 금 OOO원 및 20OO. O. O.부터 20OO. O. O.까지 매월 O일에 금 OOO원씩을 임시로 지급하라.
라는 재판을 구합니다.

■ 약속어음 처분금지 가처분신청서

1. 채무자는 별지목록 기재 약속어음에 대하여 지급을 위한 제시를 하거나 권리행사 또는 배서양도 그 밖의 일체의 처분행위를 하여서는 아니 된다. 다만, 소구권의 보전을 위한 행위는 할 수 있다.
2. 제3채무자는 위 약속어음에 대한 지급을 하여서는 아니 된다.
라는 재판을 구합니다.

[별   지]

약속어음의 표시

1. 종   류 : 약속어음
2. 번   호 : 자가 1234567
3. 금   액 : 금 10,000,000원
4. 발행일 : 20○○. ○. ○.
5. 지급기일 : 20○○. ○. ○○.
6. 지급지, 발행지 : ○○시
7. 지급장소 : 주식회사 ◆◆은행 ◆◆지점
8. 발행인 : ○○○.

끝.

2. 지식재산권침해금지가처분 신청취지 작성례

소장의 청구취지에 상응하는 것으로 가처분에 의해 구하려는 보전처분의 내용을 말하며, 권리의 보전을 위해 필요한 내용을 적는다(민사집행규칙 제203조 제2항).

〈작성례 ① : 특허권·실용신안권의 경우〉

1. 채무자는 별지 도면 및 설명서 기재의 제품을 생산, 사용, 판매, 배포하여서는 아니 된다.
2. 채무자는 위 제품과 그 반제품(위의 완성품의 구조를 구비하고 있는 것으로 아직 완성에 이르지 않은 물건)에 대한 점유를 풀고 이를 채권자가 위임하는 집행관에게 인도하여야 한다.
3. 집행관은 위 보관의 취지를 적당한 방법으로 공시하여야 한다.
라는 재판을 구합니다.

〈작성례 ② : 상표권침해금지가처분(상품주체 혼동행위)의 경우〉

1. 채무자는 별지 제1목록 표시의 각 포장을 부착한 별지 제2목록 기재의 제품, 그 포장지, 포장용기, 선전광고물을 생산, 판매, 반포, 수출, 전시하여서는 아니 된다.
2. 채무자는 채무자의 사무소, 공장, 창고, 영업소, 매장에 보관 중인 별지 제1목록 표시의 각 포장을 부착한 별지 제2목록 기재의 완제품 및 반제품, 포장지, 포장용기, 선전광고물에 대한 점유를 풀고, 이를 채권자가 위임하는 집행관에게 인도하여야한다.
3. 집행관은 위의 경우에 그 보관의 취지를 적당한 방법으로 공시하여야 한다.
4. 집행관은 채무자의 신청이 있으면 용기, 선전광고물, 포장으로부터 위 상표를 말소하고 위 물건을 채무자에게 반환하여야 한다.
라는 재판을 구합니다.

〈작성례 ③ : 저작권(서적의 경우)침해금지가처분의 경우〉

1. 채무자는 별지 목록 기재 서적을 인쇄, 제본, 판매, 배포하여서는 아니 된다.
2. 채무자는 위 서적과 인쇄용 필름에 대한 점유를 풀고 이를 채권자가 위임하는 집행관에게 인도하여야 한다.
3. 집행관은 위 보관의 취지를 적당한 방법으로 공시하여야 한다.
라는 재판을 구합니다.

〈작성례 ④ : 저작권(음악)침해금지가처분의 경우〉

채무자는 별지 목록 기재 음악을 수록한 씨디(CD), 카세트테이프, 비디오테이프, 엠피(MP)3 파일, 엠디(MD)를 제작, 판매, 배포하여서는 아니 된다.
라는 재판을 구합니다.

■ 상표권 침해금지 가처분신청서

1. 채무자는 별지도면 표시의 상표를 별지목록 기재 물품 또는 그 포장 및 선전 광고물에 사용하거나 위 상표를 사용한 물품을 판매·양도하거나 그 목적으로 전시, 수출 또는 수입하여서는 아니 된다.
2. 채무자의 위 상표를 사용한 물품, 선전광고물, 포장, 용기 및 인장에 대한 점유를 풀고 신청인이 위임하는 ○○지방법원소속 집행관에게 이를 보관하게 한다. 집행관은 위 경우에 있어서 그 보관의 취지를 공시하기 위하여 적당한 방법을 취하여야 한다.
3. 집행관은 채무자의 신청이 있으면 용기, 선전광고물, 포장으로부터 위 상표를 말소하고 위 물건을 채무자에게 반환하여야 한다.

라는 재판을 구합니다.

■ 서적인쇄 및 판매금지 등 가처분신청서

1. 채무자는 위 저작물에 대한 점유를 해제하고 채권자가 위임하는 집행관에게 그 보관을 명한다.
2. 채무자는 위 저작물에 대한 인쇄, 제본, 판매 및 배포 등의 행위를 하여서는 아니 된다.
3. 위 명령을 받은 집행관은 그 취지를 공시하여야 한다.
라는 재판을 구합니다.

■ 비디오테이프제조·배포금지 가처분신청서

채무자는 별지목록 기재 영상물등급위원회의 등급분류를 취득한 무협시리즈 비디오
"◎◎"을 제조하거나 배포하여서는 아니 된다.
라는 결정을 구합니다.

[별　지]

목　　　록

제　　　목 : ◎◎
원 제 작 자 : 홍콩○○사
등　　　급 : 연소자관람가
제작연월일 : 20○○. ○. ○.
복　　　제 : 주식회사 ◎◎프로덕션
제조원등록번호 : 문화체육관광부 제○○○호
심 의 번 호 : ○○○ - ○○
상 영 시 간 : 30분
수　　　량 : 10개.

끝.

■ 특허권 처분금지 가처분신청서

채무자는 별지목록 기재의 특허권에 관하여 양도, 질권 또는 전용실시권의 설정, 통상실시권의 허락 그 밖의 일체의 처분행위를 하여서는 아니 된다.
라는 재판을 구합니다.

[별 지]

특허권의 표시

1. 출 원 인 : ◇◇◇
1. 출원연월일 : 20○○. ○. ○.
1. 출원번호 : 20○○년 특허원 제○○호
1. 발명의 명칭 : ◎◎.

끝.

3. 이사의 직무집행정지가처분 신청취지 작성례

〈작성례〉

1. 신청인의 신청 외 ◎◎주식회사에 대한 주주총회결의의 부존재확인청구사건의 판결확정시까지 피신청인은 00시 00구 00동 00에 본점을 둔 신청 외 ◎◎주식회사의 대표이사 및 이사의 직무를 행하여서는 아니 된다.
2. 위 직무집행 정지기간 중 법원에서 정하는 적당한 사람으로 하여금 위 직무를 대행하게 한다.
라는 재판을 구합니다.
　또는

2. 위 직무집행 정지기간 중 다음 사람을 직무대행자로 선임한다.
　이사 겸 대표이사 직무대행자
　000 (주민등록번호) 및 주소 기재
　이사 직무대행자
　000 (주민등록번호) 및 주소 기재

■ 계원 지위보전 가처분신청서

채권자가 채무자에 대하여 채무자 어촌계 계원의 지위에 있음을 임시로 정한다.
라는 재판을 구합니다.

4. 이사의 행위금지가처분 신청취지 작성례

〈작성례〉

채권자의 채무자에 대한 이사행위유지청구소송의 본안판결 확정시까지 채무자는 이사회의 승인없이 별지 목록 기재 건물에 관하여 채무자 또는 채무자가 이사인 회사에 양도, 저당권설정, 임대 그 밖에 일체의 처분 행위를 하여서는 아니 된다.
라는 재판을 구합니다.

5. 주주총회에 관한 가처분 신청취지 작성례

〈작성례 ① : 총회개최금지(정지)가처분의 경우〉

채무자가 20OO. O. O.에 소집한 20OO. O. O. 10:00부터 채무자 회사 본점회
의실에서 별지 목록 기재의 결의사항을 위한 임시주주총회는 그 개최를 금지(정지)
한다.
라는 재판을 구합니다.

〈작성례 ② : 주주총회결의금지가처분의 경우〉

채무자가 20OO. O. O.에 소집한 20OO. O. O. 10:00부터 채무자 회사 본점회
의실에서 별지 목록 기재의 결의사항을 위한 임시주주총회에서 별지 목록 기재 제
O항 내지 제OO항의 사항에 관하여는 결의를 하여서는 아니 된다.
라는 재판을 구합니다.

〈작성례 ③ : 결의효력정지가처분의 경우〉

1. 채무자의 별지 목록 기재의 주주총회결의의 효력을 정지한다.
2. 채무자 회사의 대표이사는 위 결의를 집행하여서는 아니 된다.
라는 재판을 구합니다.

6. 주식처분금지가처분 신청취지 작성례

〈작성례 ① : 주권점유이전금지가처분의 경우〉

채무자의 별지 목록 기재 주권에 대한 점유를 풀고 채권자가 위임하는 집행관에게 보관을 명한다.
라는 재판을 구합니다.

〈작성례 ② : 주식처분금지가처분의 경우〉

채무자는 별지 목록 기재 주식에 대하여 양도, 질권의 설정 그 밖에 일체의 처분을 하여서는 아니 된다.
라는 재판을 구합니다.

〈작성례 ③ : 주식명의개서금지가처분의 경우〉

1. 채무자는 별지 목록 기재 주식에 대하여 양도, 질권의 설정 그 밖에 일체의 처분을 하여서는 아니 된다.
2. 제3채무자(회사를 지칭)는 위 주식에 대하여 채무자의 청구에 의한 명의개서를 하여서는 아니 된다.
라는 재판을 구합니다.

7. 의결권행사금지 또는 허용의 가처분 신청취지 작성례

〈작성례 ① : 의결권행사금지가처분의 경우〉

1. 채무자 2. ○○주식회사는 20○○. ○. ○. 10:00에 개최되는 주주총회에서 채무자 1. ○○○에게 별지 목록 기재 주식에 대한 의결권을 행사하게 하여서는 아니 된다.
2. 채무자 1. ○○○은 위 주주총회에서 위 주식에 대한 의결권을 행사하여서는 아니 된다.
라는 재판을 구합니다.

〈작성례 ② : 의결권행사 허용가처분의 경우〉

1. 채무자 ○○주식회사는 20○○. ○. ○. 10:00에 개최되는 주주총회에서 채권자에게 별지 목록 기재 주식에 대한 의결권을 행사하게 하여서는 아니 된다.
2. 채권자는 위 주주총회에서 위 주식에 대한 의결권을 행사할 수 있다.
라는 재판을 구합니다.

8. 신주발행금지가처분 신청취지 작성례

〈작성례〉

채무자가 20○○. ○. ○. 이사회의 결의에 기하여 현재 발행을 준비중인 기명식 액면 금○○원의 보통주식 ○○주의 신주발행을 금지한다.
라는 재판을 구합니다.

9. 그 밖의 재산권에 대한 처분금지가처분 신청취지 작성례

■ 근저당권 처분금지 가처분신청서

채무자는 별지목록 기재 부동산에 설정된 같은 목록 기재 근저당권에 대하여 양도 그밖에 일체의 처분행위를 하여서는 아니 된다.
라는 재판을 구합니다.

[별 지]

목적물의 표시

아래 부동산에 관하여 20○○. ○. ○. ○○지방법원 ○○등기소 등기접수 제○○○호로 된 근저당권설정등기

아   래

1동의 건물의 표시
  ○○시 ○○구 ○○동 ○○ ○○연립 철근콘크리트조 슬래브지붕 4층 연립주택
    1층 460.55㎡
    2층 455.65㎡
    3층 455.65㎡
    4층 418.36㎡
    지층 452.83㎡
전유부분의 건물의 표시
 제2층 제204호 철근콘크리트조 82.82㎡
대지권의 목적인 토지의 표시
   ○○시 ○○구 ○○동 ○○ 대 1058.7㎡
대지권의 표시
   소유권대지권 1058.7분의 55.45 대지권.

끝.

■ 근저당권부질권 처분금지 가처분신청서

채무자는 별지목록 기재 근저당권부 질권에 의한 질권실행, 질권의 양도 등 그밖에 일체의 처분행위를 하여서는 아니 된다.
라는 재판을 구합니다.

[별 지]

목적물의 표시

○○시 ○○구 ○○동 ○○ 대 73㎡에 관하여 20○○. ○. ○. ○○지방법원 ○○등기소 등기접수 제○○○호로 마쳐진 근저당권부 질권.

끝.

■ 보상금처분·추심금지 가처분신청서

1. 채무자는 제3채무자로부터 별지목록 기재의 채권을 추심하거나 타인에게 양도, 질권의 설정, 그 밖의 일체의 처분을 하여서는 아니 된다.
2. 제3채무자는 채무자에게 위 채권의 지급을 하여서는 아니 된다.
라는 재판을 구합니다.

[별　지]

목　　　록

금 ○○○원
○○시 ○○군 ○○면 ○○리 ○○-○ 임야 171㎡에 대한 국도편입보상금.

끝.

■ 부동산 분양계약 명의변경금지 가처분신청서

1. 채무자는 별지 목록 기재 부동산에 관한 수분양권의 매매, 증여 기타 일체의 처분을 하여서는 아니 된다.
2. 제3채무자는 채무자의 청구에 의하여 별지 목록 기재 부동산에 대한 분양계약명의를 변경하여서는 아니 된다.
라는 재판을 구합니다.

[별지]

부동산의 표시

1. 1동의 건물의 표시
   ○○시 ○○구 ○○동 ○○ ○○아파트 제101동
   [도로명주소] ○○시 ○○구 ○○로 ○○
   철근콘크리트 평슬래브지붕 15층 아파트
   　1층 539.97㎡
   　2 내지 15층 각 519.12㎡
   　지층 454.98㎡

2. 전유부분의 건물의 표시
   　　건물의 번호 101-4-405
   　　구　　　조 철근콘크리트조
   　　면　　　적 39.60㎡

3. 대지권의 목적인 토지의 표시
   　○○ ○○구 ○○동 ○○○ 대 39,883.1㎡

4. 대지권의 표시
   소유권대지권 39,883.1분의 29.734.

끝.

■ 경업금지 가처분신청서

1. 채무자는 별지목록 기재 건물 및 ○○시내에서 채무자의 명의로 비디오물감상실 영업을 하여서는 아니 된다.
2. 채무자는 별지목록 기재 건물에 프로젝션 텔레비전, 비디오기기, 비디오테이프 등 비디오물감상실영업을 위한 시설물을 설치하여서는 아니 된다.
3. 집행관은 위 명령의 취지를 적당한 방법으로 공시하여야 한다.
라는 재판을 구합니다.

[별지]

부동산의 표시

○○시 ○○구 ○○동 ○○ 지상 철근콘크리트 2층 점포 및 사무실 1동
    1층 210㎡
    2층 210㎡
    지하 1층 171㎡.

끝.

■ 접근금지 가처분신청서

1. 피신청인은 신청인과 신청인의 딸들인 신청외 이◉◉, 이◎◎의 의사에 반하여 신청인 및 위 이◉◉, 이◎◎에게 접근하여서는 아니 된다.
2. 피신청인은 신청인 및 위 이◉◉, 이◎◎에 대하여 면담을 강요하거나, 별지목록 기재와 같은 내용으로 전화를 걸거나, 팩스를 보내는 등의 방법으로 그 평온한 생활 및 업무를 방해하여서는 아니 된다.
3. 위 명령을 위반할 경우에 피신청인은 위반행위 1회당 금 200,000원씩을 신청인에게 지급하라.
라는 재판을 구합니다.

[별 지]

목   록

1. 신청인에게 만나자는 내용.
2. 신청외 이◉◉, 이◎◎에게 신청인의 위지를 알려달라는 내용.
3. 그밖에 신청인 및 신청외 이◉◉, 이◎◎의 인격권 및 평온한 생활을 침해할 수 있는 내용.

끝.

제3편

준비서면, 답변서 작성례

제1장
준비서면 작성례

Part 1. 개론(概論)

① "준비서면"이란 당사자가 변론에서 하고자 하는 진술사항을 기일 전에 예고적으로 기재해 법원에 제출하는 서면을 말한다.

② 기재사항

준비서면에는 다음의 사항을 적고, 당사자 또는 대리인이 기명날인 또는 서명해야 한다(민사소송법 제274조 제1항 및 제2항).

- 당사자의 성명·명칭 또는 상호와 주소

- 대리인의 성명과 주소

- 사건의 표시

- 공격 또는 방어의 방법: 주장을 증명하기 위한 증거방법에 대한 의견 기재

- 상대방의 청구와 공격 또는 방어의 방법에 대한 진술: 상대방의 증거방법에 대한 의견 기재

- 덧붙인 서류의 표시

- 작성한 날짜

- 법원의 표시

③ 첨부서류

- 당사자가 가지고 있는 문서로서 준비서면에 인용한 것은 그 등본 또는 사본을 붙여야 한다(민사소송법 제275조 제1항).

- 문서의 일부가 필요한 경우에는 그 부분에 대한 초본을 붙이고, 문서가 많을 때에는 그 문서를 표시하면 된다(민사소송법 제275조 제2항).

- 첨부서류는 상대방이 요구하면 그 원본을 보여주어야 합니다(민사소송법 제275조 제3항).

- 외국어로 작성된 문서에는 번역문을 붙여야 한다(민사소송법 제277조).

④ 준비서면의 분량

- 준비서면의 분량은 30쪽을 넘어서는 안 된다(민사소송규칙 제69조의4 제1항 본문).

- 재판장, 수명법관 또는 촉탁판사(이하 "재판장 등"이라 함)은 위를 어긴 당사자에게 해당 준비서면을 30쪽 이내로 제출하도록 명할 수 있다(민사소송규칙 제69조의4 제2항). 다만, 재판장 등이 당사자와 준비서면의 분량에 관한 합의가 이루어진 경우에는 그렇지 않다(민사소송규칙 제69조의4 제1항 단서 및 제70조 제4항).

- 준비서면에는 소장, 답변서 또는 앞서 제출한 준비서면과 중복·유사한 내용을 불필요하게 반복 기재해서는 안 된다(민사소송규칙 제69조의4 제3항).

Part 2. 작성례

■ 준비서면(계약금 등 반환, 원고)

<h2 style="text-align:center">준 비 서 면</h2>

사　건　20○○가단○○○○ 계약금 등 반환

원　고　○○○

피　고　◇◇◇

　　위 사건에 관하여 원고는 다음과 같이 변론을 준비합니다.

<h2 style="text-align:center">다　　　　　음</h2>

1. 중도금수령거절

　　피고는 원고가 중도금을 약정한 시기에 지급하지 아니하므로 계약해제 할 수밖에 없었다고 주장하나 이는 사실이 아닙니다.

　　원고와 피고는 20○○. ○. ○. 피고 소유의 ○○시 ○○동 ○○ 대 166㎡ 및 지상 주택을 대금 1억 2,000만원에 매매하기로 계약하고, 원고는 같은 날 피고에게 계약금 1,000만원을 지급하였고 같은 해 ○. ○○. 약속대로 피고의 집을 방문하여 중도금 5,000만원을 지급하려고 하였으나 집이 비어있는 관계로 중도금을 지급하지 못하였고, 피고의 처 소외 ◇◇◇가 운영하는 같은 동 소재 ○○ 갈비집으로 찾아가 중도금의 지급의사를 밝혔으나 피고의 처 소외 ◇◇◇는 피고가 중도금을 수령하지 말라고 했다면서 수령을 거부하였습니다.

2. 계약금의 반환

　　피고는 20○○. ○○. ○. 원고에게 전화로 부동산가격이 올랐으므로 매매가격을 조정할 것을 요청하였으며, 원고가 이에 대한 거부의사를 표시하자 원고가 중도금을 제때 지급하지 아니한다는 이유로 20○○. ○○. ○○. 계약금 중 금 500만원을 반환하며 계약해제의 의사표시를 하였습니다.

3. 위약금의 지급책임

　　이 사건 매매계약해제의 원인이 원고가 중도금을 약정된 시기에 지급하지 아니하였기 때문이라는 피고의 주장은 사실과 다르므로 부인합니다. 피고는 원고와는 무관하게 일방적으로 부동산가격의 상승을 이유로 중도금의 수령을 거부하고 계약해제통지를 하였으므로 피고가 이 사건 부동산매매계약의 해제로 인한 위약의 책임을 부담하여야 하며 위약의 책임범위는 피고가 지급 받은 계약금 1,000만원 중 원고에게 반환하지 아니한 금 500만원 이외에도 계약서상 명시된 대로 매도인이 계약해제한 경우에 지급하기로 되어있는 계약금에 해당하는 금 1,000만원을 위약금으로 추가 지급하여야 할 것입니다

2000.　　○.　　○.

위　원고　　○○○ (서명 또는 날인)

○○지방법원 제○○민사단독　귀중

■ 준비서면(소유권이전등기, 원고)

준 비 서 면

사　　건　　20○○가단○○○○ 소유권이전등기
원　　고　　○○○
피　　고　　◇◇◇

　　위 사건에 관하여 원고는 다음과 같이 변론을 준비합니다.

다　　　　　음

1. 부동산실권리자명의등기에관한법률의 적용범위(명의신탁약정의 개념)
　가. 부동산실권리자명의등기에관한법률의 대상이 되는 명의신탁약정은 '부동산에 관한 소유권 기타 물권(이하 부동산에 관한 물권이라 함)을 보유한 자 또는 사실상 취득하거나 취득하려고 하는 자가 타인과의 사이에 대내적으로는 실권리자가 부동산에 관한 물권을 보유하거나 보유하기로 하고 그에 관한 등기는 그 타인의 명의로 하기로 하는 약정'이라고 정의됩니다(부동산실권리자명의등기에관한법률 제2조 제1호).
　나. 여기서 '물권을 보유한 자'는 소유권 기타 물권자로 등기되어 있는 자는 물론, 건물의 신축자와 같은 원시취득자와 민법 제187조에 의하여 물권을 취득하였으나 아직 등기를 마치지 아니한 자를 포함합니다.
　　한편 '사실상 취득하거나 취득하려고 하는 자'란 예컨대 매매계약을 맺고그 대금을 지급하는 등 소유권 기타 물권자로 등기할 지위에 있으나 아직 등기하지 않은 자를 말한다 할 것입니다{부동산실명법해설, 재정경제원(1995), 23면; 목영준, 부동산실권리자명의등기에관한법률상 법률관계의 효력,사법연수원(1998), 4면(참고자료)}.
2. 이 사건 각 명의신탁약정의 효력
　가. 별지목록 제1기재 부동산(○○도 임야)에 대한 명의신탁
　(1) 원고는 (주)○○주택의 대표이사로 재직 중이던 19○○. ○. ○. (주)○○주택 소유의 ○○ ○○읍 ○○리 ○○ 소재 ○○빌라 3채(201호, 301호, 302호, 갑 제8호증의 1, 2, 3 각 부동산등기부등본)를 대표이사 자격으로 자신에게 증여를 함(증인 ◉◉◉의 증언, (주)○○주택은 소규모 회사로서 사실상 원고

의 개인기업과 같았음)과 동시에 개인자격으로 소외 ◎◎◎와 그 소유의 별지목록 제1기재 부동산(○○도 임야)과 교환하는 계약을 체결하였고(갑 제6호증 부동산물물교환계약서, 갑 제3호증의 1 부동산등기부등본, 등기원인은 매매로 기재되어 있으나 그 실질은 교환), 19○○. ○. ○. 별지목록 제1기재 부동산의 등기명의를 피고명의로 하였습니다(갑 제3호증의 1 부동산등기부등본).

즉, 신탁자(원고)가 별지목록 제1기재 부동산에 관해 수탁자(피고)와 명의신탁약정을 맺고, 신탁자가 교환계약의 당사자가 되어 소외 ◎◎◎와 교환계약을 체결하되 다만 등기를 소외 ◎◎◎로부터 수탁자(피고) 앞으로 직접 이전하는 명의신탁유형(3자간등기명의신탁)을 취하였던 것입니다(증인 ◉◉◉의 증언 참조).

(2) 위 제1항에서 주장한 바와 같이 신탁자의 자격은 반드시 '물권을 현실적으로 보유한 자'만을 지칭하는 것이 아니고, '사실상 취득하거나 취득하려고 하는 자'도 포함하기 때문에 원고와 같이 '증여를 받은 이후 소유권자로 등기할 지위에 있으나 아직 등기하지 않은 자'도 신탁자의 자격을 갖추고 명의신탁약정을 맺을 자격이 있다 할 것이므로 피고 앞으로의 별지목록 제1기재 부동산에 대한 부부(夫婦)간의 명의신탁약정은 유효하다 할 것입니다.

나. 별지목록 제2기재 부동산(●●도 임야)에 대한 명의신탁

(1) 한편, 원고는 19○○. ○. ○. (주)○○주택의 대표이사 자격으로 소외 ▣▣▣에게 (주)○○주택을 양도하였는바, (주)○○주택 소유의 ○○시 ○○구 ○○길 ○○ 소재 ○○빌라 3채(지하층 102호, 1층 101호, 2층 201호, 갑 제8호증의 4, 5, 6 각 부동산등기부등본)는 양도재산에서 제외시키고(갑 제9호증 법인양도양수계약서, 갑 제10호증 법인등기부등본), 원고 개인에게 증여하였습니다(증인 ◉◉◉의 증언 참조).

(2) 원고는 위 ○○빌라 3채를 증여 받은 이후 19○○. ○. ○. 개인자격((주)○○주택이 이미 양도되었기 때문)으로 소외 ◎◎◎와 그 소유의 별지목록 제2기재 부동산(●●도 임야)과 교환하는 계약을 체결하였고(갑 제7호증 부동산교환계약서, 갑 제3호증의 2 부동산등기사항증명서, 등기원인은 매매로 기재되어 있으나 그 실질은 교환), 19○○. ○. ○. 별지목록 제2기재 부동산의 등기명의를 피고 명의로 하였습니다.

(3) 즉, 신탁자(원고)가 별지목록 제2기재 부동산에 관해 수탁자(피고)와 명의신탁약정을 맺고, 신탁자가 교환계약의 당사자가 되어 소외 ◎◎◎와 교환계약을 체결하되 다만 등기를 소외 ◎◎◎로부터 수탁자(피고) 앞으로 직접 이전하는 명의신탁유형(3자간등기명의신탁)을 취하였던 것입니다(증인 ◉◉◉의 증언

참조).

(4) 위 명의신탁도 위에서 주장한 바와 같이 부부간의 명의신탁으로서 유효하다 할 것입니다.

3. 결론

위와 같이 신탁자의 자격은 반드시 '물권을 현실적으로 보유한 자'만을 지칭하는 것이 아니고, '사실상 취득하거나 취득하려고 하는 자'도 포함하기 때문에 원고와 같이 '위 ○○빌라 6채를 증여 받은 이후 소유권자로 등기할 지위에 있으나 아직 등기하지 않은 자'도 신탁자의 자격을 갖추고 명의신탁약정을 맺을 적법한 자격이 있다 할 것이므로 피고 앞으로의 별지목록 기재 각 부동산에 대한 부부(夫婦)간의 명의신탁약정은 유효하다 할 것이고, 위 명의신탁약정이 적법하게 해지되었을 때에는 별지목록 기재 각 부동산은 당연히 신탁자인 원고(비록 물권을 현실적으로 보유한 등기명의자가 아니더라도)에게 귀속된다 할 것이므로 원고의 청구는 인정되어야 할 것입니다.

첨 부 서 류

1. 참고자료   1통

20○○.   ○.   ○.
위 원고   ○○○ (서명 또는 날인)

○○지방법원 제○○민사단독   귀중

■ 준비서면(구상금, 피고)

준 비 서 면

사　건　20○○나○○○○ 구상금
원　고　○○○화재해상보험주식회사
피　고　김◇◇ 외 1

　위 사건에 관하여 피고들은 다음과 같이 변론을 준비합니다.

다　　음

1. 공동불법행위자 김◇◇의 과실비율

　이 사건 가해자 소외 최◆◆의 보험자인 원고에 대한 손해배상소송에서 법원에서 인정한 피고 심◇◇의 30%의 과실비율은 피고 김◇◇와 소외 최◆◆와의 사이에서 손해배상금액을 산정함에 있어 참작된 것일 뿐 위 피고 김◇◇와 같은 이◇◇가 공동의 불법행위로 소외 박◉◉에게 손해를 입혔는지를 판단함에 있어서는 위 과실비율이 그대로 적용될 수 없는 것입니다.

　판례도 "트럭운전자 '갑'이 과속으로 중앙선을 침범하여 앞서 가던 오토바이를 추월하려 하다가 때마침 좌회전하는 오토바이를 들이받아 오토바이 운전자인 '을'을 사망하게 하고 이로 인하여 도로 좌측 가의 가로수 밑에서 서있던 '병'을 트럭으로 충격하여 사망하게 한 사고에 있어 피해자 '을'이 안전모를 착용하지 않은 점과 트럭의 동태를 잘 살피지 않은 채 좌회전을 한 점을 과실로 보아 그 과실비율을 30%로 인정한 다음, 제3의 피해자인 '병'에 대한 '을'의 '갑'과의 공동불법행위자로서의 책임비율을 위 과실비율과 같이 본 원심판결에 대하여, '을'의 위 과실 중 안전모를 착용하지 않은 과실은 자신의 손해발생과 손해확대에 관련이 있을 뿐 '병'의 손해발생에 대하여는 인과관계가 있는 과실이라고 볼 수 없다"고 판시하고 있습니다.(대법원 1992. 3. 10. 선고 91다 43459판결 참조)

　소외 최◆◆는 술에 취한 상태에서 중앙선을 침범하여 운행하다가 이 사건 사고를 일으킨 것이고 피고 김◇◇는 단지 안전모를 착용하지 아니하고 운전면허가 없었다는 것인데 이는 피고 김◇◇ 자신이 입은 손해에 대한 과실비율로 참작될 수는 있을지언정 소외 박◉◉가 입은 손해에 대한 과실비율로 인정할 수는 없다고 할 것입니다. 따라서 소외 박◉◉가 이 사건 사고로 인하여 입은 손해는 소외 최◆◆의 일방적인 과실로 인한 것이며 그렇지 않다 하더라도 피고 김◇◇의 과실비율은 극히 미미하다고 할 것입니다.

2. 구상권행사요건으로서의 현실적인 출재여부

○○우체국에 대한 사실조회회보결과에 의하면 19○○. ○. ○.에 소외 박◉◉의 아버지 소외 박◎◎의 계좌에 금 100,000,000원이 입금된 사실은 인정되나, 을 제12호증의 4(영수증)와 같이 같은 해 ○. ○.에 금 167,000,000원이 입금되었다는 회보는 없습니다.

위 금액은 거액으로서 피고측에서 소외 박◉◉에게 위 금액을 현실적으로 수령하였는지 문의하였는바, 금 100,000,000원에 대하여는 이를 인정하면서도 나머지 금 167,000,000원에 대하여는 대답을 하지 않고 회피하고 있습니다.

원고가 지출하였다고 주장하는 소외 박◉◉와의 합의금 275,000,000원은 사망한 소외 망 김◆◆의 손해배상액이 금 105,887,602원에 불과한 점에 비추어 과다한 금액인바, 원고는 위 금액을 지출하여 소외 박◎◎가 현실적으로 수령하였다는 것을 입증하여야 할 것입니다.

20○○.　　○.　　○.

위 피고　1. 김◇◇ (서명 또는 날인)

2. 이◇◇ (서명 또는 날인)

○○고등법원 제○민사부　귀중

■ 준비서면{손해배상(기), 원고}

준 비 서 면

사　　건　20○○가단○○○ 손해배상(기)
원　　고　○○○
피　　고　주식회사◇◇은행 외 1

귀원 위 사건에 관하여 원고는 다음과 같이 변론을 준비합니다.

다　　음

1. 피고 주식회사◇◇은행(다음부터 피고은행이라고 함)은 피고은행의 ○○지점장으로 근무하던 피고 ◈◈◈가 그의 처 소외 김◈◈와 공모하여 소외 이◈◈와 19○○년경부터 계속직인 사채거래관계에 있던 원고가 채무자 소외 박◈◈로부터 금 1억 원의 채무를 변제 받는다는 사실을 미리 알고 19○○. ○. ○.경 피고은행 ○○지점에서 원고 모르게 원고 명의의 예금통장을 새로 개설하고 원고가 소외 박◈◈로부터 대여금 1억 원을 변제 받는 자리에 함께 간 소외 이◈◈는 원고에게 위 돈을 소지하고 귀가하는 것은 위험하니 원고가 피고은행과 거래하는 통장에 무통장 입금시키자고 하여 부근의 피고은행 ○○○지점에 들러 원고가 소파에 앉은 사이 소외 이◈◈는 금 1억 원을 위 ○○지점 통장에 입금시킨 후, 같은 달 ○○. 피고은행 ○○지점에서 피고 ◈◈◈는 입금시킨 위 금 1억 원을 인출하기 위하여 원고 명의의 예금청구서 1매를 위조하고 이를 행사하여 금 1억 원을 편취한 것이므로 이는 피고 ◈◈◈의 피고은행의 피용자로서의 사무집행과는 아무런 관련이 없다고 주장합니다.

2. 그러나 민법 제756조에 규정된 사용자책임의 요건인 '사무집행에 관하여'라는 뜻은 피용자의 불법행위가 외형상 객관적으로 사용자의 사업활동 내지 사무집행 행위 또는 그와 관련된 것이라고 보여질 때에는 행위자의 주관적인 사정을 고려함이 없이 이를 사무집행에 관하여 한 행위라고 본다는 것이고 외형상 객관적으로 사용자의 사무집행에 관련된 것인 지의 여부는 피용자의 본래의 직무와 불법행위와의 관련정도 및 사용자에게 손해발생에 대한 위험창출과 방지조치 결여의 책임이 어느 정도 있는지를 고려하여 판단하여야 할 것이므로(대법원 1999. 1. 26. 선고 98다39930 판결 참조), 피고 ◈◈◈의 위와 같은 위법행위는 외형상,

객관적으로 피고은행 지점장으로서의 예금을 관리하는 업무범위내의 행위라고 볼 것이므로 따라서 피고은행은 불법행위자인 피고 ◆◆◆의 사용자로서 피고 ◆◆◆가 위와 같이 그 사무집행에 관하여 원고에게 입힌 위 손해를 연대하여 배상할 책임이 있다 할 것이므로 피고은행의 주장은 이유 없어 배척되어야 할 것입니다.

3. 또한, 피고은행은 원고가 19○○. ○. ○. 피고 ◆◆◆의 위와 같은 불법행위를 알았고 이 사건 소제기일은 20○○. ○. ○.이므로 원고의 손해배상청구권은 이미 시효로 인하여 소멸하였다고 주장합니다.

4. 그러나 불법행위로 인한 손해배상청구권의 단기소멸시효 기산점이 되는 민법 제766조 제1항의 '손해 및 가해자를 안 날'이란 손해의 발생, 위법한 가해행위의 존재, 가해행위와 손해의 발생 사이에 상당인과관계가 있다는 사실 등 불법행위의 요건사실에 대하여 현실적이고도 구체적으로 인식하였을 때를 의미하는 것이므로(대법원 2011. 11. 10. 선고 2011다54686 판결 등 참조), 소외 이◆◆는 원고에게 19○○. ○. ○. 원고의 금 1억 원을 피고 ◆◆◆의 구좌에 일시 입금하였다가 이를 찾았다고 말하였을 뿐이고 원고는 소외 이◆◆ 및 피고 ◆◆◆에 대한 형사고소 및 이에 대한 수사과정에서 20○○. ○.경 피고 ◆◆◆가 위와 같이 원고명의의 통장을 임의로 몰래 만들어 원고의 돈을 편취한 내용의 위법행위를 알고 이에 대한 고소장을 추가로 제출한 사실이 있으므로 원고로서는 위 시점에서야 손해 및 그 가해자를 알았다고 보아야 할 것이므로 피고은행의 위 주장은 이유 없다 할 것입니다.

5. 그렇다면 피고들은 연대하여 원고에게 위 금 100,000,000원 및 이에 대한 19○○. ○. ○.부터 이 사건 소장부본이 피고에게 송달된 날인 20○○. ○. ○.까지는 민법에서 정한 연 5%의, 그 다음날부터 다 갚는 날까지는 소송촉진등에관한특례법에서 정한 연 20%의 각 비율에 의한 지연손해금을 지급할 의무가 있으므로 원고의 이 사건 청구를 인용하는 판결이 선고되어야 할 것입니다.

20○○.   ○.   ○.
위 원고   ○○○ (서명 또는 날인)

○○지방법원 제○○민사단독   귀중

■ 준비서면(건물 등 철거, 피고)

준 비 서 면

사　　건　　20○○가단○○○　건물 등 철거
원　　고　　○○○
피　　고　　◇◇◇

위 사건에 관하여 피고의 소송대리인은 다음과 같이 참고서면을 제출합니다.

다　음

1. 피고가 거시한 대법원 판결과 이 사건의 차이점

　　원고는 이 사건에서 피고가 건물과 대지를 함께 매수하기로 계약체결을 하였다는 사정을 들어 대법원 판결 취지상 관습법상 법정지상권이 발생할 수 없다고 주장하나 이는 사실관계를 오인하여 대법원 판결을 적용한 무리한 해석입니다.

　　피고가 거시한 대법원 98다4798 판결 및 대법원 2002다9660 판결은 다음과 같은 공통의 사실관계를 전제하고 있습니다.

　　① 미등기 건물을 그 대지와 함께 양수하였을 것.

　　② 그 중 대지에 관하여만 소유권이전등기를 마친 상태일 것.

　　위와 같은 두 가지 사실관계 중 관습법상 법정지상권의 성립에 가장 큰 영향을 주는 사실은 후술할 관습법상 법정지상권의 인정 취지에 비추어 보건대 '②의 대지에 관하여만 소유권이전등기를 마친 상태일 것'이라 할 수 있습니다.

　　그런데 이 사건의 경우 위 대법원 판결들과 달리 '미등기 건물과 그 대지를 함께 양수하기로 계약'을 하고(대지에 대한 금전지급은 없었습니다.), 그 중 대지에 관하여도 소유권이전등기를 마치지 않은 상태였습니다.

　　즉 위 사실관계 중 ①의 사실관계를 인정하는 것은 별론으로 하더라도 ②의 사실관계는 전혀 충족하지 못하고 있는 것입니다.

2. 관습법상 법정지상권의 인정 취지 및 대법원 2002다9660판결의 평석

　가. 관습법상법정지상권을 인정하게 된 취지

　　　관습법상의 법정지상권은 토지와 건물을 별개의 부동산으로 다루는 우리나라의 법제를 배경으로 생겨난 것이며, 구체적으로는 동일한 소유자에게 속한

토지와 건물이 매매 등의 사유로 각각 소유자를 달리하게 될 때 건물을 존속시키기 위한 토지이용권으로서 판례에 의해 형성된 것이라고 할 수 있습니다.

대법원이 최초로 관습법상의 지상권을 인정한 판례(대법원 1962. 4. 18. 선고 4294민상1103 판결)에 의하면 우선 건물은 토지와 불가분의 관계에 있음을 전제하고 토지와 건물이 함께 거래되는 경우에는 토지와 건물의 이용관계를 분리하여 생각할 필요가 없으나 양자의 소유자를 달리 하는 경우에는 양자의 합리적인 이용관계를 생각하여야 한다고 전제한 다음 "건물과 토지를 별개의 부동산으로 보고 있는 일정한 조건하에 법정지상권을 인정하고 있으나 민법이 요구하는 요건을 구비하지 않더라도 토지와 건물이 같은 소유자의 소유에 속하였다가 그 건물 또는 토지가 매각 또는 그 외의 원인으로 양자의 소유가 다르게 될 때는 특히 그 건물을 철거한다는 조건이 없는 이상 당연히 건물소유자에 대하여 법정지상권을 취득하게 되는 것이다."고 판시하고 있습니다.

결국 대법원은 당사자인 토지 소유자와 건물 소유자 사이에 토지 이용관계에 관한 합의의 기회가 주어지지 아니한 상황에서 건물과 토지의 소유자가 달라질 경우 건물을 위한 토지 이용권을 확보해 주지 아니하면 건물 철거에서 오는 사회경제적 손실을 방지할 수 없다는 판단하에 관습법상 법정지상권을 인정하고 있다 할 것입니다.

나. 대법원 2002다9660판결에 대한 판례 평석의 검토

※ 이하의 내용은 민사판례연구 33권(하)에 게재된 논문을 토대로 발췌 요약한 것입니다.

위 논문은 대법원 2002. 6. 20.선고 2002다9660판결의 요지를 다음과 같이 정리하였습니다.

(1) 요 지

① 미등기건물을 그 대지와 함께 매수한 사람이 그 대지에 관하여만 소유권이전등기를 넘겨받고 건물에 대하여는 그 등기를 이전받지 못하고 있다가, 대지에 대하여 저당권을 설정하고 그 저당권의 실행으로 대지가 경매되어 다른 사람의 소유로 된 경우에는, 그 저당권의 설정 당시에 이미 대지와 건물이 각각 다른 사람의 소유에 속하고 있었으므로 법정지상권이 성립될 여지가 없다.

② 미등기건물을 그 대지와 함께 매도하였다면 비록 매수인에게 그 대지에 관하여만 소유권이전등기가 경료되고 건물에 관하여는 등기가 경료되지 아니하여 형식적으로 대지와 건물이 그 소유 명의자를 달리하게 되었다

하더라도 매도인에게 관습상의 법정지상권을 인정할 이유가 없다.

위 논문은 판례 요지에 대하여 다음과 같이 평석하였습니다.

(2) 의 미

민법 제366조의 법정지상권은 저당권 설정 당시 동일인의 소유에 속하던 토지와 건물이 경매로 인하여 양자의 소유자가 다르게 된 때에 건물의 소유자를 위하여 발생하는 것이고, 그 건물이 미등기라 하더라도 법정지상권의 성립에는 아무런 지장이 없다. 관습상의 법정지상권 역시 동일인의 소유에 속하였던 토지와 건물이 매매, 증여, 강제경매, 국세징수법에 의한 공매 등으로 그 소유권자를 달리하게 된 경우에 그 건물을 철거한다는 특약이 없는 한 건물소유자는 그 건물의 소유를 위하여 그 부지에 관하여 관습상의 법정지상권을 취득하는 것이고, 그 건물은 건물로서의 요건을 갖추고 있는 이상 무허가건물이거나 미등기건물이거나를 가리지 않는다.

한편, 우리 민법은 부동산 물권변동에 관하여 이른바 형식주의를 취하고 있기 때문에 미등기건물을 양수받은 양수인이 그에 관한 등기를 경료하지 않는 한 양수인은 양도인에 대하여 이전등기를 청구할 수 있는 권리를 가질 수 있을 뿐 미등기건물의 소유권을 취득할 수는 없고, 따라서 여전히 건물의 소유권은 양도인에게 있다고 볼 수밖에 없다.

위와 같은 각 법리에 근거하여 보면, 미등기건물을 그 대지와 함께 매수한 사람이 그 대지에 관하여만 소유권이전등기를 넘겨받고 건물에 대하여는 그 등기를 이전받지 못하고 있는 경우 대지는 매수인의 소유이나 미등기건물은 여전히 매도인의 소유라고 보아야 하고, 따라서 이러한 상황에서 대지에 대하여 저당권을 설정하고 그 저당권의 실행으로 대지가 경매되어 다른 사람의 소유로 된 경우에는 그 저당권의 설정 당시에 이미 대지와 건물이 각각 다른 사람의 소유에 속하고 있었으므로 법정지상권이 성립될 여지가 없다고 할 것이며, 이와 같은 취지의 위 요지 ①항의 법리는 대상판결 이전부터 일관되어 온 판례의 입장이다.

그런데, 형식논리에 의하면 위와 같이 동일인 소유이던 미등기건물과 그 대지가 함께 매도된 후 대지에 관하여만 소유권이전등기가 경료된 경우에는 '매매에 의하여 대지(매수인 소유)와 미등기건물(매도인 소유)의 소유권자를 달리하게 된 경우로서 그 미등기건물을 철거한다는 특약이 없는 경우'에 해당한다고 볼 여지가 있고, 그렇다면 미등기건물의 소유자(매도인)는 그 건물의 소유를 위하여 대지에 관하여 관습상의 법정지상권을 취득한다고 볼 여지도 있는 것이다.

하지만, 종래부터 판례는 이러한 미등기건물의 양수인이 미등기건물을 점유,

사용하고 있다면 그 양수인은 미등기건물을 법률상 또는 사실상 처분할 수 있는 지위에 있다고 보았고, 원소유자로부터 대지와 건물이 한 사람에게 매도되었으나 대지에 관하여만 그 소유권이전등기가 경료되고 건물의 소유 명의가 매도인 명의로 남아 있게 되어 형식적으로 대지와 건물이 그 소유 명의자를 달리하게 된 경우에 있어서는 그 대지의 점유·사용 문제는 매매계약 당사자 사이의 계약에 따라 해결할 수 있는 것이므로 양자 사이에 관습에 의한 법정지상권을 인정할 필요는 없다고 보았다.

대상판결은 위와 같은 법리를 기초로 하여, "토지의 점유·사용에 관하여 당사자 사이에 약정이 있는 것으로 볼 수 있거나 토지 소유자가 건물의 처분권까지 함께 취득한 경우에는 관습상의 법정지상권을 인정할 까닭이 없다"고 언급하면서, 대상판결과 같은 사안에서 비록 형식적으로 대지와 건물이 그 소유 명의자를 달리하게 되었다 하더라도 매도인에게 관습상의 법정지상권을 인정할 이유가 없다고 판시하였다. 당사자의 의사를 살펴보더라도, 미등기건물을 그 대지와 함께 양도하였다면, 양도인은 그 사용·수익 및 사실상의 처분권 일체를 양도하고 양수인은 이를 양수받으려는 의사에서 양도·양수가 이루어지는 것이고, 양도인이 미등기건물의 소유를 위하여 대지의 사용권을 유보하려는 것이었다거나 양수인이 이를 용인하려는 것이었다고는 할 수 없고, 또한 양수인은 비록 건물에 관하여 이전등기를 경료받지 못하여 완전한 소유권자가 될 수는 없지만, 그 건물을 철거하는 등의 사실상의 중국적인 처분권은 취득한다고 봄이 상당할 것이다.

대상판결은 부동산 물권변동에 관한 형식주의를 관철하면서도 거래의 실질이나 당사자의 의사를 정확히 파악하여 불필요한 법정지상권의 성립을 부정함으로써 거래관계의 안전을 보호하고 구체적 타당성을 추구한 것으로 볼 수 있다.

(3) 소결론

즉 위 판례평석에 의할 경우 위 대법원 2002다9660 판결은 양수인이 대지의 소유권과 건물의 종국적인 처분권을 모두 취득한 이상 형식주의를 관철하여 최초 계약에 따른 대지만의 소유권이전 당시를 기준으로 법정지상권을 인정할 필요는 없다는 취지로 판단됩니다.

3. 이 사건의 경우

이 사건의 경우는 위 대법원 2002다9660 판결과 크게 두 가지 점에서 다른 사실관계를 가지고 있습니다.

첫째는 ① 이 사건 피고는 (비록 계약은 토지와 건물 모두에 대해 하였지만,) 대지에 대하여 소유권을 경료한 사실이 전혀 없다는 점, 둘째는 ② 피고와 소외 일@@(피상속인 이00) 사이의 이 사건 대지에 대한 매매계약은 해제된 상태로, 피고는 2004년 경 건물 수선시 위 일@@에게 토지 사용 등에 대한 승낙을 새로 받고 수선을 하였다는 점입니다.

위 사실관계를 가지고 대법원 2002다9660 판결 및 위 판례평석에 적용하여 보면, 아래와 같은 결론을 도출할 수 있습니다.

ⅰ) 2002다9660 판결의 경우 대지의 소유권은 양수인에게 이미 이전되어 있었고, 건물의 소유권은 양도인에게 유보되어 있었으므로 대지의 소유권이 제3자에게 이전된 시점에 건물과 대지의 소유자는 서로 다른 사람이어서 관습법상 법정지상권이 인정될 여지가 없으나,

ⅱ) 이 사건의 경우에는 대지의 소유권도 계속하여 양도인에게 보유되어 있었고 1984. 8. 24. 대지 및 건물에 대한 매매계약 이후 20여년이 흐른 2004년경에는 이미 대지에 대한 매매계약이 해제된 상태로, 대지는 소외 일@@의 확정적 소유였고, 건물은 미등기건물로써 망 이00의 상속인인 위 일@@의 소유였으므로, 건물과 대지의 소유자가 동일인으로써 관습법상 법정지상권이 인정되는 상황이었습니다.

ⅲ) 또한 2002다9660 판결의 경우 건물과 대지를 함께 양도·양수하는 과정에서 대지와 건물이 동일인의 소유에서 대지만 양수인의 명의로 변경되었으나, 이는 건물과 같이 매도하겠다는 의사가 있어 토지 이용에 대한 합의가 가능한 상태였다는 점에서 그 시점에서의 관습법상 법정지상권의 성립을 부정한 것이나,

ⅳ) 이 사건의 경우 건물과 대지에 대한 매매계약 이후 실제로 건물과 대지 중 소유권이 변경된 것은 전혀 없고, 오히려 20여 년이 흐르는 동안 대지에 대한 매매계약은 해제가 되었고, 이에 피고는 2004년 경 대지 소유자인 소외 일@@에게 허락을 받아 건물을 수선한 정황도 인정된다는 점에서 2004년 이후 강제경매에 의해 대지의 소유권자가 바뀐 이상 토지 이용에 대한 별도의 합의가 불가능한 상태여서 관습법상 법정지상권이 인정되어야 하는 사안이라 할 것입니다.

4. 관습법상 법정지상권을 이전받을 수 있는 권리자에 대한 철거청구의 가부

가. 판례의 변경

대법원은 1982. 10. 12. 선고 80다2667 판결에서 법정지상권자로부터 건물을 전전양수한 자가 지상권설정등기청구권을 대위행사할 수 있는 사정만으로 지상권 등기없이 대지소유자에 대하여 대지 사용수익권을 주장할 수 있는지 여부에 대해 "법정지상권있는 건물을 양수한 자라 하더라도 그 등기를 취득하지 아니한 이상 토지소유자에 대하여 그 토지에 대한 사용수익권을 주장할

수도 없는 법리이니 피고가 법정지상권설정등기 청구권을 대위행사할 지위에 있다는 사정은 이 사건 대지에 대한 점유를 정당화 할만한 적법한 권원이 되지 못한다."고 판시하여 이를 부정하여 왔습니다.

그러나 대법원 1985. 4. 9. 선고 84다카1131 판결은 위 대법원 판결을 전원합의체판결로써 폐기하면서 "법정지상권을 가진 건물소유자로부터 건물을 양수하면서 법정지상권까지 양도받기로 한 자는 채권자 대위의 법리에 따라 전 건물소유자 및 대지소유자에 대하여 차례로 지상권의 설정등기 및 이전등기절차 이행을 구할 수 있다 할 것이므로 이러한 법정지상권을 취득할 지위에 있는 자에 대하여 대지소유자가 소유권에 기하여 건물철거를 구함은 지상권의 부담을 용인하고 그 설정등기 절차를 이행할 의무있는 자가 그 권리자를 상대로 한 청구라 할 것이어서 신의성실의 원칙상 허용될 수 없다."고 판시하였습니다.

나. 이 사건의 적용

이 사건은 위 제3항에서 살펴본 것과 같이 피고가 아닌 대지와 건물의 소유자였던 소외 일@@이 이 사건 건물을 위한 관습법상 법정지상권을 취득하였고, 그 법정지상권을 피고에게 양도하여주기로 약정하고 그 이행을 위해 준비중에 있는 바, 위 대법원 전원합의체판결에 근거하여 피고는 위 일@@을 대위하여 법정지상권의 설정등기 및 이전등기절차 이행을 구할 수 있는 지위에 있는자에 해당하므로 원고의 이 사건 철거청구는 신의성실의 원칙상 허용될 수 없는 청구라 할 것입니다.

5. 결론

가. 관습법상 법정지상권 성립에 관하여

이상에서 살펴본 것처럼 이 사건은 대법원 2002다9660 판결과 전혀 다른 사실관계를 가지고 있으며, ① 이 사건 대지의 원고로의 소유권이전이 이루어진 시점에서 건물과 대지의 소유권은 모두 소외 망 이00의 상속인 소외 일@@의 명의로 되어있었다는 점, ② 피고와 위 망 이00(상속인 위 일@@) 사이의 대지에 대한 매매계약 부분은 이이 해제된 상태였다는 점, ③ 피고는 위 일@@에게 2004년경 별도의 허가를 받아 이 사건 건물에 대한 수선을 하였고 그 수선허가에는 당연히 토지이용에 대한 승낙이 포함되어 있었다는 점 등을 종합하여 보면 원고가 강제경매로 이 사건 대지를 취득하는 시점에 위 일@@에게 이 사건 건물의 소유를 목적으로하는 관습법상 법정지상권이 명백하게 성립되었다 할 것입니다.

나. 피고에 대한 원고의 청구 불가

이에 더하여 피고는 위 일@@로부터 이 사건 건물의 소유권을 넘겨 받기로 합의된 상태이고, 위 일@@은 이 사건 건물의 소유를 위한 법정지상권까지 이전하여주기로 피고와 합의되어 있는바, 원고의 이 사건 청구는 법정지상권을 취득할 지위에 있는 자에 대하여 건물철거를 구하는 것으로써 지상권의 부담을 용인하고 그 설정등기 절차를 이행할 의무있는 자가 그 권리자를 상대로 한 청구라 할 것이어서 신의성실의 원칙상 허용될 수 없다할 것입니다.

다. 맺음말

따라서 원고의 청구를 기각하여 주시기 바랍니다.

참 고 자 료

1. 관습법상 법정지상권에 관한 연구　　　1통
2. 저당권의 실행과 법정지상권 성립의 관계 1통

20○○.　○○.　○○.

위 피고　◇◇◇ (서명 또는 날인)

○○지방법원 제○○민사단독　귀중

■ 준비서면(토지인도 등, 피고)

준 비 서 면

사　　건　　20○○가단○○○○ 토지인도 등
원　　고　　○○○
피　　고　　◇◇◇

위 사건에 관하여 피고는 다음과 같이 변론을 준비합니다.

다　　　　　음

1. 인정하는 사실

　　○○ ○○군 ○○면 ○○리 산 ○○-○ 임야 4,637㎡(다음부터 이 사건 토지라고 함)에 관하여 1983. 10. 29. ○○지방법원 ○○등기소 접수 제○○○호 피고 앞으로 소유권이전등기가 된 뒤 1998. 10. 12. 같은 등기소 접수 제○○○호로 피고 소유이던 이 사건 토지에 관하여 1994. 12. 20. 같은 등기소 접수 제○○○호로 소외 ■■■■양계협동조합을 근저당권자로 한 근저당권설정등기가 되고(채권최고액 금 179,530,000원 채무자 소외 ◉◉◉), 같은 날 같은 등기소 접수 제○○○호로 소외 ■■■■양계협동조합을 지상권자로 하는 지상권설정등기가 되어 있는 사실, 피고는 최소한 1994. 1. 10.경 이전 이 사건 토지에 원고 소장 청구취지 기재 각 건물(다음부터 이 사건 건물이라고 함)을 건축하여 자동화시설을 한 계사(鷄舍)등으로 사용하고 있으며 현재 건물부지 및 이 사건 토지를 피고가 점유·사용하고 있는 사실 및 이 사건 근저당채무자인 소외 ◉◉◉가 근저당권자인 소외 ■■■■양계협동조합에 대한 대출금을 변제하지 아니하여 소외 ■■■■양계협동조합이 경매신청을 하고 원고가 그 경매절차에서 매수하여 2000. 6. 7. 위 등기소 접수 제○○○호로서 소유권이전등기를 하여 원고가 이 사건 토지의 소유권을 취득한 사실은 모두 원고가 소장에서 주장한 내용 또는 그 취지와 대체로 같으며, 피고도 모두 인정하는 사실입니다.

2. 법정지상권의 성립

　가. 원고는 이 사건 토지의 소유자로서 피고가 아무런 점유권원 없이 이 사건 건물을 불법사용하고 있으므로 그 철거 및 이 사건 토지의 인도와 임료 상당의

손해 또는 부당이득금의 지급을 구하고 있습니다.

나. 그러나 피고는 법정지상권자로서 이 사건 건물을 점유할 권원이 있습니다.

다. 소외 ■■■■양계협동조합이 이 사건 임야에 관하여 위와 같이 근저당권을 설정할 당시 이 사건 토지가 피고의 소유였던 사실은 명백합니다. 다만, 이 사건 건물이 과연 위 근저당권설정 당시 존재하였는지 여부가 문제인데, 이 사건 건물은 최소한 1994. 1. 10. 이전에 건축되었습니다. 이는 피고가 제출한 을 제4호증(견적청구서)에 비추어 알 수 있습니다.

라. 따라서 근저당권설정 당시 이 사건 건물 및 토지는 모두 피고의 소유였으므로 소외 ■■■■양계협동조합의 근저당권에 기한 경매실행으로 인하여 소유자가 달라지게 되었다고 할 것이므로 피고는 법정지상권을 취득하였다고 할 것입니다.

3. 임료에 관하여

원고는 이 사건 대지를 피고들이 권원 없이 사용하였으므로 부당이득으로서 매월 금 1,000,000원 상당의 임료를 청구하고 있습니다. 그러나 원고가 청구하는 임료는 주위 토지의 임료와 비교하여 너무 과다하므로 피고는 이에 응할 수 없습니다.

20○○.   ○.   ○.

위 피고   ◇◇◇ (서명 또는 날인)

○○지방법원 ○○지원 제○○민사단독   귀중

■ 준비서면{손해배상(자), 원고}

준 비 서 면

사　　건　20○○가단○○○○ 손해배상(자)
원　　고　황○○ 외 2
피　　고　◇◇화재해상보험주식회사

　위 사건에 관하여 원고들은 다음과 같이 변론을 준비합니다.

다　　　　　음

1. 원고 황○○의 과실이라고 주장하는 부분에 관하여
　피고는 '이 사건 교통사고에서 택시운전자 소외 김◆◆를 비롯하여 원고와 같이 택시에 승차하였던 소외 이◉◉, 소외 박◉◉ 등은 경미한 부상을 입은 점, 피해차량의 파손부분 등 대물손해가 손해인 점에도 불구하고 원고 황○○는 전치 4주간의 요추부 등의 수핵탈출증의 중상해를 입은 점에 비추어 볼 때 그 스스로의 안전을 게을리 하였다고 추정된다 할 것'이라고 주장하며 원고 황○○의 과실비율은 20%를 상회한다는 취지로 주장합니다.
　황○○의 전치 4주의 상해에 비해 소외 이◉◉의 전치 3주의 상해(갑 제7호증의 4 범죄인지보고 참조)가 도대체 어떠한 근거에서 경미한 부상이라고 주장하는지, 그리고 금 426,690원의 차량손괴가 어떠한 근거에서 소액이라는 것인지를 알 수 없다는 사실은 차치 하더라도, 피고의 위와 같은 주장은 탑승위치에 따라서 그 부상의 정도가 크게 차이가 날 수 있다는 사실을 알지 못하고, 만연이 원고 황○○의 상해정도가 다른 탑승인에 비해 심하다는 사실로부터 원고 황○○에게도 과실이 있다는 식으로 추론을 하여 버림으로서 그 추론에 있어서 논리적 과오를 범하고 있는 것입니다.
2. 손익공제 주장에 관하여
　피고는 원고 황○○의 치료비로 ○○병원 등에 합계 금 13,848,270원을 지급하였으므로 이를 공제하여야 한다고 주장합니다.
　그러나 원고들은 그 치료비의 청구에 있어서 피고가 이미 지급한 치료비를 공제하고 원고들 자신이 지급한 치료비만을 청구하고 있으므로 피고의 위 주장은 이유 없는 주장이라 할 것입니다.

2000.   0.   0.
위 원고   1. 황○○ (서명 또는 날인)
         2. 정○○ (서명 또는 날인)
         3. 황①○ (서명 또는 날인)

○○지방법원 제○○민사단독   귀중

■ 준비서면(근저당권 설정등기말소, 원고)

준 비 서 면

사 건 　20○○가합○○○○호 근저당설정등기말소
원 고 　○○○
피 고 　◇◇◇

위 사건에 관하여, 원고는 다음과 같이 변론을 준비합니다.

다 음

1. 근저당권등기 설정의 경위

　　피고는 답변서에서 근저당권의 피담보채권 중 월 4%의 약정이자를 변제 받지 못하였으므로 약정이자가 변제될 때까지는 근저당권설정등기말소등기절차에 협력할 수 없다고 항변하고 있습니다.

　　그러나 원고가 피고에게 근저당권설정등기를 해준 경위는 아래와 같습니다.

　　즉, 원고는 피고와의 사이에 20○○. ○. ○. 금 6,000만원을 변제기 20○○. ○. ○○.로 하고 이자는 월 2%로 하여 차용하기로 하는 금전소비대차계약을 체결함에 있어 장차 피고의 위 대여금채권을 담보하기 위하여 원고 소유인 별지목록 기재 부동산에 대하여 20○○. ○. ○. ○○지방법원 등기과 접수 제○○○○호로서 채권자는 피고, 채무자는 원고, 채권최고액은 금 6,500만원으로 하고, 같은 해 ○. ○. 근저당권설정계약을 원인으로 하는 근저당권설정등기를 해준바 있습니다(갑 제1호증 차용증 참조).

2. 피담보채권의 소멸

　　그 뒤 위 차용금의 변제기에 이르러 원고는 차용한 원금과 약정이자를 피고에게 변제하고자 현실제공 하였으나 피고는 이자를 월 4%로 주장하며 변제의 수령을 거절하였으므로, 채권자가 변제를 받지 아니하거나 받을 수 없는 때에는 변제자는 채권자를 위하여 변제의 목적물을 공탁하여 그 채무를 면할 수 있습니다(민법 제487조 참조). 이에 따라 원고는 20○○. ○. ○○. 귀원소속 공탁공무원에게 20○○년 금 제○○○○호로 공탁자 원고, 피공탁자 피고로 하여 위 차용원리금을 변제공탁 하였고 이로써 이 사건 근저당권의 피담보채권이 소멸되었습니다(갑 제2호증 공탁서 참조).

3. 따라서 월 4%의 이자약정 사실을 주장하는 피고의 항변은 이유 없고 이 사건 근저당권설정등기는 더 이상 존속할 이유가 말소되어야 합니다.

20○○.　○.　○.

위 원고　○○○ (서명 또는 날인)

○○지방법원 제○민사부　귀중

■ 준비서면(근저당권설정등기말소, 원고)

준 비 서 면

사 건   20○○가단○○○○ 근저당권설정등기말소
원 고   ○○○
피 고   파산자 ◇◇신용협동조합
          파산관재인 ◈◈◈

위 사건에 대하여 원고는 다음과 같이 변론을 준비합니다.

다   음

1. 이 사건 근저당권설정계약의 법적 성질
   가. 원고는 1996. 3. 8. 소외 김◉◉가 피고조합으로부터 금 2000만원을 대출
       받음에 있어 원고소유 부동산을 담보로 제공하기로 하고 피고조합과 근저당
       권설정계약을 체결하였습니다. 소외 김◉◉는 1999. 3. 9. 피고조합에 대한
       위 대출금 채무를 모두 변제하였고, 이에 원고는 피고조합에게 원고소유 부
       동산에 설정되어 있는 근저당권설정등기의 말소등기에 협력하여 줄 것을 요
       구하였지만 피고조합은 이 사건 근저당권설정계약 이후인 1997. 5. 27. 소
       외 김◉◉가 소외 이◉◉의 대출금에 대한 보증채무를 부담하고 있다고 하
       여 원고의 요구에 응하지 않고 있습니다.
   나. 근자당권설정계약서상 주채무자가 은행에 대한 현재 또는 장래의 모든 채무
       를 공동담보하기 위하여 계쟁부동산에 근정당권을 설정하는 것으로 부동문자
       로 인쇄되어 있으나 이는 예문에 불과하고 피담보채무가 특정채무로 한정된
       다고 본 사례(대법원 1992. 11. 27. 선고 92다40785 판결)도 있듯이, 위
       문구는 예문에 불과하므로 단순히 피고조합이 주장하는 것처럼 포괄근저당이
       라고 할 수는 없습니다.
       또한, 이 사건 계약서가 "현재 또는 장래에 부담하는 일체의 채무" "당좌대
       월계약 기타 여신거래로 부담하게 되는 채무" 등의 문언을 사용하여 채권자
       와 채무자 사이에 거래의 종류를 제한하지 않는 문언을 사용하지 않고 "--채
       무자와 채권자와의 대출거래--"라는 문언을 사용하여 '대출거래'로 특정하고
       있는 점으로 보아 이 사건 근저당에 의하여 담보되는 채무는 대출거래로 인
       한 채무에 한정된다고 할 것입니다.

2. 이 사건 피담보채무의 범위

가. 이 사건 근저당권설정계약서 제1조 제1호는 '피담보채무의 범위'라는 제하에 "채무자가 채권자에 대하여 다음 약정서에 의한 거래로 말미암아 부담하고 있는 채무 및 그 이후 채무자와 채권자와의 대출거래로 인하여 부담하는 채무"라고 규정하고 있습니다.

따라서 이 사건 근저당에 의하여 담보되는 채무는 '김◉◉가 피고조합으로부터 돈을 대출 받아 부담하게 되는 대출금상환채무'에 한정된다고 할 것입니다.

나. 피고조합은 이에 대하여 제3자의 대출을 위하여 보증을 서는 경우도 대출거래에 해당하므로 이 사건 근저당권설정등기를 말소할 의무가 없다고 주장하나, 이는 부당합니다.

왜냐하면, 피고조합은 이 사건 근저당권설정계약을 포괄근저당이라고 주장하고 있지만, 위에서 보았듯이 이 사건 근저당권은 포괄근저당이라 할 수 없으므로 이 사건 대출금채무에 한정되어야 할 것이기 때문입니다.

또한, 피고조합이 주장하는 대로 해석하면, 이 사건 근저당권설정 이후인 1997. 5. 7. 소외 이◉◉가 피고조합으로부터 금 1,000만원을 대출 받음에 있어 보증인인 소외 김◉◉의 신용상태를 판단함에 있어 그 이전인 1996. 3. 9. 이 사건 근저당권을 설정한 원고의 신용상태까지 참작한다면 이는 정상적인 법 감정에 비추어 보더라도 이는 원고에게만 지나치게 불리한 해석입니다. 그리고 피고조합은 이 사건 근저당권설정 당시 채권최고액을 금 2,600만원으로 하였는데 이는 통상 대출금의 130%를 채권최고액으로 하고 있는 대출관행에 비추어 보더라도 이 사건 피담보채무는 이 사건 대출금에 한정되어야 할 것이며, 이 사건 대출 이후의 소외 이◉◉의 보증까지 담보하는 것으로 해석하는 것은 지나친 확장해석에 불과합니다.

3. 결 론

그렇다면 소외 김◉◉는 1999. 3. 9. 이 사건 차용금 채무를 모두 변제하였으므로, 피고조합은 이 사건 소장부본 송달일자 해지를 원인으로 한 근저당권말소등기절차를 이행하여야 할 것입니다.

20○○.   ○.   ○.

위 원고   ○○○ (서명 또는 날인)

○○지방법원 ○○지원 제○민사단독   귀중

■ 준비서면(양수금, 원고)

준 비 서 면

사 건   20○○가합○○○○ 양수금
원 고   ○○○
피 고   ◇◇◇

위 사건에 대하여 원고는 다음과 같이 변론을 준비합니다.

다 음

피고 제출의 준비서면에 대한 답변

가. 채권의 이중양도사실 여부

이 사건 원고와 소외 채무자 김◆◆ 사이에 채권양도전인 20○○. ○. ○. 소외 채무자 김◆◆는 또 다른 채권자 소외 이◆◆에게 채권양도계약서를 작성해준 사실이 있어 채권이 이중으로 양도된 사실은 피고의 주장과 같습니다. 그러나 그 외 피고의 주장사실에 대하여는 전부 부인합니다.

나. 채권양수인간의 우선권

소외 채무자 김◆◆는 소외 이◆◆에 대한 매매대금반환채무의 변제기가 경과된 뒤 지급기일의 연장을 신청하면서 소외 채무자 김◆◆가 피고에게 가지고 있던 대여금반환채권을 담보조로 당사자간 채권양도계약서를 작성하고, 차용증을 소외 이◆◆에게 건네 주었으나, 당시 소외 채무자 김◆◆는 피고에게 위 채권을 양도한 사실에 대하여는 직접 통지하지 않았을 뿐만 아니라 확정일자 있는 증서로 통지하지 않았으며, 피고 또한 위 소외인들 사이의 채권양도사실을 이 사건 양수금청구의 소송 진행 중에 알게 된 것으로 사전에 승낙한 사실도 없다 할 것이고, 가사 채권양도사실을 알고 있었다 하더라도 확정일자 있는 증서에 의한 승낙이 없는 반면, 소외 채무자 김◆◆는 피고에게 20○○. ○. ○.자 배달증명부 내용증명우편으로 피고에 대한 채권을 원고에게 양도한다는 통지를 한 사실이 있으므로 민법 제450조에 의하면 원고가 우선권 있는 채권양수인이라 할 것이므로, 피고가 단순히 채권이 이중으로 양도되었고, 차용증을 타인이 보관하고 있다하여 원고의 청구를 거부 할 수는 없다 할 것입니다.

다. 원고가 채권양도인의 대리인으로서 한 채권양도의 통지

　피고는 답변서에서 채권양도의 통지는 양도인이 하여야 함에도 불구하고 양수인인 원고가 하였으므로 적법한 통지가 아니라고 주장하고 있으나, 채권양도의 통지는 법률행위가 아닌 관념의 통지이므로 대리인이 하여도 무방하다 할 것이고 이는 대법원의 판례에서도 인정되고 있습니다.(대법원 1994. 12. 27. 선고 94다19242 판결 참조) 더욱이 양도인인 소외 채무자 김◆◆가 채권양도 후 해외로 출국하면서 위임장을 작성해주었으며, 이에 근거하여 배달증명부 내용증명우편으로 양도인의 대리인으로서 채권양도통지를 한 것이므로 적법하다 할 것입니다.

라. 따라서 피고의 이 사건 채권의 이중양도사실 및 채권양도통지의 하자의 주장은 이유가 없다고 할 것입니다.

20○○.　　○.　　○.
위 원고　　○○○ (서명 또는 날인)

○○지방법원 제○민사부　귀중

■ 준비서면(대여금, 원고)

준 비 서 면

사　건　20○○가합○○○○○ 대여금
원　고　○○○
피　고　◇◇◇
　위 사건에 관하여 원고는 다음과 같이 변론을 준비합니다.

다　　　음

1. 사실관계의 정리
　가. 대여금 액수에 대하여
　　피고는 ○○구 ○○동에서 '○횟집'을 운영하였습니다. 그러던 중, 피고는 원고로부터 19○○년경 금 2,500만원, 19○○년경 금 3,500만원 합계 금 6,000만원을 빌렸습니다.
　나. 다툼 없는 사실의 정리
　　피고는 19○○년경 금 2,500만원을 빌렸다는 것을 인정하고 있으나, 19○○년경 금 3,500만원을 빌렸다는 사실은 이를 부인하고 있으며, 피고가 오히려 원고에게 금 80,919,000원을 원금과 이자 조로 변제하였다고 주장하고 있습니다.
　다. 따라서 이 사건의 쟁점은 피고가 19○○년경 금 3,500만원을 빌린 사실이 있는지, 피고가 원고에게 이자 및 원금의 상환조로 준 돈이 얼마인지라고 하겠습니다.
2. 금 3,500만원의 대여여부에 관하여
　가. 피고의 주장
　　피고는 원고가 19○○년경 위 횟집의 전세보증금으로 투자한 금 2,800만원과 권리금 1,000만원을 합한 금액에서 금 300만원을 뺀 금 3,500만원에 이 사건 횟집을 인수하기로 피고와 합의하였으나 이를 이행하지 않았으므로, 결과적으로 피고는 채무를 지지 않고 있다는 것입니다.
　나. 피고 주장의 부당성
　　원고는 피고가 먼저 빌려간 금 2,500만원의 원금은커녕 이자의 지급마저 게을리 하고 있자, 이를 독촉하던 차에 피고가 자신에게 금 3,500만원을 추가로 빌려준다면 소외 ◉◉◉에게 들고 있던 계금 5,400만원의 명의를 원고에게 이전시켜 주겠다고 기망하였습니다. 이에 원고는 소외 ◉◉◉로부터 피고가 위 계원으로 있는지 확인(수사기록 78면, 진술조서)을 하였고, 기존에 빌려주었던 금 2,500만원까지 확보하겠다는 욕심에 친구로부터 금 4,000만원을 차용하여 피고에게 금 3,500만원을 빌려 주었던 것입니다.

그러나 피고는 위 계금을 성실히 납부하지 않았고 원고는 빌려준 금 3,500만원을 위 계금으로 충당하지 못하게 된 것입니다.

3. 피고가 이자 및 원금상당의 금원을 변제하였는지

　가. 피고의 주장

　　피고는 19○○. ○.경부터 19○○. ○.경까지 총액 금 80,919,000원을 갚았고 이것으로 이자뿐만이 아니라 원금까지 변제되었다고 주장하고 있습니다.

　나. 피고 주장의 부당성

　　그러나 피고는 증거로 장부를 제출하고도 도대체 어느 부분이 피고의 주장사실에 부합하는지 특정도 하지 않았으며, 게다가 위 장부와 사실확인서는 객관성도 없습니다.

　　원고는 총액 금 1,500여만원 정도를 피고로부터 받은 사실은 있으나 이는 어디까지나 이자조로 받은 것이지 원금이 상환된 것도 아닙니다. 이것은 각 서상으로도 분명히 인정되고 있습니다.

4. 결　론

　결국 피고의 주장은 어느 것도 이를 인정할 만한 정도로 입증되지 않은 허위의 진술에 지나지 않습니다. 오히려 원고는 금 6,000만원이나 되는 거금을 빌려주고도 6년이 지난 현재까지 원금은커녕 이자도 제대로 받지 못하였습니다. 특히 원고가 빌려준 금 3,500만원은 원고가 친구인 소외 ◎◎◎로부터 차용한 돈입니다. 원고는 친구의 빚 독촉에 못 이겨 동생 소외 ■■■의 집을 저당 잡혀 위 돈을 변제한 상태이며 생활고로 하루 하루 어려운 생활을 하던 중 자살까지 기도하였습니다. 따라서 원고의 권리회복을 위해 조속히 원고의 청구를 인용하여 주시기 바랍니다.

20○○.　　○.　　○.

위 원고　　○○○ (서명 또는 날인)

○○지방법원 제○○민사부　귀중

■ 준비서면(건물인도 ①, 피고)

준 비 서 면

사　　건　　20○○가단○○○○ 건물인도
원　　고　　○○○
피　　고　　◇◇◇

　위 사건에 관하여 피고는 다음과 같이 변론을 준비합니다.

다　　　　음

1. 이 사건의 쟁점
　　원고가 이 사건 건물의 인도를 구하는 이 사건에서 피고가 점유하고 있는 임대차목적물의 용도가 주거용인지 비주거용인지가 쟁점이라 할 것입니다.
2. 피고는 이 사건 임대차목적물을 주거용으로 사용하고 있습니다.
　가. 피고가 이 사건 임대차목적물을 임차한 목적
　　　피고는 19○○. ○. ○. 당시 이 사건 건물의 소유자였던 소외 이◉◉와 이 사건 임대차목적물에 관하여 임대차계약을 체결하였는바, 그 계약서상에 임차목적물이 '점포, 방'으로 기재되어 있을 뿐만 아니라 임대인은 준공검사 후 부엌을 해주기로 하는 약정이 있습니다{을 제1호증의 1(부동산전세계약서) 참조}. 위와 같은 약정은 이 사건 임대차목적물이 주거용으로 사용하기 위하여 임차된 것이라는 것을 입증하는 것이라 할 것입니다.
　　　또한, 피고는 현재 이 사건 임대차목적물에서 문방구를 운영하고 있지만 위 문방구를 개업한 시기는 19○○. ○. ○.이고{을 제5호증(사업자등록증) 참조}, 피고가 이 사건 임대차목적물을 처음 임차한 시기는 19○○. ○. ○.입니다{을 제1호증의 1(부동산전세계약서) 참조}. 이는 피고가 문방구를 운영하기 위하여 이 사건 임대차목적물을 임차한 것이 아니고 위에서 본 바와 같이 주거용으로 사용하기 위하여 임차하였다가 부업으로 문방구를 운영하게 된 것이라는 것을 입증하는 것이라 할 것이므로, 피고가 현재 문방구를 운영하고 있다는 사실만으로 이 사건 임대차목적물이 주거용 건물이 아니라고 볼 수는 없을 것입니다.
　나. 이 사건 건물의 공부상의 용도

이 사건 건물의 용도는 공부상 지층, 1층의 일부는 근린생활시설이고, 1층의 일부와 2층, 3층은 다가구주택으로 되어 있습니다{갑 제2호증(건축물대장등본) 참조}. 즉, 피고가 임차하고 있는 부분은 이 사건 건물의 1층 부분인바, 피고가 임차하고 있는 부분의 용도는 일부는 근린생활시설이고 일부는 다가구주택이라고 할 것이므로 공부상의 용도만을 보더라도 이 사건 건물의 전체적인 용도는 주거용이라 할 것이고 이 사건 임대차목적물은 단지 일반 상가로 사용되기 위하여 건축된 것이라고는 볼 수 없다 할 것입니다.

다. 이 사건 임대차목적물의 구조 및 이용관계

원고가 준비서면에 첨부한 현황측량도를 보면 이 사건 임대차목적물이 점포와 방만으로 구성되어 있는 것으로 되어 있으나, 실제로는 이 사건 임대차목적물의 방 뒷편으로는 주거생활에 필요한 부엌과 피고 가족이 사용하는 화장실이 설치되어 있을 뿐만 아니라 문방구로 사용하는 면적과 주거생활을 하는 방과 부엌을 합한 면적은 비슷합니다(증인 ◎◎◎의 증언 참조).

또한, 피고는 이 사건 임대차목적물 이외에는 다른 거처가 없어 그 곳에서 피고의 유일한 가족인 딸과 함께 주거생활을 영위한 지가 약 8년 정도 되었고 이 사건 임대차 목적물의 일부인 살림방에는 TV, 피고의 딸이 사용하는 학생용 책상, 장롱 등 일상생활에 필요한 가구들이 비치되어 있으며 피고의 딸도 이 사건 임대차목적물이 위치하고 있는 곳과 가까운 ○○초등학교에 다니고 있습니다(위 증인의 증언 참조).

라. 이 사건 건물의 주변상황

이 사건 건물의 주변상황은 노면을 따라 한산한 상권이 이루어져 있고 후면은 학교 및 주택지역이며{을 제7호증의 7(감정평가서) 참조}, 이 사건 건물이 위치하고 있는 지역의 용도는 일반주거지역{갑 제4호증(토지이용계획확인원) 참조}인 점에 비추어 보더라도 이 사건 임대차목적물이 주거용으로 사용되었음을 알 수 있을 것입니다.

마. 경매절차에서의 피고의 임대차관계에 대한 평가

이 사건 건물 및 대지는 귀원 20○○타경○○호 부동산경매사건으로 경매신청되어 감정가 금 278,195,000원으로 평가되었고 소외 ◆◆◆가 20○○. ○. ○. 금 195,550,000원에 매수하여 같은 날 원고에게 그 소유권을 이전해주었습니다.

이 사건 건물 및 대지에 관하여 경매절차가 진행될 당시 경매지에서는 피고를 이 사건 건물의 대항력 있는 임차인으로 평가하고 있고{을 제6호증의 1, 2(경매지 표지 및 내용) 참조}, 귀원에서 작성한 이해관계인표에서도 피고가 주민등록전입신고는 19○○. ○. ○.에, 확정일자는 19○○. ○. ○○.에 받아 피고에게 배당을 할 수는 없으나 대항력 있는 임차인에 해당한다는 표시를 하고 있습니다(을 제7호증의 9(이해관계인표) 참조).

바. 원고가 제출한 참조판례에 관하여

원고는 원고의 주장을 뒷받침하기 위하여 대법원 1996. 3. 12. 선고 95다51953 판결을 참조판례로 제출하고 있는바, 위 판결의 사실관계는 임대차계약서상에 용도 다방, 유익비 청구 포기 등의 약정이 있고 위 사건의 임차인은 사건 건물에 항시 거주하였던 것이 아니었다는 것인바, 이는 이 사건의 사실관계와 현격히 다른 점이 있다 할 것이므로 이 사건에 적용할 만한 판례가 아니라 할 것입니다.

오히려 대법원 1988. 12. 27. 선고 87다카2024 판결에 의하면, 임차목적물의 용도가 공부상 근린생활시설 및 주택용 4층 건물이고 주거 및 상업 목적으로 사용하기 위하여 자녀를 데리고 입주하였으며 사건 건물의 소유자는 건물의 뒷편에 가건물로 부엌을 설치하여 주었고 장독대와 공동으로 사용하고 있는 화장실이 있는 경우 임차인이 임차하고 있는 건물은 주거용 건물에 해당한다고 판시하고 있습니다. 위 판례는 이 사건 사실관계와 아주 흡사한 경우로서 이 사건에 있어서도 적용될 수 있다고 할 것입니다.

3. 결 어

위에서 본 바와 같이 피고는 이 사건 임대차목적물을 주거용으로 사용하고 있어 주택임대차보호법상의 대항력 있는 임차인이라 할 것이므로, 피고는 임차보증금 33,000,000원(피고가 지급한 임차보증금은 금 36,000,000원이지만 금 3,000,000원은 이 사건 건물에 대한 경매절차를 통하여 배당 받은 제1순위 근저당권이 설정된 뒤에 증액된 것이어서 금 33,000,000원만이 대항력을 가진 임차보증금이라 할 것입니다)을 반환 받지 않는 이상 피고가 임차하고 있는 이 사건 임대차목적물을 원고에게 인도 할 의무가 없다 할 것입니다.

첨 부 서 류

1. 참고판례(대법원 1988. 12. 27. 선고 87다카2024 판결)

20○○. ○. ○.
위 피고   ◇◇◇ (서명 또는 날인)

○○지방법원 제○민사단독   귀중

준 비 서 면

사　　건　　20○○가단○○○○ 건물인도
원　　고　　○○○
피　　고　　◇◇◇

　　위 사건에 관하여 피고는 다음과 같이 변론을 준비합니다.

다　　　　　　　음

1. 주식회사■■가 이 사건 부동산을 취득하기까지의 과정
　　이 사건 부동산은 소외 망 ◇◇◇(피고의 아버지)의 소유였던 것으로 소외 망 ◇◇◇는 20○○.경 사업이 어려워져 소외 ◎◎보증보험주식회사, 소외 ◎◎상호저축은행 등에 상당한 부채를 지게 되었습니다. 그러다가 소외 ◎◎보증보험주식회사가 근저당권실행을 위한 경매신청을 하자 소외 망 ◇◇◇는 이 사건 부동산의 피담보채권액이 너무 많다고 판단하여 이 사건 부동산을 포기하고 경매절차에 넘어가는 것을 내버려두게 되었습니다.
　　때마침 소외 망 ◇◇◇의 동서이자 주식회사■■(다음부터 소외회사라고 함)의 대표이사인 소외 ■■■는 사업상의 이유로 부동산의 매수가 필요하게 되었습니다. 즉, 사업을 운영하는 데 필요한 자금을 은행 등으로부터 차용하는데 제공할 담보가 필요하였던 것이며 주거래은행인 소외 ◉◉은행에서 이를 적극 권유하며 소외 ■■■가 부동산을 매수할 경우 매수자금의 대여를 약속하였던 것입니다.
　　따라서 위와 같은 경매소식을 들은 소외 ■■■는 소외 망 ◇◇◇와 협의하여 이 사건 부동산을 소외회사가 매수하기로 하되, 소외 ■■■는 이 사건 부동산에 거주할 이유가 없으므로 소외 망 ◇◇◇의 가족의 편의를 위하여 그들이 계속 거주할 수 있도록 이 사건 부동산을 피고에게 비교적 저렴한 가격에 임대하기로 하였던 것입니다.
　　그리하여 피고는 20○○. ○. ○. 소외회사가 경매절차의 매수인이 되자, 이 사건 부동산을 임차하기로 확정하고 20○○. ○. ○○. 계약을 체결하고 계약서를 작성하였으며 당일 계약금으로 금 15,000,000원을 지급하였습니다. 이와 같이 임차보증금을 일부 지급한 이유는 소외회사가 경매절차에서 매수하여 별 문제가 없으면 소유권자가 될 것이지만, 만약의 경우를 대비하여 소외회사 명의로 등기가 될 때까지 기다린 것입니다. 결국 소외회사는 20○○. ○○. ○. 매각대금을 완납하여 이 사건 부동산의 소유권자가 되었고, 피고는 위 사실을 확인한 뒤 잔

금 35,000,000원을 지급하였습니다.

2. 임차보증금의 수수에 관하여

위와 같이 피고는 소외회사로부터 이 사건 부동산을 임차한 것인바, 원고는 피고가 소외회사의 대표이사인 소외 ■■■와 친척관계에 있다는 이유만으로 위 임대차계약이 허위라고 주장하고 있습니다. 원고주장의 요지는 결국 위 경매 당시 비교적 어린 나이였던 피고에게 위 임대차보증금을 지급할 만한 자력이 있었는가 하는 것과 20○○. ○○.경 ◉◉은행소속 직원인 소외 □□□이 임대차관계를 조사하러 왔을 때 피고의 어머니가 임대차관계가 없다는 확인서를 작성하여 주었다는 것인바, 우선 피고의 자력에 대하여 살펴보도록 하겠습니다.

물론 27세에 불과한 청년이 금 50,000,000원이라는 거금을 가지고 있었다는 사실은 사회적으로 볼 때 흔한 일은 아니라고 볼 수 있습니다. 그러나 이는 피고에게는 아버지인 소외 망 ◈◈◈가 있었다는 매우 당연하고도 간단한 사실만 고려한다면 충분히 이해가 갈 수 있는 것입니다. 피고의 아버지인 소외 망 ◈◈◈는 소외 ◎◎기업과 소외 ◎◎산업이라는 두 회사를 가지고 있었으며 소외 ◎◎산업의 대표이사로는 아들인 피고를 취임시킨 것입니다. 따라서 피고는 자연히 한 회사를 운영하는 재력가가 될 수 있었으며, 실제 이 사건 부동산의 임차보증금을 지급할 자력이 없었던 것은 아니었습니다. 원고측은 소외 망 ◈◈◈가 소외 ◎◎보증보험주식회사에 금 1,000여 만원을 변제하지 못하여 이 사건 부동산이 경매에 넘어간 상황에서 금 5,000만원이라는 금액을 소유할 수는 없던 것이라는 취지의 주장을 하고 있으나, 전술했던 바와 같이 이 사건 부동산에는 소외 ◎◎상호저축은행에 채권최고액 금 1억 8,000만원의 근저당권 등이 설정되어 있어 소외 망 ◈◈◈으로서는 차라리 이 사건 부동산을 포기하는 것이 나을 것이라는 판단을 내리게 된 것이고, 금 1,000여 만원도 없어 이 사건 부동산이 경매에 넘어가는 것을 지켜볼 수밖에 없었던 것이 아닙니다. 원고측은 경매를 신청한 소외 ◎◎보증보험주식회사의 청구금액이 금 1,000여 만원이라는 이유만으로 마치 금 1,000만원만 있었으면 이 사건 부동산이 경매에 넘어가지 않았을 것인데 그 금액도 없어 경매절차가 진행된 것이므로 금 5,000만원의 임차보증금이 있다는 것은 이해할 수 없는 것이라는 것처럼 주장하나 이는 사실관계를 오도하는 것에 불과하며, 사업체를 운영하는 소외 망 ◈◈◈으로서는 당시 사업이 어려워지고 있던 상태였으므로 만약을 위해 전세라도 얻을 만한 돈을 확보하여 놓을 수밖에 없었고, 그 돈을 피고가 관리하고 있었던 것입니다. 소외 망 ◈◈◈가 자신의 채무를 다 변제하지 못한 상황에서 위와 같이 돈을 빼돌린 것은 도덕적으로는 비난받을 만한 것이지만 실제로 사업이 부도날 위기에 처한 사람들이 이와 같이 적은 금액을 빼돌리는 것은 사회적으로 빈발하는 일인바, 이 사건에 있어서도 피고가 위 임차보증금정도를 확보하고 있던 것은 어찌 보면 너무도 당연한 것이라 할 수 있습니다. 또한 이 사건 부동산의 당시 임대시가는 금 7,000만원 정도였던 바, 만약 피고가 정말로 임대차계약서를 허위로 작성하여 그 금액을 편취하려 한 것이라면 그보다 훨씬 적은 금액인 금 5,000만원을 임대차보증금으로 할 이유는 전혀 없으며 이 또한 피고의 주장을 뒷받침한다 할 것입니다.

3. 임대차관계확인서에 관하여

원고측은 임대차관계확인서를 근거로 피고측이 허위로 이 사건 부동산의 임대차계약을 체결한 것이라고 하고 있습니다. 그러나 위 확인서는 소외 □□□가 20○○. ○○. ○.경 피고의 어머니 소외 ◆◆◆가 혼자 집에 있는 것을 기화로 임의로 작성한 것입니다.

통상 금융기관의 임대차관계조사는 대출 및 근저당설정 이전에 이루어지고 있습니다. 그래야만 임차보증금을 고려하여 대출금을 결정할 수 있기 때문입니다. 그러나 소외 □□□는 임대차관계조사를 누락하였고, 결국 임차인이 없는 것을 전제하여 20○○. ○○. ○. 이 사건 부동산에 관하여 근저당설정등기가 이루어지자 뒤늦게 자신의 실수를 깨달은 것입니다. 따라서 소외 □□□는 위 실수를 만회하기 위하여 이보다 뒤인 20○○. ○○. ○○.에 노인인 소외 ◆◆◆가 혼자 집에 있는 시간인 한낮에 방문하여 소외 ◆◆◆에게 확인서를 들이밀고 "여기 산다는 내용이니 도장 좀 찍어달라"고 하여 소외 ◆◆◆로 하여금 날인하도록 하였습니다. 소외 ◆◆◆는 시각장애인으로서 글씨를 눈앞에 들이대도 잘 읽지 못하는바, 소외 □□□의 말만 믿고 날인하여 주었습니다. 따라서 위 임대차관계확인서는 허위로 작성된 것으로 신빙할 수 없는 것이라 할 것입니다.

4. 결 론

결국 원고측의 주장을 입증할 수 있는 자료로는 위 임대차관계확인서와 소외 망 ◆◆◆에게 채무가 많았다는 사실 정도가 있을 뿐입니다. 그러나 소극적 재산이 많다는 사실은 적극적 재산 또한 전혀 없다는 사실로 반드시 이어지는 것은 아니며 임대차관계확인서 또한 위와 같은 과정을 거쳐 작성된 것인바, 확정일자까지 받은 이 사건 부동산의 임대차계약서의 증명력을 깨뜨릴 수는 없다 할 것이며, 결국 이 사건 부동산의 임대차계약은 유효하여 피고는 임차보증금을 반환받기 전에는 이 사건 부동산을 인도 할 의무가 없다고 할 것입니다.

20○○. ○. ○.

위 피고   ◇◇◇ (서명 또는 날인)

○○지방법원 제○○민사단독   귀중

■ 준비서면(보험금, 피고)

준 비 서 면

사　　건　　20○○가단○○○○ 보험금
원　　고　　○○농업협동조합
피　　고　　◇◇보증보험(주)

위 사건에 관하여 피고는 다음과 같이 변론을 준비합니다.

다　　음

1. 원고의 주장
   원고는 원고와 피고 사이에 체결된 20○○. ○. ○.자 이행(지급)보증보험계약에 근거하여 이 사건 보험금을 청구한다는 취지입니다.
2. 원고의 주장에 대한 검토
   가. 이 사건 보증보험계약의 체결
   　　20○○. ○. ○. 원고와 피고는 소외 ■■산업 ■■■의 원고에 대한 "외상물품대금"을 지급보증하기로 하는 보증보험계약을 보험기간을 20○○. ○. ○.부터 20○○. ○○. ○.로 하여 체결한 바 있습니다.(갑 제2호증의 1 참조.)
   나. 보증보험약관의 규정
   　　위 보증보험보통약관 제1조(보상하는 손해)의 규정에 의하면 피고는 채무자인 보험계약자가 보험증권에 기재된 계약(다음부터 주계약이라 함)에서 정한 채무(이행기일이 보험기간 안에 있는 채무에 한함)를 이행하지 아니함으로써 채권자(다음부터 '피보험자'라 함)가 입은 손해를 보험증권에 기재된 사항과 위 약관에 따라 보상하기로 되어 있습니다.
   다. 일부채권의 이행기일이 보험기간을 도과함
   　1) 그런데 원고 제출의 갑 제7호증의 1(판매 미수금원장) 중 제3매째 미수금원장 기재를 보면 상환기일이 위에서 본 보험기간 만료일인 20○○. ○○. ○. 후로 된 부분이 있어 이는 이행기일이 보험기간을 넘어섰기 때문에 위 약관 규정에 따라 피고는 보험금을 지급할 의무가 없습니다.
   　2) 이에 대하여 원고측 증인 ◎◎◎도 무이자 외상기간 30일을 인정한 것으로

증언하여 위 백미대금의 이행기일이 보험기간을 넘어선 것임이 명백합니다.

3. 결 론

   따라서 원고의 청구는 이유 없으므로 기각되어 마땅합니다.

                          20○○.   ○.   ○.
                   위 피고   ◇◇보증보험(주)
                   대표이사 ◈◈◈ (서명 또는 날인)

                          ○○지방법원 제○○민사단독   귀중

■ 준비서면(어음금, 피고)

준 비 서 면

사　　건　　20○○가합○○○○ 어음금
원　　고　　○○새마을금고
피　　고　　◇◇◇

위 사건에 관하여 피고는 아래와 같이 변론을 준비합니다.

아　　　　래

1. 원고금고의 20○○. ○. ○.자 소변경신청서의 대출금청구 가운데 20○○. ○. ○.에 2회에 걸쳐 금 150,000,000원씩 합계 금 300,000,000원을 피고에게 대출하였다는 점만 부인합니다.

2. 원고금고는 원고금고의 직원 소외 ◎◎ 등이 피고의 명의를 도용하여 대출 받는 방법으로 원고금고의 돈 370,000,000원을 횡령한 사실과 원고금고의 이사장 소외 ◉◉◉가 위 횡령금을 책임지고 상환하기로 약속한 사실은 시인하면서도, 소외 김◎◎가 부정대출 받은 돈 가운데 금 147,000,000원을 변제하고 나머지 금 240,000,000원은 소외 ◎◎◎가 원고금고로부터 대출 받아 정리하였으며, 위 20○○. ○. ○.자 금 300,000,000원의 대출금은 위 부정대출금과는 무관하다고 주장하고 있습니다(20○○. ○. ○.자 원고대리인의 준비서면 6의 다항 참조).

3. 피고는 사업에 실패하여 원고금고에 대한 채무 외에도 많은 빚을 지고 있고 그 때문에 피고의 주택 등 전 재산이 압류 또는 가압류된 상태여서 빚 정리를 하고 나면 한푼도 남지 않는 처지인데(오히려 부족함), 그러한 사정을 잘 알고 있는 원고금고가 피고 명의의 당좌수표(갑 제2호증 및 4호증)를 소지하고 있음을 기화로(피고로서는 위 금 300,000,000원이 아니더라도 어차피 남는 재산이 없다는 점에 착안하여), 위 부정대출금 정리를 위해 소외 ◉◉◉ 명의로 대출한 금 240,000,000원을 일부라도 환수할 작정으로 이 사건 소제기에 이른 것으로 보입니다.

4. 피고가 위 당좌수표 2매를 원고금고에게 교부한 것은 오로지 상부기관의 감사 때문에 필요하다는 원고금고의 간청에 따른 것인데, 원고금고의 허위주장을 그

대로 인정해주면 다른 채권자들을 해치는 결과를 가져오기 때문에 다투고 있을 뿐입니다.

피고가 원고의 무리한 간청을 거절하지 못했던 것은, 피고가 사업을 하는 동안 원고금고의 이사장 소외 ◉◉◉와 과장 소외 ◎◎◎(실무 책임자로서 현재 ○○ 교도소 수감중임)로부터 어음할인 및 대출 등의 많은 도움을 받았고, 위 부정대출금에 대하여는 소외 ◉◉◉가 원고금고의 이사장 자격으로 책임을 지겠다는 각서(갑 제10호증의 1)까지 써 주었기 때문입니다.

5. 원고는 위 당좌수표에 대하여 소장에서는 수표금으로 청구를 하고, 원고금고의 상근이사 소외 ■■■는 증인으로 출석하여 위 당좌수표를 '피고가 할인하여 갔다'라고 진술한 바 있습니다.

그런데 위 수표금청구를 대여금청구로 변경하면서, 20○○. ○. ○. 차용금한도 금 800,000,000원, 거래기간 20○○. ○. ○.부터 20○○. ○. ○.까지' 라는 취지의 어음거래약정을 피고와 체결하고 그에 따라 약속어음 또는 당좌수표를 담보로 대출해준 돈이라고 주장합니다. 그러나 위 어음거래약정서(갑 제9호증의 1)는 원고금고가 감사대비를 위하여 필요한 서류라고 하면서 날인을 부탁하여서 '채무자본인'난에 피고가 서명 날인만 해준 것이고, 출금전표 이면(갑 제9호증의 3 및 제9호증의7)에도 역시 원고의 부탁대로 서명날인을 해준 것이지 실제로 위 금 300,000,000원을 대출 받거나 수령한 것이 아닙니다.

6. 피고가 원고에게, 위 금 300,000,000원 대출금에 대한 담보조로 받은 것이 약속어음인지 당좌수표인지를 밝혀달라고 석명을 구하자, 원고는 처음 대출 당시에는 액면 금 150,000,000원 짜리 약속어음 2매(자가○○○○○○○ 및 자가○○○○○○○)를 받았는데, 위 자가○○○○○○○ 약속어음은 20○○. ○. ○. 갑 제4호증 당좌수표(마가○○○○○○○, 액면 금 150,000,000원)와 교환하고, 위 자가○○○○○○○ 약속어음은 피고가 20○○. ○. ○○.에 금 10,000,000원을 변제하여서 같은 해 ○○. ○. 액면 금 140,000,000원의 당좌수표(갑 제2호증)와 교환하여 위 2매의 당좌수표를 소지하게 되었다고 합니다.

   가. 피고는 우선 원고에게, 약속어음을 당좌수표로 교환하게 된 이유가 무엇인지를 묻습니다. 그리고 원금 중 금 10,000,000원을 20○○. ○. ○○.에 변제받았다는데 그 돈은 현금인지 수표인지, 수표라면 그 일련번호는 무엇인지 밝혀주실 것을 요구합니다(피고는 위 금 10,000,000원을 변제한 사실이 없습니다). 담보로 제공받는 약속어음은 일자를 백지로 하는 것이 통례이고, 위 당좌수표에 대해서도 원고금고는 발행일자를 후에 보충하였다고 진술하고 있습니다.

   나. 원고금고의 주장대로 피고가 위 자가○○○○○○○ 약속어음을 담보로 금

150,000,000원을 대출 받고 200○. ○. ○.부터 같은 해 ○. ○○.까지의 선이자 금 2,663,013원을 납부했다면, 대출 받은 지 5일밖에 안된 ○. ○○.에 굳이 원금 가운데 금 10,000,000원을 변제한다는 것도 극히 이례적인 일이라 하겠습니다. 위 금 10,000,000원은 소외 ◉◉◉이사장이나 소외 ◎◎◎과장이 원고금고에 상환한 돈이 아닌가 생각합니다.

다. 원고가 대출금에 대한 담보로 받았다고 주장하는 위 2매의 약속어음은 그 액면 금액부터 사실과 다릅니다.

위 자가○○○○○○○○ 약속어음은 액면 금액이 금 150,000,000원이 아니라 금 50,000,000원으로(을 제2호증의 1 참조) 피고가 200○. ○. ○.경 발행하여 건축업을 하는 소외 ◆◆◆에게 빌려주었던 것이고, 위 자가○○○○○○○○ 약속어음(을 제2호증의 2)은 피고가 같은 해 ○. ○.경 건축업자인 소외 ◆◆◆에게 액면 금액을 금 150,100,000원으로 기재하여 발행하였다가, 소외 ◆◆◆이 사용하기 편리하도록 액면 금액을 금 50,000,000원으로 쪼개어 발행해달라고 요구하여서 위 어음의 금액 금 150,000,000원을 지우고 그 위 여백에다가 '一金 오천만원'이라고 고쳐 써 주었더니 보기에 지저분하다고 하여서 새 어음용지로 발행해주고, 위 약속어음은 (어음용지가 아깝기 때문에) 액면 금액을 3,824,850원으로 다시 고쳐서 건축공사장 식대 지급에 사용하였습니다. 원고금고 주장의 허구성이 명백히 드러나는 대목입니다.

원고금고의 주장대로, 설사 위 금 300,000,000원에 대하여 피고와의 사이에 금전소비대차계약이 유효하게 성립되었다 하더라도, 소외 ◉◉◉이사장이나 소외 ◎◎◎과장 이를 전액 변제하였으므로 피고의 채무는 이미 소멸하였습니다.

200○.　　○.　　○.
위 피고　　◇◇◇ (서명 또는 날인)

○○지방법원 ○○지원 제○민사부　귀중

■ 준비서면(임금, 원고)

준 비 서 면

사 　 　 　 　 건 　 20○○가소○○○○○ 임금
원고(선고당사자) 　 ○○○
피 　 　 　 　 고 　 1. ◇①◇
　 　 　 　 　 　 　 2. ◇②◇

위 사건에 대하여 원고는 다음과 같이 준비서면을 제출합니다.

다 　 　 음

1. 소외 노동부에서 사실관계를 조사하여 발급한 체불임금확인서에 의하면 소외 ◉◉산업의 명의대표자는 피고 ◇①◇, 실질적인 사용주는 피고 ◇②◇로 되어 있으나 노동부 조사과정에서 원고가 알게 된 바에 의하면 피고 ◇①◇는 개인기업인 ◉◉산업의 대표로서 제조공구업을 하는 사업자이고, 피고 ◇②◇는 개인기업인 ◎◎농산의 대표자로서 ◎◎농산은 톱밥을 공급하는 회사로 피고들은 각자 다른 사업체로서 사업자등록증을 필하였으나 원고인 선정당사자 및 선정자들은 ◉◉산업에 고용되어 근로한 근로자이나 사업장에서 실질적으로 작업감독 및 지시를 한 것은 피고 ◇①◇입니다.(갑 제1호증 - 체불금품확인원)

　 가. 원고인 ○○○(선정당사자) 및 선정자들이 근무한 ○○ ○○시 ○○○면 ○○리 ○○○-○ 소재 ◉◉산업의 건물에는 유일한 간판으로 ◉◉산업이라는 간판이 붙어 있으며 (위 주소지에 ◎◎농산과 같은 사업장의 간판은 건물 어디에도 없음) 근무할 당시에 직원들에게 외부에서 걸려오는 전화를 받을 때에 "◉◉산업입니다."라고 말하게 하였습니다.(갑 제2호증 - 소외 ■■■의 사실확인서)

　 나. 또 원고인 ○○○(선정당사자) 및 선정자들이 톱밥운반 일을 할 당시에 피고 ◇②◇가 거래처에 주도록 지시한 거래명세표를 보면 분명히 ◉◉산업 사업자 피고 ◇①◇라고 적혀 있거나 또는 ◉◉산업의 사업자 ◇②◇라고 적혀 있지 ◎◎농산이라는 상호는 거래명세표 어디에서도 볼 수가 없습니다.(갑 제3호증- 거래명세표)

따라서 원고는 명의대표자나 실질사용자에 관계없이 A산업의 근로자이지 B
농산의 근로자는 아닙니다.

2. 그리고 피고가 톱밥운반일을 시킬 때 거래처에 주도록 지시한 거래명세표를 다
시 한번 살펴보면 이 거래명세표에서 ◉◉산업의 사업자가 피고 ◇①◇로 되어
있는 것이 있는가 하면 또 다른 거래명세표에는 사업자가 분명히 피고 ◇②◇로
되어있음을 통하여 형식적인 사업자등록 여부와 관계없이 ◉◉산업은 남매지간
인 피고 ◇①◇와 피고 ◇②◇의 공동사업체임을 알 수 있습니다.

3. 그렇다면 원고인 선정당사자 및 선정자들은 남매지간인 피고들이 공동운영하는
A산업의 근로자로 근무하였으며 선정당사자 및 선정자 중 그 누구도 피고들로
부터 현재에 이르기까지 노동부 발급 체불임금확인서에 나와 있는 바와 같은 체
불임금을 지급 받은 바 없으므로 피고들은 연대하여 원고의 체불임금을 지급할
의무가 있다고 할 것입니다.

20○○.   ○.   ○.
위 원고   ○○○ (서명 또는 날인)

○○지방법원 ○○지원 제○○민사단독   귀중

■ 준비서면(임차보증금반환, 원고)

준 비 서 면

사   건   20○○가합○○○○ 임차보증금반환
원   고   ○○○
피   고   ◇◇◇

위 사건에 관하여 원고는 다음과 같이 변론을 준비합니다.

다   음

1. 피고 주장에 대한 답변
   가. 피고는 원고가 이 사건 주택을 피고로부터 임차한 것이 아니라 이 사건 주택에 대해여 아무런 권한이 없는 소외 ◉◉◉와 사이에 임대차계약을 체결하였으므로 피고는 원고의 임차보증금반환청구에 응할 수 없다고 합니다.
   나. 그러나 원래 피고는 19○○. ○. ○. 소외 ◉◉◉에게 금 504,000,000원에 이 사건 주택이 포함된 연립주택(○○빌라) 건물의 신축공사를 도급하였는바, 그 공사가 완공된 뒤에도 그 공사대금 중 금 273,537,400원을 지급하지 못하게 되자 20○○. ○. ○. 위 연립주택 중 제101호(이 사건 주택)와 제102호에 대하여 소외 ◉◉◉에게 피고를 대리하여 이를 분양하거나 임대할 권리를 부여하고 그 분양대금으로 공사비에 충당하기로 약정하였던 것인데, 원고는 소외 ◉◉◉와 사이에 이 사건 주택에 대하여 20○○. ○. ○. 임대차기간 2년, 임대차보증금은 금 ○○○원으로 하는 임대차계약을 체결하고 그 임대보증금을 완불한 뒤 20○○. ○. ○.에 이 사건 주택에 입주하고 있는 것입니다.

2. 표현대리
   가. 설사 소외 ◉◉◉에게 피고를 대리하여 이 사건 주택을 매각할 권리만 있을 뿐이고 이를 임대할 대리권이 없다고 하더라도 ①소외 ◉◉◉에게 기본대리권이 존재하고, ②상대방으로서는 대리인에게 대리권이 있다고 믿고 또한 그렇게 믿을 만한 정당한 이유가 있는 경우라면 민법 제126조 표현대리가 성립되어 이 사건 임대차계약의 효력은 피고에게 미친다고 할 것입니다.

나. 즉, 피고는 소외 ◉◉◉에게 이 사건 주택의 분양대리권을 준 것이고 분양대리권에는 당연히 임대할 대리권도 포함하는 것이 일반적이라고 할 것인바, 피고는 소외 ◉◉◉에게 분양권을 주는 각서를 만들어 교부하였고 소외 ◉◉◉는 자신에게 임대할 권리가 있다고 말하였는바, 위 인증서를 확인한 원고로서는 소외 ◉◉◉에게 이 사건 주택을 임대할 대리권이 있다고 믿음에 아무런 과실이 없다고 할 것인즉, 소외 ◉◉◉의 대리행위가 설사 무권대리라고 할지라도 권한을 넘는 표현대리로서 유효하다고 할 것입니다.

20○○. ○. ○.
위 원고 ○○○ (서명 또는 날인)

○○지방법원 제○민사부 귀중

■ 준비서면(장해등급처분취소)

준 비 서 면

사   건   20○○구 ○○○호   장해등급처분취소
원   고   ○ ○ ○
피   고   근로복지공단

위 사건에 관하여 원고는 다음과 같이 변론합니다.

다   음

1. 이 사건 처분의 경위 및 전심절차 경유

   (1) 원고가 20○○. ○. ○. ☆☆청 청량리 사무소 소속 공공근로자로 근로하던 중 재해가 발생하여 상병명 뇌동맥류파열, 지주막하뇌출혈 등으로 약 1년 동안 요양하다 치료 종결하고 장해보상청구를 하였으나 20○○. ○. ○. 근로복지공단 서울북부지사에서 장해등급 제5급 8호로 결정하였습니다.

   (2) 그리하여 원고는 산업재해보상보험심사위원회에 이에 불복하여 재심사를 청구하였으나 20○○. ○. ○. 이를 기각하는 재결이 있었고 이 재결 결정문이 20○○. ○. ○. 원고에게 송달되었습니다.

2. 이 사건 재해의 경위

   (1) 원고는 서울 망우역 부근에서 철길 근처에서 08:30에 출근하여 17:30까지 근무를 해야 하며 그 곳에서 잡초도 정리하고 자갈을 고르는 등의 공공근로를 하는데 작업하는 장소에는 그늘이 없고 마땅한 휴식 공간이 없을 뿐더러 휴식 시간도 따로 정해지지 않았으며 당시는 여름의 무더운 기운이 남아 있던 터라 작업을 하는 철로의 주위는 철로의 영향으로 주변의 기온이 40~45℃ 정도이어서 작업을 하기에 무척 힘든 상황이었는데 더구나 피고인은 공공근로작업반에서 반장의 역할을 맡고 있어서 하루 일정량의 작업을 마쳐야 하는 상황이었으므로 반장 밑에서 일하는 15~16명 작업자들보다 2~3배 정도는 더 열심히 일해야 했습니다.

   (2) 그러다가 원고는 20○○. ○. ○. 14:00경에서 15:00경 사이에 서울 망우역 부근에서 작업을 하는 중 그 동안의 과도한 업무와 일정량의 작업을 마쳐야

하는 스트레스로 인하여 작업 도중 작업 현장에서 쓰러지게 된 것입니다. 이 시각의 철로 주변의 온도는 52℃까지 이르는 등 작업하기에는 무척 힘든 상황이었습니다. (갑 제5호증 진술서 참고)

 (3) 결국 원고는 열악한 작업 환경, 과도한 업무, 반장으로서의 작업량 달성을 이루어야 한다는 스트레스 등으로 인하여 작업 도중 이 사건과 같은 업무상 재해를 입게 된 것입니다.

3. 신체감정의 신청

원고와 피고 간의 주된 쟁점이 이 사건 원고에 대한 장해등급이 3급 제3호에 해당하느냐, 5급 제8호에 해당하느냐는 것이므로 이에 대한 정확한 판단을 위하여 원고에 대한 신체감정이 필요하다고 사료되오니 신체감정을 신청합니다.

입 증 방 법

1. 갑 제5호증   진술서

첨 부 서 류

1. 위 입증방법
1. 준비서면 부본
1. 서증인부서
1. 신체감정신청서

20○○. ○. ○.
위 원고 ○ ○ ○ (서명 또는 날인)

○ ○ 행 정 법 원 행정○단독 귀중

■ 준비서면(혼인무효)

준 비 서 면

사 건 20○○드단 ○○○호 혼인무효
원 고 이 ○ ○
피 고 텐 △△△

　위 사건에 관하여 원고는 아래와 같이 변론을 준비합니다.

- 아　　　래 -

1. 재판관할권 문제
　　피고는 국적이 카자흐스탄이나, 한국에 주소지를 두고 있다가 소재불명이 된 상태로서 출입국증명서상 출국사실이 없으므로 우리나라 법원이 재판관할권을 가진다고 할 것입니다.
　　대법원 85드6506호 판결에 의하면 한국인과 외국인 사이의 이혼심판청구 사건에서 대한민국 국적을 가진 청구인이 대한민국에 주소를 가지고 있고 피청구인은 청구인을 유기하고 행방불명이 된 경우 청구인의 본국이며 주소지국인 우리나라 법원이 재판관할권을 가진다고 판시한 바 있습니다.

2. 준거법 문제
　가. 혼인 무효의 준거법
　　　이 건에서 원고가 혼인무효의 원인으로 주장하는 것은 원·피고의 혼인이 혼인 당사자간에 혼인에 관한 실질적 합의가 결여된 상태에서 이루어졌다는 것으로서 민법 제815조 제1호 소정의 혼인무효사유입니다.
　　　그런데 혼인에 관한 당사자의 합의는 혼인의 실질적인 성립요건에 관한 것으로서 우리나라 국제사법 제36조 제1항에서는 혼인의 성립요건은 각 당사자에 관하여 그 본국법에 의하여 정한다고 규정하고 있고, 같은 법 제37조에서는 혼인의 일반적 효력은 다음에 정한 법의 순위, 즉 1. 부부의 동일한 본국법, 2. 부부의 동일한 상거소지법, 3. 부부와 가장 밀접한 관련이 있는 곳의 법의 순위에 의한다고 규정하고 있습니다. 따라서 이 사건 원고와 피고의 동일한 상거소지법인 우리나라 민법에 따라 당사자 간에 혼인의사의 합치가 있없는지 여부를 판단하면 된다고 할 것입니다.

나. 이혼의 준거법

국제사법 제39조는 "이혼에 관하여는 제37조의 규정을 준용한다. 다만, 부부 중 일방이 대한민국에 상거소가 있는 대한민국 국민인 경우에는 이혼은 대한민국 법에 의한다."라고 규정하고 있습니다. 그런데 원고는 대한민국에 상거소가 있는 대한민국 국민이므로, 우리나라 민법이 준거법이 된다고 할 것입니다.

첨부 : 대법원 판례 3부

20○○년 ○월 ○일

위 원고 소송대리인

변 호 사 ○ ○ ○ (서명 또는 날인)

○ ○ 가 정 법 원 (가사제○단독) 귀중

제2장

답변서 작성례

Part 1. 개론(槪論)

1. 답변서 제출통보

법원은 소장의 부본을 송달할 때에 피고가 원고의 청구를 다투는 경우에는 답변서를 제출하라는 취지를 피고에게 알린다(민사소송법 제256조 제2항 및 제1항).

2. 답변서의 작성

① 답변서에는 다음의 사항을 적어야 한다(민사소송법 제256조 제4항, 제274조 제1항, 제2항 및 민사소송규칙 제65조 제1항).

- 당사자의 성명·명칭 또는 상호와 주소

- 대리인의 성명과 주소

- 사건의 표시

- 공격 또는 방어의 방법 : 주장을 증명하기 위한 증거방법에 대한 의견 기재

- 상대방의 청구와 공격 또는 방어의 방법에 대한 진술 : 상대방의 증거방법에 대한 의견 기재

- 덧붙인 서류의 표시

- 작성한 날짜

- 법원의 표시

- 청구 취지에 대한 답변

- 소장에 기재된 개개의 사실에 대한 인정 여부 및 증거방법

- 항변과 이를 뒷받침하는 구체적 사실 및 증거방법

② 첨부서류

- 답변서에는 증거방법 중 입증이 필요한 사실에 관한 중요한 서증의 사본을 첨부해야 한다(민사소송규칙 제65조 제2항).

- 당사자가 가지고 있는 문서로 답변서에 인용한 것은 그 등본 또는 사본을 붙여야 한다(민사소송법 제256조 제4항 및 제275조 제1항).

- 문서의 일부가 필요한 경우에는 그 부분에 대한 초본을 붙이고, 문서가 많을 때에는 그 문서를 표시하면 된다(민사소송법 제256조 제4항 및 제275조 제2항).

- 첨부서류는 상대방이 요구하면 그 원본을 보여 주어야 한다(민사소송법 제256조 제4항 및 제275조 제3항).

3. 답변서 제출기한

① 피고는 소장의 부본을 송달받은 날부터 30일 이내에 답변서를 제출해야 한다 (민사소송법 제256조 제1항 본문).

② 다만, 피고가 공시송달의 방법에 따라 소장의 부본을 송달받은 경우에는 그렇지 않다(민사소송법 제256조 제1항 단서).

4. 보정명령

　재판장은 답변서의 기재사항 등이 제대로 기재되어 있지 않거나 중요한 서증의 사본이 첨부되지 않은 때에는 법원서기관·법원사무관·법원주사 또는 법원주사보로 하여금 방식에 맞는 답변서의 제출을 촉구하게 할 수 있다(민사소송규칙 제65조 제3항).

5. 답변서의 송달

법원은 답변서의 부본을 원고에게 송달한다(민사소송법 제256조 제3항).

6. 답변서 미제출의 효과

① 법원은 피고가 답변서를 제출하지 않은 경우 청구의 원인이 된 사실을 자백한 것으로 보고 변론 없이 판결할 수 있다(민사소송법 제257조 제1항 본문). 다만, 직권으로 조사할 사항이 있거나 판결이 선고되기까지 피고가 원고의 청구를 다투는 취지의 답변서를 제출한 경우에는 그렇지 않다(민사소송법 제257조 제1항 단서).

② 자백하는 취지의 답변서 제출의 경우

피고가 청구의 원인이 된 사실을 모두 자백하는 취지의 답변서를 제출하고 따로 항변을 하지 않은 경우 법원은 변론 없이 판결할 수 있다(민사소송법 제257조 제2항 및 제1항).

③ 선고 기일 통지

법원은 피고에게 소장의 부본을 송달할 때에 변론 없이 판결을 선고할 기일을 함께 통지할 수 있다(민사소송법 제257조 제3항).

Part 2. 작성례

■ 답변서(추심금청구에 대한 항변)

답 변 서

사 건 20○○가합○○○○ 추심금
원 고 ○○○
피 고 ◇◇◇

위 사건에 관하여 피고는 다음과 같이 답변합니다.

청구취지에 대한 답변

1. 원고의 청구를 기각한다.
2. 소송비용은 원고의 부담으로 한다.
라는 판결을 구합니다.

청구원인에 대한 답변

1. 피고와 소외 김◉◉는 19○○. ○. ○. 피고 소유의 ○○시 ○○구 ○○길 ○○ 소재 건물 1층을 임차보증금 30,000,000원, 월세 금 300,000원, 임차기간 1년으로 정하여 임대차계약을 체결하고 그 뒤 매년 갱신하여 오던 중 소외 김◉◉는 20○○. ○.경 피고에게 임대차계약서상의 명의를 소외 김◉◉의 채권자인 소외 이◉◉의 명의로 변경하여 줄 것을 요구하여 피고는 이를 변경하여 준 사실이 있습니다. 그 뒤 소외 김◉◉가 20○○. ○. ○. 갑자기 잠적하자 소외 이◉◉는 소외 김◉◉로부터 채권회수가 어렵게 되자 위 임대차계약서를 근거로 ○○지방법원 20○○가합○○○호로서 임차보증금반환청구의 소를 제기하여 위 소송에 원고도 보조참가하여 20○○. ○. ○. 소외 이◉◉의 일부승소판결이 선고되고 위 소송은 소외 이◉◉가 판결에 불복 항소하여 현재 항소심 계속 중에 있습니다.
2. 한편, 20○○. ○. ○. 원고는 소외 김◉◉를 채무자로 하여 임차보증금반환채권을 가압류하였고, 20○○. ○. ○. 소외 유◉◉도 소외 김◉◉를 채무자로 하여

위 채권을 가압류하였으며, 그 뒤 20○○. ○. ○. 원고가 채권압류 및 추심명령을, 같은 해 ○. ○. 소외 유◉◉도 채권압류 및 전부명령을 받아 각 명령이 순차적으로 피고에게 송달이 되어 압류의 경합이 발생하였습니다.

3. 따라서 소외 이◉◉가 임차인으로서의 권리를 주장하며 소송 중에 있고, 그 뒤 원고와 소외 유◉◉와의 사이에는 압류의 경합과 추심명령에 의한 추심신고 전에 발한 전부명령에 의하여 배당요구의 법적 효력이 발생하였으므로, 이 사건 원고의 추심금청구는 부당하며 이 사건은 소외 이◉◉와의 소송결과에 따라 피고가 임차보증금을 집행공탁 하여야 할 사안입니다.

4. 그러므로 이 사건 원고의 추심금청구의 소송은 소외 이◉◉와 피고와의 소송이 종결되는 시점까지 연기되거나 압류경합의 사유로 원고의 청구가 기각되어야 할 것입니다.

입 증 방 법

1. 을 제1호증의 1, 2   각 부동산임대차계약서
1. 을 제2호증의 1, 2   각 채권가압류결정문
1. 을 제3호증   채권압류 및 전부명령
1. 을 제4호증   판결문
1. 을 제5호증   항소장

첨 부 서 류

1. 위 입증방법   각 1통

20○○. ○. ○.

위 피고   ◇◇◇ (서명 또는 날인)

○○지방법원 제○민사부 귀중

■ 답변서(배당이의)

답 변 서

사   건   20○○가단○○○○ 배당이의
원   고   주식회사○○○○
피   고(선정당사자)   ◇◇◇

 위 사건에 관하여 피고(선정당사자)는 다음과 같이 답변합니다.

청구취지에 대한 답변

1. 원고의 청구를 모두 기각한다.
2. 소송비용은 원고의 부담으로 한다.
라는 판결을 구합니다.

청구원인에 대한 답변

1. 피고(선정당사자)는 원고의 청구원인 사실 중 '원고를 채권자로 소외 ◉◉◉외 1을 채무자로 하는 ○○지방법원 20○○타경○○○호 부동산경매 배당사건에 관하여 20○○. ○. ○. 같은 법원은 배당금 332,616,960원 중 원고 청구금액 금 294,515,154원에 교부액 금 260,019,784원, 피고 ◇◇◇외 12명 임금 우선채권청구금액 금 67,597,125원에 교부액 금 67,597,125원의 배당표가 작성되었다'라는 부분만 인정합니다.
2. 상여금이 임금에 포함되는지 여부
   가. 근로기준법 제2조 1항 5호는 "이 법에서 '임금'이라 함은 사용자가 근로의 대상으로 근로자에게 임금, 봉급 기타 어떠한 명칭으로든지 지급하는 일체의 금품을 말한다"라고 규정하고 있습니다.
   나. 상여금도 취업규칙이나 단체협약 또는 근로계약상 그 지급시기, 액수 및 계산방법이 정해져 있으면 즉, 정기적, 제도적으로 지급되는 경우에는 단순히 의례적, 호의적으로 지급되는 것이라고 볼 수 없으므로 임금의 성질을 가진

다고 볼 수 있습니다.

다. 소외 (주)■■건설의 취업규칙 제4장(급여) 제47조(상여금)는 상여금 지급기준
에 대해 "3개월 이상 근무한 직원에게 기본급을 연 4회 분할하여 지급한다
(400%)"라고 규정하고 있고(을 제1호증의 1 취업규칙), 실제로 피고(선정당사
자)는 소외 (주)■■건설로부터 매년 2월, 5월, 9월, 12월에 정기적으로 상여
금을 지급 받아 왔습니다(을 제2호증의 1 내지 7 근로소득원천징수영수증).

라. 따라서 피고(선정당사자)가 받을 200○. ○.분 상여금도 취업규칙에 그 지급
근거가 있으므로 근로기준법 제2조의 임금에 당연히 포함된다 할 것입니다.

3. 결론

따라서 근로기준법 제38조 제2항의 임금에는 당연히 상여금도 포함된다고 볼
수 있고 피고(선정당사자)의 상여금도 최우선변제임금채권에 해당하므로 원고의
청구는 이유 없어 마땅히 기각되어야 할 것입니다.

입 증 방 법

1. 을 제1호증의 1   취업규칙
1. 을 제1호증의 2   취업규칙 신고서
1. 을 제1호증의 3   취업규칙 동의서
1. 을 제2호증의 1 내지 7   각 근로소득원천징수영수증

첨 부 서 류

1. 위 입증방법   각 1통

200○.   ○.   ○.

위 피고   ◇◇◇ (서명 또는 날인)

○○지방법원 ○○지원 제○민사단독 귀중

■ 답변서(대여금청구에 대한 부인)

답 변 서

사　　건　　20○○가단○○○○ 대여금
원　　고　　○○○
피　　고　　◇◇◇

　　위 사건에 관하여 피고는 다음과 같이 답변합니다.

다　　　　　　　음

1. 기초적인 사실관계
　　가. 원고는 20○○. ○. ○. 피고에게 금 30,000,000원을 대여하였다고 주장하
　　　　며 그 돈의 지급을 구하고 있으나 이는 사실과 다릅니다.
　　나. 원고와 피고는 평소 잘 알고 지내던 사이로서 소외 ◉◉◉는 피고의 매형입
　　　　니다. 소외 ◉◉◉는 20○○. ○.경 사업문제로 인하여 급전이 필요하다고
　　　　하여 피고에게 돈을 빌릴 만한 사람이 없느냐고 물어왔고 피고는 잘 알고
　　　　있던 원고에게 혹시 여유 있는 돈이 있느냐고 물었더니 가능하다고 하여 피
　　　　고는 원고를 소외 ◉◉◉에게 소개하여 주었던 것입니다.
　　다. 그 뒤 소외 ◉◉◉가 위 가항 일시에 원고로부터 금 30,000,000원을 차용
　　　　한 것은 사실입니다.
2. 피고의 책임
　　비록 원고가 피고의 소개로 인하여 소외 ◉◉◉를 알게 되어 소외 ◉◉◉에게
　　돈을 대여하였다고는 하나 이는 피고와는 직접적인 관련은 없는 것으로서 피고
　　가 위 대여금의 지급을 보증한 적은 없습니다.
　　원고는 피고가 위 대여일시에 동석하였다는 이유만으로 피고가 책임을 져야 한
　　다는 취지로 주장하나 이는 타당하다고 볼 수 없으며, 어떠한 형태로든 피고가
　　위 지급의 보증의사를 표시한 적이 없으므로 피고가 이를 책임질 이유는 없다
　　할 것입니다.
3. 결론
　　원고는 소외 ◉◉◉로부터 대여금을 지급 받지 못하자 피고에게 소를 제기한

것으로서 위와 같이 원고의 청구는 타당하지 않으므로 이를 기각하여 주시기 바랍니다.

20○○.   ○.   ○.
위 피고   ◇◇◇ (서명 또는 날인)

○○지방법원 제○○민사단독   귀중

■ 답변서(소유권이전등기청구에 대한 부인)

답 변 서

사　　건　　20○○가합○○○○ 소유권이전등기
원　　고　　○○○
피　　고　　◇◇◇

　　위 사건에 관하여 피고는 다음과 같이 답변합니다.

청구취지에 대한 답변

1. 원고의 청구를 기각한다.
2. 소송비용은 원고의 부담으로 한다.
라는 판결을 구합니다.

청구원인에 대한 답변

1. 원고와 피고가 20○○. ○. ○. 이 사건 부동산에 대한 매매계약을 체결한 사실 만 인정하고 나머지 사실관계는 모두 부인합니다.
2. 원고는 이 사건 부동산의 매매대금 중 계약금 20,000,000원만 피고에게 지급한 뒤 중도금 및 잔금을 그 지급기한인 20○○. ○. ○○.을 넘은 시점인 현재까지 지급하지 않고 있습니다.
3. 원고가 중도금 및 잔금에 대해 채무를 이행하지 않는 이상 피고가 원고에게 이 사건 부동산에 대한 이전등기절차를 이행할 아무런 이유가 없는 것입니다. 따라 서 원고의 청구를 기각하고 소송비용은 원고의 부담으로 하는 판결을 내려주시 기 바랍니다.

20○○. ○. ○.
위 피고　　◇◇◇ (서명 또는 날인)

○○지방법원 제○민사부　귀중

■ 답변서(수표금청구에 대한 부인)

답 변 서

사　건　20〇〇가소〇〇〇〇 수표금
원　고　〇〇〇
피　고　◇◇◇

　　위 사건에 관하여 피고는 아래와 같이 답변합니다.

청구취지에 대한 답변

1. 원고의 청구를 기각한다.
2. 소송비용은 원고의 부담으로 한다.
라는 판결을 구합니다.

청구원인에 대한 답변

1. 원고는 피고가 위 수표를 원고로부터 냉장고를 구입하고 그 대금으로 교부하였
　　다고 주장하나, 피고는 원고로부터 냉장고를 구입한 사실도 없으며 원고에게 위
　　수표를 교부한 사실도 없습니다.
2. 원고가 주장하는 위 냉장고는 피고가 구입한 것이 아니고 소외 ◆◆◆가 구입한
　　것이고, 피고는 소외 ◆◆◆의 부탁에 의하여 원고가 운영하는 가게에 함께 동
　　행한 것에 불과하며, 이 사건 수표의 배서도 소외 ◆◆◆가 한 것입니다.
3. 그럼에도 불구하고 이를 피고에게 청구하는 것은 부당하다고 할 것이며, 설령
　　피고가 위 수표를 교부하였다고 하여도 위 냉장고를 구입한 것은 19〇〇. 〇.
　　〇.이고 위 수표의 지급기일은 19〇〇. 〇. 〇.이므로 법률상 이미 그 소멸시효
　　가 완성되어 피고가 이를 지급할 의무가 없다 할 것입니다.

입 증 방 법

1. 을 제1호증　　　　　　　　　　물품계약서

첨 부 서 류

1. 위 입증방법　　　　　　　　　　　1통

20○○.　　○.　　○.
위 피고　　◇◇◇ (서명 또는 날인)

○○지방법원 제○○민사단독　귀중

■ 답변서{손해배상(자동차사고-오토바이)}

답 변 서

사   건   20○○가단○○○ 손해배상(자)
원   고   ○○○
피   고   ◇◇◇

위 사건에 관하여 피고는 다음과 같이 답변합니다.

청구취지에 대한 답변

1. 원고의 청구를 기각한다.
2. 소송비용은 원고의 부담으로 한다.
라는 판결을 구합니다.

청구원인에 대한 답변

1. 원고의 주장사실 가운데 이 사건 사고발생사실과 원고가 교통사고로 상해를 입은 사실은 인정합니다.
2. 과실상계의 주장
   원고는 오토바이를 무면허로 운전하였고, 안전모를 착용하지 않았으며 사고발생시 과속운전을 한 사실로 보아 이 사건 사고발생에 원고의 과실이 경합하여, 원고의 손해발생과 손해범위의 확대에 기여하였으므로 손해배상액산정에 있어서 원고의 과실부분은 참작되어야 할 것입니다.
3. 채무의 부존재
   가. 원고의 주장과는 달리 이 사건 사고로 인하여 원고가 입은 상해는 장기간의 치료를 요하거나 후유장해를 남기는 상해가 아니라 단순 좌측 팔골절상에 불과하였습니다.
   나. 이에 피고는 이 사건 소제기 전에 원고의 치료 요청에 따라 원고가 입은 손해의 전부인 치료비 전액 금 ○○○원 및 위자료로 금 ○○○원을 지급함으로써 이 사건 사고로 인한 배상책임을 모두 이행하였습니다.
   (피고는 추후 신체감정 및 형사기록이 송부되는 대로 원고가 주장하고 있는

사고발생 경위, 일실수입, 치료비 및 위자료에 대하여 적극적으로 다툴 예
정입니다)
4. 결 어
피고는 피고에게 지급책임이 있는 범위내의 모든 채무를 이행하였으므로 원고의
이 사건 청구는 마땅히 기각되어야 할 것입니다.

20○○.   ○.   ○.
위 피고   ◇◇◇ (서명 또는 날인)

○○지방법원 제○민사단독   귀중

■ 답변서{손해배상(자동차사고-승용차)}

답　변　서

사건번호　20○○가소○○○○ 손해배상(자)
원　고　○○○
피　고　◇◇◇

　　위 사건에 관하여 피고는 다음과 같이 답변합니다.

청구취지에 대한 답변

1. 원고의 청구를 기각한다.
2. 소송비용은 원고의 부담으로 한다.
라는 판결을 구합니다.

청구원인에 대한 답변

1. 기초사실관계
　　피고는 부산○○가○○○○호 승용차(다음부터 '이 사건 승용차'라고 함)의 소유
　　자로서 20○○. ○. ○. ○○:○○경 ○○시 ○○구 ○○길 소재 교차로에서 원고
　　소유의 화물차량의 전면부분과 피고운전의 이 사건 승용차의 좌측 옆부분이 충
　　돌되어 피고와 위 승용차의 탑승객인 소외 김◈◈가 부상당한 사실은 인정하고
　　나머지는 모두 부인합니다.
2. 사고의 경위 및 책임의 소재
　　이 사건 사고 당시 피고는 이 사건 승용차를 운전하여 진행하던 중 위 교차로에
　　이르러 일단 정지한 뒤 좌우측에 주행하는 차량이 없음을 확인하고 진입, 통과
　　하고 있었습니다.
　　이때 갑자기 피고 승용차의 진행방향 좌측에서 원고가 운전하던 차량이 위 승용
　　차를 향하여 과속으로 돌진하여 승용차 좌측 옆부분을 충격 하였고, 그 충격으
　　로 인해 피고 및 소외 김◈◈가 부상을 당하게 되었습니다.

이와 같은 사고경위를 살펴보면 사고 당시 피고운전의 승용차가 교차로에 선진입하였던 것이고 그럴 경우 원고는 위 승용차가 지나가기를 기다린 뒤 안전하게 진행하여 사고를 미연에 방지할 의무가 있음에도 과속으로 교차로에 진입하다가 이 사건 사고를 일으킨 것이므로 손해배상의 전적인 책임이 있는 것입니다.

3. 따라서 피고는 이 사건에 대해 피해배상의 책임이 없으므로 원고 청구의 기각을 구하고자 합니다.

입 증 방 법

1. 을 제1호증   교통사고사실확인원

첨 부 서 류

1. 위 입증방법   1통

20○○.   ○.   ○.

위 피고   ◇◇◇ (서명 또는 날인)

○○지방법원 ○○지원 제○민사단독   귀중

■ 답변서{손해배상(자동차사고)에 대한 항변}

답 변 서

사　　건　　20○○가단○○○○ 손해배상(자)
원　　고　　○○○
피　　고　　◇◇보험주식회사

　위 사건에 관하여 피고는 원고의 청구에 대하여 아래와 같이 답변합니다.

청구취지에 대한 답변

1. 원고의 청구를 기각한다.
2. 소송비용은 원고의 부담으로 한다.
라는 재판을 구합니다.

청구원인에 대한 답변

1. 원고의 주장
　원고는 20○○. ○. ○. ○○:○○경 소외 ◆◆◆ 운전의 경남 ○고○○○○호 승용차가 ○○시 ○○구 ○○길 소재 ○○숯불갈비 앞에서 공사용 가드레일을 들이받아 그 파편이 원고에게 튕기면서 다발성 좌상, 미골탈구, 추간판탈출증 등의 상해를 입게 하였으므로 위 승용차의 보험자인 피고로서는 원고의 손해를 배상할 책임이 있다고 주장하고 있습니다.
2. 채무의 부존재
　가. 위와 같은 원고의 주장과는 달리 이 사건 사고로 인하여 원고가 입은 상해는 장기간의 치료를 요하거나 후유장해를 남기는 상해가 아니라 경미한 좌상에 불과하였습니다.
　나. 이에 피고는 이 사건 소제기 전에 원고의 치료요청에 따라 원고가 입은 손해의 전부인 치료비 전액 금 3,133,970원을 지급함으로써 이 사건 사고로 인한 배상책임을 모두 이행하였습니다.

(피고는 추후 신체감정 및 형사기록이 송부되는 대로 원고가 주장하고 있는 사고발생 경위, 일실수입, 치료비 및 위자료에 대하여 적극적으로 다툴 예정입니다)

3. 결 어

피고는 그 지급책임이 있는 범위내의 모든 채무를 이행하였으므로 원고의 이 사건 청구는 마땅히 기각되어야 할 것입니다.

20○○.　　○.　　○.

위 피고　◇◇보험주식회사

대표이사 ◇◇◇ (서명 또는 날인)

○○지방법원 제○○민사단독　귀중

■ 답변서(건물 등 철거, 피고)

답 변 서

사　　건　　20○○가단○○○　건물 등 철거
원　　고　　○○○
피　　고　　◇◇◇

위 사건에 관하여 피고의 소송대리인은 아래와 같이 답변합니다.

청구취지에 대한 답변

1. 원고의 청구를 기각한다.
2. 소송비용은 원고가 부담한다.
라는 재판을 구합니다.

청구원인에 대한 답변

1. 사실관계의 정리
   원고는 피고가 이 사건 건물의 소유자라고 주장하나 이는 사실과 다릅니다.
   ① 피고는 1984. 8. 24.경 소외 이00으로부터 이 사건 건물과 그 대지를 매수하기로 계약하였습니다. (을 제1호증 매매계약서 참조)
   ② 당시 이 사건 건물은 위 이00이 신축하여 소유하고 있던 미등기 건물이었습니다.
   ③ 피고는 위 이00과의 위 매매계약에 기하여 이 사건 건물을 인도받아 현재까지 살고 있습니다.
   ④ 한편, 위 이00은 1995년 경 사망하였는바, 이 사건 대지는 위 이00의 직계비속인 소외 이@@이 상속하였고, 그 무렵 이 사건 건물 역시 위 이@@에게 상속되었다 할 것입니다.
   ⑤ 2004년 경 피고는 당시까지 토지와 건물에 대한 등기이전을 하지 못한 관계로 이 사건 건물을 보수하기 위하여 토지의 소유자로 등기되어있던 위 이@@

의 승낙이 필요하였고, 위 이@@의 승낙을 받아 이 사건 건물을 개보수 하였습니다. {을 제2호증 확인서(이@@) 참조}

⑥ 그 이후 2013. 1. 14.경 이 사건 토지는 강제경매에 의해 원고가 매수하였습니다.

2. 원고 주장의 부당성

가. 관습법상 법정지상권의 존재

(1) 관습법상 법정지상권은 ① 토지와 건물이 동일인의 소유에 속하였다가, ② 그 토지소유자와 건물소유자가 다르게 되었을 경우, ③ 위 건물에 대한 철거 특약이 없을 것을 조건으로 성립하게 됩니다.

(2) 이 사건 건물의 경우 최초 이 사건 건물을 신축한 위 망 이00이 원시취득한 이래로 미등기상태로 계속 존재하고 있어 현재까지도 위 이00의 상속인인 위 이@@의 소유라 할 것이고, 이 사건 토지의 경우에도 위 이@@이 위 이00로부터 상속하여 소유하고 있다가 2013년 경 강제경매에 의해 원고에게로 소유권이 이전된 것이므로, 관습법상 법정지상권의 첫 번째 성립요건인 ① 토지와 건물이 동일인의 소유에 속하였다는 것과 ② 그 토지소유자와 건물소유자가 다르게 되었을 것이라는 요건을 충족한다 할 것입니다.

또한, 강제경매로 인하여 이 사건 토지의 소유권이 이전된 이상 건물소유자와 토지소유자 사이에 이 사건 건물에 대한 철거 합의가 있는 것을 불가능하므로, 이를 이유로 ③ 위 건물에 대한 철거 특약이 없을 것이라는 요건도 충족합니다.

(3) 따라서 이 사건 건물에 대하여 현재 법정지상권이 성립되어있다 할 것입니다.

나. 피고의 점유 권원

(1) 피고는 과거 이 사건 건물과 토지를 위 망 이00로부터 매수하기로 계약하였고, 현재까지 점유·사용하고 있으므로 소유권이전등기청구권의 소멸시효는 중단된 상태라 할 것입니다.

(2) 또한 소외 이@@은 위 망 이00의 상속인으로 피고와 위 망 이00 사이의 매매계약에 따른 채무를 승계하고 있다 할 것이고, 비록 이 사건 토지에 대한 소유권이전등기청구는 이행불능에 빠졌지만, 이 사건 건물에 대하여는 여전히 피고가 위 매매계약에 따른 채권에 기하여 이 사건 건물을 점유·사용하고 있는 것인바, 민법 제213조 단서에 기하여 이 사건 건물 및 토지를 점유할 권리가 있다 할 것입니다.

다. 보론 - 피고의 관습법상 법정지상권 등기 및 이전 계획

(1) 현재 이 사건 건물의 대외적 소유권자는 위 이@@이라 할 것이고, 위 이@@은 이 사건 건물에 대한 관습법상 법정지상권을 취득한 상태입니다.

(2) 한편, 피고는 위 이@@로부터 이 사건 건물에 대한 소유권이전을 청구할 수 있는 채권을 보유하고 있고, 이 사건 건물의 유지를 위한 법정지상권도 함께 이전을 청구할 권리를 가지고 있습니다.

(3) 위와 같은 .이유로 현재 피고는 이 사건 건물에 대한 소유권보존등기를 경료하여 위 이@@로부터 소유권이전을 받고, 아울러 관습법상 법정지상권까지 함께 등기하여 이전받을 계획에 있으나, 이 사건 건물이 장기간 미등기로 존재하고 있던 건물이어서 건축 허가 등의 업무처리에 어려움이 있어 지연되고 있는 상황입니다.

3. 맺음말

요컨대, 이 사건 건물과 토지는 위 이@@의 소유였다가 강제경매로 인하여 소유권자가 달라진 상황으로, 이 사건 건물에 대한 관습법상 법정지상권이 성립되어 있어, 원고의 이 사건 청구는 이유 없다 할 것입니다.

입 증 방 법

1. 을 제1호증   매매차계약서 사본
1. 을 제2호증   확인서(이@@)

첨 부 서 류

1. 위 입증방법   각 1통
2. 위임장   1통
3. 납부서   1통
4. 소장부본   1통

20○○. ○○. ○○.
위 피고   ◇◇◇ (서명 또는 날인)

○○지방법원 제○○민사단독   귀중

■ 답변서(양수금청구에 대한 부인)

답 변 서

사　　건　　20○○가단○○○ 양수금
원　　고　　○○○
피　　고　　◇◇◇

　　위 사건에 관하여 피고는 다음과 같이 답변합니다.

답 변 취 지

1. 원고의 청구를 기각한다.
2. 소송비용은 원고의 부담으로 한다.
라는 판결을 구합니다.

답 변 원 인

1. 원고는 소외 ◉◉◉로부터 소외 ◉◉◉가 피고에 대해 가지고 있던 임차보증금
   반환청구채권을 20○○. ○. ○.자로 양수 받았다고 주장하면서 이 사건 소송을
   제기하였으나, 피고는 원고와 소외 ◉◉◉간에 이루어진 채권양도양수계약에 대
   해 아는 바 없으며 채권양도사실을 통지 받은 적도 없어 위 임대차계약의 종료
   와 더불어 임차인인 소외 ◉◉◉에게 임차보증금 전액을 반환하였습니다.
2. 민법 제450조에서 지명채권의 양도는 양도인이 채무자에게 통지하거나 채무자가
   승낙하지 아니하면 채무자 기타 제3자에게 대항하지 못한다고 규정하였는바, 원
   고가 주장하는 채권의 양도양수는 위 요건을 충족하지 못하였으므로 채권양도양
   수의 효력이 피고에게 미치지 않는다고 할 것입니다.
3. 원고와 소외 ◉◉◉간에 이루어진 채권양도양수계약의 유효를 주장하며 제기한
   이 사건 원고의 청구는, 위와 같이 소외 ◉◉◉가 채권양도사실을 통지하지 아
   니하여 부당하므로 기각되어야 마땅할 것입니다.

입 증 방 법

1. 을 제1호증   영수증

첨 부 서 류

1. 위 입증방법   1통
1. 답변서부본   1통

20○○. ○. ○.

위 피고   ◇◇◇ (서명 또는 날인)

○○지방법원 제○○민사단독   귀중

■ 답변서(채무부존재확인)

답 변 서

사　　건　20○○가단○○○ 채무부존재확인
원　　고　○○○생명보험주식회사
피　　고　◇◇◇

　　위 사건에 관하여 피고는 다음과 같이 답변합니다.

청구취지에 대한 답변

1. 원고의 청구를 기각한다.
2. 소송비용은 원고의 부담으로 한다.
라는 판결을 구합니다.

청구원인에 대한 답변

이 사건의 경위에 관하여는 추후 반소장을 제출하면서 자세히 설명하겠지만 아래에
서는 본소에 관한 사항을 중심으로 답변하도록 하겠습니다.
1. 보험계약의 체결
　　20○○. ○. ○. 피고는 노후 건강의 보장책으로 건강보험에 들기로 하고 원고회
　　사의 보험설계사를 통하여 차후에 질병이 생기면 치료자금과 연금 등을 보장한
　　다는 설명을 듣고 '○○ 건강보험 부부형'이라는 보험상품에 관하여 보험계약(다
　　음부터 '이 사건 보험계약'이라 함)을 체결하였습니다.
2. 약관을 교부하거나 계약내용을 설명하였는지 여부
　　피고는 당시 이 사건 보험계약의 보험금 지급요건이 되는 보험사고에 관하여 원
　　고회사의 보험설계사로부터 이 사건 보험계약의 안내장(다음부터 '이 사건 안내
　　장'이라 함)을 교부받아 그 보험사고범위를 확인하였습니다. 그런데 이 사건 안
　　내장은 이 사건 보험이 우리나라 국민의 다수의 사망원인을 차지하는 암이나 순
　　환기계 질환에 대비한 전문적인 건강보험으로서 일반보장 이외에 '특정질병보장'
　　이라는 별도의 보험상품을 포함한 것에 그 특징이 있다고 설명하면서 위 특정질

병으로 '암, 허혈성심질환, 뇌혈관질환'을 거시하고 있어서 일반적으로 노년기에 많이 문제되는 질병에 대한 대비차원에서 이 사건 보험계약을 체결하였습니다. 한편, 이 사건 안내장에는 위에 거시된 질병에 포함되는 질병 가운데 일부가 제외된다는 점에 관하여는 아무런 설명을 하지 않고 있으며, 원고회사주장의 약관 (협심증 등을 제외하는 내용)에 관하여 피고는 그 약관을 교부받거나 당시 이에 관하여 설명을 들은 사실이 없습니다. 따라서 약관규정에 따라 이 사건 보험계약의 내용을 주장하는 원고회사의 주장은 부당하다고 할 것입니다.

3. 보험사고의 발생 및 보험회사측의 조치

가. 피고는 위와 같이 이 사건 보험에 가입하여 보험료를 납입하여 오던 중, 20○○. ○. ○. 가슴에 심한 통증을 느껴 ○○의료원에 입원하여 치료를 받게 되었는데, 당시 병명은 급성 인두염과 C형 간염으로 진단되어 치료를 받았습니다만 병세가 호전되지 않던 중, 20○○. ○. ○. 위 같은 병원에서 급성 결핵성 심낭염 및 협심증으로 재진단 받아 입원 및 통원치료를 받게 되었습니다.

나. 피고는 결핵성 심낭염 및 협심증이 발병하여 병원치료를 받게 되자 당시 치료가 일단락 될 즈음인 20○○. ○. 중순경에 원고회사에 이 사실을 신고하고 보험금의 지급을 청구하였습니다. 당시 위 발병에 관하여 보험금지급여부를 조사하기 위하여 원고회사의 ○○본사 심사부에서 일하는 소외 ◆◆◆라는 보험조사원이 ○○에서 ○○○로 내려와서 피고의 이전 병력 및 위 발병에 관한 사항을 병원과 피고 등을 상대로 조사한 사실이 있습니다. 당시 위 보험조사원은 피고에게 '이 병은 보험금지급대상이 되는 특정질병에 해당하므로 앞으로 보험금이 지급될 것이며, 이후의 보험료도 납입면제 될 것이다'라고 말하였고 위와 같이 말한 사실은 소외 ◆◆◆가 20○○. ○. ○.에 금융감독원의 분쟁조정과정에 출석하여 인정한 것이기도 합니다.

다. 그에 따라, 피고는 원고회사로부터 보험금이 지급되기를 기다리고 있던 중, 20○○. ○. ○.에 먼저 이 사건 보험계약과는 별도의 입원특약계약에 의한 보험금 341,280원을 우선하여 지급 받게 되었습니다. 이 당시까지도 원고회사는 특정질병보장에 관한 이 사건 보험계약에 의한 보험금의 지급에 관하여는 별다른 얘기를 해주지 않았기 때문에 피고로서는 보험금지급결정이 절차상 늦어지는 것으로 생각하고 그 결정과 지급을 기다리고 있었습니다.

4. 원고회사측의 실효처리

가. 그런데, 20○○. ○.경 원고회사로부터 보험금 지급에 관한 연락이 없어 본사로 연락을 하여보았더니 피고에게 발생한 질병은 보험대상 질병에 해당하지 아니하고 또한 이 사건 보험계약은 보험료의 2회 미납을 이유로 하여 20○

○. ○. ○.자로 실효 되었으므로 해지환급금을 수령하여 가라는 답변을 하였습니다. 피고는 당시 20○○. ○. ○.까지의 보험료를 납부한 상태였고, 발병 이후 원고회사 보험조사원 소외 ◆◆◆의 말을 믿고 보험금의 지급을 기다리고 있었으며 원고회사에서 보험금지급이 결정되어 그 중 입원특약보험금이 우선 지급된 것으로 생각하여 이후의 보험료가 면제되는 것으로 알고 보험료를 납부하지 않았던 것입니다. 원고회사로부터는 피고에게 발병한 질병이 보험사고에 해당하지 아니한다는 설명이 없었고, 또한 보험료를 미납하고 있으니 보험료를 납부하라는 최고나, 납부하지 않으면 실효 된다는 통지 역시 없는 상태에서 일방적으로 실효 되었다는 답변만을 하여준 것입니다. 피고로서는 원고회사측의 약관규정상 보험대상이 되지 않는다는 말을 당시로서는 믿을 수밖에 없었습니다. 다만, 피고는 보험료를 계속하여 납부할 것이니 이 사건 보험계약을 부활시켜 달라고 하였으나 원고회사측은 이 사건 보험계약은 이미 실효 되었으니 보험료를 내더라도 부활은 아니 된다고 하였으며, 일정한 기간이 지나면 해약환급금도 받아 갈 수 없으니 회사내 정해진 절차에 따라 환급금을 수령하여 가라고 하여 피고로서는 할 수 없이 해약환급금을 수령하였습니다.

나. 약관상 실효규정의 유효성

이에 관하여는 이후 반소장에서 자세히 밝히겠으나 원고회사측의 이 사건 보험계약에 대한 실효처리는 위 회사 약관규정에 의한 것으로 이는 계약내용에 포함되지 않을 뿐만 아니라 위 약관규정 자체가 상법규정에 위배되어 무효이므로 미납보험료에 대한 납부최고 및 해지절차를 거치지 않은 실효처분은 무효라고 할 것이어서 아직까지도 보험계약은 유효하게 존속되고 있다고 하여야 할 것입니다.

5. 보험금의 지급청구

피고는 위 원고회사측의 설명만 믿고 피고의 발병이 보험금 지급대상이 아니고 계약은 적법하게 실효 된 것으로만 생각하면서 지내던 중, 20○○. ○.경에 라디오에서 "계약자에 불리하게 작성된 약관은 효력이 없다"라는 뉴스를 듣고 혹시라도 보험금을 받을 수 있지 않을까 하는 생각에 여기저기 알아보고 난 뒤 원고회사측에 보험금의 지급을 청구하였으나 원고회사측은 이 사건 보험계약 당시의 약관에 의하여 보험금을 지급할 수 없다는 말만 되풀이하였습니다.

6. 원고회사의 소제기

피고는 이와 같은 원고회사측의 보험금 미지급과 보험계약실효처분이 부당하다고 느껴졌기에 계속하여 원고회사측에 보험금의 지급을 요구하였는바, 원고회사는 오히려 20○○. ○.경 귀원에 피고에 대하여 아무런 책임이 없다는 취지로 채무부존재확인소송을 제기하여 지금에 이르게 된 것입니다.

7. 결론

그렇다면 원고회사측 약관이 이 사건 보험계약의 내용이 됨을 전제로 한 원고회사의 주장은 부당하며 실효처리 또한 무효이기 때문에 이 사건 보험계약이 여전히 유효함을 전제로 하여 원, 피고간의 법률관계를 정리하여야 할 것입니다. 피고는 이에 관한 반소장을 곧 제출하도록 하겠습니다.

2000. ○. ○.
위 피고   ◇◇◇ (서명 또는 날인)

○○지방법원 제○○민사단독   귀중

■ 답변서(임차보증금반환청구에 대한 부인)

답 변 서

사 　건　　20○○가단○○○ 임차보증금반환
원 　고　　○○○
피 　고　　◇◇◇

　위 사건에 관하여 피고는 다음과 같이 답변합니다.

청구취지에 대한 답변

1. 원고의 청구를 기각한다.
2. 소송비용은 원고의 부담으로 한다.
라는 판결을 구합니다.

청구원인에 대한 답변

1. 원고가 이 사건 건물의 임차인이었던 사실과 임대차계약기간이 종료한 사실은 인정하나 나머지 사실은 부인합니다.
2. 원고의 주장에 대한 검토
　가. 원고는 20○○. ○. ○. 소외 ◉◉◉와 이 사건 건물에 대하여 임차기간 2년, 임차보증금 30,000,000원으로 정하여 임대차계약을 체결하고 당일 주민등록 전입신고를 한 대항력 있는 임차인이므로 소외 ◉◉◉로부터 이 사건 건물을 매수한 피고는 임차보증금을 지급할 의무가 있다고 주장하고 있습니다.
　나. 그러나 이 사건 건물에 대한 건축물대장의 기재에 의하면 다세대 주택임을 알 수 있습니다. 대법원의 판례에 의하면 다세대 주택의 경우에는 주민등록 전입신고를 할 때 호수의 기재가 있어야 대항력 있는 유효한 주민등록이라고 보고 있습니다. 따라서 원고는 대항력이 없는 임차인이므로 피고에게는 임차보증금을 지급할 의무가 없다고 할 것입니다.
3. 결론

이상과 같은 이유로 원고의 청구를 기각한다는 판결을 구합니다.

입 증 방 법

1. 을 제1호증   건축물대장등본
1. 을 제2호증   주민등록표등본(원고)

첨 부 서 류

1. 위 입증방법   각 1통

20○○.   ○.   ○.
위 피고   ◇◇◇ (서명 또는 날인)

○○지방법원 제○○민사단독   귀중

■ **답변서(유익비청구)**

답　변　서

사　　건　　20○○가소○○○○ 유익비
원　　고　　○○○
피　　고　　◇◇◇

위 사건에 관하여 피고는 아래와 같이 답변합니다.

청구취지에 대한 답변

1. 원고의 청구를 기각한다.
2. 소송비용은 원고의 부담으로 한다.
라는 재판을 구합니다.

청구원인에 대한 답변

1. 다툼이 없는 사실
   원·피고 사이에 20○○. ○. ○. 피고 소유의 ○○시 ○○구 ○○길 ○○의 2, 6, 7, 지상 시멘트벽돌조 슬래브지붕 단층 점포 건평 42.3㎡에 관하여 임대차보증금은 금 25,000,000원, 월 임대료는 금 100,000원, 임대기간은 20○○. ○. ○.부터 1년 간으로 정하여 임대차계약이 체결된 사실은 인정합니다.
2. 원고의 유익비 주장에 대하여
   위 계약당시 원칙적으로 임대목적물의 형상변경을 하지 못하는 것으로 하였고, 원고(임차인)가 자기 편의를 도모하기 위하여 형상을 변경할 경우에는 임대기간 만료 후에 원상회복하기로 하였던 것으로, 원고의 이 사건 청구는 그 이유가 없으므로 기각되어야 할 것입니다.

20○○. ○. ○.
위 피고　　◇◇◇ (서명 또는 날인)

○○지방법원 제○○민사단독　귀중

■ 답변서(임차료청구에 대한 항변)

답 변 서

사　건　　20○○가소○○ 임차료 등
원　고　　○○○
피　고　　◇◇◇

　　위 사건에 관하여 피고는 아래와 같이 답변합니다.

청구취지에 대한 답변

1. 원고의 청구를 기각한다.
2. 소송비용은 원고의 부담으로 한다.
라는 판결을 구합니다.

청구원인에 대한 답변

원고의 청구원인 사실 중,
1. 이 사건 건물이 원래 소외 김◉◉의 소유였다가 그 뒤 소외 ■■■가 상속한 사
   실,
2. 또한 피고의 남편 망 이◆◆가 임대료 월 금 70,000원씩 주고 임차하여 사용하
   다가 사망한 뒤 그의 처인 피고가 계속 사용하고 있다는 원고의 주장은 이를 인
   정하나, 위 건물을 소외 제3자에게 전대하였다거나, 월 임차료가 10개월 연체되
   었다는 원고의 주장은 전혀 사실이 아니거나 피고가 모르는 사실입니다.

20○○.　　○.　　○.
위 피고　　◇◇◇ (서명 또는 날인)

○○지방법원 제○○민사단독　귀중

■ 답변서(소유권이전등기청구에 대한 부인)

답　변　서

사　건　　20○○가단○○○○ 소유권이전등기
원　고　　○○○
피　고　　◇◇◇

　　위 사건에 관하여 피고는 다음과 같이 답변합니다.

청구취지에 대한 답변

1. 원고의 청구를 기각한다.
2. 소송비용은 원고의 부담으로 한다.
라는 판결을 구합니다.

청구원인에 대한 답변

원고 주장사실 중, 피고와 소외 망 ◉◉◉는 19○○. ○. ○. 혼인신고를 한 법률상 부부였던 사실, 소외 망 ◉◉◉가 20○○. ○. ○. 사망한 뒤 피고는 상속인으로서 이 사건 각 부동산들을 각 3/13지분으로 상속한 사실만 인정하고 나머지 사실은 모두 부인합니다.

20○○.　○.　○.
위 피고　　◇◇◇ (서명 또는 날인)

○○지방법원 제○○민사단독　귀중

■ 답변서(매매계약을 원인으로 한 청구에서 동시이행의 항변)

답 변 서

사건번호   20○○가소○○○○ 소유권이전등기
원　　고   ○○○
피　　고   ◇◇◇

위 사건에 관하여 피고는 다음과 같이 답변합니다.

청구취지에 대한 답변

1. 피고는 원고로부터 50,000,000원을 지급받음과 동시에 원고에게 별지 목록 기재 건물을 인도하라.
2. 원고의 나머지 청구를 기각한다.
3. 소송비용은 원고가 부담한다.
라는 판결을 구합니다.

청구원인에 대한 답변

1. 기초사실관계
   피고는 별지 목록 기재 건물(이하 '이 사건 건물')의 소유자로서 20○○. ○. ○. 원고와 이 사건 건물을 매매대금 50,000,000원으로 하고, 20△△. △. △. 매매대금 전액을 지급함과 동시에 위 건물에 대한 소유권이전등기를 경료하기로 하는 내용의 매매계약을 체결하였습니다.
2. 원고의 매매대금 미지급 및 동시이행의 항변
   그러나 원고는 양 당사자의 의무 이행일인 20△△. △. △.이 지나도록 피고에게 매매대금을 지급하고 있지 아니하면서 이 사건 소를 통하여 이 사건 건물에 대한 소유권이전등기의 이전을 구하고 있습니다. 이에 피고는 원고의 매매대금 미지급을 이유로 원고의 이 사건 청구에 대하여 동시이행의 항변권을 행사하고자 합니다.

3. 결어

    그러므로 청구취지에 대한 답변과 같이 판결을 선고하여 주시기 바랍니다.

20○○.　　○.　　○.

위 피고　　◇◇◇ (서명 또는 날인)

○○지방법원 ○○지원 제○민사단독　귀중

■ 답변서(매매계약을 원인으로 한 청구에서 농지매매 항변)

답　변　서

사건번호　20○○가소○○○○ 소유권이전등기청구
원　고　　○○○
피　고　　◇◇◇

　위 사건에 관하여 피고는 다음과 같이 답변합니다.

청구취지에 대한 답변

1. 원고의 청구를 기각한다.
2. 소송비용은 원고의 부담으로 한다.
라는 판결을 구합니다.

청구원인에 대한 답변

1. 기초사실관계
　　피고는 농지인 별지 목록 기재 토지(이하 '이 사건 토지')의 소유자로서 20○○. ○. ○. 원고와 이 사건 토지를 매매대금 00,000,000원으로 하고, 20△△. △. △. 매매대금 전액을 지급함과 동시에 위 토지에 대한 소유권이전등기를 경료하는 내용의 매매계약을 체결하였습니다.
2. 농지취득자격증명을 받지 못한 상태에서의 농지매매의 효력
　　현행 농지법 제8조 제1항은 "농지를 취득하려는 자는 농지 소재지를 관할하는 시장(구를 두지 아니한 시의 시장을 말하며, 도농 복합 형태의 시는 농지 소재지가 동지역인 경우만을 말한다), 구청장(도농 복합 형태의 시의 구에서는 농지 소재지가 동지역인 경우만을 말한다), 읍장 또는 면장(이하 "시·구·읍·면의 장"이라 한다)에게서 농지취득자격증명을 발급받아야 한다."고 규정되어 있고, 제4항은 "제1항 본문과 제2항에 따라 농지취득자격증명을 발급받아 농지를 취득하는 자가 그 소유권에 관한 등기를 신청할 때에는 농지취득자격증명을 첨부하여야 한다."라고 규정되어 있습니다.
　　대법원은 농지매매에 관하여, "농지취득자격증명은 농지를 취득하는 자에게 농

지취득의 자격이 있다는 것을 증명하는 것으로, 농지를 취득하려는 자는 농지 소재지를 관할하는 시장, 구청장, 읍장 또는 면장에게서 농지취득자격증명을 발급받아야 하고, 농지취득자격증명을 발급받아 농지를 취득하는 자가 그 소유권에 관한 등기를 신청할 때에는 농지취득자격증명을 첨부하여야 한다(농지법 제8조 제1항, 제4항). 따라서 농지를 취득하려는 자가 농지에 대하여 소유권이전등기를 마쳤다 하더라도 농지취득자격증명을 발급받지 못한 이상 그 소유권을 취득하지 못하고, 이는 공매절차에 의한 매각의 경우에도 마찬가지라 할 것이므로, 공매부동산이 농지법이 정한 농지인 경우에는 매각결정과 대금납부가 이루어졌다고 하더라도 농지취득자격증명을 발급받지 못한 이상 소유권을 취득할 수 없고, 설령 매수인 앞으로 소유권이전등기가 경료되었다고 하더라도 달라지지 않으며, 다만 매각결정과 대금납부 후에 농지취득자격증명을 추완할 수 있을 뿐이다."고 판시하고 있습니다(대법원 2012. 11. 29., 선고, 2010다68060, 판결). 한편 원고는 농지법상 농지취득자격증명을 받지 못하였음에도 불구하고 이 사건 소를 통하여 농지인 이 사건 토지에 대한 소유권이전등기를 구하고 있습니다. 이에 피고는 원고가 농지취득자격증명을 받지 못하였다는 이유로 원고의 이 사건 청구의 기각을 구하고자 합니다.

3. 결어
그러므로 청구취지에 대한 답변과 같이 판결을 선고하여 주시기 바랍니다.

20○○. ○. ○.

위 피고 ◇◇◇ (서명 또는 날인)

○○지방법원 ○○지원 제○민사단독 귀중

■ 답변서[전부금 청구에서 전부명령 송달전 (가)압류의 경합 항변]

답 변 서

사건번호 20○○가단○○○○ 전부금
원 고   ○○○
피 고   ◇◇◇

위 사건에 관하여 피고는 다음과 같이 답변합니다.

청구취지에 대한 답변

1. 원고의 청구를 기각한다.
2. 소송비용은 원고의 부담으로 한다.
라는 판결을 구합니다.

청구원인에 대한 답변

1. 기초사실관계
   원고가 2010. 00. 00. 소외 김◆◆을 채무자로 하고, 피고를 제3채무자로 하는 채권압류 및 전부명령을 받았고, 그 압류 및 전부명령이 2010. 00. 00. 피고에게 송달된 사실은 인정합니다.
   다만, 다음에서 보는 바와 같이 원고의 채권압류 및 전부명령은 무효라 할 것이므로 원고의 주장은 이유 없습니다.
2. 압류 및 전부명령의 무효 여부 (제3채무자에게 전부명령 송달 전 채권전액에 압류 또는 가압류의 경합이 있는 경우)
   "채권가압류와 채권압류의 집행이 경합된 상태에서 발령된 전부명령은 무효이고, 한 번 무효로 된 전부명령은 일단 경합된 가압류 및 압류가 그 후 채권가압류의 집행해제로 경합상태를 벗어났다고 하여 되살아나는 것은 아니다. (대법원 2001. 10. 12 선고 2000다19373 판결 부당이득금 판결 등 참조)"
   이 사건의 경우 원고가 신청한 이 사건 압류 및 전부명령이 제3채무자인 피고에게 송달되기 전, 소외 김◆◆의 다른 채권자인 0000 주식회사가 피고를 제3채무자로 하여 채권전액에 대하여 채권가압류결정을 받았고, 소외 김◆◆의 또 다른 채권자인 이◎◎가 피고를 제3채무자로 하여 채권압류 및 추심명령 결정을 받았습니다.

따라서, 이 사건 전부명령은 채권가압류와 채권압류의 집행이 경합된 상태에서 발령된 것이므로 무효라 할 것입니다.

3. 따라서 피고는 원고에 대한 지급책임이 없으므로 원고의 청구를 기각하여 주시기 바랍니다.

입 증 방 법

1. 을 제1호증   채권가압류결정문(송달증명원 포함)
1. 을 제2호증   채권압류 및 추심명령결정문(송달증명원 포함)

첨 부 서 류

1. 위 입증방법   1통

20○○.   ○.   ○.
위 피고   ◇◇◇ (서명 또는 날인)

○○지방법원 ○○지원 제○민사단독   귀중

■ 답변서(매매계약을 원인으로 한 청구에서 무능력자 취소 항변)

답 변 서

사　건　20○○가소○○○○ 물품대금
원　고　○○○
피　고　◇◇◇

위 사건에 관하여 피고는 다음과 같이 답변합니다.

청구취지에 대한 답변

1. 원고의 청구를 기각한다.
2. 소송비용은 원고의 부담으로 한다.
라는 판결을 구합니다.

청구원인에 대한 답변

1. 피고는 20○○. ○. ○. 원고로부터 500,000원에 게임기를 구매하기로 하고 원고에게 계약당일 300,000원을 지급하고, 나머지 200,000원은 일주일 후에 지급하기로 하였습니다. 피고가 위 게임기를 구매할 당시 피고는 미성년자(만 15세)였는데, 당시 피고가 원고에게 지급한 돈 300,000원은 피고가 피고의 부모의 돈을 몰래 가지고 나와 지급한 것으로서 피고의 부모의 동의가 있었던 것도 아니고, 피고에게 처분이 허락된 재산도 아니었습니다. 피고의 부모는 현재도 피고에게 위 게임기 구매계약에 대해서 허락하지 아니하고 있습니다.

2. 그러므로 위 계약은 미성년자인 피고가 법정대리인인 피고의 부모의 동의를 얻지 않고 체결한 계약으로서 민법 제5조 제2항에 의하여 취소할 수 있다고 할 것이므로 원고가 피고에게 200,000원을 지급할 것을 요구하는 이 사건 청구는 기각되어야 할 것입니다.

입 증 방 법

1. 을 제1호증　　　　　　피고 부모의 진술서
1. 을 제2호증　　　　　　피고 가족관계증명서
1. 을 제3호증　　　　　　피고 기본증명서

1. 을 제4호증   거래 영수증
1. 을 제5호증

첨 부 서 류

1. 위 입증방법   각 1통

20○○.   ○.   ○.

위 피고   ◇◇◇ (서명 또는 날인)

○○지방법원 소액○단독 귀중

■ 답변서(대여금 청구에서 변제 항변)

답　변　서

사건번호　20○○가소○○○○ 대여금

원　고　○○○

피　고　◇◇◇

　위 사건에 관하여 피고는 다음과 같이 답변합니다.

청구취지에 대한 답변

1. 원고의 청구를 기각한다.
2. 소송비용은 원고의 부담으로 한다.

라는 판결을 구합니다.

청구원인에 대한 답변

1. 기초사실관계

　피고는 0000. 00. 00. 원고와 변제기를 △△△△. △△. △△. 정하여 금전소비대차계약을 체결하고 0,000,000원을 차용한 사실을 인정하나, 아래와 같은 사유로 피고의 채무는 모두 소멸되었습니다.

2. 피고의 변제

　피고는 0000. 00. 00.자로 원고와 체결된 금전소비대차계약에 기하여, 변제기 전 ▲▲▲▲. ▲▲. ▲▲. 대여금 채무 0,000,000원을 모두 변제하였습니다.

3. 결론

　따라서 피고의 채무는 변제로 인하여 모두 소멸하였으므로, 원고의 이 사건 대여금 청구는 기각되어야 합니다.

입　증　방　법

1. 을 제1호증　　　　입금확인증

첨 부 서 류

1. 위 입증방법   1통

2000.   O.   O.
위 피고   ◇◇◇ (서명 또는 날인)

○○지방법원 ○○지원 제○민사단독   귀중

■ 답변서(양수금 청구에서 시효소멸의 항변)

답 변 서

사건번호   20○○가소○○○○ 양수금
원 고   ○○○
피 고   ◇◇◇

위 사건에 관하여 피고는 다음과 같이 답변합니다.

청구취지에 대한 답변

1. 원고의 청구를 기각한다.
2. 소송비용은 원고의 부담으로 한다.
라는 판결을 구합니다.

청구원인에 대한 답변

1. 원고는 피고가 2000. 00. 00. 경 소외 00카드 주식회사로부터 신용카드를 발급받아 사용하였음에도 불구하고 카드 대금 000원을 지급하지 아니하였고, 자신이 00카드 주식회사로부터 위 카드대금 채권을 양수하였다고 주장하고 있습니다.
2. 그런데 원고가 주장하는 채권은 상행위로 인한 것으로서 상법 제64조에 따라 5년간 권리를 행사하지 아니하면 시효가 완성된다 할 것이고, 원고는 2000. 0. 0. 이 사건 양수금 청구소송을 제기하였는 바, 원고의 피고에 대한 이 사건 양수금 청구 소송은 원고가 양수한 시점인 2000. 0. 0.부터 계산하더라도 5년이 경과하여 제기된 것이 역수상 명백하다 할 것이므로 원고의 이 사건 양수금 청구는 소제기 당시 이미 시효가 완성되었다 할 것입니다.
3. 따라서 원고의 청구를 모두 기각해 주시기 바랍니다.

입 증 방 법

1. 을 제1호증   나의 사건 검색

첨 부 서 류

1. 위 입증방법   1통

2000. ○. ○.
위 피고   ◇◇◇ (서명 또는 날인)

○○지방법원 ○○지원 제○민사단독   귀중

■ 답변서(전부금 청구에서 상계항변)

답 변 서

사건번호   20○○가소○○○○   전부금
원고   ○○○
피고   ◇◇◇

위 사건에 관하여 피고는 다음과 같이 답변합니다.

청구취지에 대한 답변

1. 원고의 청구를 기각한다.
2. 소송비용은 원고가 부담한다.
라는 판결을 구합니다.

청구원인에 대한 답변

1. 기초사실관계

    원고가 ◆주식회사에 대한 공증인가 법무법인 ◇ 2017. 6. 27. 작성 2017년 제3432호 공정증서(이하 '이 사건 공정증서'라 한다)의 집행력 있는 정본에 기하여 2018. 3. 11. 부산지방법원 2018타채4092호로서 채무자를 ◆주식회사, 제3채무자를 피고로 하여 채무자가 제3채무자에 대하여 각종 제빙제품(얼음)등을 판매하고 가지는 물품대금채권 중 5,000만 원의 청구채권에 대하여 압류 및 전부명령(이하 '이 사건 채권압류 및 전부명령'이라 한다)을 받고, 2018. 3. 13. 결정정본이 피고에게 송달되어 2018. 4. 5. 확정된 사실은 다툼이 없습니다.

2. 상계 항변

    그런데 피고는 ◆주식회사에 대하여 6,000만 원의 대여금 채권을 가지고 있고, 이 대여금 채권의 변제기는 이 사건 채권압류 및 전부명령의 송달 이전인 2018. 2. 1.입니다.

    채권압류명령을 받은 제3채무자는 그 후에 취득한 채권에 의한 상계로 그 압류채권자에게 대항하지 못하지만 수동채권이 압류될 당시 자동채권과 수동채권이 상계적상에 있거나 자동채권의 변제기가 수동채권의 그것과 동시 또는 그보다 먼저 도래하는 경우에는 제3채무자는 자동채권에 의한 상계로 압류채권자에게 대항할 수 있습니다. 또 금전채권에 대한 압류 및 전부명령이 있는 때에는 압류된 채권은 동일성을 유지한 채로 압류채무자로부터 압류채권자에게 이전되고, 제3채무자는 채권이 압류되기 전에 압류채무자에게 대항할 수 있는 사유로써 압류채권자에게 대항할 수 있는 것이므로, 원고는 피고에 대하여 상계로 대항하고자 합니다. 피고가 ◆주식회사에 대하여 6,000만 원의 대여금 채권을 자동채권으로 하여 상계하고 나면 원고가 전부받은 채권 5,000만 원은 피고의 대여금채권 6,000만 원과 대등액의 범위에서 소멸하였다고 할 것입니다.

3. 결국 원고가 전부받은 공사대금채권은 위에서 살펴본 바와 같이 피고의 상계로 전부 소멸하였으므로, 원고의 피고에 대한 전부금 청구는 이유 없으므로 기각하여 주시기 바랍니다.

소 명 방 법

1. 갑 제1호증   차용증
1. 갑 제2호증   계좌 이체 내역
1. 갑 제3호증   변제 각서

첨 부 서 류

1. 위 소명방법   각 1통

20○○. ○. ○.

위 채권자 ○○○ (서명 또는 날인)

○○지방법원 ○○지원 귀중

■ 답변서(배당이의의 소에서 취하간주의 항변)

답　변　서

사　　건　20○○가단○○○○ 배당이의
원　　고　주식회사○○○○
피　　고　◇◇◇

　　위 사건에 관하여 피고는 다음과 같이 답변합니다.

청구취지에 대한 답변

1. 이 사건 소송은 2018. 0. 00. 소 취하간주로 종료되었다.
2. 소송비용은 원고가 부담한다.
　　라는 판결을 구합니다.

청구원인에 대한 답변

1. 본안 전 항변(=소취하 간주)
　가. 민사집행법 제158조는 "이의한 사람이 배당이의의 소의 첫 변론기일에 출석
　　　하지 아니한 때에는 소를 취하한 것으로 본다."라고 규정하고 있습니다.
　나. 이와 관련하여 대법원 2007. 10. 25. 선고 2007다34876 판결은 『대법원은
　　　민사집행법 제158조의 문언이 '첫 변론기일'이라고 명시하고 있을 뿐만 아니
　　　라, 변론준비절차는 변론이 효율적이고 집중적으로 실시될 수 있도록 당사자
　　　의 주장과 증거를 정리하여 소송관계를 뚜렷이 하기 위하여(민사소송법 제
　　　279조 제1항) 마련된 제도로서 당사자는 변론준비기일을 마친 뒤의 변론기
　　　일에서 변론준비기일의 결과를 진술하여야 하는 등(민사소송법 제287조 제2
　　　항) 변론준비기일의 제도적 취지, 그 진행방법과 효과, 규정의 형식 등에 비
　　　추어 볼 때, 민사집행법 제158조에서 말하는 '첫 변론기일'에 '첫 변론준비
　　　기일'은 포함되지 않는다. 따라서 배당이의의 소송에서 첫 변론준비기일에 출
　　　석한 원고라고 하더라도 첫 변론기일에 불출석하면 민사집행법 제158조에

　　　　따라서 소를 취하한 것으로 볼 수밖에 없다.」고 판시한 바 있습니다.

　　다. 그런데 이 사건 원고는 제1심의 변론준비기일에는 출석하였으나 2018. 0. 00. 첫 변론기일에 불출석하였는바, 민사집행법 제158조에 따라서 이 사건 소는 2018. 0. 00. 소취하간주로 종료되었다고 할 것입니다.

2. 결론

　　결국, 이 사건 소는 원고의 제1심 제1회 변론기일 불출석에 따라 소취하 간주되어 2018. 0. 00. 종료되었다고 할 것인바, 이 사건 소송은 2018. 0. 00. 소 취하간주로 종료되었다는 소송종료선언을 하여주시기 바랍니다.

입　증　방　법

1. 을 제1호증　　　　　　　　　　　　소취하간주증명원

첨　부　서　류

1. 위 입증방법　　　　　　　　　각 1통

20○○.　　○.　　○.

위 피고　　◇◇◇ (서명 또는 날인)

○○지방법원 ○○지원 제○민사단독　귀중

■ 답변서(매매계약을 원인으로 한 청구에서 계약금해제 항변)

답 변 서

사건번호　20○○가소○○○○ 매매대금
원　　고　　○○○
피　　고　　◇◇◇

　　위 사건에 관하여 피고는 다음과 같이 답변합니다.

청구취지에 대한 답변

1. 원고의 청구를 기각한다.
2. 소송비용은 원고의 부담으로 한다.
라는 판결을 구합니다.

청구원인에 대한 답변

1. 기초사실관계
　　피고는　20○○. ○. ○. 원고와 이 사건 부동산에 대한 매매계약을 체결하였습니다. 당시 피고는 매매대금으로 계약금 1,000만원, 중도금 5,000만원, 잔금 4,000만원을 원고에게 지급하기로 약정하고, 피고는 계약 당일 1,000만원을 지급하였습니다.
2. 계약금 반환청구권 포기 및 계약 해제의 의사표시
　　그러나 피고는 개인적인 사정으로 인하여 매매계약을 더 이상 진행하기 어렵게 되었습니다. 이에 피고는 계약 후 다음날 계약금 반환청구권을 포기하고 계약을 해제하겠다는 의사를 원고에게 내용증명 우편을 통하여 송부하였고, 우편이 원고에게 송달되었는바, 이 사건 매매계약은 해제되었다고 할 것입니다.
3. 따라서 매매대금의 지급을 구하는 원고의 청구는 이유 없으므로 원고 청구의 기각을 구하고자 합니다.

입 증 방 법

1. 을 제1호증   내용증명우편

첨 부 서 류

1. 위 입증방법   1통

2000.　　○.　　○.

위 피고　　◇◇◇ (서명 또는 날인)

○○지방법원 ○○지원 제○민사단독　귀중

■ 답변서(대여금 청구에서 공탁의 항변)

답 변 서

사건번호   20○○가소○○○○ 대여금
원   고   ○○○
피   고   ◇◇◇

  위 사건에 관하여 피고는 다음과 같이 답변합니다.

청구취지에 대한 답변

1. 원고의 청구를 기각한다.
2. 소송비용은 원고가 부담한다.
라는 판결을 구합니다.

청구원인에 대한 답변

1. 답변의 요지
   피고가 원고의 주장과 같이 20○○. ○. ○. ○○원을 변제기 20○○. ○. ○.로 하여 대여한 것은 사실이나 변제공탁으로 피고의 채무가 없는바 이하에서 상술하겠습니다.
2. 피고의 변제 공탁
   가. 피고가 위 대여금채무를 변제하고자 원고의 전화번호로 계속 연락을 하였으나 연락이 닿지 않았고, 장기간 해외출장을 떠난 원고를 만날 방법이 없었기에 부득이 대여금을 변제할 수 없었습니다.(채권자의 수령불능 상태).
   나. 그러한 이유로 피고는 20○○. ○. ○. 서울○○지방법원 공탁계에 원고에게 대여한 ○○원 및 공탁일까지의 약정이자 ○○원 합계 ○○원 전액을 채권자 수령불능을 이유로 변제공탁했습니다. [을 제1호증 공탁확인증]
   다. 민법 제487조는 채권자가 변제를 받지 아니하거나 받을 수 없는 때에는 변제자는 채권자를 위하여 변제의 목적물을 공탁하여 그 채무를 면할 수 있다고 규정하고 있고, 원고는 공탁을 하였으므로 대여금 채무를 면하게 되었습니다.

3. **결론**

이와 같이 피고는 원고 청구금액 전액을 공탁하여 원고에 대한 채무를 면하게 되었으므로 원고의 청구를 기각하여 주시기 바랍니다.

증 명 방 법

1. 을 제1호증 공탁확인증

첨 부 서 류

1. 위 증명방법   1통
1. 답변서 부본   1통

20○○.   ○.   ○.

위 피고   ◇◇◇ (서명 또는 날인)

○○지방법원 ○○지원 제○민사단독   귀중

■ 답변서(소유권이전등기 말소청구에서 신체적 권리관계 부합의 항변)

답 변 서

사건번호　20○○가단○○○○ 소유권이전등기말소등기청구
원　　고　○○○
피　　고　◇◇◇

위 사건에 관하여 피고는 다음과 같이 답변합니다.

청구취지에 대한 답변

1. 원고의 청구를 기각한다.
2. 소송비용은 원고의 부담으로 한다.
라는 판결을 구합니다.

청구원인에 대한 답변

1. 원고주장의 요지
　원고는 피고의 이 사건 부동산에 대한 소유권이전등기가 무권리자인 소외 000
　로부터 이전받은 등기이므로 피고의 이 사건 부동산에 대한 소유권이전등기의
　말소를 구하고 있습니다.
　하지만, 원고의 위 주장은 아래에서 보는 바와 같이 타당하지 아니합니다.
2. 피고는 이 사건 부동산을 점유취득하였습니다.
　피고는 이 사건 부동산을 소외 000로부터 1988. 10. 1. 매매를 원인으로 하여
　이전등기 받았고, 이 사건 부동산에서 현재(2018. 6.)까지 약 30여년 동안 거주
　하며 생활하여 오고 있습니다.
　그렇다면, 피고는 이 사건 부동산을 20년간 소유의 의사로 평온, 공연하게 점유
　해왔다고 할 것인 바, 피고는 민법 제245조 제1항에 의하여 이 사건 부동산을
　등기함으로써 이 사건 부동산의 소유권을 취득하였다고 할 것입니다(등기부등본
　참조).

3. 따라서 원고의 피고에 대한 이 사건 소유권이전등기 말소등기청구는 타당하지 아니하는 바, 원고의 청구를 기각하여 주시기 바랍니다.

입 증 방 법

1.을 제1호증   등기부등본

첨 부 서 류

1. 위 입증방법   1통

2000.   0.   0.
위 피고   ◇◇◇ (서명 또는 날인)

○○지방법원 ○○지원 제○민사단독   귀중

■ 답변서(공사대금)

답 변 서

사　　　건　　　20○○가소○○○○ 공사대금
원　　　고　　　○○○
피　　　고　　　○○○

위 사건에 관하여 피고의 소송대리인은 아래와 같이 답변합니다.

청구취지에 대한 답변

1. 원고의 청구를 기각한다.
2. 소송비용은 원고가 부담한다.
라는 판결을 구합니다.

청구원인에 대한 답변

1. 원고는 피고에게 공사대금을 청구하고 있습니다.
2. 그런데 현재 피고는 약정된 공사를 완료하지 않은 상태입니다.
3. 오히려 원고는 공사대금 250,000,000원을 지급하였으나, 현재까지 피고가 완료한 공사는 위 공사대금에 미치지 못하고 있어, 기성고를 제외한 나머지 공사대금을 반환받아야 하는 상황입니다.
4. 그렇다면 도급계약의 성질상 수급자가 공사를 완료하지 않은 상태에서 공사대금을 청구할 수는 없는 것이므로, 원고의 청구는 이유가 없습니다. 원고의 청구를 기각하여주시기 바랍니다.

입 증 방 법

1. 을 제1호증　　　　　　공사현장 사진

첨 부 서 류

1. 위 입증방법   1통

2000.   ○.   ○.
위 피고   ◇◇◇ (서명 또는 날인)

○○지방법원 제○민사부 귀 중

■ 답변서(구상금)

답 변 서

사   건   20○○가소○○○○ 구상금
원   고   ○○○
피   고   ○○○

위 사건에 관하여 피고의 소송대리인은 아래와 같이 답변합니다.

청구취지에 대한 답변

1. 원고의 청구를 기각한다.
2. 소송비용은 원고가 부담한다.
라는 판결을 구합니다.

청구원인에 대한 답변

1. 원고 청구원인 요지
   원고는 ① 피고가 20○○. ○○. ○○.경 소외 ○○은행으로부터 주택자금대출을 받음에 있어 원고와 주택금융신용보증약정을 체결하고 그 보증서를 위 ○○은행에 제출하였다는 점, ② 이를 통하여 피고는 위 대출을 받게 되었다는 점, ③ 이후 피고가 기한의 이익을 상실하였고, ④ 원고가 위 신용보증약정에 의하여 ○○은행에게 20○○. ○○. ○○.경, 20○○. ○○. ○○.경 각 15,970,044원, 2,874,241원을 대위변제하였다는 점을 각 주장하면서,
   피고는 원고에게 대위변제 잔액 18,844,285원, 대지급금 245,700원, 추가보증료 1,147,170원, 연체보증료 3,200원, 보증수수료 7,640원 등 합계 20,247,995원 및 그에 대한 이자, 지연손해금을 지급할 의무가 있다고 주장하고 있습니다.
2. 피고의 어려운 사정과 조정의 요청
   원고와의 신용보증 약정을 통하여 피고가 금원을 차용한 사실은 인정합니다. 다

만, 피고는 현재 기초생활수급자로서 국가에서 지급되는 각종 급여 등으로 겨우 생계를 유지하고 있는 어려운 상황입니다. 이러한 점을 고려하시어 피고가 소액의 금액이라도 분할하여 변제할 수 있도록 조정을 해 주실 것을 부탁드리고자 합니다.

3. 소멸시효 완성의 문제

　　다만, 한 가지만 확인을 부탁드리고자 합니다. 피고가 소외 ○○은행으로부터 주택자금대출의 명목으로 금원을 차용한 것이 20○○. ○○. ○○.경입니다. 그런데 원고가 이를 대위변제한 것은 그로부터 5년 이상의 기간이 지난 20○○. ○○. ○○.경, 20○○. ○○. ○○.경입니다. 이 때문에 피고는 원고가 이미 시효가 완성된 주채무를 변제한 것이 아닌지 의문을 가지고 있습니다. 이에 이 부분에 대한 확인만 해주시기를 부탁드립니다. 현재 피고는 당시 대출 관련 자료를 찾지 못하고 있어 부득이 원고에게 자료의 확인을 요청을 드립니다.

입증방법　및　첨부서류

1. 을 제1호증 수급자 증명서　　　　　　　　　　1통

20○○. ○○. ○○.　　　　.
위 피고　◇◇◇ (서명 또는 날인)

○○지방법원 민사○○단독　귀 중

■ 답변서(소유권에 기한 방해배제청구에서 정당한 점유권원의 존재 항변)

답 변 서

사   건   2018가단○○○ 건물철거 및 대지인도 청구
원   고   □□□
피   고   △△△

위 사건에 관하여 피고의 소송대리인은 아래와 같이 답변합니다.

청구취지에 대한 답변

1. 원고의 청구를 기각한다.
2. 소송비용은 원고가 부담한다.
라는 재판을 구합니다.

청구원인에 대한 답변

1. 원고의 주장의 요지

　　원고는 별지목록 기재 토지의 법률상 소유자에 해당하며, 피고는 별지목록 기재 토지 위에 별지목록 기재 건물을 건립하여 소유하면서 아무런 권원 없이 불법으로 위 토지를 점유하여 원고에게 임료 상당의 손해를 입히고 있다고 주장하고 있습니다.

2. 원고 주장의 부당성

　가. 매수인으로서 피고의 점유권원의 존재

　　　피고는 1997. 7. 1. 원고로부터 별지목록 기재 각 부동산(이하 '이 사건 각 부동산'이라 합니다)을 대금 200,000,000원에 매수함에 있어 계약당일 계약금으로 20,000,000원을, 같은 해 8. 1. 중도금 및 잔금으로 180,000,000원을 지급하였습니다.

　　　그런데 원고는 1997. 8. 1. 위와 같이 중도금 및 잔금을 수령하고 이 사건 각 부동산의 인도를 이행하였으나, 지금까지 소유권이전등기절차는 이행하지 아니하고 있는바, 피고는 이 사건 각 부동산에 대하여 정당한 점유권원이 존재한다고 할 것이며, 원고는 피고에게 위 매매계약을 원인으로 한 소유권이전등기절차를 이행할 의무가 있다고 할 것입니다.

　나. 점유취득시효의 완성 및 원고 청구의 부당성

　　　가사 이 사건 매매사실이 인정되지 않는다 하더라도 원고는 위 1997. 8. 1.

이후 현재까지 이 사건 각 토지를 소유의 의사로 계속하여 평온, 공연하게 점유사용하고 있으므로, 위 점유를 개시한 날인 1997. 8. 1.로부터 20년이 되는 2017. 8. 1.이 경과함으로써 점유취득시효기간이 완성되었다 할 것입니다.

판례에 따르면 "점유자가 소유자의 대지 일부를 소유의 의사로 평온, 공연하게 20년간 점유하였다면 점유자는 소유자에게 소유권이전등기절차의 이행을 청구할 수 있고 소유자는 이에 응할 의무가 있으므로 점유자가 위 대지에 관하여 소유권이전등기를 경료하지 못한 상태에 있다고 해서 소유자가 점유자에 대하여 그 대지에 대한 불법점유임을 이유로 그 지상건물의 철거와 대지의 인도를 청구할 수는 없다."(대법원 1988. 5. 10 선고, 87다카1979 판결)라고 판시하고 있는바, 원고의 청구는 부당하다고 할 것입니다.

3. 결론

따라서 이 사건 각 부동산에 대하여 피고는 매수인으로서 정당한 점유권원이 존재하며, 가사 이 사건 매매사실이 인정되지 않는다 하더라도 점유취득시효 완성으로 인하여 점유권원이 인정된다고 할 것이므로 원고의 이 사건 청구는 이유 없다 할 것입니다.

입 증 방 법

1. 을 제1호증   부동산 매매계약서
1. 을 제2호증   사실 확인서(☆☆☆)

첨 부 서 류

1. 위 입증방법   각 1통
2. 위임장   1통
3. 납부서   1통
4. 소장부본   1통

20○○.   ○○.   ○○.
위 피고 소송 대리인 (서명 또는 날인)

○○지방법원 제○○민사단독 귀중

■ 답변서(채권자대위소송에서 피보전채권변제기 도래 항변)

답 변 서

사　　건　　20○○가단○○○○ 대여금

원　　고　　○○○

피　　고　　◇◇◇

　위 사건에 관하여 피고는 다음과 같이 답변합니다.

청구취지에 대한 답변

1. 원고의 청구를 기각한다.
2. 소송비용은 원고의 부담으로 한다.
라는 판결을 구합니다.

청구원인에 대한 답변

1. 원고는 소외 □□□가 소외 ▲▲은행으로부터 금원을 대출받음에 있어 보증계약을 체결하였고, 위 보증계약상 소외 □□□에 대한 구상권이 있음을 이유로 위 □□□을 대위하여 위 □□□의 피고에 대한 대여금의 지급을 구하고 있습니다.
2. 채권자대위권의 행사를 위해서는 피보전채권의 기한이 도래하기 전에는 법원의 허가 없이 채권자대위권을 행사할 수 없습니다.(민법 제404조 제2항 참조)
3. 그런데 소외 □□□가 소외 ▲▲은행으로부터 금원을 대출받은 금전소비대차계약에 의하면 변제기가 아직 2년이나 남아 있는 상태이고, 그 외에 원고가 위 금전소비대차계약과 관련하여 소외 □□□에 대하여 사전구상권을 가지고 있다고 볼 여지도 없어 아직 피보전채권의 이행기가 도래하였다고 볼 수 없으며, 사전에 채권자대위권행사를 위한 법원의 허가를 받은 사실도 없다고 할 것입니다.[갑제1,2호증 각 금전소비대차계약서 및 보증계약서 참조]
4. 따라서 원고는 소외 □□□을 대위하여 채권자대위권을 행사할 요건을 갖추지 못하고 있으므로 원고의 이 사건 청구를 기각해 주시기 바랍니다.

입 증 방 법

1. 을제1호증　　　　　　　　금전소비대차계약서

1. 을제2호증   보증계약서

20○○.   ○.   ○.
위 피고   ◇◇◇ (서명 또는 날인)

○○지방법원 제○○민사단독   귀중

■ 답변서(임대차목적물 반환청구에서 유치권항변)

답 변 서

사건번호 20○○가소○○○○ 건물명도
원　　고　○○○
피　　고　◇◇◇

　　위 사건에 관하여 피고는 다음과 같이 답변합니다.

청구취지에 대한 답변

1. 원고의 청구를 기각한다.
2. 소송비용은 원고의 부담으로 한다.
라는 판결을 구합니다.

청구원인에 대한 답변

1. 기초사실관계
　　원고와 피고 사이에 임대차계약체결사실 및 임대차계약이 종료된 사실은 인정하고 나머지는 모두 부인합니다.
2. 비용상환청구권의 행사와 유치권 항변
　　피고는 본건 건물을 점유하는 동안 금 0,000,000원 상당을 들여 제시설을 하였으며, 그 시설등의 현재 가치는 금 0,000,000원 상당으로서 이는 유익비에 해당하고, 임대차계약상 유익비를 포기하기로 하는 약정이 없으므로 그 반환을 받을 때까지 본 건 건물을 유치할 권한이 있다고 할 것입니다.

입 증 방 법

1. 을 제1호증　　　　　시설비영수증
1. 을 제2호증　　　　　유익비가액산정서

첨 부 서 류

1. 위 입증방법   1통

2000. O. O.

위 피고   ◇◇◇ (서명 또는 날인)

○○지방법원 ○○지원 제○민사단독 귀중

■ 답변서(근저당권 설정등기 말소청구에서 항변)

답 변 서

사　　건　20○○가단○○○ 근저당권설정등기말소
원　　고　○○○
피　　고　◇◇◇

　위 사건에 관하여 피고는 다음과 같이 답변합니다.

청구취지에 대한 답변

1. 원고의 청구를 기각한다.
2. 소송비용은 원고가 부담한다.
라는 재판을 구합니다.

청구원인에 대한 답변

1. 다투지 아니하는 사실
　피고가 원고의 주장과 같이 원고에게 돈을 대여한 사실, 위 대여금 채권을 담보하기 위하여 원고가 그 소유의 이 사건 부동산에 관하여 피고에게 채권최고액 ○○○○만 원의 이 사건 근저당권설정등기를 마쳐 준 사실, 원고가 피고에 대하여 그 주장과 같이 △△아파트에 관한 매매대금 채권을 갖고 있는 사실, 원고가 이 사건 소장 부본의 송달로써 위 매매대금 채권을 이 사건 대여금 채권과 대등액에서 상계한다고 주장한 사실은 다투지 아니합니다.
2. 상계의 무효: 동시이행의 항변
　가. 그러나 동시이행의 항변권의 대항을 받는 채권을 자동채권으로 하여 상대방의 채권과의 상계를 허용하면 상계자 일방의 의사표시에 의하여 상대방의 항변권 행사의 기회를 상실시키는 결과가 되어서 그러한 상계는 허용될 수 없는 것이 원칙입니다(대법원 2014. 4. 30. 선고 2010다11323 판결).
　나. 그런데 원고는 피고에게 △△아파트에 관한 소유권이전등기를 마쳐 줄 의무

가 있으므로, 피고의 원고에 대한 매매대금 지급의무와 원고의 피고에 대한
위 등기의무는 동시이행의 관계에 있습니다.

다. 그럼에도 불구하고, 원고는 피고에 대한 소유권이전등기 의무를 이행하거나
그 이행의 제공을 하지 아니한 채로 상계의 의사표시를 하였으나, 그러한 상
계는 효력이 없다고 할 것입니다.

3. 결론

그렇다면 이 사건 근저당권설정등기의 피담보채무가 상계로써 소멸되었음을 전
제로 한 원고의 청구는 기각되어야 할 것입니다.

입 증 방 법

1. 을 제1호증   부동산매매계약서

첨 부 서 류

1. 위 입증방법   1통
1. 답변서 부본   1통

20○○.   ○.   ○.

위 피고   ◇◇◇ (서명 또는 날인)

○○지방법원 제○○민사단독   귀중

제4편
관련 법령

민사집행법

[시행 2022. 1. 4.] [법률 제18671호, 2022. 1. 4., 일부개정]

제1편 총칙

제1조(목적) 이 법은 강제집행, 담보권 실행을 위한 경매, 민법·상법, 그 밖의 법률의 규정에 의한 경매(이하 "민사집행"이라 한다) 및 보전처분의 절차를 규정함을 목적으로 한다.

제2조(집행실시자) 민사집행은 이 법에 특별한 규정이 없으면 집행관이 실시한다.

제3조(집행법원) ① 이 법에서 규정한 집행행위에 관한 법원의 처분이나 그 행위에 관한 법원의 협력사항을 관할하는 집행법원은 법률에 특별히 지정되어 있지 아니하면 집행절차를 실시할 곳이나 실시한 곳을 관할하는 지방법원이 된다.
② 집행법원의 재판은 변론 없이 할 수 있다.

제4조(집행신청의 방식) 민사집행의 신청은 서면으로 하여야 한다.

제5조(집행관의 강제력 사용) ① 집행관은 집행을 하기 위하여 필요한 경우에는 채무자의 주거·창고 그 밖의 장소를 수색하고, 잠근 문과 기구를 여는 등 적절한 조치를 할 수 있다.
② 제1항의 경우에 저항을 받으면 집행관은 경찰 또는 국군의 원조를 요청할 수 있다.
③ 제2항의 국군의 원조는 법원에 신청하여야 하며, 법원이 국군의 원조를 요청하는 절차는 대법원규칙으로 정한다.

제6조(참여자) 집행관은 집행하는 데 저항을 받거나 채무자의 주거에서 집행을 실시하려는데 채무자나 사리를 분별할 지능이 있는 그 친족·고용인을 만나지 못한 때에는 성년 두 사람이나 특별시·광역시의 구 또는 동 직원, 시·읍·면 직원(도농복합형태의 시의 경우 동지역에서는 시 직원, 읍·면지역에서는 읍·면 직원) 또는 경찰공무원중 한 사람을 증인으로 참여하게 하여야 한다.

제7조(집행관에 대한 원조요구) ①집행관 외의 사람으로서 법원의 명령에 의하여 민사집행에 관한 직무를 행하는 사람은 그 신분 또는 자격을 증명하는 문서를 지니고 있다가 관계인이 신청할 때에는 이를 내보여야 한다.
② 제1항의 사람이 그 직무를 집행하는 데 저항을 받으면 집행관에게 원조를 요구할 수 있다.
③ 제2항의 원조요구를 받은 집행관은 제5조 및 제6조에 규정된 권한을 행사할 수 있다.

제8조(공휴일·야간의 집행) ① 공휴일과 야간에는 법원의 허가가 있어야 집행행위를 할 수 있다.
② 제1항의 허가명령은 민사집행을 실시할 때에 내보여야 한다.

제9조(기록열람·등본부여) 집행관은 이해관계 있는 사람이 신청하면 집행기록을 볼 수 있도록 허가하고, 기록에 있는 서류의 등본을 교부하여야 한다.

제10조(집행조서) ① 집행관은 집행조서(執行調書)를 작성하여야 한다.
② 제1항의 조서(調書)에는 다음 각호의 사항을 밝혀야 한다.
  1. 집행한 날짜와 장소
  2. 집행의 목적물과 그 중요한 사정의 개요
  3. 집행참여자의 표시
  4. 집행참여자의 서명날인
  5. 집행참여자에게 조서를 읽어 주거나 보여 주고, 그가 이를 승인하고 서명날인한 사실
  6. 집행관의 기명날인 또는 서명

③ 제2항제4호 및 제5호의 규정에 따라 서명날인할 수 없는 경우에는 그 이유를 적어야 한다.

제11조(집행행위에 속한 최고, 그 밖의 통지) ① 집행행위에 속한 최고(催告) 그 밖의 통지는 집행관이 말로 하고 이를 조서에 적어야 한다.

② 말로 최고나 통지를 할 수 없는 경우에는 민사소송법 제181조·제182조 및 제187조의 규정을 준용하여 그 조서의 등본을 송달한다. 이 경우 송달증서를 작성하지 아니한 때에는 조서에 송달한 사유를 적어야 한다.

③ 집행하는 곳과 법원의 관할구역안에서 제2항의 송달을 할 수 없는 경우에는 최고나 통지를 받을 사람에게 대법원규칙이 정하는 방법으로 조서의 등본을 발송하고 그 사유를 조서에 적어야 한다.

제12조(송달·통지의 생략) 채무자가 외국에 있거나 있는 곳이 분명하지 아니한 때에는 집행행위에 속한 송달이나 통지를 하지 아니하여도 된다.

제13조(외국송달의 특례) ① 집행절차에서 외국으로 송달이나 통지를 하는 경우에는 송달이나 통지와 함께 대한민국안에 송달이나 통지를 받을 장소와 영수인을 정하여 상당한 기간 이내에 신고하도록 명할 수 있다.

② 제1항의 기간 이내에 신고가 없는 경우에는 그 이후의 송달이나 통지를 하지 아니할 수 있다.

제14조(주소 등이 바뀐 경우의 신고의무) ① 집행에 관하여 법원에 신청이나 신고를 한 사람 또는 법원으로부터 서류를 송달받은 사람이 송달받을 장소를 바꾼 때에는 그 취지를 법원에 바로 신고하여야 한다.

② 제1항의 신고를 하지 아니한 사람에 대한 송달은 달리 송달할 장소를 알 수 없는 경우에는 법원에 신고된 장소 또는 종전에 송달을 받던 장소에 대법원규칙이 정하는 방법으로 발송할 수 있다.

③ 제2항의 규정에 따라 서류를 발송한 경우에는 발송한 때에 송달된 것으로 본다.

제15조(즉시항고) ① 집행절차에 관한 집행법원의 재판에 대하여는 특별한 규정이 있어야만 즉시항고(卽時抗告)를 할 수 있다.

② 항고인(抗告人)은 재판을 고지받은 날부터 1주의 불변기간 이내에 항고장(抗告狀)을 원심법원에 제출하여야 한다.

③ 항고장에 항고이유를 적지 아니한 때에는 항고인은 항고장을 제출한 날부터 10일 이내에 항고이유서를 원심법원에 제출하여야 한다.

④ 항고이유는 대법원규칙이 정하는 바에 따라 적어야 한다.

⑤ 항고인이 제3항의 규정에 따른 항고이유서를 제출하지 아니하거나 항고이유가 제4항의 규정에 위반한 때 또는 항고가 부적법하고 이를 보정(補正)할 수 없음이 분명한 때에는 원심법원은 결정으로 그 즉시항고를 각하하여야 한다.

⑥ 제1항의 즉시항고는 집행정지의 효력을 가지지 아니한다. 다만, 항고법원(재판기록이 원심법원에 남아 있는 때에는 원심법원)은 즉시항고에 대한 결정이 있을 때까지 담보를 제공하게 하거나 담보를 제공하게 하지 아니하고 원심재판의 집행을 정지하거나 집행절차의 전부 또는 일부를 정지하도록 명할 수 있고, 담보를 제공하게 하고 그 집행을 계속하도록 명할 수 있다.

⑦ 항고법원은 항고장 또는 항고이유서에 적힌 이유에 대하여서만 조사한다. 다만, 원심재판에 영향을 미칠 수 있는 법령위반 또는 사실오인이 있는지에 대하여 직권으로 조사할 수 있다.

⑧ 제5항의 결정에 대하여는 즉시항고를 할 수 있다.

⑨ 제6항 단서의 규정에 따른 결정에 대하여는 불복할 수 없다.

⑩ 제1항의 즉시항고에 대하여는 이 법에 특별한 규정이 있는 경우를 제외하고는 민사소송법 제3편 제3장중 즉시항고에 관한 규정을 준용한다.

제16조(집행에 관한 이의신청) ① 집행법원의 집행절차에 관한 재판으로서 즉시항고를 할 수 없는 것과, 집행관의 집행처분, 그 밖에 집행관이 지킬 집행절차에 대하여서는 법원에 이의를 신청할 수 있다.

② 법원은 제1항의 이의신청에 대한 재판에 앞서, 채무자에게 담보를 제공하게 하거나 제공하게 하지 아니하고 집행을 일시정지하도록 명하거나, 채권자에게 담보를 제공하게 하고 그 집행을 계속하도록 명하는 등 잠정처분(暫定處分)을 할 수 있다.

③ 집행관이 집행을 위임받기를 거부하거나 집행행위를 지체하는 경우 또는 집행관이 계산한 수수료에 대하여 다툼이 있는 경우에는 법원에 이의를 신청할 수 있다.

제17조(취소결정의 효력) ① 집행절차를 취소하는 결정, 집행절차를 취소한 집행관의 처분에 대한 이의신청을 기각·각하하는 결정 또는 집행관에게 집행절차의 취소를 명하는 결정에 대하여는 즉시항고를 할 수 있다.

② 제1항의 결정은 확정되어야 효력을 가진다.

제18조(집행비용의 예납 등) ① 민사집행의 신청을 하는 때에는 채권자는 민사집행에 필요한 비용으로서 법원이 정하는 금액을 미리 내야 한다. 법원이 부족한 비용을 미리 내라고 명하는 때에도 또한 같다.

② 채권자가 제1항의 비용을 미리 내지 아니한 때에는 법원은 결정으로 신청을 각하하거나 집행절차를 취소할 수 있다.

③ 제2항의 규정에 따른 결정에 대하여는 즉시항고를 할 수 있다.

제19조(담보제공·공탁 법원) ① 이 법의 규정에 의한 담보의 제공이나 공탁은 채권자나 채무자의 보통재판적(普通裁判籍)이 있는 곳의 지방법원 또는 집행법원에 할 수 있다.

② 당사자가 담보를 제공하거나 공탁을 한 때에는, 법원은 그의 신청에 따라 증명서를 주어야 한다.

③ 이 법에 규정된 담보에는 특별한 규정이 있는 경우를 제외하고는 민사소송법 제122조·제123조·제125조 및 제126조의 규정을 준용한다.

제20조(공공기관의 원조) 법원은 집행을 하기 위하여 필요하면 공공기관에 원조를 요청할 수 있다.

제21조(재판적) 이 법에 정한 재판적(裁判籍)은 전속관할(專屬管轄)로 한다.

제22조(시·군법원의 관할에 대한 특례) 다음 사건은 시·군법원이 있는 곳을 관할하는 지방법원 또는 지방법원지원이 관할한다.

1. 시·군법원에서 성립된 화해·조정(민사조정법 제34조제4항의 규정에 따라 재판상의 화해와 동일한 효력이 있는 결정을 포함한다. 이하 같다) 또는 확정된 지급명령에 관한 집행문부여의 소, 청구에 관한 이의의 소 또는 집행문부여에 대한 이의의 소로서 그 집행권원에서 인정된 권리가 소액사건심판법의 적용대상이 아닌 사건
2. 시·군법원에서 한 보전처분의 집행에 대한 제3자이의의 소
3. 시·군법원에서 성립된 화해·조정에 기초한 대체집행 또는 간접강제
4. 소액사건심판법의 적용대상이 아닌 사건을 본안으로 하는 보전처분

제23조(민사소송법의 준용 등) ① 이 법에 특별한 규정이 있는 경우를 제외하고는 민사집행 및 보전처분의 절차에 관하여는 민사소송법의 규정을 준용한다.

② 이 법에 정한 것 외에 민사집행 및 보전처분의 절차에 관하여 필요한 사항은 대법원규칙으로 정한다.

제2편 강제집행

제1장 총칙

제24조(강제집행과 종국판결) 강제집행은 확정된 종국판결(終局判決)이나 가집행의 선고가 있는 종국판결에 기초하여 한다.

제25조(집행력의 주관적 범위) ① 판결이 그 판결에 표시된 당사자 외의 사람에게 효력이 미치는 때에는 그 사람에 대하여 집행하거나 그 사람을 위하여 집행할 수 있다. 다만, 민사소송법 제71조의 규정에 따른 참가인에 대하여는 그러하지 아니하다.

② 제1항의 집행을 위한 집행문(執行文)을 내어 주는데 대하여는 제31조 내지 제33조의 규정을 준용한다.

제26조(외국재판의 강제집행) ① 외국법원의 확정판결 또는 이와 동일한 효력이 인정되는 재판(이하 "확정재판등"이라 한다)에 기초한 강제집행은 대한민국 법원에서 집행판결로 그 강제집행을 허가하여야 할 수 있다. 〈개정 2014. 5. 20.〉

② 집행판결을 청구하는 소(訴)는 채무자의 보통재판적이 있는 곳의 지방법원이 관할하며, 보통재판적이 없는 때에는 민사소송법 제11조의 규정에 따라 채무자에 대한 소를 관할하는 법원이 관할한다.

[제목개정 2014. 5. 20.]

제27조(집행판결) ① 집행판결은 재판의 옳고 그름을 조사하지 아니하고 하여야한다.

② 집행판결을 청구하는 소는 다음 각호 가운데 어느 하나에 해당하면 각하하여야 한다.〈개정 2014. 5. 20.〉
   1. 외국법원의 확정재판등이 확정된 것을 증명하지 아니한 때
   2. 외국법원의 확정재판등이 민사소송법 제217조의 조건을 갖추지 아니한 때

제28조(집행력 있는 정본) ① 강제집행은 집행문이 있는 판결정본(이하 "집행력 있는 정본"이라 한다)이 있어야 할 수 있다.

② 집행문은 신청에 따라 제1심 법원의 법원서기관 · 법원사무관 · 법원주사 또는 법원주사보(이히 "법원사무관등"이라 한다)가 내어 주며, 소송기록이 상급심에 있는 때에는 그 법원의 법원사무관등이 내어 준다.

③ 집행문을 내어 달라는 신청은 말로 할 수 있다.

제29조(집행문) ① 집행문은 판결정본의 끝에 덧붙여 적는다.

② 집행문에는 "이 정본은 피고 아무개 또는 원고 아무개에 대한 강제집행을 실시하기 위하여 원고 아무개 또는 피고 아무개에게 준다."라고 적고 법원사무관등이 기명날인하여야 한다.

제30조(집행문부여) ① 집행문은 판결이 확정되거나 가집행의 선고가 있는 때에만 내어 준다.

② 판결을 집행하는 데에 조건이 붙어 있어 그 조건이 성취되었음을 채권자가 증명하여야 하는 때에는 이를 증명하는 서류를 제출하여야만 집행문을 내어 준다. 다만, 판결의 집행이 담보의 제공을 조건으로 하는 때에는 그러하지 아니하다.

제31조(승계집행문) ① 집행문은 판결에 표시된 채권자의 승계인을 위하여 내어 주거나 판결에 표시된 채무자의 승계인에 대한 집행을 위하여 내어 줄 수 있다. 다만, 그 승계가 법원에 명백한 사실이거나, 증명서로 승계를 증명한 때에 한한다.

② 제1항의 승계가 법원에 명백한 사실인 때에는 이를 집행문에 적어야 한다.

제32조(재판장의 명령) ① 재판을 집행하는 데에 조건을 붙인 경우와 제31조의 경우에는 집행문은 재판장(합의부의 재판장 또는 단독판사를 말한다. 이하 같다)의 명령이 있어야 내어 준다.

② 재판장은 그 명령에 앞서 서면이나 말로 채무자를 심문(審問) 할 수 있다.

③ 제1항의 명령은 집행문에 적어야 한다.

제33조(집행문부여의 소) 제30조제2항 및 제31조의 규정에 따라 필요한 증명을 할 수 없는 때에는 채권자는 집행문을 내어 달라는 소를 제1심 법원에 제기할 수 있다.

제34조(집행문부여 등에 관한 이의신청) ① 집행문을 내어 달라는 신청에 관한 법원사무관등의 처분에 대하여 이의신청이 있는 경우에는 그 법원사무관등이 속한 법원이 결정으로 재판한다.

② 집행문부여에 대한 이의신청이 있는 경우에는 법원은 제16조제2항의 처분에 준하는 결정을 할 수 있다.

제35조(여러 통의 집행문의 부여) ① 채권자가 여러 통의 집행문을 신청하거나 전에 내어 준 집행문을 돌려주지 아니하고 다시 집행문을 신청한 때에는 재판장의 명령이 있어야만 이를 내어 준다.

② 재판장은 그 명령에 앞서 서면이나 말로 채무자를 심문할 수 있으며, 채무자를 심문하지 아니하고 여러 통의 집행문을 내어 주거나 다시 집행문을 내어 준 때에는 채무자에게 그 사유를 통지하여야 한다.

③ 여러 통의 집행문을 내어 주거나 다시 집행문을 내어 주는 때에는 그 사유를 원본과 집행문에 적어야 한다.

제36조(판결원본에의 기재) 집행문을 내어 주는 경우에는 판결원본 또는 상소심 판결정본에 원고 또는 피고에게 이를 내어 준다는 취지와 그 날짜를 적어야 한다.

제37조(집행력 있는 정본의 효력) 집행력 있는 정본의 효력은 전국 법원의 관할구역에 미친다.

제38조(여러 통의 집행력 있는 정본에 의한 동시집행) 채권자가 한 지역에서 또는 한 가지 방법으로 강제집행을 하여도 모두 변제를 받을 수 없는 때에는 여러 통의 집행력 있는 정본에 의하여 여러 지역에서 또는 여러 가지 방법으로 동시에 강제집행을 할 수 있다.

제39조(집행개시의 요건) ① 강제집행은 이를 신청한 사람과 집행을 받을 사람의 성명이 판결이나 이에 덧붙여 적은 집행문에 표시되어 있고 판결을 이미 송달하였거나 동시에 송달한 때에만 개시할 수 있다.

② 판결의 집행이 그 취지에 따라 채권자가 증명할 사실에 매인 때 또는 판결에 표시된 채권자의 승계인을 위하여 하는 것이거나 판결에 표시된 채무자의 승계인에 대하여 하는 것일 때에는 집행할 판결 외에, 이에 덧붙여 적은 집행문을 강제집행을 개시하기 전에 채무자의 승계인에게 송달하여야 한다.

③ 증명서에 의하여 집행문을 내어 준 때에는 그 증명서의 등본을 강제집행을 개시하기 전에 채무자에게 송달하거나 강제집행과 동시에 송달하여야 한다.

제40조(집행개시의 요건) ① 집행을 받을 사람이 일정한 시일에 이르러야 그 채무를 이행하게 되어 있는 때에는 그 시일이 지난 뒤에 강제집행을 개시할 수 있다.

② 집행이 채권자의 담보제공에 매인 때에는 채권자는 담보를 제공한 증명서류를 제출하여야 한다. 이 경우의 집행은 그 증명서류의 등본을 채무자에게 이미 송달하였거나 동시에 송달하는 때에만 개시할 수 있다.

제41조(집행개시의 요건) ① 반대의무의 이행과 동시에 집행할 수 있다는 것을 내용으로 하는 집행권원의 집행은 채권자가 반대의무의 이행 또는 이행의 제공을 하였다는 것을 증명하여야만 개시할 수 있다.

② 다른 의무의 집행이 불가능한 때에 그에 갈음하여 집행할 수 있다는 것을 내용으로 하는 집행권원의 집행은 채권자가 그 집행이 불가능하다는 것을 증명하여야만 개시할 수 있다.

제42조(집행관에 의한 영수증의 작성·교부) ① 채권자가 집행관에게 집행력 있는 정본을 교부하고 강제집행을 위임한 때에는 집행관은 특별한 권한을 받지 못하였더라도 지급이나 그 밖의 이행을 받고 그에 대한 영수증서를 작성하고 교부할 수 있다. 집행관은 채무자가 그 의무를 완전히 이행한 때에는 집행력 있는 정본을 채무자에게 교부하여야 한다.

② 채무자가 그 의무의 일부를 이행한 때에는 집행관은 집행력 있는 정본에 그 사유를 덧붙여 적고 영수증서를 채무자에게 교부하여야 한다.

③ 채무자의 채권자에 대한 영수증 청구는 제2항의 규정에 의하여 영향을 받지 아니한다.

제43조(집행관의 권한) ① 집행관은 집행력 있는 정본을 가지고 있으면 채무자와 제3자에 대하여 강제집행을 하고 제42조에 규정된 행위를 할 수 있는 권한을 가지며, 채권자는 그에 대하여 위임의 흠이나 제한을 주장하지 못한다.

② 집행관은 집행력 있는 정본을 가지고 있다가 관계인이 요청할 때에는 그 자격을 증명하기 위하여 이를

내보여야 한다.

제44조(청구에 관한 이의의 소) ① 채무자가 판결에 따라 확정된 청구에 관하여 이의하려면 제1심 판결법원에 청구에 관한 이의의 소를 제기하여야 한다.

② 제1항의 이의는 그 이유가 변론이 종결된 뒤(변론 없이 한 판결의 경우에는 판결이 선고된 뒤)에 생긴 것이어야 한다.

③ 이의이유가 여러 가지인 때에는 동시에 주장하여야 한다.

제45조(집행문부여에 대한 이의의 소) 제30조제2항과 제31조의 경우에 채무자가 집행문부여에 관하여 증명된 사실에 의한 판결의 집행력을 다투거나, 인정된 승계에 의한 판결의 집행력을 다투는 때에는 제44조의 규정을 준용한다. 다만, 이 경우에도 제34조의 규정에 따라 집행문부여에 대하여 이의를 신청할 수 있는 채무자의 권한은 영향을 받지 아니한다.

제46조(이의의 소와 잠정처분) ① 제44조 및 제45조의 이의의 소는 강제집행을 계속하여 진행하는 데에는 영향을 미치지 아니한다.

② 제1항의 이의를 주장한 사유가 법률상 정당한 이유가 있다고 인정되고, 사실에 대한 소명(疏明)이 있을 때에는 수소법원(受訴法院)은 당사자의 신청에 따라 판결이 있을 때까지 담보를 제공하게 하거나 담보를 제공하게 하지 아니하고 강제집행을 정지하도록 명할 수 있으며, 담보를 제공하게 하고 그 집행을 계속하도록 명하거나 실시한 집행처분을 취소하도록 명할 수 있다.

③ 제2항의 재판은 변론 없이 하며 급박한 경우에는 재판장이 할 수 있다.

④ 급박한 경우에는 집행법원이 제2항의 권한을 행사할 수 있다. 이 경우 집행법원은 상당한 기간 이내에 제2항에 따른 수소법원의 재판서를 제출하도록 명하여야 한다.

⑤ 제4항 후단의 기간을 넘긴 때에는 채권자의 신청에 따라 강제집행을 계속하여 진행한다.

제47조(이의의 재판과 잠정처분) ① 수소법원은 이의의 소의 판결에서 제46조의 명령을 내리고 이미 내린 명령을 취소·변경 또는 인가할 수 있다.

② 판결중 제1항에 규정된 사항에 대하여는 직권으로 가집행의 선고를 하여야 한다.

③ 제2항의 재판에 대하여는 불복할 수 없다.

제48조(제3자이의의 소) ① 제3자가 강제집행의 목적물에 대하여 소유권이 있다고 주장하거나 목적물의 양도나 인도를 막을 수 있는 권리가 있다고 주장하는 때에는 채권자를 상대로 그 강제집행에 대한 이의의 소를 제기할 수 있다. 다만, 채무자가 그 이의를 다투는 때에는 채무자를 공동피고로 할 수 있다.

② 제1항의 소는 집행법원이 관할한다. 다만, 소송물이 단독판사의 관할에 속하지 아니할 때에는 집행법원이 있는 곳을 관할하는 지방법원의 합의부가 이를 관할한다.

③ 강제집행의 정지와 이미 실시한 집행처분의 취소에 대하여는 제46조 및 제47조의 규정을 준용한다. 다만, 집행처분을 취소할 때에는 담보를 제공하게 하지 아니할 수 있다.

제49조(집행의 필수적 정지·제한) 강제집행은 다음 각호 가운데 어느 하나에 해당하는 서류를 제출한 경우에 정지하거나 제한하여야 한다.

1. 집행할 판결 또는 그 가집행을 취소하는 취지나, 강제집행을 허가하지 아니하거나 그 정지를 명하는 취지 또는 집행처분의 취소를 명한 취지를 적은 집행력 있는 재판의 정본
2. 강제집행의 일시정지를 명한 취지를 적은 재판의 정본
3. 집행을 면하기 위하여 담보를 제공한 증명서류
4. 집행할 판결이 있은 뒤에 채권자가 변제를 받았거나, 의무이행을 미루도록 승낙한 취지를 적은 증서
5. 집행할 판결, 그 밖의 재판이 소의 취하 등의 사유로 효력을 잃었다는 것을 증명하는 조서등본 또는 법원사무관등이 작성한 증서

6. 강제집행을 하지 아니한다거나 강제집행의 신청이나 위임을 취하한다는 취지를 적은 화해조서(和解調書)의 정본 또는 공정증서(公正證書)의 정본

제50조(집행처분의 취소 · 일시유지) ① 제49조제1호 · 제3호 · 제5호 및 제6호의 경우에는 이미 실시한 집행처분을 취소하여야 하며, 같은 조 제2호 및 제4호의 경우에는 이미 실시한 집행처분을 일시적으로 유지하게 하여야 한다.

② 제1항에 따라 집행처분을 취소하는 경우에는 제17조의 규정을 적용하지 아니한다.

제51조(변제증서 등의 제출에 의한 집행정지의 제한) ① 제49조제4호의 증서 가운데 변제를 받았다는 취지를 적은 증서를 제출하여 강제집행이 정지되는 경우 그 정지기간은 2월로 한다.

② 제49조제4호의 증서 가운데 의무이행을 미루도록 승낙하였다는 취지를 적은 증서를 제출하여 강제집행이 정지되는 경우 그 정지는 2회에 한하며 통산하여 6월을 넘길 수 없다.

제52조(집행을 개시한 뒤 채무자가 죽은 경우) ① 강제집행을 개시한 뒤에 채무자가 죽은 때에는 상속재산에 대하여 강제집행을 계속하여 진행한다.

② 채무자에게 알려야 할 집행행위를 실시할 경우에 상속인이 없거나 상속인이 있는 곳이 분명하지 아니하면 집행법원은 채권자의 신청에 따라 상속재산 또는 상속인을 위하여 특별대리인을 선임하여야 한다.

③ 제2항의 특별대리인에 관하여는 「민사소송법」 제62조제2항부터 제5항까지의 규정을 준용한다. 〈개정 2016. 2. 3.〉

제53조(집행비용의 부담) ① 강제집행에 필요한 비용은 채무자가 부담하고 그 집행에 의하여 우선적으로 변상을 받는다.

② 강제집행의 기초가 된 판결이 파기된 때에는 채권자는 제1항의 비용을 채무자에게 변상하여야 한다.

제54조(군인 · 군무원에 대한 강제집행) ① 군인 · 군무원에 대하여 병영 · 군사용 청사 또는 군용 선박에서 강제집행을 할 경우 법원은 채권자의 신청에 따라 군판사 또는 부대장(部隊長)이나 선장에게 촉탁하여 이를 행한다.

② 촉탁에 따라 압류한 물건은 채권자가 위임한 집행관에게 교부하여야 한다.

제55조(외국에서 할 집행) ① 외국에서 강제집행을 할 경우에 그 외국 공공기관의 법률상 공조를 받을 수 있는 때에는 제1심 법원이 채권자의 신청에 따라 외국 공공기관에 이를 촉탁하여야 한다.

② 외국에 머물고 있는 대한민국 영사(領事)에 의하여 강제집행을 할 수 있는 때에는 제1심 법원은 그 영사에게 이를 촉탁하여야 한다.

제56조(그 밖의 집행권원) 강제집행은 다음 가운데 어느 하나에 기초하여서도 실시할 수 있다.
  1. 항고로만 불복할 수 있는 재판
  2. 가집행의 선고가 내려진 재판
  3. 확정된 지급명령
  4. 공증인이 일정한 금액의 지급이나 대체물 또는 유가증권의 일정한 수량의 급여를 목적으로 하는 청구에 관하여 작성한 공정증서로서 채무자가 강제집행을 승낙한 취지가 적혀 있는 것
  5. 소송상 화해, 청구의 인낙(認諾) 등 그 밖에 확정판결과 같은 효력을 가지는 것

제57조(준용규정) 제56조의 집행권원에 기초한 강제집행에 대하여는 제58조 및 제59조에서 규정하는 바를 제외하고는 제28조 내지 제55조의 규정을 준용한다.

제58조(지급명령과 집행) ① 확정된 지급명령에 기한 강제집행은 집행문을 부여받을 필요없이 지급명령 정본에 의하여 행한다. 다만, 다음 각호 가운데 어느 하나에 해당하는 경우에는 그러하지 아니하다.
  1. 지급명령의 집행에 조건을 붙인 경우

2. 당사자의 승계인을 위하여 강제집행을 하는 경우
  3. 당사자의 승계인에 대하여 강제집행을 하는 경우
② 채권자가 여러 통의 지급명령 정본을 신청하거나, 전에 내어준 지급명령 정본을 돌려주지 아니하고 다시 지급명령 정본을 신청한 때에는 법원사무관등이 이를 부여한다. 이 경우 그 사유를 원본과 정본에 적어야 한다.
③ 청구에 관한 이의의 주장에 대하여는 제44조제2항의 규정을 적용하지 아니한다.
④ 집행문부여의 소, 청구에 관한 이의의 소 또는 집행문부여에 대한 이의의 소는 지급명령을 내린 지방법원이 관할한다.
⑤ 제4항의 경우에 그 청구가 합의사건인 때에는 그 법원이 있는 곳을 관할하는 지방법원의 합의부에서 재판한다.

제59조(공정증서와 집행) ① 공증인이 작성한 증서의 집행문은 그 증서를 보존하는 공증인이 내어 준다.
② 집행문을 내어 달라는 신청에 관한 공증인의 처분에 대하여 이의신청이 있는 때에는 그 공증인의 사무소가 있는 곳을 관할하는 지방법원 단독판사가 결정으로 재판한다.
③ 청구에 관한 이의의 주장에 대하여는 제44조제2항의 규정을 적용하지 아니한다.
④ 집행문부여의 소, 청구에 관한 이의의 소 또는 집행문부여에 대한 이의의 소는 채무자의 보통재판적이 있는 곳의 법원이 관할한다. 다만, 그러한 법원이 없는 때에는 민사소송법 제11조의 규정에 따라 채무자에 대하여 소를 제기할 수 있는 법원이 관할한다.

제60조(과태료의 집행) ① 과태료의 재판은 검사의 명령으로 집행한다.
② 제1항의 명령은 집행력 있는 집행권원과 같은 효력을 가진다.

제2장 금전채권에 기초한 강제집행

제1절 재산명시절차 등

제61조(재산명시신청) ① 금전의 지급을 목적으로 하는 집행권원에 기초하여 강제집행을 개시할 수 있는 채권자는 채무자의 보통재판적이 있는 곳의 법원에 채무자의 재산명시를 요구하는 신청을 할 수 있다. 다만, 민사소송법 제213조에 따른 가집행의 선고가 붙은 판결 또는 같은 조의 준용에 따른 가집행의 선고가 붙어 집행력을 가지는 집행권원의 경우에는 그러하지 아니하다.
② 제1항의 신청에는 집행력 있는 정본과 강제집행을 개시하는데 필요한 문서를 붙여야 한다.

제62조(재산명시신청에 대한 재판) ① 재산명시신청에 정당한 이유가 있는 때에는 법원은 채무자에게 재산상태를 명시한 재산목록을 제출하도록 명할 수 있다.
② 재산명시신청에 정당한 이유가 없거나, 채무자의 재산을 쉽게 찾을 수 있다고 인정한 때에는 법원은 결정으로 이를 기각하여야 한다.
③ 제1항 및 제2항의 재판은 채무자를 심문하지 아니하고 한다.
④ 제1항의 결정은 신청한 채권자 및 채무자에게 송달하여야 하고, 채무자에 대한 송달에서는 결정에 따르지 아니할 경우 제68조에 규정된 제재를 받을 수 있음을 함께 고지하여야 한다.
⑤ 제4항의 규정에 따라 채무자에게 하는 송달은 민사소송법 제187조 및 제194조에 의한 방법으로는 할 수 없다.
⑥ 제1항의 결정이 채무자에게 송달되지 아니한 때에는 법원은 채권자에게 상당한 기간을 정하여 그 기간 이내에 채무자의 주소를 보정하도록 명하여야 한다.
⑦ 채권자가 제6항의 명령을 받고도 이를 이행하지 아니한 때에는 법원은 제1항의 결정을 취소하고 재산명시신청을 각하하여야 한다.

⑧ 제2항 및 제7항의 결정에 대하여는 즉시항고를 할 수 있다.

⑨ 채무자는 제1항의 결정을 송달받은 뒤 송달장소를 바꾼 때에는 그 취지를 법원에 바로 신고하여야 하며, 그러한 신고를 하지 아니한 경우에는 민사소송법 제185조제2항 및 제189조의 규정을 준용한다.

제63조(재산명시명령에 대한 이의신청) ① 채무자는 재산명시명령을 송달받은 날부터 1주 이내에 이의신청을 할 수 있다.

② 채무자가 제1항에 따라 이의신청을 한 때에는 법원은 이의신청사유를 조사할 기일을 정하고 채권자와 채무자에게 이를 통지하여야 한다.

③ 이의신청에 정당한 이유가 있는 때에는 법원은 결정으로 재산명시명령을 취소하여야 한다.

④ 이의신청에 정당한 이유가 없거나 채무자가 정당한 사유 없이 기일에 출석하지 아니한 때에는 법원은 결정으로 이의신청을 기각하여야 한다.

⑤ 제3항 및 제4항의 결정에 대하여는 즉시항고를 할 수 있다.

제64조(재산명시기일의 실시) ① 재산명시명령에 대하여 채무자의 이의신청이 없거나 이를 기각한 때에는 법원은 재산명시를 위한 기일을 정하여 채무자에게 출석하도록 요구하여야 한다. 이 기일은 채권자에게도 통지하여야 한다.

② 채무자는 제1항의 기일에 강제집행의 대상이 되는 재산과 다음 각호의 사항을 명시한 재산목록을 제출하여야 한다.

 1. 재산명시명령이 송달되기 전 1년 이내에 채무자가 한 부동산의 유상양도(有償讓渡)

 2. 재산명시명령이 송달되기 전 1년 이내에 채무자가 배우자, 직계혈족 및 4촌 이내의 방계혈족과 그 배우자, 배우자의 직계혈족과 형제자매에게 한 부동산 외의 재산의 유상양도

 3. 재산명시명령이 송달되기 전 2년 이내에 채무자가 한 재산상 무상처분(無償處分). 다만, 의례적인 선물은 제외한다.

③ 재산목록에 적을 사항과 범위는 대법원규칙으로 정한다.

④ 제1항의 기일에 출석한 채무자가 3월 이내에 변제할 수 있음을 소명한 때에는 법원은 그 기일을 3월의 범위내에서 연기할 수 있으며, 채무자가 새 기일에 채무액의 3분의 2 이상을 변제하였음을 증명하는 서류를 제출한 때에는 다시 1월의 범위내에서 연기할 수 있다.

제65조(선서) ① 채무자는 재산명시기일에 재산목록이 진실하다는 것을 선서하여야한다.

② 제1항의 선서에 관하여는 민사소송법 제320조 및 제321조의 규정을 준용한다. 이경우 선서서(宣誓書)에는 다음과 같이 적어야 한다.

"양심에 따라 사실대로 재산목록을 작성하여 제출하였으며, 만일 숨긴 것이나 거짓 작성한 것이 있으면 처벌을 받기로 맹세합니다."

제66조(재산목록의 정정) ① 채무자는 명시기일에 제출한 재산목록에 형식적인 흠이 있거나 불명확한 점이 있는 때에는 제65조의 규정에 의한 선서를 한 뒤라도 법원의 허가를 얻어 이미 제출한 재산목록을 정정할 수 있다.

② 제1항의 허가에 관한 결정에 대하여는 즉시항고를 할 수 있다.

제67조(재산목록의 열람·복사) 채무자에 대하여 강제집행을 개시할 수 있는 채권자는 재산목록을 보거나 복사할 것을 신청할 수 있다.

제68조(채무자의 감치 및 벌칙) ① 채무자가 정당한 사유 없이 다음 각호 가운데 어느 하나에 해당하는 행위를 한 경우에는 법원은 결정으로 20일 이내의 감치(監置)에 처한다.

 1. 명시기일 불출석

 2. 재산목록 제출 거부

3. 선서 거부

② 채무자가 법인 또는 민사소송법 제52조의 사단이나 재단인 때에는 그 대표자 또는 관리인을 감치에 처한다.

③ 법원은 감치재판기일에 채무자를 소환하여 제1항 각호의 위반행위에 대하여 정당한 사유가 있는지 여부를 심리하여야 한다.

④ 제1항의 결정에 대하여는 즉시항고를 할 수 있다.

⑤ 채무자가 감치의 집행중에 재산명시명령을 이행하겠다고 신청한 때에는 법원은 바로 명시기일을 열어야 한다.

⑥ 채무자가 제5항의 명시기일에 출석하여 재산목록을 내고 선서하거나 신청채권자에 대한 채무를 변제하고 이를 증명하는 서면을 낸 때에는 법원은 바로 감치결정을 취소하고 그 채무자를 석방하도록 명하여야 한다.

⑦ 제5항의 명시기일은 신청채권자에게 통지하지 아니하고도 실시할 수 있다. 이 경우 제6항의 사실을 채권자에게 통지하여야 한다.

⑧ 제1항 내지 제7항의 규정에 따른 재판절차 및 그 집행 그 밖에 필요한 사항은 대법원규칙으로 정한다.

⑨ 채무자가 거짓의 재산목록을 낸 때에는 3년 이하의 징역 또는 500만원 이하의 벌금에 처한다.

⑩ 채무자가 법인 또는 민사소송법 제52조의 사단이나 재단인 때에는 그 대표자 또는 관리인을 제9항의 규정에 따라 처벌하고, 채무자는 제9항의 벌금에 처한다.

제69조(명시신청의 재신청) 재산명시신청이 기각·각하된 경우에는 그 명시신청을 한 채권자는 기각·각하 사유를 보완하지 아니하고서는 같은 집행권원으로 다시 재산명시신청을 할 수 없다.

제70조(채무불이행자명부 등재신청) ① 채무자가 다음 각호 가운데 어느 하나에 해당하면 채권자는 그 채무자를 채무불이행자명부(債務不履行者名簿)에 올리도록 신청할 수 있다.

  1. 금전의 지급을 명한 집행권원이 확정된 후 또는 집행권원을 작성한 후 6월 이내에 채무를 이행하지 아니하는 때. 다만, 제61조제1항 단서에 규정된 집행권원의 경우를 제외한다.

  2. 제68조제1항 각호의 사유 또는 같은 조제9항의 사유 가운데 어느 하나에 해당하는 때

② 제1항의 신청을 할 때에는 그 사유를 소명하여야 한다.

③ 제1항의 신청에 대한 재판은 제1항제1호의 경우에는 채무자의 보통재판적이 있는 곳의 법원이 관할하고, 제1항제2호의 경우에는 재산명시절차를 실시한 법원이 관할한다.

제71조(등재신청에 대한 재판) ① 제70조의 신청에 정당한 이유가 있는 때에는 법원은 채무자를 채무불이행자명부에 올리는 결정을 하여야 한다.

② 등재신청에 정당한 이유가 없거나 쉽게 강제집행할 수 있다고 인정할 만한 명백한 사유가 있는 때에는 법원은 결정으로 이를 기각하여야 한다.

③ 제1항 및 제2항의 재판에 대하여는 즉시항고를 할 수 있다. 이 경우 민사소송법 제447조의 규정은 준용하지 아니한다.

제72조(명부의 비치) ① 채무불이행자명부는 등재결정을 한 법원에 비치한다.

② 법원은 채무불이행자명부의 부본을 채무자의 주소지(채무자가 법인인 경우에는 주된 사무소가 있는 곳) 시(구가 설치되지 아니한 시를 말한다. 이하 같다)·구·읍·면의 장(도농복합형태의 시의 경우 동지역은 시·구의 장, 읍·면지역은 읍·면의 장으로 한다. 이하 같다)에게 보내야 한다.

③ 법원은 채무불이행자명부의 부본을 대법원규칙이 정하는 바에 따라 일정한 금융기관의 장이나 금융기관 관련단체의 장에게 보내어 채무자에 대한 신용정보로 활용하게 할 수 있다.

④ 채무불이행자명부나 그 부본은 누구든지 보거나 복사할 것을 신청할 수 있다.

⑤ 채무불이행자명부는 인쇄물 등으로 공표되어서는 아니된다.

제73조(명부등재의 말소) ① 변제, 그 밖의 사유로 채무가 소멸되었다는 것이 증명된 때에는 법원은 채무자의 신청에 따라 채무불이행자명부에서 그 이름을 말소하는 결정을 하여야 한다.

② 채권자는 제1항의 결정에 대하여 즉시항고를 할 수 있다. 이 경우 민사소송법 제447조의 규정은 준용하지 아니한다.

③ 채무불이행자명부에 오른 다음 해부터 10년이 지난 때에는 법원은 직권으로 그 명부에 오른 이름을 말소하는 결정을 하여야 한다.

④ 제1항과 제3항의 결정을 한 때에는 그 취지를 채무자의 주소지(채무자가 법인인 경우에는 주된 사무소가 있는 곳) 시·구·읍·면의 장 및 제72조제3항의 규정에 따라 채무불이행자명부의 부본을 보낸 금융기관 등의 장에게 통지하여야 한다.

⑤ 제4항의 통지를 받은 시·구·읍·면의 장 및 금융기관 등의 장은 그 명부의 부본에 오른 이름을 말소하여야 한다.

제74조(재산조회) ① 재산명시절차의 관할 법원은 다음 각호의 어느 하나에 해당하는 경우에는 그 재산명시를 신청한 채권자의 신청에 따라 개인의 재산 및 신용에 관한 전산망을 관리하는 공공기관·금융기관·단체 등에 채무자명의의 재산에 관하여 조회할 수 있다. 〈개정 2005. 1. 27.〉

　1. 재산명시절차에서 채권자가 제62조제6항의 규정에 의한 주소보정명령을 받고도 민사소송법 제194조제1항의 규정에 의한 사유로 인하여 채권자가 이를 이행할 수 없었던 것으로 인정되는 경우

　2. 재산명시절차에서 채무자가 제출한 재산목록의 재산만으로는 집행채권의 만족을 얻기에 부족한 경우

　3. 재산명시절차에서 제68조제1항 각호의 사유 또는 동조제9항의 사유가 있는 경우

② 채권자가 제1항의 신청을 할 경우에는 조회할 기관·단체를 특정하여야 하며 조회에 드는 비용을 미리 내야 한다.

③ 법원이 제1항의 규정에 따라 조회할 경우에는 채무자의 인적 사항을 적은 문서에 의하여 해당 기관·단체의 장에게 채무자의 재산 및 신용에 관하여 그 기관·단체가 보유하고 있는 자료를 한꺼번에 모아 제출하도록 요구할 수 있다.

④ 공공기관·금융기관·단체 등은 정당한 사유 없이 제1항 및 제3항의 조회를 거부하지 못한다.

제75조(재산조회의 결과 등) ① 법원은 제74조제1항 및 제3항의 규정에 따라 조회한 결과를 채무자의 재산목록에 준하여 관리하여야 한다.

② 제74조제1항 및 제3항의 조회를 받은 기관·단체의 장이 정당한 사유 없이 거짓 자료를 제출하거나 자료를 제출할 것을 거부한 때에는 결정으로 500만원 이하의 과태료에 처한다.

③ 제2항의 결정에 대하여는 즉시항고를 할 수 있다.

제76조(벌칙) ① 누구든지 재산조회의 결과를 강제집행 외의 목적으로 사용하여서는 아니된다.

② 제1항의 규정에 위반한 사람은 2년 이하의 징역 또는 500만원 이하의 벌금에 처한다.

제77조(대법원규칙) 제74조제1항 및 제3항의 규정에 따라 조회를 할 공공기관·금융기관·단체 등의 범위 및 조회절차, 제74조제2항의 규정에 따라 채권자가 내야 할 비용, 제75조제1항의 규정에 따른 조회결과의 관리에 관한 사항, 제75조제2항의 규정에 의한 과태료의 부과절차 등은 대법원규칙으로 정한다.

제2절 부동산에 대한 강제집행

제1관 통칙

제78조(집행방법) ① 부동산에 대한 강제집행은 채권자의 신청에 따라 법원이 한다.

② 강제집행은 다음 각호의 방법으로 한다.

　1. 강제경매

2. 강제관리

③ 채권자는 자기의 선택에 의하여 제2항 각호 가운데 어느 한 가지 방법으로 집행하게 하거나 두 가지 방법을 함께 사용하여 집행하게 할 수 있다.

④ 강제관리는 가압류를 집행할 때에도 할 수 있다.

제79조(집행법원) ① 부동산에 대한 강제집행은 그 부동산이 있는 곳의 지방법원이 관할한다.

② 부동산이 여러 지방법원의 관할구역에 있는 때에는 각 지방법원에 관할권이 있다. 이 경우 법원이 필요하다고 인정한 때에는 사건을 다른 관할 지방법원으로 이송할 수 있다.

제2관 강제경매

제80조(강제경매신청서) 강제경매신청서에는 다음 각호의 사항을 적어야 한다.

1. 채권자·채무자와 법원의 표시
2. 부동산의 표시
3. 경매의 이유가 된 일정한 채권과 집행할 수 있는 일정한 집행권원

제81조(첨부서류) ① 강제경매신청서에는 집행력 있는 정본 외에 다음 각호 가운데 어느 하나에 해당하는 서류를 붙여야 한다. 〈개정 2011. 4. 12.〉

1. 채무자의 소유로 등기된 부동산에 대하여는 등기사항증명서
2. 채무자의 소유로 등기되지 아니한 부동산에 대하여는 즉시 채무자명의로 등기할 수 있다는 것을 증명할 서류. 다만, 그 부동산이 등기되지 아니한 건물인 경우에는 그 건물이 채무자의 소유임을 증명할 서류, 그 건물의 지번·구조·면적을 증명할 서류 및 그 건물에 관한 건축허가 또는 건축신고를 증명할 서류

② 채권자는 공적 장부를 주관하는 공공기관에 제1항제2호 단서의 사항들을 증명하여 줄 것을 청구할 수 있다.

③ 제1항제2호 단서의 경우에 건물의 지번·구조·면적을 증명하지 못한 때에는, 채권자는 경매신청과 동시에 그 조사를 집행법원에 신청할 수 있다.

④ 제3항의 경우에 법원은 집행관에게 그 조사를 하게 하여야 한다.

⑤ 강제관리를 하기 위하여 이미 부동산을 압류한 경우에 그 집행기록에 제1항 각호 가운데 어느 하나에 해당하는 서류가 붙어 있으면 다시 그 서류를 붙이지 아니할 수 있다.

제82조(집행관의 권한) ① 집행관은 제81조제4항의 조사를 위하여 건물에 출입할 수 있고, 채무자 또는 건물을 점유하는 제3자에게 질문하거나 문서를 제시하도록 요구할 수 있다.

② 집행관은 제1항의 규정에 따라 건물에 출입하기 위하여 필요한 때에는 잠긴 문을 여는 등 적절한 처분을 할 수 있다.

제83조(경매개시결정 등) ① 경매절차를 개시하는 결정에는 동시에 그 부동산의 압류를 명하여야 한다.

② 압류는 부동산에 대한 채무자의 관리·이용에 영향을 미치지 아니한다.

③ 경매절차를 개시하는 결정을 한 뒤에는 법원은 직권으로 또는 이해관계인의 신청에 따라 부동산에 대한 침해행위를 방지하기 위하여 필요한 조치를 할 수 있다.

④ 압류는 채무자에게 그 결정이 송달된 때 또는 제94조의 규정에 따른 등기가 된 때에 효력이 생긴다.

⑤ 강제경매신청을 기각하거나 각하하는 재판에 대하여는 즉시항고를 할 수 있다.

제84조(배당요구의 종기결정 및 공고) ① 경매개시결정에 따른 압류의 효력이 생긴 때(그 경매개시결정전에 다른 경매개시결정이 있는 경우를 제외한다)에는 집행법원은 절차에 필요한 기간을 고려하여 배당요구를 할 수 있는 종기(終期)를 첫 매각기일 이전으로 정한다. 〈개정 2022. 1. 4.〉

② 배당요구의 종기가 정하여진 때에는 법원은 경매개시결정을 한 취지 및 배당요구의 종기를 공고하고, 제91조제4항 단서의 전세권자 및 법원에 알려진 제88조제1항의 채권자에게 이를 고지하여야 한다.

③ 제1항의 배당요구의 종기결정 및 제2항의 공고는 경매개시결정에 따른 압류의 효력이 생긴 때부터 1주 이내에 하여야 한다.

④ 법원사무관등은 제148조제3호 및 제4호의 채권자 및 조세, 그 밖의 공과금을 주관하는 공공기관에 대하여 채권의 유무, 그 원인 및 액수(원금·이자·비용, 그 밖의 부대채권(附帶債權)을 포함한다)를 배당요구의 종기까지 법원에 신고하도록 최고하여야 한다.

⑤ 제148조제3호 및 제4호의 채권자가 제4항의 최고에 대한 신고를 하지 아니한 때에는 그 채권자의 채권액은 등기사항증명서 등 집행기록에 있는 서류와 증빙(證憑)에 따라 계산한다. 이 경우 다시 채권액을 추가하지 못한다.〈개정 2011. 4. 12.〉

⑥ 법원은 특별히 필요하다고 인정하는 경우에는 배당요구의 종기를 연기할 수 있다.

⑦ 제6항의 경우에는 제2항 및 제4항의 규정을 준용한다. 다만, 이미 배당요구 또는 채권신고를 한 사람에 대하여는 같은 항의 고지 또는 최고를 하지 아니한다.

제85조(현황조사) ① 법원은 경매개시결정을 한 뒤에 바로 집행관에게 부동산의 현상, 점유관계, 차임(借賃) 또는 보증금의 액수, 그 밖의 현황에 관하여 조사하도록 명하여야 한다.

② 집행관이 제1항의 규정에 따라 부동산을 조사할 때에는 그 부동산에 대하여 제82조에 규정된 조치를 할 수 있다.

제86조(경매개시결정에 대한 이의신청) ① 이해관계인은 매각대금이 모두 지급될 때까지 법원에 경매개시결정에 대한 이의신청을 할 수 있다.

② 제1항의 신청을 받은 법원은 제16조제2항에 준하는 결정을 할 수 있다.

③ 제1항의 신청에 관한 재판에 대하여 이해관계인은 즉시항고를 할 수 있다.

제87조(압류의 경합) ① 강제경매절차 또는 담보권 실행을 위한 경매절차를 개시하는 결정을 한 부동산에 대하여 다른 강제경매의 신청이 있는 때에는 법원은 다시 경매개시결정을 하고, 먼저 경매개시결정을 한 집행절차에 따라 경매한다.

② 먼저 경매개시결정을 한 경매신청이 취하되거나 그 절차가 취소된 때에는 법원은 제91조제1항의 규정에 어긋나지 아니하는 한도 안에서 뒤의 경매개시결정에 따라 절차를 계속 진행하여야 한다.

③ 제2항의 경우에 뒤의 경매개시결정이 배당요구의 종기 이후의 신청에 의한 것인 때에는 집행법원은 새로이 배당요구를 할 수 있는 종기를 정하여야 한다. 이 경우 이미 제84조제2항 또는 제4항의 규정에 따라 배당요구 또는 채권신고를 한 사람에 대하여는 같은 항의 고지 또는 최고를 하지 아니한다.

④ 먼저 경매개시결정을 한 경매절차가 정지된 때에는 법원은 신청에 따라 결정으로 뒤의 경매개시결정(배당요구의 종기까지 행하여진 신청에 의한 것에 한한다)에 기초하여 절차를 계속하여 진행할 수 있다. 다만, 먼저 경매개시결정을 한 경매절차가 취소되는 경우 제105조제1항제3호의 기재사항이 바뀔 때에는 그러하지 아니하다.

⑤ 제4항의 신청에 대한 재판에 대하여는 즉시항고를 할 수 있다.

제88조(배당요구) ① 집행력 있는 정본을 가진 채권자, 경매개시결정이 등기된 뒤에 가압류를 한 채권자, 민법·상법, 그 밖의 법률에 의하여 우선변제청구권이 있는 채권자는 배당요구를 할 수 있다.

② 배당요구에 따라 매수인이 인수하여야 할 부담이 바뀌는 경우 배당요구를 한 채권자는 배당요구의 종기가 지난 뒤에 이를 철회하지 못한다.

제89조(이중경매신청 등의 통지) 법원은 제87조제1항 및 제88조제1항의 신청이 있는 때에는 그 사유를 이해관계인에게 통지하여야 한다.

제90조(경매절차의 이해관계인) 경매절차의 이해관계인은 다음 각호의 사람으로한다.

1. 압류채권자와 집행력 있는 정본에 의하여 배당을 요구한 채권자
2. 채무자 및 소유자
3. 등기부에 기입된 부동산 위의 권리자
4. 부동산 위의 권리자로서 그 권리를 증명한 사람

제91조(인수주의와 잉여주의의 선택 등) ① 압류채권자의 채권에 우선하는 채권에 관한 부동산의 부담을 매수인에게 인수하게 하거나, 매각대금으로 그 부담을 변제하는 데 부족하지 아니하다는 것이 인정된 경우가 아니면 그 부동산을 매각하지못한다.

② 매각부동산 위의 모든 저당권은 매각으로 소멸된다.

③ 지상권·지역권·전세권 및 등기된 임차권은 저당권·압류채권·가압류채권에 대항할 수 없는 경우에는 매각으로 소멸된다.

④ 제3항의 경우 외의 지상권·지역권·전세권 및 등기된 임차권은 매수인이 인수한다. 다만, 그중 전세권의 경우에는 전세권자가 제88조에 따라 배당요구를 하면 매각으로 소멸된다.

⑤ 매수인은 유치권자(留置權者)에게 그 유치권(留置權)으로 담보하는 채권을 변제할 책임이 있다.

제92조(제3자와 압류의 효력) ① 제3자는 권리를 취득할 때에 경매신청 또는 압류가 있다는 것을 알았을 경우에는 압류에 대항하지 못한다.

② 부동산이 압류채권을 위하여 의무를 진 경우에는 압류한 뒤 소유권을 취득한 제3자가 소유권을 취득할 때에 경매신청 또는 압류가 있다는 것을 알지 못하였더라도 경매절차를 계속하여 진행하여야 한다.

제93조(경매신청의 취하) ① 경매신청이 취하되면 압류의 효력은 소멸된다.

② 매수신고가 있은 뒤 경매신청을 취하하는 경우에는 최고가매수신고인 또는 매수인과 제114조의 차순위매수신고인의 동의를 받아야 그 효력이 생긴다.

③ 제49조제3호 또는 제6호의 서류를 제출하는 경우에는 제1항 및 제2항의 규정을, 제49조제4호의 서류를 제출하는 경우에는 제2항의 규정을 준용한다.

제94조(경매개시결정의 등기) ① 법원이 경매개시결정을 하면 법원사무관등은 즉시 그 사유를 등기부에 기입하도록 등기관(登記官)에게 촉탁하여야 한다.

② 등기관은 제1항의 촉탁에 따라 경매개시결정사유를 기입하여야 한다.

제95조(등기사항증명서의 송부) 등기관은 제94조에 따라 경매개시결정사유를 등기부에 기입한 뒤 그 등기사항증명서를 법원에 보내야 한다. 〈개정 2011. 4. 12.〉

[제목개정 2011. 4. 12.]

제96조(부동산의 멸실 등으로 말미암은 경매취소) ① 부동산이 없어지거나 매각 등으로 말미암아 권리를 이전할 수 없는 사정이 명백하게 된 때에는 법원은 강제경매의 절차를 취소하여야 한다.

② 제1항의 취소결정에 대하여는 즉시항고를 할 수 있다.

제97조(부동산의 평가와 최저매각가격의 결정) ① 법원은 감정인(鑑定人)에게 부동산을 평가하게 하고 그 평가액을 참작하여 최저매각가격을 정하여야 한다.

② 감정인은 제1항의 평가를 위하여 필요하면 제82조제1항에 규정된 조치를 할 수 있다.

③ 감정인은 제7조의 규정에 따라 집행관의 원조를 요구하는 때에는 법원의 허가를 얻어야 한다.

제98조(일괄매각결정) ① 법원은 여러 개의 부동산의 위치·형태·이용관계 등을 고려하여 이를 일괄매수하게 하는 것이 알맞다고 인정하는 경우에는 직권으로 또는 이해관계인의 신청에 따라 일괄매각하도록 결정할 수 있다.

② 법원은 부동산을 매각할 경우에 그 위치·형태·이용관계 등을 고려하여 다른 종류의 재산(금전채권을 제외한다)을 그 부동산과 함께 일괄매수하게 하는 것이 알맞고 인정하는 때에는 직권으로 또는 이해관계인의 신청에 따라 일괄매각하도록 결정할 수 있다.

③ 제1항 및 제2항의 결정은 그 목적물에 대한 매각기일 이전까지 할 수 있다.

제99조(일괄매각사건의 병합) ① 법원은 각각 경매신청된 여러 개의 재산 또는 다른 법원이나 집행관에 계속된 경매사건의 목적물에 대하여 제98조제1항 또는 제2항의 결정을 할 수 있다.

② 다른 법원이나 집행관에 계속된 경매사건의 목적물의 경우에 그 다른 법원 또는 집행관은 그 목적물에 대한 경매사건을 제1항의 결정을 한 법원에 이송한다.

③ 제1항 및 제2항의 경우에 법원은 그 경매사건들을 병합한다.

제100조(일괄매각사건의 관할) 제98조 및 제99조의 경우에는 민사소송법 제31조에 불구하고 같은 법 제25조의 규정을 준용한다. 다만, 등기할 수 있는 선박에 관한 경매사건에 대하여서는 그러하지 아니하다.

제101조(일괄매각절차) ① 제98조 및 제99조의 일괄매각결정에 따른 매각절차는 이 관의 규정에 따라 행한다. 다만, 부동산 외의 재산의 압류는 그 재산의 종류에 따라 해당되는 규정에서 정하는 방법으로 행하고, 그 중에서 집행관의 압류에 따르는 재산의 압류는 집행법원이 집행관에게 이를 압류하도록 명하는 방법으로 행한다.

② 제1항의 매각절차에서 각 재산의 대금액을 특정할 필요가 있는 경우에는 각 재산에 대한 최저매각가격의 비율을 정하여야 하며, 각 재산의 대금액은 총대금액을 각 재산의 최저매각가격비율에 따라 나눈 금액으로 한다. 각 재산이 부담할 집행비용액을 특정할 필요가 있는 경우에도 또한 같다.

③ 여러 개의 재산을 일괄매각하는 경우에 그 가운데 일부의 매각대금으로 모든 채권자의 채권액과 강제집행비용을 변제하기에 충분하면 다른 재산의 매각을 허가하지 아니한다. 다만, 토지와 그 위의 건물을 일괄매각하는 경우나 재산을 분리하여 매각하면 그 경제적 효용이 현저하게 떨어지는 경우 또는 채무자의 동의가 있는 경우에는 그러하지 아니하다.

④ 제3항 본문의 경우에 채무자는 그 재산 가운데 매각할 것을 지정할 수 있다.

⑤ 일괄매각절차에 관하여 이 법에서 정한 사항을 제외하고는 대법원규칙으로 정한다.

제102조(남을 가망이 없을 경우의 경매취소) ① 법원은 최저매각가격으로 압류채권자의 채권에 우선하는 부동산의 모든 부담과 절차비용을 변제하면 남을 것이 없겠다고 인정한 때에는 압류채권자에게 이를 통지하여야 한다.

② 압류채권자가 제1항의 통지를 받은 날부터 1주 이내에 제1항의 부담과 비용을 변제하고 남을 만한 가격을 정하여 그 가격에 맞는 매수신고가 없을 때에는 자기가 그 가격으로 매수하겠다고 신청하면서 충분한 보증을 제공하지 아니하면, 법원은 경매절차를 취소하여야 한다.

③ 제2항의 취소 결정에 대하여는 즉시항고를 할 수 있다.

제103조(강제경매의 매각방법) ① 부동산의 매각은 집행법원이 정한 매각방법에 따른다.

② 부동산의 매각은 매각기일에 하는 호가경매(呼價競賣), 매각기일에 입찰 및 개찰하게 하는 기일입찰 또는 입찰기간 이내에 입찰하게 하여 매각기일에 개찰하는 기간입찰의 세가지 방법으로 한다.

③ 부동산의 매각절차에 관하여 필요한 사항은 대법원규칙으로 정한다.

제104조(매각기일과 매각결정기일 등의 지정) ① 법원은 최저매각가격으로 제102조제1항의 부담과 비용을 변제하고도 남을 것이 있다고 인정하거나 압류채권자가 제102조제2항의 신청을 하고 충분한 보증을 제공한 때에는 직권으로 매각기일과 매각결정기일을 정하여 대법원규칙이 정하는 방법으로 공고한다.

② 법원은 매각기일과 매각결정기일을 이해관계인에게 통지하여야 한다.

③ 제2항의 통지는 집행기록에 표시된 이해관계인의 주소에 대법원규칙이 정하는 방법으로 발송할 수 있다.

④ 기간입찰의 방법으로 매각할 경우에는 입찰기간에 관하여도 제1항 내지 제3항의 규정을 적용한다.

제105조(매각물건명세서 등) ① 법원은 다음 각호의 사항을 적은 매각물건명세서를 작성하여야 한다.
  1. 부동산의 표시
  2. 부동산의 점유자와 점유의 권원, 점유할 수 있는 기간, 차임 또는 보증금에 관한 관계인의 진술
  3. 등기된 부동산에 대한 권리 또는 가처분으로서 매각으로 효력을 잃지 아니하는 것
  4. 매각에 따라 설정된 것으로 보게 되는 지상권의 개요
② 법원은 매각물건명세서·현황조사보고서 및 평가서의 사본을 법원에 비치하여 누구든지 볼 수 있도록 하여야 한다.

제106조(매각기일의 공고내용) 매각기일의 공고내용에는 다음 각호의 사항을 적어야 한다.
  1. 부동산의 표시
  2. 강제집행으로 매각한다는 취지와 그 매각방법
  3. 부동산의 점유자, 점유의 권원, 점유하여 사용할 수 있는 기간, 차임 또는 보증금약정 및 그 액수
  4. 매각기일의 일시·장소, 매각기일을 진행할 집행관의 성명 및 기간입찰의 방법으로 매각할 경우에는 입찰기간·장소
  5. 최저매각가격
  6. 매각결정기일의 일시·장소
  7. 매각물건명세서·현황조사보고서 및 평가서의 사본을 매각기일 전에 법원에 비치하여 누구든지 볼 수 있도록 제공한다는 취지
  8. 등기부에 기입할 필요가 없는 부동산에 대한 권리를 가진 사람은 채권을 신고하여야 한다는 취지
  9. 이해관계인은 매각기일에 출석할 수 있다는 취지

제107조(매각장소) 매각기일은 법원안에서 진행하여야 한다. 다만, 집행관은 법원의 허가를 얻어 다른 장소에서 매각기일을 진행할 수 있다.

제108조(매각장소의 질서유지) 집행관은 다음 각호 가운데 어느 하나에 해당한다고 인정되는 사람에 대하여 매각장소에 들어오지 못하도록 하거나 매각장소에서 내보내거나 매수의 신청을 하지 못하도록 할 수 있다.
  1. 다른 사람의 매수신청을 방해한 사람
  2. 부당하게 다른 사람과 담합하거나 그 밖에 매각의 적정한 실시를 방해한 사람
  3. 제1호 또는 제2호의 행위를 교사(教唆)한 사람
  4. 민사집행절차에서의 매각에 관하여 형법 제136조·제137조·제140조·제140조의2·제142조·제315조 및 제323조 내지 제327조에 규정된 죄로 유죄판결을 받고 그 판결확정일부터 2년이 지나지 아니한 사람

제109조(매각결정기일) ① 매각결정기일은 매각기일부터 1주 이내로 정하여야 한다.
② 매각결정절차는 법원안에서 진행하여야 한다.

제110조(합의에 의한 매각조건의 변경) ① 최저매각가격 외의 매각조건은 법원이 이해관계인의 합의에 따라 바꿀 수 있다.
② 이해관계인은 배당요구의 종기까지 제1항의 합의를 할 수 있다.

제111조(직권에 의한 매각조건의 변경) ① 거래의 실상을 반영하거나 경매절차를 효율적으로 진행하기 위하여 필요한 경우에 법원은 배당요구의 종기까지 매각조건을 바꾸거나 새로운 매각조건을 설정할 수 있다.
② 이해관계인은 제1항의 재판에 대하여 즉시항고를 할 수 있다.
③ 제1항의 경우에 법원은 집행관에게 부동산에 대하여 필요한 조사를 하게 할 수 있다.

제112조(매각기일의 진행) 집행관은 기일입찰 또는 호가경매의 방법에 의한 매각기일에는 매각물건명세서·현황조사보고서 및 평가서의 사본을 볼 수 있게 하고, 특별한 매각조건이 있는 때에는 이를 고지하며, 법원이 정한 매각방법에 따라 매수가격을 신고하도록 최고하여야 한다.

제113조(매수신청의 보증) 매수신청인은 대법원규칙이 정하는 바에 따라 집행법원이 정하는 금액과 방법에 맞는 보증을 집행관에게 제공하여야 한다.

제114조(차순위매수신고) ① 최고가매수신고인 외의 매수신고인은 매각기일을 마칠 때까지 집행관에게 최고가매수신고인이 대금지급기한까지 그 의무를 이행하지 아니하면 자기의 매수신고에 대하여 매각을 허가하여 달라는 취지의 신고(이하 "차순위매수신고"라 한다)를 할 수 있다.

② 차순위매수신고는 그 신고액이 최고가매수신고액에서 그 보증액을 뺀 금액을 넘는 때에만 할 수 있다.

제115조(매각기일의 종결) ① 집행관은 최고가매수신고인의 성명과 그 가격을 부르고 차순위매수신고를 최고한 뒤, 적법한 차순위매수신고가 있으면 차순위매수신고인을 정하여 그 성명과 가격을 부른 다음 매각기일을 종결한다고 고지하여야 한다.

② 차순위매수신고를 한 사람이 둘 이상인 때에는 신고한 매수가격이 높은 사람을 차순위매수신고인으로 정한다. 신고한 매수가격이 같은 때에는 추첨으로 차순위매수신고인을 정한다.

③ 최고가매수신고인과 차순위매수신고인을 제외한 다른 매수신고인은 제1항의 고지에 따라 매수의 책임을 벗게 되고, 즉시 매수신청의 보증을 돌려 줄 것을 신청할 수 있다.

④ 기일입찰 또는 호가경매의 방법에 의한 매각기일에서 매각기일을 마감할 때까지 허가할 매수가격의 신고가 없는 때에는 집행관은 즉시 매각기일의 마감을 취소하고 같은 방법으로 매수가격을 신고하도록 최고할 수 있다.

⑤ 제4항의 최고에 대하여 매수가격의 신고가 없어 매각기일을 마감하는 때에는 매각기일의 마감을 다시 취소하지 못한다.

제116조(매각기일조서) ① 매각기일조서에는 다음 각호의 사항을 적어야 한다.
  1. 부동산의 표시
  2. 압류채권자의 표시
  3. 매각물건명세서·현황조사보고서 및 평가서의 사본을 볼 수 있게 한 일
  4. 특별한 매각조건이 있는 때에는 이를 고지한 일
  5. 매수가격의 신고를 최고한 일
  6. 모든 매수신고가격과 그 신고인의 성명·주소 또는 허가할 매수가격의 신고가 없는 일
  7. 매각기일을 마감할 때까지 허가할 매수가격의 신고가 없어 매각기일의 마감을 취소하고 다시 매수가격의 신고를 최고한 일
  8. 최종적으로 매각기일의 종결을 고지한 일시
  9. 매수하기 위하여 보증을 제공한 일 또는 보증을 제공하지 아니하므로 그 매수를 허가하지 아니한 일
  10. 최고가매수신고인과 차순위매수신고인의 성명과 그 가격을 부른 일

② 최고가매수신고인 및 차순위매수신고인과 출석한 이해관계인은 조서에 서명날인하여야 한다. 그들이 서명날인할 수 없을 때에는 집행관이 그 사유를 적어야 한다.

③ 집행관이 매수신청의 보증을 돌려 준 때에는 영수증을 받아 조서에 붙여야 한다.

제117조(조서와 금전의 인도) 집행관은 매각기일조서와 매수신청의 보증으로 받아 돌려주지 아니한 것을 매각기일부터 3일 이내에 법원사무관등에게 인도하여야 한다.

제118조(최고가매수신고인 등의 송달영수인신고) ① 최고가매수신고인과 차순위매수신고인은 대한민국안에 주소·거소와 사무소가 없는 때에는 대한민국안에 송달이나 통지를 받을 장소와 영수인을 정하여 법원에

신고하여야 한다.

② 최고가매수신고인이나 차순위매수신고인이 제1항의 신고를 하지 아니한 때에는 법원은 그에 대한 송달이나 통지를 하지 아니할 수 있다.

③ 제1항의 신고는 집행관에게 말로 할 수 있다. 이 경우 집행관은 조서에 이를 적어야 한다.

제119조(새 매각기일) 허가할 매수가격의 신고가 없이 매각기일이 최종적으로 마감된 때에는 제91조제1항의 규정에 어긋나지 아니하는 한도에서 법원은 최저매각가격을 상당히 낮추고 새 매각기일을 정하여야 한다. 그 기일에 허가할 매수가격의 신고가 없는 때에도 또한 같다.

제120조(매각결정기일에서의 진술) ① 법원은 매각결정기일에 출석한 이해관계인에게 매각허가에 관한 의견을 진술하게 하여야 한다.

② 매각허가에 관한 이의는 매각허가가 있을 때까지 신청하여야 한다. 이미 신청한 이의에 대한 진술도 또한 같다.

제121조(매각허가에 대한 이의신청사유) 매각허가에 관한 이의는 다음 각호 가운데 어느 하나에 해당하는 이유가 있어야 신청할 수 있다.

1. 강제집행을 허가할 수 없거나 집행을 계속 진행할 수 없을 때
2. 최고가매수신고인이 부동산을 매수할 능력이나 자격이 없는 때
3. 부동산을 매수할 자격이 없는 사람이 최고가매수신고인을 내세워 매수신고를 한 때
4. 최고가매수신고인, 그 대리인 또는 최고가매수신고인을 내세워 매수신고를 한 사람이 제108조 각호 가운데 어느 하나에 해당되는 때
5. 최저매각가격의 결정, 일괄매각의 결정 또는 매각물건명세서의 작성에 중대한 흠이 있는 때
6. 천재지변, 그 밖에 자기가 책임을 질 수 없는 사유로 부동산이 현저하게 훼손된 사실 또는 부동산에 관한 중대한 권리관계가 변동된 사실이 경매절차의 진행중에 밝혀진 때
7. 경매절차에 그 밖의 중대한 잘못이 있는 때

제122조(이의신청의 제한) 이의는 다른 이해관계인의 권리에 관한 이유로 신청하지못한다.

제123조(매각의 불허) ① 법원은 이의신청이 정당하다고 인정한 때에는 매각을 허가하지 아니한다.

② 제121조에 규정한 사유가 있는 때에는 직권으로 매각을 허가하지 아니한다. 다만, 같은 조 제2호 또는 제3호의 경우에는 능력 또는 자격의 흠이 제거되지 아니한 때에 한한다.

제124조(과잉매각되는 경우의 매각불허가) ① 여러 개의 부동산을 매각하는 경우에 한 개의 부동산의 매각대금으로 모든 채권자의 채권액과 강제집행비용을 변제하기에 충분하면 다른 부동산의 매각을 허가하지 아니한다. 다만, 제101조제3항 단서에 따른 일괄매각의 경우에는 그러하지 아니하다.

② 제1항 본문의 경우에 채무자는 그 부동산 가운데 매각할 것을 지정할 수 있다.

제125조(매각을 허가하지 아니할 경우의 새 매각기일) ① 제121조와 제123조의 규정에 따라 매각을 허가하지 아니하고 다시 매각을 명하는 때에는 직권으로 새 매각기일을 정하여야 한다.

② 제121조제6호의 사유로 제1항의 새 매각기일을 열게 된 때에는 제97조 내지 제105조의 규정을 준용한다.

제126조(매각허가여부의 결정선고) ① 매각을 허가하거나 허가하지 아니하는 결정은 선고하여야 한다.

② 매각결정기일조서에는 민사소송법 제152조 내지 제154조와 제156조 내지 제158조 및 제164조의 규정을 준용한다.

③ 제1항의 결정은 확정되어야 효력을 가진다.

제127조(매각허가결정의 취소신청) ① 제121조제6호에서 규정한 사실이 매각허가결정의 확정 뒤에 밝혀진

경우에는 매수인은 대금을 낼 때까지 매각허가결정의 취소신청을 할 수 있다.

② 제1항의 신청에 관한 결정에 대하여는 즉시항고를 할 수 있다.

제128조(매각허가결정) ① 매각허가결정에는 매각한 부동산, 매수인과 매각가격을 적고 특별한 매각조건으로 매각한 때에는 그 조건을 적어야 한다.

② 제1항의 결정은 선고하는 외에 대법원규칙이 정하는 바에 따라 공고하여야 한다.

제129조(이해관계인 등의 즉시항고) ① 이해관계인은 매각허가여부의 결정에 따라 손해를 볼 경우에만 그 결정에 대하여 즉시항고를 할 수 있다.

② 매각허가에 정당한 이유가 없거나 결정에 적은 것 외의 조건으로 허가하여야 한다고 주장하는 매수인 또는 매각허가를 주장하는 매수신고인도 즉시항고를 할 수 있다.

③ 제1항 및 제2항의 경우에 매각허가를 주장하는 매수신고인은 그 신청한 가격에 대하여 구속을 받는다.

제130조(매각허가여부에 대한 항고) ① 매각허가결정에 대한 항고는 이 법에 규정한 매각허가에 대한 이의신청사유가 있다거나, 그 결정절차에 중대한 잘못이 있다는 것을 이유로 드는 때에만 할 수 있다.

② 민사소송법 제451조제1항 각호의 사유는 제1항의 규정에 불구하고 매각허가 또는 불허가결정에 대한 항고의 이유로 삼을 수 있다.

③ 매각허가결정에 대하여 항고를 하고자 하는 사람은 보증으로 매각대금의 10분의 1에 해당하는 금전 또는 법원이 인정한 유가증권을 공탁하여야 한다.

④ 항고를 제기하면서 항고장에 제3항의 보증을 제공하였음을 증명하는 서류를 붙이지 아니한 때에는 원심법원은 항고장을 받은 날부터 1주 이내에 결정으로 이를 각하하여야 한다.

⑤ 제4항의 결정에 대하여는 즉시항고를 할 수 있다.

⑥ 채무자 및 소유자가 한 제3항의 항고가 기각된 때에는 항고인은 보증으로 제공한 금전이나 유가증권을 돌려 줄 것을 요구하지 못한다.

⑦ 채무자 및 소유자 외의 사람이 한 제3항의 항고가 기각된 때에는 항고인은 보증으로 제공한 금전이나, 유가증권을 현금화한 금액 가운데 항고를 한 날부터 항고기각결정이 확정된 날까지의 매각대금에 대한 대법원규칙이 정하는 이율에 의한 금액(보증으로 제공한 금전이나, 유가증권을 현금화한 금액을 한도로 한다)에 대하여는 돌려 줄 것을 요구할 수 없다. 다만, 보증으로 제공한 유가증권을 현금화하기 전에 위의 금액을 항고인이 지급한 때에는 그 유가증권을 돌려 줄 것을 요구할 수 있다.

⑧ 항고인이 항고를 취하한 경우에는 제6항 또는 제7항의 규정을 준용한다.

제131조(항고심의 절차) ① 항고법원은 필요한 경우에 반대진술을 하게 하기 위하여 항고인의 상대방을 정할 수 있다.

② 한 개의 결정에 대한 여러 개의 항고는 병합한다.

③ 항고심에는 제122조의 규정을 준용한다.

제132조(항고법원의 재판과 매각허가여부결정) 항고법원이 집행법원의 결정을 취소하는 경우에 그 매각허가여부의 결정은 집행법원이 한다.

제133조(매각을 허가하지 아니하는 결정의 효력) 매각을 허가하지 아니한 결정이 확정된 때에는 매수인과 매각허가를 주장한 매수신고인은 매수에 관한 책임이 면제된다.

제134조(최저매각가격의 결정부터 새로할 경우) 제127조의 규정에 따라 매각허가결정을 취소한 경우에는 제97조 내지 제105조의 규정을 준용한다.

제135조(소유권의 취득시기) 매수인은 매각대금을 다 낸 때에 매각의 목적인 권리를 취득한다.

제136조(부동산의 인도명령 등) ① 법원은 매수인이 대금을 낸 뒤 6월 이내에 신청하면 채무자·소유자 또

는 부동산 점유자에 대하여 부동산을 매수인에게 인도하도록 명할 수 있다. 다만, 점유자가 매수인에게 대항할 수 있는 권원에 의하여 점유하고 있는 것으로 인정되는 경우에는 그러하지 아니하다.

② 법원은 매수인 또는 채권자가 신청하면 매각허가가 결정된 뒤 인도할 때까지 관리인에게 부동산을 관리하게 할 것을 명할 수 있다.

③ 제2항의 경우 부동산의 관리를 위하여 필요하면 법원은 매수인 또는 채권자의 신청에 따라 담보를 제공하게 하거나 제공하게 하지 아니하고 제1항의 규정에 준하는 명령을 할 수 있다.

④ 법원이 채무자 및 소유자 외의 점유자에 대하여 제1항 또는 제3항의 규정에 따른 인도명령을 하려면 그 점유자를 심문하여야 한다. 다만, 그 점유자가 매수인에게 대항할 수 있는 권원에 의하여 점유하고 있지 아니함이 명백한 때 또는 이미 그 점유자를 심문한 때에는 그러하지 아니하다.

⑤ 제1항 내지 제3항의 신청에 관한 결정에 대하여는 즉시항고를 할 수 있다.

⑥ 채무자·소유자 또는 점유자가 제1항과 제3항의 인도명령에 따르지 아니할 때에는 매수인 또는 채권자는 집행관에게 그 집행을 위임할 수 있다.

제137조(차순위매수신고인에 대한 매각허가여부결정) ① 차순위매수신고인이 있는 경우에 매수인이 대금지급기한까지 그 의무를 이행하지 아니한 때에는 차순위매수신고인에게 매각을 허가할 것인지를 결정하여야 한다. 다만, 제142조제4항의 경우에는 그러하지 아니하다.

② 차순위매수신고인에 대한 매각허가결정이 있는 때에는 매수인은 매수신청의 보증을 돌려 줄 것을 요구하지 못한다.

제138조(재매각) ① 매수인이 대금지급기한 또는 제142조제4항의 다시 정한 기한까지 그 의무를 완전히 이행하지 아니하였고, 차순위매수신고인이 없는 때에는 법원은 직권으로 부동산의 재매각을 명하여야 한다.

② 재매각절차에도 종전에 정한 최저매각가격, 그 밖의 매각조건을 적용한다.

③ 매수인이 재매각기일의 3일 이전까지 대금, 그 지급기한이 지난 뒤부터 지급일까지의 대금에 대한 대법원규칙이 정하는 이율에 따른 지연이자와 절차비용을 지급한 때에는 재매각절차를 취소하여야 한다. 이 경우 차순위매수신고인이 매각허가결정을 받았던 때에는 위 금액을 먼저 지급한 매수인이 매매목적물의 권리를 취득한다.

④ 재매각절차에서는 전의 매수인은 매수신청을 할 수 없으며 매수신청의 보증을 돌려 줄 것을 요구하지 못한다.

제139조(공유물지분에 대한 경매) ① 공유물지분을 경매하는 경우에는 채권자의 채권을 위하여 채무자의 지분에 대한 경매개시결정이 있음을 등기부에 기입하고 다른 공유자에게 그 경매개시결정이 있다는 것을 통지하여야 한다. 다만, 상당한 이유가 있는 때에는 통지하지 아니할 수 있다.

② 최저매각가격은 공유물 전부의 평가액을 기본으로 채무자의 지분에 관하여 정하여야 한다. 다만, 그와 같은 방법으로 정확한 가치를 평가하기 어렵거나 그 평가에 부당하게 많은 비용이 드는 등 특별한 사정이 있는 경우에는 그러하지 아니하다.

제140조(공유자의 우선매수권) ① 공유자는 매각기일까지 제113조에 따른 보증을 제공하고 최고매수신고가격과 같은 가격으로 채무자의 지분을 우선매수하겠다는 신고를 할 수 있다.

② 제1항의 경우에 법원은 최고가매수신고가 있더라도 그 공유자에게 매각을 허가하여야 한다.

③ 여러 사람의 공유자가 우선매수하겠다는 신고를 하고 제2항의 절차를 마친 때에는 특별한 협의가 없으면 공유지분의 비율에 따라 채무자의 지분을 매수하게 한다.

④ 제1항의 규정에 따라 공유자가 우선매수신고를 한 경우에는 최고가매수신고인을 제114조의 차순위매수신고인으로 본다.

제141조(경매개시결정등기의 말소) 경매신청이 매각허가 없이 마쳐진 때에는 법원사무관등은 제94조와 제

139조제1항의 규정에 따른 기입을 말소하도록 등기관에게 촉탁하여야 한다.

제142조(대금의 지급) ① 매각허가결정이 확정되면 법원은 대금의 지급기한을 정하고, 이를 매수인과 차순위매수신고인에게 통지하여야 한다.

② 매수인은 제1항의 대금지급기한까지 매각대금을 지급하여야 한다.

③ 매수신청의 보증으로 금전이 제공된 경우에 그 금전은 매각대금에 넣는다.

④ 매수신청의 보증으로 금전 외의 것이 제공된 경우로서 매수인이 매각대금중 보증액을 뺀 나머지 금액만을 낸 때에는, 법원은 보증을 현금화하여 그 비용을 뺀 금액을 보증액에 해당하는 매각대금 및 이에 대한 지연이자에 충당하고, 모자라는 금액이 있으면 다시 대금지급기한을 정하여 매수인으로 하여금 내게 한다.

⑤ 제4항의 지연이자에 대하여는 제138조제3항의 규정을 준용한다.

⑥ 차순위매수신고인은 매수인이 대금을 모두 지급한 때 매수의 책임을 벗게 되고 즉시 매수신청의 보증을 돌려 줄 것을 요구할 수 있다.

제143조(특별한 지급방법) ① 매수인은 매각조건에 따라 부동산의 부담을 인수하는 외에 배당표(配當表)의 실시에 관하여 매각대금의 한도에서 관계채권자의 승낙이 있으면 대금의 지급에 갈음하여 채무를 인수할 수 있다.

② 채권자가 매수인인 경우에는 매각결정기일이 끝날 때까지 법원에 신고하고 배당받아야 할 금액을 제외한 대금을 배당기일에 낼 수 있다.

③ 제1항 및 제2항의 경우에 매수인이 인수한 채무나 배당받아야 할 금액에 대하여 이의가 제기된 때에는 매수인은 배당기일이 끝날 때까지 이에 해당하는 대금을 내야 한다.

제144조(매각대금 지급 뒤의 조치) ① 매각대금이 지급되면 법원사무관등은 매각허가결정의 등본을 붙여 다음 각호의 등기를 촉탁하여야 한다.

 1. 매수인 앞으로 소유권을 이전하는 등기

 2. 매수인이 인수하지 아니한 부동산의 부담에 관한 기입을 말소하는 등기

 3. 제94조 및 제139조제1항의 규정에 따른 경매개시결정등기를 말소하는 등기

② 매각대금을 지급할 때까지 매수인과 부동산을 담보로 제공받으려고 하는 사람이 대법원규칙으로 정하는 바에 따라 공동으로 신청한 경우, 제1항의 촉탁은 등기신청의 대리를 업으로 할 수 있는 사람으로서 신청인이 지정하는 사람에게 촉탁서를 교부하여 등기소에 제출하도록 하는 방법으로 하여야 한다. 이 경우 신청인이 지정하는 사람은 지체 없이 그 촉탁서를 등기소에 제출하여야 한다.〈신설 2010. 7. 23.〉

③ 제1항의 등기에 드는 비용은 매수인이 부담한다.〈개정 2010. 7. 23.〉

제145조(매각대금의 배당) ① 매각대금이 지급되면 법원은 배당절차를 밟아야 한다.

② 매각대금으로 배당에 참가한 모든 채권자를 만족하게 할 수 없는 때에는 법원은 민법·상법, 그 밖의 법률에 의한 우선순위에 따라 배당하여야 한다.

제146조(배당기일) 매수인이 매각대금을 지급하면 법원은 배당에 관한 진술 및 배당을 실시할 기일을 정하고 이해관계인과 배당을 요구한 채권자에게 이를 통지하여야 한다. 다만, 채무자가 외국에 있거나 있는 곳이 분명하지 아니한 때에는 통지하지 아니한다.

제147조(배당할 금액 등) ① 배당할 금액은 다음 각호에 규정한 금액으로 한다.

 1. 대금

 2. 제138조제3항 및 제142조제4항의 경우에는 대금지급기한이 지난 뒤부터 대금의 지급·충당까지의 지연이자

 3. 제130조제6항의 보증(제130조제8항에 따라 준용되는 경우를 포함한다.)

4. 제130조제7항 본문의 보증 가운데 항고인이 돌려 줄 것을 요구하지 못하는 금액 또는 제130조제7항 단서의 규정에 따라 항고인이 낸 금액(각각 제130조제8항에 따라 준용되는 경우를 포함한다.)

5. 제138조제4항의 규정에 의하여 매수인이 돌려줄 것을 요구할 수 없는 보증(보증이 금전 외의 방법으로 제공되어 있는 때에는 보증을 현금화하여 그 대금에서 비용을 뺀 금액)

② 제1항의 금액 가운데 채권자에게 배당하고 남은 금액이 있으면, 제1항제4호의 금액의 범위안에서 제1항제4호의 보증 등을 제공한 사람에게 돌려준다.

③ 제1항의 금액 가운데 채권자에게 배당하고 남은 금액으로 제1항제4호의 보증 등을 돌려주기 부족한 경우로서 그 보증 등을 제공한 사람이 여럿인 때에는 제1항제4호의 보증 등의 비율에 따라 나누어 준다.

제148조(배당받을 채권자의 범위) 제147조제1항에 규정한 금액을 배당받을 채권자는 다음 각호에 규정된 사람으로 한다.

1. 배당요구의 종기까지 경매신청을 한 압류채권자
2. 배당요구의 종기까지 배당요구를 한 채권자
3. 첫 경매개시결정등기전에 등기된 가압류채권자
4. 저당권·전세권, 그 밖의 우선변제청구권으로서 첫 경매개시결정등기전에 등기되었고 매각으로 소멸하는 것을 가진 채권자

제149조(배당표의 확정) ① 법원은 채권자와 채무자에게 보여 주기 위하여 배당기일의 3일전에 배당표원안(配當表原案)을 작성하여 법원에 비치하여야 한다.

② 법원은 출석한 이해관계인과 배당을 요구한 채권자를 심문하여 배당표를 확정하여야 한다.

제150조(배당표의 기재 등) ① 배당표에는 매각대금, 채권자의 채권의 원금, 이자, 비용, 배당의 순위와 배당의 비율을 적어야 한다.

② 출석한 이해관계인과 배당을 요구한 채권자가 합의한 때에는 이에 따라 배당표를 작성하여야 한다.

제151조(배당표에 대한 이의) ① 기일에 출석한 채무자는 채권자의 채권 또는 그 채권의 순위에 대하여 이의할 수 있다.

② 제1항의 규정에 불구하고 채무자는 제149조제1항에 따라 법원에 배당표원안이 비치된 이후 배당기일이 끝날 때까지 채권자의 채권 또는 그 채권의 순위에 대하여 서면으로 이의할 수 있다.

③ 기일에 출석한 채권자는 자기의 이해에 관계되는 범위 안에서는 다른 채권자를 상대로 그의 채권 또는 그 채권의 순위에 대하여 이의할 수 있다.

제152조(이의의 완결) ① 제151조의 이의에 관계된 채권자는 이에 대하여 진술하여야 한다.

② 관계인이 제151조의 이의를 정당하다고 인정하거나 다른 방법으로 합의한 때에는 이에 따라 배당표를 경정(更正)하여 배당을 실시하여야 한다.

③ 제151조의 이의가 완결되지 아니한 때에는 이의가 없는 부분에 한하여 배당을 실시하여야 한다.

제153조(불출석한 채권자) ① 기일에 출석하지 아니한 채권자는 배당표와 같이 배당을 실시하는 데에 동의한 것으로 본다.

② 기일에 출석하지 아니한 채권자가 다른 채권자가 제기한 이의에 관계된 때에는 그 채권자는 이의를 정당하다고 인정하지 아니한 것으로 본다.

제154조(배당이의의 소 등) ① 집행력 있는 집행권원의 정본을 가지지 아니한 채권자(가압류채권자를 제외한다)에 대하여 이의한 채무자와 다른 채권자에 대하여 이의한 채권자는 배당이의의 소를 제기하여야 한다.

② 집행력 있는 집행권원의 정본을 가진 채권자에 대하여 이의한 채무자는 청구이의의 소를 제기하여야 한다.

③ 이의한 채권자나 채무자가 배당기일부터 1주 이내에 집행법원에 대하여 제1항의 소를 제기한 사실을

증명하는 서류를 제출하지 아니한 때 또는 제2항의 소를 제기한 사실을 증명하는 서류와 그 소에 관한 집행정지재판의 정본을 제출하지 아니한 때에는 이의가 취하된 것으로 본다.

제155조(이의한 사람 등의 우선권 주장) 이의한 채권자가 제154조제3항의 기간을 지키지 아니한 경우에도 배당표에 따른 배당을 받은 채권자에 대하여 소로 우선권 및 그 밖의 권리를 행사하는 데 영향을 미치지 아니한다.

제156조(배당이의의 소의 관할) ① 제154조제1항의 배당이의의 소는 배당을 실시한 집행법원이 속한 지방법원의 관할로 한다. 다만, 소송물이 단독판사의 관할에 속하지 아니할 경우에는 지방법원의 합의부가 이를 관할한다.
② 여러 개의 배당이의의 소가 제기된 경우에 한 개의 소를 합의부가 관할하는 때에는 그 밖의 소도 함께 관할한다.
③ 이의한 사람과 상대방이 이의에 관하여 단독판사의 재판을 받을 것을 합의한 경우에는 제1항 단서와 제2항의 규정을 적용하지 아니한다.

제157조(배당이의의 소의 판결) 배당이의의 소에 대한 판결에서는 배당액에 대한 다툼이 있는 부분에 관하여 배당을 받을 채권자와 그 액수를 정하여야 한다. 이를 정하는 것이 적당하지 아니하다고 인정한 때에는 판결에서 배당표를 다시 만들고 다른 배당절차를 밟도록 명하여야 한다.

제158조(배당이의의 소의 취하간주) 이의한 사람이 배당이의의 소의 첫 변론기일에 출석하지 아니한 때에는 소를 취하한 것으로 본다.

제159조(배당실시절차·배당조서) ① 법원은 배당표에 따라 제2항 및 제3항에 규정된 절차에 의하여 배당을 실시하여야 한다.
② 채권 전부의 배당을 받을 채권자에게는 배당액지급증을 교부하는 동시에 그가 가진 집행력 있는 정본 또는 채권증서를 받아 채무자에게 교부하여야 한다.
③ 채권 일부의 배당을 받을 채권자에게는 집행력 있는 정본 또는 채권증서를 제출하게 한 뒤 배당액을 적어서 돌려주고 배당액지급증을 교부하는 동시에 영수증을 받아 채무자에게 교부하여야 한다.
④ 제1항 내지 제3항의 배당실시절차는 조서에 명확히 적어야 한다.

제160조(배당금액의 공탁) ① 배당을 받아야 할 채권자의 채권에 대하여 다음 각호 가운데 어느 하나의 사유가 있으면 그에 대한 배당액을 공탁하여야 한다.
  1. 채권에 정지조건 또는 불확정기한이 붙어 있는 때
  2. 가압류채권자의 채권인 때
  3. 제49조제2호 및 제266조제1항제5호에 규정된 문서가 제출되어 있는 때
  4. 저당권설정의 가등기가 마쳐져 있는 때
  5. 제154조제1항에 의한 배당이의의 소가 제기된 때
  6. 민법 제340조제2항 및 같은 법 제370조에 따른 배당금액의 공탁청구가 있는 때
② 채권자가 배당기일에 출석하지 아니한 때에는 그에 대한 배당액을 공탁하여야 한다.

제161조(공탁금에 대한 배당의 실시) ① 법원이 제160조제1항의 규정에 따라 채권자에 대한 배당액을 공탁한 뒤 공탁의 사유가 소멸한 때에는 법원은 공탁금을 지급하거나 공탁금에 대한 배당을 실시하여야 한다.
② 제1항에 따라 배당을 실시함에 있어서 다음 각호 가운데 어느 하나에 해당하는 때에는 법원은 배당에 대하여 이의하지 아니한 채권자를 위하여서도 배당표를 바꾸어야 한다.
  1. 제160조제1항제1호 내지 제4호의 사유에 따른 공탁에 관련된 채권자에 대하여 배당을 실시할 수 없게 된 때
  2. 제160조제1항제5호의 공탁에 관련된 채권자가 채무자로부터 제기당한 배당이의의 소에서 진 때

3. 제160조제1항제6호의 공탁에 관련된 채권자가 저당물의 매각대가로부터 배당을 받은 때

③ 제160조제2항의 채권자가 법원에 대하여 공탁금의 수령을 포기하는 의사를 표시한 때에는 그 채권자의 채권이 존재하지 아니하는 것으로 보고 배당표를 바꾸어야 한다.

④ 제2항 및 제3항의 배당표변경에 따른 추가 배당기일에 제151조의 규정에 따라 이의할 때에는 종전의 배당기일에서 주장할 수 없었던 사유만을 주장할 수 있다.

제162조(공동경매) 여러 압류채권자를 위하여 동시에 실시하는 부동산의 경매절차에는 제80조 내지 제161조의 규정을 준용한다.

제3관 강제관리

제163조(강제경매규정의 준용) 강제관리에는 제80조 내지 제82조, 제83조제1항·제3항 내지 제5항, 제85조 내지 제89조 및 제94조 내지 제96조의 규정을 준용한다.

제164조(강제관리개시결정) ① 강제관리를 개시하는 결정에는 채무자에게는 관리사무에 간섭하여서는 아니되고 부동산의 수익을 처분하여서도 아니된다고 명하여야 하며, 수익을 채무자에게 지급할 제3자에게는 관리인에게 이를 지급하도록 명하여야 한다.

② 수확하였거나 수확할 과실(果實)과, 이행기에 이르렀거나 이르게 될 과실은 제1항의 수익에 속한다.

③ 강제관리개시결정은 제3자에게는 결정서를 송달하여야 효력이 생긴다.

④ 강제관리신청을 기각하거나 각하하는 재판에 대하여는 즉시항고를 할 수 있다.

제165조(강제관리개시결정 등의 통지) 법원은 강제관리를 개시하는 결정을 한 부동산에 대하여 다시 강제관리의 개시결정을 하거나 배당요구의 신청이 있는 때에는 관리인에게 이를 통지하여야 한다.

제166조(관리인의 임명 등) ① 관리인은 법원이 임명한다. 다만, 채권자는 적당한 사람을 관리인으로 추천할 수 있다.

② 관리인은 관리와 수익을 하기 위하여 부동산을 점유할 수 있다. 이 경우 저항을 받으면 집행관에게 원조를 요구할 수 있다.

③ 관리인은 제3자가 채무자에게 지급할 수익을 추심(推尋)할 권한이 있다.

제167조(법원의 지휘·감독) ① 법원은 관리에 필요한 사항과 관리인의 보수를 정하고, 관리인을 지휘·감독한다.

② 법원은 관리인에게 보증을 제공하도록 명할 수 있다.

③ 관리인에게 관리를 계속할 수 없는 사유가 생긴 경우에는 법원은 직권으로 또는 이해관계인의 신청에 따라 관리인을 해임할 수 있다. 이 경우 관리인을 심문하여야 한다.

제168조(준용규정) 제3자가 부동산에 대한 강제관리를 막을 권리가 있다고 주장하는 경우에는 제48조의 규정을 준용한다.

제169조(수익의 처리) ① 관리인은 부동산수익에서 그 부동산이 부담하는 조세, 그 밖의 공과금을 뺀 뒤에 관리비용을 변제하고, 그 나머지 금액을 채권자에게 지급한다.

② 제1항의 경우 모든 채권자를 만족하게 할 수 없는 때에는 관리인은 채권자 사이의 배당협의에 따라 배당을 실시하여야 한다.

③ 채권자 사이에 배당협의가 이루어지지 못한 경우에 관리인은 그 사유를 법원에 신고하여야 한다.

④ 제3항의 신고가 있는 경우에는 제145조·제146조 및 제148조 내지 제161조의 규정을 준용하여 배당표를 작성하고 이에 따라 관리인으로 하여금 채권자에게 지급하게 하여야 한다.

제170조(관리인의 계산보고) ① 관리인은 매년 채권자·채무자와 법원에 계산서를 제출하여야 한다. 그 업

무를 마친 뒤에도 또한 같다.

② 채권자와 채무자는 계산서를 송달받은 날부터 1주 이내에 집행법원에 이에 대한 이의신청을 할 수 있다.

③ 제2항의 기간 이내에 이의신청이 없는 때에는 관리인의 책임이 면제된 것으로 본다.

④ 제2항의 기간 이내에 이의신청이 있는 때에는 관리인을 심문한 뒤 결정으로 재판하여야 한다. 신청한 이의를 매듭 지은 때에는 법원은 관리인의 책임을 면제한다.

제171조(강제관리의 취소) ① 강제관리의 취소는 법원이 결정으로 한다.

② 채권자들이 부동산수익으로 전부 변제를 받았을 때에는 법원은 직권으로 제1항의 취소결정을 한다.

③ 제1항 및 제2항의 결정에 대하여는 즉시항고를 할 수 있다.

④ 강제관리의 취소결정이 확정된 때에는 법원사무관등은 강제관리에 관한 기입등기를 말소하도록 촉탁하여야 한다.

제3절 선박 등에 대한 강제집행

제172조(선박에 대한 강제집행) 등기할 수 있는 선박에 대한 강제집행은 부동산의 강제경매에 관한 규정에 따른다. 다만, 사물의 성질에 따른 차이가 있거나 특별한 규정이 있는 경우에는 그러하지 아니하다.

제173조(관할법원) 선박에 대한 강제집행의 집행법원은 압류 당시에 그 선박이 있는 곳을 관할하는 지방법원으로 한다.

제174조(선박국적증서 등의 제출) ①법원은 경매개시결정을 한 때에는 집행관에게 선박국적증서 그 밖에 선박운행에 필요한 문서(이하 "선박국적증서등"이라 한다)를 선장으로부터 받아 법원에 제출하도록 명하여야 한다.

② 경매개시결정이 송달 또는 등기되기 전에 집행관이 선박국적증서등을 받은 경우에는 그 때에 압류의 효력이 생긴다.

제175조(선박집행신청전의 선박국적증서등의 인도명령) ① 선박에 대한 집행의 신청전에 선박국적증서등을 받지 아니하면 집행이 매우 곤란할 염려가 있을 경우에는 선적(船籍)이 있는 곳을 관할하는 지방법원(선적이 없는 때에는 대법원규칙이 정하는 법원)은 신청에 따라 채무자에게 선박국적증서등을 집행관에게 인도하도록 명할 수 있다. 급박한 경우에는 선박이 있는 곳을 관할하는 지방법원도 이 명령을 할 수 있다.

② 집행관은 선박국적증서등을 인도받은 날부터 5일 이내에 채권자로부터 선박집행을 신청하였음을 증명하는 문서를 제출받지 못한 때에는 그 선박국적증서등을 돌려 주어야 한다.

③ 제1항의 규정에 따른 재판에 대하여는 즉시항고를 할 수 있다.

④ 제1항의 규정에 따른 재판에는 제292조제2항 및 제3항의 규정을 준용한다.

제176조(압류선박의 정박) ① 법원은 집행절차를 행하는 동안 선박이 압류 당시의 장소에 계속 머무르도록 명하여야 한다.

② 법원은 영업상의 필요, 그 밖에 상당한 이유가 있다고 인정할 경우에는 채무자의 신청에 따라 선박의 운행을 허가할 수 있다. 이 경우 채권자·최고가매수신고인·차순위매수신고인 및 매수인의 동의가 있어야 한다.

③ 제2항의 선박운행허가결정에 대하여는 즉시항고를 할 수 있다.

④ 제2항의 선박운행허가결정은 확정되어야 효력이 생긴다.

제177조(경매신청의 첨부서류) ① 강제경매신청을 할 때에는 다음 각호의 서류를 내야 한다.

  1. 채무자가 소유자인 경우에는 소유자로서 선박을 점유하고 있다는 것을, 선장인 경우에는 선장으로서 선박을 지휘하고 있다는 것을 소명할 수 있는 증서

  2. 선박에 관한 등기사항을 포함한 등기부의 초본 또는 등본

② 채권자는 공적 장부를 주관하는 공공기관이 멀리 떨어진 곳에 있는 때에는 제1항제2호의 초본 또는 등본을 보내주도록 법원에 신청할 수 있다.

제178조(감수·보존처분) ① 법원은 채권자의 신청에 따라 선박을 감수(監守)하고 보존하기 위하여 필요한 처분을 할 수 있다.

② 제1항의 처분을 한 때에는 경매개시결정이 송달되기 전에도 압류의 효력이 생긴다.

제179조(선장에 대한 판결의 집행) ① 선장에 대한 판결로 선박채권자를 위하여 선박을 압류하면 그 압류는 소유자에 대하여도 효력이 미친다. 이 경우 소유자도 이해관계인으로 본다.

② 압류한 뒤에 소유자나 선장이 바뀌더라도 집행절차에는 영향을 미치지 아니한다.

③ 압류한 뒤에 선장이 바뀐 때에는 바뀐 선장만이 이해관계인이 된다.

제180조(관할위반으로 말미암은 절차의 취소) 압류 당시 선박이 그 법원의 관할안에 없었음이 판명된 때에는 그 절차를 취소하여야 한다.

제181조(보증의 제공에 의한 강제경매절차의 취소) ① 채무자가 제49조제2호 또는 제4호의 서류를 제출하고 압류채권자 및 배당을 요구한 채권자의 채권과 집행비용에 해당하는 보증을 매수신고전에 제공한 때에는 법원은 신청에 따라 배당절차 외의 절차를 취소하여야 한다.

② 제1항에 규정한 서류를 제출함에 따른 집행정지가 효력을 잃은 때에는 법원은 제1항의 보증금을 배당하여야 한다.

③ 제1항의 신청을 기각한 재판에 대하여는 즉시항고를 할 수 있다.

④ 제1항의 규정에 따른 집행취소결정에는 제17조제2항의 규정을 적용하지 아니한다.

⑤ 제1항의 보증의 제공에 관하여 필요한 사항은 대법원규칙으로 정한다.

제182조(사건의 이송) ① 압류된 선박이 관할구역 밖으로 떠난 때에는 집행법원은 선박이 있는 곳을 관할하는 법원으로 사건을 이송할 수 있다.

② 제1항의 규정에 따른 결정에 대하여는 불복할 수 없다.

제183조(선박국적증서등을 넘겨받지 못한 경우의 경매절차취소) 경매개시결정이 있은 날부터 2월이 지나기까지 집행관이 선박국적증서등을 넘겨받지 못하고, 선박이 있는 곳이 분명하지 아니한 때에는 법원은 강제경매절차를 취소할 수 있다.

제184조(매각기일의 공고) 매각기일의 공고에는 선박의 표시와 그 정박한 장소를 적어야 한다.

제185조(선박지분의 압류명령) ① 선박의 지분에 대한 강제집행은 제251조에서 규정한 강제집행의 예에 따른다.

② 채권자가 선박의 지분에 대하여 강제집행신청을 하기 위하여서는 채무자가 선박의 지분을 소유하고 있다는 사실을 증명할 수 있는 선박등기부의 등본이나 그 밖의 증명서를 내야 한다.

③ 압류명령은 채무자 외에 「상법」 제764조에 의하여 선임된 선박관리인(이하 이 조에서 "선박관리인"이라 한다)에게도 송달하여야 한다. 〈개정 2007. 8. 3.〉

④ 압류명령은 선박관리인에게 송달되면 채무자에게 송달된 것과 같은 효력을 가진다.

제186조(외국선박의 압류) 외국선박에 대한 강제집행에는 등기부에 기입할 절차에 관한 규정을 적용하지 아니한다.

제187조(자동차 등에 대한 강제집행) 자동차·건설기계·소형선박(「자동차 등 특정동산 저당법」 제3조제2호에 따른 소형선박을 말한다) 및 항공기(「자동차 등 특정동산 저당법」 제3조제4호에 따른 항공기 및 경량항공기를 말한다)에 대한 강제집행절차는 제2편제2장제2절부터 제4절까지의 규정에 준하여 대법원규칙으로 정한다. 〈개정 2007. 8. 3., 2009. 3. 25., 2015. 5. 18.〉

제4절 동산에 대한 강제집행

제1관 통칙

제188조(집행방법, 압류의 범위) ① 동산에 대한 강제집행은 압류에 의하여 개시한다.

② 압류는 집행력 있는 정본에 적은 청구금액의 변제와 집행비용의 변상에 필요한 한도안에서 하여야 한다.

③ 압류물을 현금화하여도 집행비용 외에 남을 것이 없는 경우에는 집행하지 못한다.

제2관 유체동산에 대한 강제집행

제189조(채무자가 점유하고 있는 물건의 압류) ① 채무자가 점유하고 있는 유체동산의 압류는 집행관이 그 물건을 점유함으로써 한다. 다만, 채권자의 승낙이 있거나 운반이 곤란한 때에는 봉인(封印), 그 밖의 방법으로 압류물임을 명확히 하여 채무자에게 보관시킬 수 있다.

② 다음 각호 가운데 어느 하나에 해당하는 물건은 이 법에서 유체동산으로 본다.

  1. 등기할 수 없는 토지의 정착물로서 독립하여 거래의 객체가 될 수 있는 것
  2. 토지에서 분리하기 전의 과실로서 1월 이내에 수확할 수 있는 것
  3. 유가증권으로서 배서가 금지되지 아니한 것

③ 집행관은 채무자에게 압류의 사유를 통지하여야 한다.

제190조(부부공유 유체동산의 압류) 채무자와 그 배우자의 공유로서 채무자가 점유하거나 그 배우자와 공동으로 점유하고 있는 유체동산은 제189조의 규정에 따라 압류할 수 있다.

제191조(채무자 외의 사람이 점유하고 있는 물건의 압류) 채권자 또는 물건의 제출을 거부하지 아니하는 제3자가 점유하고 있는 물건은 제189조의 규정을 준용하여 압류할 수 있다.

제192조(국고금의 압류) 국가에 대한 강제집행은 국고금을 압류함으로써 한다.

제193조(압류물의 인도) ① 압류물을 제3자가 점유하게 된 경우에는 법원은 채권자의 신청에 따라 그 제3자에 대하여 그 물건을 집행관에게 인도하도록 명할 수 있다.

② 제1항의 신청은 압류물을 제3자가 점유하고 있는 것을 안 날부터 1주 이내에 하여야 한다.

③ 제1항의 재판은 상대방에게 송달되기 전에도 집행할 수 있다.

④ 제1항의 재판은 신청인에게 고지된 날부터 2주가 지난 때에는 집행할 수 없다.

⑤ 제1항의 재판에 대하여는 즉시항고를 할 수 있다.

제194조(압류의 효력) 압류의 효력은 압류물에서 생기는 천연물에도 미친다.

제195조(압류가 금지되는 물건) 다음 각호의 물건은 압류하지 못한다. *〈개정 2005. 1. 27.〉*

  1. 채무자 및 그와 같이 사는 친족(사실상 관계에 따른 친족을 포함한다. 이하 이 조에서 "채무자등"이라 한다)의 생활에 필요한 의복·침구·가구·부엌기구, 그 밖의 생활필수품
  2. 채무자등의 생활에 필요한 2월간의 식료품·연료 및 조명재료
  3. 채무자등의 생활에 필요한 1월간의 생계비로서 대통령령이 정하는 액수의 금전
  4. 주로 자기 노동력으로 농업을 하는 사람에게 없어서는 아니될 농기구·비료·가축·사료·종자, 그 밖에 이에 준하는 물건
  5. 주로 자기의 노동력으로 어업을 하는 사람에게 없어서는 아니될 고기잡이 도구·어망·미끼·새끼고기, 그 밖에 이에 준하는 물건
  6. 전문직 종사자·기술자·노무자, 그 밖에 주로 자기의 정신적 또는 육체적 노동으로 직업 또는 영업에 종사하는 사람에게 없어서는 아니 될 제복·도구, 그 밖에 이에 준하는 물건

7. 채무자 또는 그 친족이 받은 훈장·포장·기장, 그 밖에 이에 준하는 명예증표

8. 위패·영정·묘비, 그 밖에 상례·제사 또는 예배에 필요한 물건

9. 족보·집안의 역사적인 기록·사진첩, 그 밖에 선조숭배에 필요한 물건

10. 채무자의 생활 또는 직무에 없어서는 아니 될 도장·문패·간판, 그 밖에 이에 준하는 물건

11. 채무자의 생활 또는 직업에 없어서는 아니 될 일기장·상업장부, 그 밖에 이에 준하는 물건

12. 공표되지 아니한 저작 또는 발명에 관한 물건

13. 채무자등이 학교·교회·사찰, 그 밖의 교육기관 또는 종교단체에서 사용하는 교과서·교리서·학습용구, 그 밖에 이에 준하는 물건

14. 채무자등의 일상생활에 필요한 안경·보청기·의치·의수족·지팡이·장애보조용 바퀴의자, 그 밖에 이에 준하는 신체보조기구

15. 채무자등의 일상생활에 필요한 자동차로서 자동차관리법이 정하는 바에 따른 장애인용 경형자동차

16. 재해의 방지 또는 보안을 위하여 법령의 규정에 따라 설비하여야 하는 소방설비·경보기구·피난시설, 그 밖에 이에 준하는 물건

제196조(압류금지 물건을 정하는 재판) ① 법원은 당사자가 신청하면 채권자와 채무자의 생활형편, 그 밖의 사정을 고려하여 유체동산의 전부 또는 일부에 대한 압류를 취소하도록 명하거나 제195조의 유체동산을 압류하도록 명할 수 있다.

② 제1항의 결정이 있은 뒤에 그 이유가 소멸되거나 사정이 바뀐 때에는 법원은 직권으로 또는 당사자의 신청에 따라 그 결정을 취소하거나 바꿀 수 있다.

③ 제1항 및 제2항의 경우에 법원은 제16조제2항에 준하는 결정을 할 수 있다.

④ 제1항 및 제2항의 결정에 대하여는 즉시항고를 할 수 있다.

⑤ 제3항의 결정에 대하여는 불복할 수 없다.

제197조(일괄매각) ① 집행관은 여러 개의 유체동산의 형태, 이용관계 등을 고려하여 일괄매수하게 하는 것이 알맞다고 인정하는 때에는 직권으로 또는 이해관계인의 신청에 따라 일괄하여 매각할 수 있다.

② 제1항의 경우에는 제98조제3항, 제99조, 제100조, 제101조제2항 내지 제5항의 규정을 준용한다.

제198조(압류물의 보존) ① 압류물을 보존하기 위하여 필요한 때에는 집행관은 적당한 처분을 하여야 한다.

② 제1항의 경우에 비용이 필요한 때에는 채권자로 하여금 이를 미리 내게 하여야 한다. 채권자가 여럿인 때에는 요구하는 액수에 비례하여 미리 내게 한다.

③ 제49조제2호 또는 제4호의 문서가 제출된 경우에 압류물을 즉시 매각하지 아니하면 값이 크게 내릴 염려가 있거나, 보관에 지나치게 많은 비용이 드는 때에는 집행관은 그 물건을 매각할 수 있다.

④ 집행관은 제3항의 규정에 따라 압류물을 매각하였을 때에는 그 대금을 공탁하여야 한다.

제199조(압류물의 매각) 집행관은 압류를 실시한 뒤 입찰 또는 호가경매의 방법으로 압류물을 매각하여야 한다.

제200조(값비싼 물건의 평가) 매각할 물건 가운데 값이 비싼 물건이 있는 때에는 집행관은 적당한 감정인에게 이를 평가하게 하여야 한다.

제201조(압류금전) ① 압류한 금전은 채권자에게 인도하여야 한다.

② 집행관이 금전을 추심한 때에는 채무자가 지급한 것으로 본다. 다만, 담보를 제공하거나 공탁을 하여 집행에서 벗어날 수 있도록 채무자에게 허가한 때에는 그러하지 아니하다.

제202조(매각일) 압류일과 매각일 사이에는 1주 이상 기간을 두어야 한다. 다만, 압류물을 보관하는 데 지나치게 많은 비용이 들거나, 시일이 지나면 그 물건의 값이 크게 내릴 염려가 있는 때에는 그러하지 아니하다.

제203조(매각장소) ① 매각은 압류한 유체동산이 있는 시·구·읍·면(도농복합형태의 시의 경우 동지역은 시·구, 읍·면지역은 읍·면)에서 진행한다. 다만, 압류채권자와 채무자가 합의하면 합의된 장소에서 진행한다.
② 매각일자와 장소는 대법원규칙이 정하는 방법으로 공고한다. 공고에는 매각할 물건을 표시하여야 한다.

제204조(준용규정) 매각장소의 질서유지에 관하여는 제108조의 규정을 준용한다.

제205조(매각·재매각) ① 집행관은 최고가매수신고인의 성명과 가격을 말한 뒤 매각을 허가한다.
② 매각물은 대금과 서로 맞바꾸어 인도하여야 한다.
③ 매수인이 매각조건에 정한 지급기일에 대금의 지급과 물건의 인도청구를 게을리 한 때에는 재매각을 하여야 한다. 지급기일을 정하지 아니한 경우로서 매각기일의 마감에 앞서 대금의 지급과 물건의 인도청구를 게을리 한 때에도 또한 같다.
④ 제3항의 경우에는 전의 매수인은 재매각절차에 참가하지 못하며, 뒤의 매각대금이 처음의 매각대금보다 적은 때에는 그 부족한 액수를 부담하여야 한다.

제206조(배우자의 우선매수권) ① 제190조의 규정에 따라 압류한 유체동산을 매각하는 경우에 배우자는 매각기일에 출석하여 우선매수할 것을 신고할 수 있다.
② 제1항의 우선매수신고에는 제140조제1항 및 제2항의 규정을 준용한다.

제207조(매각의 한도) 매각은 매각대금으로 채권자에게 변제하고 강제집행비용을 지급하기에 충분하게 되면 즉시 중지하여야 한다. 다만, 제197조제2항 및 제101조제3항 단서에 따른 일괄매각의 경우에는 그러하지 아니하다.

제208조(집행관이 매각대금을 영수한 효과) 집행관이 매각대금을 영수한 때에는 채무자가 지급한 것으로 본다. 다만, 담보를 제공하거나 공탁을 하여 집행에서 벗어날 수 있도록 채무자에게 허가한 때에는 그러하지 아니하다.

제209조(금·은붙이의 현금화) 금·은붙이는 그 금·은의 시장가격 이상의 금액으로 일반 현금화의 규정에 따라 매각하여야 한다. 시장가격 이상의 금액으로 매수하는 사람이 없는 때에는 집행관은 그 시장가격에 따라 적당한 방법으로 매각할 수 있다.

제210조(유가증권의 현금화) 집행관이 유가증권을 압류한 때에는 시장가격이 있는 것은 매각하는 날의 시장가격에 따라 적당한 방법으로 매각하고 그 시장가격이 형성되지 아니한 것은 일반 현금화의 규정에 따라 매각하여야 한다.

제211조(기명유가증권의 명의개서) 유가증권이 기명식인 때에는 집행관은 매수인을 위하여 채무자에 갈음하여 배서 또는 명의개서에 필요한 행위를 할 수 있다.

제212조(어음 등의 제시의무) ① 집행관은 어음·수표 그 밖의 금전의 지급을 목적으로 하는 유가증권(이하 "어음등"이라 한다)으로서 일정한 기간 안에 인수 또는 지급을 위한 제시 또는 지급의 청구를 필요로 하는 것을 압류하였을 경우에 그 기간이 개시되면 채무자에 갈음하여 필요한 행위를 하여야 한다.
② 집행관은 미완성 어음등을 압류한 경우에 채무자에게 기한을 정하여 어음등에 적을 사항을 보충하도록 최고하여야 한다.

제213조(미분리과실의 매각) ① 토지에서 분리되기 전에 압류한 과실은 충분히 익은 다음에 매각하여야 한다.
② 집행관은 매각하기 위하여 수확을 하게 할 수 있다.

제214조(특별한 현금화 방법) ① 법원은 필요하다고 인정하면 직권으로 또는 압류채권자, 배당을 요구한 채권자 또는 채무자의 신청에 따라 일반 현금화의 규정에 의하지 아니하고 다른 방법이나 다른 장소에서 압류물을 매각하게 할 수 있다. 또한 집행관에게 위임하지 아니하고 다른 사람으로 하여금 매각하게 하도

록 명할 수 있다.

② 제1항의 재판에 대하여는 불복할 수 없다.

제215조(압류의 경합) ① 유체동산을 압류하거나 가압류한 뒤 매각기일에 이르기 전에 다른 강제집행이 신청된 때에는 집행관은 집행신청서를 먼저 압류한 집행관에게 교부하여야 한다. 이 경우 더 압류할 물건이 있으면 이를 압류한 뒤에 추가압류조서를 교부하여야 한다.

② 제1항의 경우에 집행에 관한 채권자의 위임은 먼저 압류한 집행관에게 이전된다.

③ 제1항의 경우에 각 압류한 물건은 강제집행을 신청한 모든 채권자를 위하여 압류한 것으로 본다.

④ 제1항의 경우에 먼저 압류한 집행관은 뒤에 강제집행을 신청한 채권자를 위하여 다시 압류한다는 취지를 덧붙여 그 압류조서에 적어야 한다.

제216조(채권자의 매각최고) ① 상당한 기간이 지나도 집행관이 매각하지 아니하는 때에는 압류채권자는 집행관에게 일정한 기간 이내에 매각하도록 최고할 수 있다.

② 집행관이 제1항의 최고에 따르지 아니하는 때에는 압류채권자는 법원에 필요한 명령을 신청할 수 있다.

제217조(우선권자의 배당요구) 민법·상법, 그 밖의 법률에 따라 우선변제청구권이 있는 채권자는 매각대금의 배당을 요구할 수 있다.

제218조(배당요구의 절차) 제217조의 배당요구는 이유를 밝혀 집행관에게 하여야 한다.

제219조(배당요구 등의 통지) 제215조제1항 및 제218조의 경우에는 집행관은 그 사유를 배당에 참가한 채권자와 채무자에게 통지하여야 한다.

제220조(배당요구의 시기) ① 배당요구는 다음 각호의 시기까지 할 수 있다.

  1. 집행관이 금전을 압류한 때 또는 매각대금을 영수한 때

  2. 집행관이 어음·수표 그 밖의 금전의 지급을 목적으로 한 유가증권에 대하여 그 금전을 지급받은 때

② 제198조제4항에 따라 공탁된 매각대금에 대하여는 동산집행을 계속하여 진행할 수 있게 된 때까지, 제296조제5항 단서에 따라 공탁된 매각대금에 대하여는 압류의 신청을 한 때까지 배당요구를 할 수 있다.

제221조(배우자의 지급요구) ① 제190조의 규정에 따라 압류한 유체동산에 대하여 공유지분을 주장하는 배우자는 매각대금을 지급하여 줄 것을 요구할 수 있다.

② 제1항의 지급요구에는 제218조 내지 제220조의 규정을 준용한다.

③ 제219조의 통지를 받은 채권자가 배우자의 공유주장에 대하여 이의가 있는 때에는 배우자를 상대로 소를 제기하여 공유가 아니라는 것을 확정하여야 한다.

④ 제3항의 소에는 제154조제3항, 제155조 내지 제158조, 제160조제1항제5호 및 제161조제1항·제2항·제4항의 규정을 준용한다.

제222조(매각대금의 공탁) ① 매각대금으로 배당에 참가한 모든 채권자를 만족하게 할 수 없고 매각허가된 날부터 2주 이내에 채권자 사이에 배당협의가 이루어지지 아니한 때에는 매각대금을 공탁하여야 한다.

② 여러 채권자를 위하여 동시에 금전을 압류한 경우에도 제1항과 같다.

③ 제1항 및 제2항의 경우에 집행관은 집행절차에 관한 서류를 붙여 그 사유를 법원에 신고하여야 한다.

제3관 채권과 그 밖의 재산권에 대한 강제집행

제223조(채권의 압류명령) 제3자에 대한 채무자의 금전채권 또는 유가증권, 그 밖의 유체물의 권리이전이나 인도를 목적으로 한 채권에 대한 강제집행은 집행법원의 압류명령에 의하여 개시한다.

제224조(집행법원) ① 제223조의 집행법원은 채무자의 보통재판적이 있는 곳의 지방법원으로 한다.

② 제1항의 지방법원이 없는 경우 집행법원은 압류한 채권의 채무자(이하 "제3채무자"라 한다)의 보통재 판적이 있는 곳의 지방법원으로 한다. 다만, 이 경우에 물건의 인도를 목적으로 하는 채권과 물적 담 보권 있는 채권에 대한 집행법원은 그 물건이 있는 곳의 지방법원으로 한다.

③ 가압류에서 이전되는 채권압류의 경우에 제223조의 집행법원은 가압류를 명한 법원이 있는 곳을 관할 하는 지방법원으로 한다.

제225조(압류명령의 신청) 채권자는 압류명령신청에 압류할 채권의 종류와 액수를 밝혀야 한다.

제226조(심문의 생략) 압류명령은 제3채무자와 채무자를 심문하지 아니하고 한다.

제227조(금전채권의 압류) ① 금전채권을 압류할 때에는 법원은 제3채무자에게 채무자에 대한 지급을 금지 하고 채무자에게 채권의 처분과 영수를 금지하여야 한다.

② 압류명령은 제3채무자와 채무자에게 송달하여야 한다.

③ 압류명령이 제3채무자에게 송달되면 압류의 효력이 생긴다.

④ 압류명령의 신청에 관한 재판에 대하여는 즉시항고를 할 수 있다.

제228조(저당권이 있는 채권의 압류) ① 저당권이 있는 채권을 압류할 경우 채권자는 채권압류사실을 등기 부에 기입하여 줄 것을 법원사무관등에게 신청할 수 있다. 이 신청은 채무자의 승낙 없이 법원에 대한 압 류명령의 신청과 함께 할 수 있다.

② 법원사무관등은 의무를 지는 부동산 소유자에게 압류명령이 송달된 뒤에 제1항의 신청에 따른 등기를 촉탁하여야 한다.

제229조(금전채권의 현금화방법) ① 압류한 금전채권에 대하여 압류채권자는 추심명령(推尋命令)이나 전부 명령(轉付命令)을 신청할 수 있다.

② 추심명령이 있는 때에는 압류채권자는 대위절차(代位節次) 없이 압류채권을 추심할 수 있다.

③ 전부명령이 있는 때에는 압류된 채권은 지급에 갈음하여 압류채권자에게 이전된다.

④ 추심명령에 대하여는 제227조제2항 및 제3항의 규정을, 전부명령에 대하여는 제227조제2항의 규정을 각각 준용한다.

⑤ 전부명령이 제3채무자에게 송달될 때까지 그 금전채권에 관하여 다른 채권자가 압류·가압류 또는 배 당요구를 한 경우에는 전부명령은 효력을 가지지 아니한다.

⑥ 제1항의 신청에 관한 재판에 대하여는 즉시항고를 할 수 있다.

⑦ 전부명령은 확정되어야 효력을 가진다.

⑧ 전부명령이 있은 뒤에 제49조제2호 또는 제4호의 서류를 제출한 것을 이유로 전부명령에 대한 즉시항 고가 제기된 경우에는 항고법원은 다른 이유로 전부명령을 취소하는 경우를 제외하고는 항고에 관한 재판을 정지하여야 한다.

제230조(저당권이 있는 채권의 이전) 저당권이 있는 채권에 관하여 전부명령이 있는 경우에는 제228조의 규정을 준용한다.

제231조(전부명령의 효과) 전부명령이 확정된 경우에는 전부명령이 제3채무자에게 송달된 때에 채무자가 채무를 변제한 것으로 본다. 다만, 이전된 채권이 존재하지 아니한 때에는 그러하지 아니하다.

제232조(추심명령의 효과) ① 추심명령은 그 채권전액에 미친다. 다만, 법원은 채무자의 신청에 따라 압류 채권자를 심문하여 압류액수를 그 채권자의 요구액수로 제한하고 채무자에게 그 초과된 액수의 처분과 영 수를 허가할 수 있다.

② 제1항 단서의 제한부분에 대하여 다른 채권자는 배당요구를 할 수 없다.

③ 제1항의 허가는 제3채무자와 채권자에게 통지하여야 한다.

제233조(지시채권의 압류) 어음·수표 그 밖에 배서로 이전할 수 있는 증권으로서 배서가 금지된 증권채권의 압류는 법원의 압류명령으로 집행관이 그 증권을 점유하여 한다.

제234조(채권증서) ① 채무자는 채권에 관한 증서가 있으면 압류채권자에게 인도하여야 한다.
② 채권자는 압류명령에 의하여 강제집행의 방법으로 그 증서를 인도받을 수 있다.

제235조(압류의 경합) ① 채권 일부가 압류된 뒤에 그 나머지 부분을 초과하여 다시 압류명령이 내려진 때에는 각 압류의 효력은 그 채권 전부에 미친다.
② 채권 전부가 압류된 뒤에 그 채권 일부에 대하여 다시 압류명령이 내려진 때 그 압류의 효력도 제1항과 같다.

제236조(추심의 신고) ① 채권자는 추심한 채권액을 법원에 신고하여야 한다.
② 제1항의 신고전에 다른 압류·가압류 또는 배당요구가 있었을 때에는 채권자는 추심한 금액을 바로 공탁하고 그 사유를 신고하여야 한다.

제237조(제3채무자의 진술의무) ① 압류채권자는 제3채무자로 하여금 압류명령을 송달받은 날부터 1주 이내에 서면으로 다음 각호의 사항을 진술하게 하도록 법원에 신청할 수 있다.
　　1. 채권을 인정하는지의 여부 및 인정한다면 그 한도
　　2. 채권에 대하여 지급할 의사가 있는지의 여부 및 의사가 있다면 그 한도
　　3. 채권에 대하여 다른 사람으로부터 청구가 있는지의 여부 및 청구가 있다면 그 종류
　　4. 다른 채권자에게 채권을 압류당한 사실이 있는지의 여부 및 그 사실이 있다면 그 청구의 종류
② 법원은 제1항의 진술을 명하는 서면을 제3채무자에게 송달하여야 한다.
③ 제3채무자가 진술을 게을리 한 때에는 법원은 제3채무자에게 제1항의 사항을 심문할 수 있다.

제238조(추심의 소제기) 채권자가 명령의 취지에 따라 제3채무자를 상대로 소를 제기할 때에는 일반규정에 의한 관할법원에 제기하고 채무자에게 그 소를 고지하여야 한다. 다만, 채무자가 외국에 있거나 있는 곳이 분명하지 아니한 때에는 고지할 필요가 없다.

제239조(추심의 소홀) 채권자가 추심할 채권의 행사를 게을리 한 때에는 이로써 생긴 채무자의 손해를 부담한다.

제240조(추심권의 포기) ① 채권자는 추심명령에 따라 얻은 권리를 포기할 수 있다. 다만, 기본채권에는 영향이 없다.
② 제1항의 포기는 법원에 서면으로 신고하여야 한다. 법원사무관등은 그 등본을 제3채무자와 채무자에게 송달하여야 한다.

제241조(특별한 현금화방법) ① 압류된 채권이 조건 또는 기한이 있거나, 반대의무의 이행과 관련되어 있거나 그 밖의 이유로 추심하기 곤란할 때에는 법원은 채권자의 신청에 따라 다음 각호의 명령을 할 수 있다.
　　1. 채권을 법원이 정한 값으로 지급함에 갈음하여 압류채권자에게 양도하는 양도명령
　　2. 추심에 갈음하여 법원이 정한 방법으로 그 채권을 매각하도록 집행관에게 명하는 매각명령
　　3. 관리인을 선임하여 그 채권의 관리를 명하는 관리명령
　　4. 그 밖에 적당한 방법으로 현금화하도록 하는 명령
② 법원은 제1항의 경우 그 신청을 허가하는 결정을 하기 전에 채무자를 심문하여야 한다. 다만, 채무자가 외국에 있거나 있는 곳이 분명하지 아니한 때에는 심문할 필요가 없다.
③ 제1항의 결정에 대하여는 즉시항고를 할 수 있다.
④ 제1항의 결정은 확정되어야 효력을 가진다.
⑤ 압류된 채권을 매각한 경우에는 집행관은 채무자를 대신하여 제3채무자에게 서면으로 양도의 통지를

하여야 한다.

⑥ 양도명령에는 제227조제2항·제229조제5항·제230조 및 제231조의 규정을, 매각명령에 의한 집행관의 매각에는 제108조의 규정을, 관리명령에는 제227조제2항의 규정을, 관리명령에 의한 관리에는 제167조, 제169조 내지 제171조, 제222조제2항·제3항의 규정을 각각 준용한다.

제242조(유체물인도청구권 등에 대한 집행) 부동산·유체동산·선박·자동차·건설기계·항공기·경량항공기 등 유체물의 인도나 권리이전의 청구권에 대한 강제집행에 대하여는 제243조부터 제245조까지의 규정을 우선적용하는 것을 제외하고는 제227조부터 제240조까지의 규정을 준용한다. 〈개정 2015. 5. 18.〉

제243조(유체동산에 관한 청구권의 압류) ① 유체동산에 관한 청구권을 압류하는 경우에는 법원이 제3채무자에 대하여 그 동산을 채권자의 위임을 받은 집행관에게 인도하도록 명한다.

② 채권자는 제3채무자에 대하여 제1항의 명령의 이행을 구하기 위하여 법원에 추심명령을 신청할 수 있다.

③ 제1항의 동산의 현금화에 대하여는 압류한 유체동산의 현금화에 관한 규정을 적용한다.

제244조(부동산청구권에 대한 압류) ① 부동산에 관한 인도청구권의 압류에 대하여는 그 부동산소재지의 지방법원은 채권자 또는 제3채무자의 신청에 의하여 보관인을 정하고 제3채무자에 대하여 그 부동산을 보관인에게 인도할 것을 명하여야 한다.

② 부동산에 관한 권리이전청구권의 압류에 대하여는 그 부동산소재지의 지방법원은 채권자 또는 제3채무자의 신청에 의하여 보관인을 정하고 제3채무자에 대하여 그 부동산에 관한 채무자명의의 권리이전등기절차를 보관인에게 이행할 것을 명하여야 한다.

③ 제2항의 경우에 보관인은 채무자명의의 권리이전등기신청에 관하여 채무자의 대리인이 된다.

④ 채권자는 제3채무자에 대하여 제1항 또는 제2항의 명령의 이행을 구하기 위하여 법원에 추심명령을 신청할 수 있다.

제245조(전부명령 제외) 유체물의 인도나 권리이전의 청구권에 대하여는 전부명령을 하지 못한다.

제246조(압류금지채권) ① 다음 각호의 채권은 압류하지 못한다. 〈개정 2005. 1. 27., 2010. 7. 23., 2011. 4. 5., 2022. 1. 4.〉

1. 법령에 규정된 부양료 및 유족부조료(遺族扶助料)
2. 채무자가 구호사업이나 제3자의 도움으로 계속 받는 수입
3. 병사의 급료
4. 급료·연금·봉급·상여금·퇴직연금, 그 밖에 이와 비슷한 성질을 가진 급여채권의 2분의 1에 해당하는 금액. 다만, 그 금액이 국민기초생활보장법에 의한 최저생계비를 고려하여 대통령령이 정하는 금액에 미치지 못하는 경우 또는 표준적인 가구의 생계비를 고려하여 대통령령이 정하는 금액을 초과하는 경우에는 각각 당해 대통령령이 정하는 금액으로 한다.
5. 퇴직금 그 밖에 이와 비슷한 성질을 가진 급여채권의 2분의 1에 해당하는 금액
6. 「주택임대차보호법」 제8조, 같은 법 시행령의 규정에 따라 우선변제를 받을 수 있는 금액
7. 생명, 상해, 질병, 사고 등을 원인으로 채무자가 지급받는 보장성보험의 보험금(해약환급 및 만기환급금을 포함한다). 다만, 압류금지의 범위는 생계유지, 치료 및 장애 회복에 소요될 것으로 예상되는 비용 등을 고려하여 대통령령으로 정한다.
8. 채무자의 1월간 생계유지에 필요한 예금(적금·부금·예탁금과 우편대체를 포함한다). 다만, 그 금액은 「국민기초생활 보장법」에 따른 최저생계비, 제195조제3호에서 정한 금액 등을 고려하여 대통령령으로 정한다.

② 법원은 제1항제1호부터 제7호까지에 규정된 종류의 금원이 금융기관에 개설된 채무자의 계좌에 이체되는 경우 채무자의 신청에 따라 그에 해당하는 부분의 압류명령을 취소하여야 한다. 〈신설 2011. 4. 5.〉

③ 법원은 당사자가 신청하면 채권자와 채무자의 생활형편, 그 밖의 사정을 고려하여 압류명령의 전부 또는 일부를 취소하거나 제1항의 압류금지채권에 대하여 압류명령을 할 수 있다.〈개정 2011. 4. 5.〉

④ 제3항의 경우에는 제196조제2항 내지 제5항의 규정을 준용한다.〈개정 2011. 4. 5.〉

제247조(배당요구) ① 민법·상법, 그 밖의 법률에 의하여 우선변제청구권이 있는 채권자와 집행력 있는 정본을 가진 채권자는 다음 각호의 시기까지 법원에 배당요구를 할 수 있다.

　1. 제3채무자가 제248조제4항에 따른 공탁의 신고를 한 때

　2. 채권자가 제236조에 따른 추심의 신고를 한 때

　3. 집행관이 현금화한 금전을 법원에 제출한 때

② 전부명령이 제3채무자에게 송달된 뒤에는 배당요구를 하지 못한다.

③ 제1항의 배당요구에는 제218조 및 제219조의 규정을 준용한다.

④ 제1항의 배당요구는 제3채무자에게 통지하여야 한다.

제248조(제3채무자의 채무액의 공탁) ① 제3채무자는 압류에 관련된 금전채권의 전액을 공탁할 수 있다.

② 금전채권에 관하여 배당요구서를 송달받은 제3채무자는 배당에 참가한 채권자의 청구가 있으면 압류된 부분에 해당하는 금액을 공탁하여야 한다.

③ 금전채권중 압류되지 아니한 부분을 초과하여 거듭 압류명령 또는 가압류명령이 내려진 경우에 그 명령을 송달받은 제3채무자는 압류 또는 가압류채권자의 청구가 있으면 그 채권의 전액에 해당하는 금액을 공탁하여야 한다.

④ 제3채무자가 채무액을 공탁한 때에는 그 사유를 법원에 신고하여야 한다. 다만, 상당한 기간 이내에 신고가 없는 때에는 압류채권자, 가압류채권자, 배당에 참가한 채권자, 채무자, 그 밖의 이해관계인이 그 사유를 법원에 신고할 수 있다.

제249조(추심의 소) ① 제3채무자가 추심절차에 대하여 의무를 이행하지 아니하는 때에는 압류채권자는 소로써 그 이행을 청구할 수 있다.

② 집행력 있는 정본을 가진 모든 채권자는 공동소송인으로 원고 쪽에 참가할 권리가 있다.

③ 소를 제기당한 제3채무자는 제2항의 채권자를 공동소송인으로 원고 쪽에 참가하도록 명할 것을 첫 변론기일까지 신청할 수 있다.

④ 소에 대한 재판은 제3항의 명령을 받은 채권자에 대하여 효력이 미친다.

제250조(채권자의 추심최고) 압류채권자가 추심절차를 게을리 한 때에는 집행력 있는 정본으로 배당을 요구한 채권자는 일정한 기간내에 추심하도록 최고하고, 최고에 따르지 아니한 때에는 법원의 허가를 얻어 직접 추심할 수 있다.

제251조(그 밖의 재산권에 대한 집행) ① 앞의 여러 조문에 규정된 재산권 외에 부동산을 목적으로 하지 아니한 재산권에 대한 강제집행은 이 관의 규정 및 제98조 내지 제101조의 규정을 준용한다.

② 제3채무자가 없는 경우에 압류는 채무자에게 권리처분을 금지하는 명령을 송달한 때에 효력이 생긴다.

제4관 배당절차

제252조(배당절차의 개시) 법원은 다음 각호 가운데 어느 하나에 해당하는 경우에는 배당절차를 개시한다.

　1. 제222조의 규정에 따라 집행관이 공탁한 때

　2. 제236조의 규정에 따라 추심채권자가 공탁하거나 제248조의 규정에 따라 제3채무자가 공탁한 때

　3. 제241조의 규정에 따라 현금화된 금전을 법원에 제출한 때

제253조(계산서 제출의 최고) 법원은 채권자들에게 1주 이내에 원금·이자·비용, 그 밖의 부대채권의 계산서를 제출하도록 최고하여야 한다.

제254조(배당표의 작성) ① 제253조의 기간이 끝난 뒤에 법원은 배당표를 작성하여야 한다.

② 제1항의 기간을 지키지 아니한 채권자의 채권은 배당요구서와 사유신고서의 취지 및 그 증빙서류에 따라 계산한다. 이 경우 다시 채권액을 추가하지 못한다.

제255조(배당기일의 준비) 법원은 배당을 실시할 기일을 지정하고 채권자와 채무자에게 이를 통지하여야 한다. 다만, 채무자가 외국에 있거나 있는 곳이 분명하지 아니한 때에는 통지하지 아니한다.

제256조(배당표의 작성과 실시) 배당표의 작성, 배당표에 대한 이의 및 그 완결과 배당표의 실시에 대하여는 제149조 내지 제161조의 규정을 준용한다.

제3장 금전채권 외의 채권에 기초한 강제집행

제257조(동산인도청구의 집행) 채무자가 특정한 동산이나 대체물의 일정한 수량을 인도하여야 할 때에는 집행관은 이를 채무자로부터 빼앗아 채권자에게 인도하여야 한다.

제258조(부동산 등의 인도청구의 집행) ① 채무자가 부동산이나 선박을 인도하여야 할 때에는 집행관은 채무자로부터 점유를 빼앗아 채권자에게 인도하여야 한다.

② 제1항의 강제집행은 채권자나 그 대리인이 인도받기 위하여 출석한 때에만 한다.

③ 강제집행의 목적물이 아닌 동산은 집행관이 제거하여 채무자에게 인도하여야 한다.

④ 제3항의 경우 채무자가 없는 때에는 집행관은 채무자와 같이 사는 사리를 분별할 지능이 있는 친족 또는 채무자의 대리인이나 고용인에게 그 동산을 인도하여야 한다.

⑤ 채무자와 제4항에 적은 사람이 없는 때에는 집행관은 그 동산을 채무자의 비용으로 보관하여야 한다.

⑥ 채무자가 그 동산의 수취를 게을리 한 때에는 집행관은 집행법원의 허가를 받아 동산에 대한 강제집행의 매각절차에 관한 규정에 따라 그 동산을 매각하고 비용을 뺀 뒤에 나머지 대금을 공탁하여야 한다.

제259조(목적물을 제3자가 점유하는 경우) 인도할 물건을 제3자가 점유하고 있는 때에는 채권자의 신청에 따라 금전채권의 압류에 관한 규정에 따라 채무자의 제3자에 대한 인도청구권을 채권자에게 넘겨야 한다.

제260조(대체집행) ① 민법 제389조제2항 후단과 제3항의 경우에는 제1심 법원은 채권자의 신청에 따라 민법의 규정에 의한 결정을 하여야 한다.

② 채권자는 제1항의 행위에 필요한 비용을 미리 지급할 것을 채무자에게 명하는 결정을 신청할 수 있다. 다만, 뒷날 그 초과비용을 청구할 권리는 영향을 받지 아니한다.

③ 제1항과 제2항의 신청에 관한 재판에 대하여는 즉시항고를 할 수 있다.

제261조(간접강제) ① 채무의 성질이 간접강제를 할 수 있는 경우에 제1심 법원은 채권자의 신청에 따라 간접강제를 명하는 결정을 한다. 그 결정에는 채무의 이행의무 및 상당한 이행기간을 밝히고, 채무자가 그 기간 이내에 이행을 하지 아니하는 때에는 늦어진 기간에 따라 일정한 배상을 하도록 명하거나 즉시 손해배상을 하도록 명할 수 있다.

② 제1항의 신청에 관한 재판에 대하여는 즉시항고를 할 수 있다.

제262조(채무자의 심문) 제260조 및 제261조의 결정은 변론 없이 할 수 있다. 다만, 결정하기 전에 채무자를 심문하여야 한다.

제263조(의사표시의무의 집행) ① 채무자가 권리관계의 성립을 인낙한 때에는 그 조서로, 의사의 진술을 명한 판결이 확정된 때에는 그 판결로 권리관계의 성립을 인낙하거나 의사를 진술한 것으로 본다.

② 반대의무가 이행된 뒤에 권리관계의 성립을 인낙하거나 의사를 진술할 것인 경우에는 제30조와 제32조의 규정에 따라 집행문을 내어 준 때에 그 효력이 생긴다.

제3편 담보권 실행 등을 위한 경매

제264조(부동산에 대한 경매신청) ① 부동산을 목적으로 하는 담보권을 실행하기 위한 경매신청을 함에는 담보권이 있다는 것을 증명하는 서류를 내야 한다.

② 담보권을 승계한 경우에는 승계를 증명하는 서류를 내야 한다.

③ 부동산 소유자에게 경매개시결정을 송달할 때에는 제2항의 규정에 따라 제출된 서류의 등본을 붙여야 한다.

제265조(경매개시결정에 대한 이의신청사유) 경매절차의 개시결정에 대한 이의신청사유로 담보권이 없다는 것 또는 소멸되었다는 것을 주장할 수 있다.

제266조(경매절차의 정지) ① 다음 각호 가운데 어느 하나에 해당하는 문서가 경매법원에 제출되면 경매절차를 정지하여야 한다. *〈개정 2011. 4. 12.〉*

1. 담보권의 등기가 말소된 등기사항증명서
2. 담보권 등기를 말소하도록 명한 확정판결의 정본
3. 담보권이 없거나 소멸되었다는 취지의 확정판결의 정본
4. 채권자가 담보권을 실행하지 아니하기로 하거나 경매신청을 취하하겠다는 취지 또는 피담보채권을 변제받았거나 그 변제를 미루도록 승낙한다는 취지를 적은 서류
5. 담보권 실행을 일시정지하도록 명한 재판의 정본

② 제1항제1호 내지 제3호의 경우와 제4호의 서류가 화해조서의 정본 또는 공정증서의 정본인 경우에는 경매법원은 이미 실시한 경매절차를 취소하여야 하며, 제5호의 경우에는 그 재판에 따라 경매절차를 취소하지 아니한 때에만 이미 실시한 경매절차를 일시적으로 유지하게 하여야 한다.

③ 제2항의 규정에 따라 경매절차를 취소하는 경우에는 제17조의 규정을 적용하지 아니한다.

제267조(대금완납에 따른 부동산취득의 효과) 매수인의 부동산 취득은 담보권 소멸로 영향을 받지 아니한다.

제268조(준용규정) 부동산을 목적으로 하는 담보권 실행을 위한 경매절차에는 제79조 내지 제162조의 규정을 준용한다.

제269조(선박에 대한 경매) 선박을 목적으로 하는 담보권 실행을 위한 경매절차에는 제172조 내지 제186조, 제264조 내지 제268조의 규정을 준용한다.

제270조(자동차 등에 대한 경매) 자동차·건설기계·소형선박(「자동차 등 특정동산 저당법」 제3조제2호에 따른 소형선박을 말한다) 및 항공기(「자동차 등 특정동산 저당법」 제3조제4호에 따른 항공기 및 경량항공기를 말한다)를 목적으로 하는 담보권 실행을 위한 경매절차는 제264조부터 제269조까지, 제271조 및 제272조의 규정에 준하여 대법원규칙으로 정한다. *〈개정 2007. 8. 3., 2009. 3. 25., 2015. 5. 18.〉*

제271조(유체동산에 대한 경매) 유체동산을 목적으로 하는 담보권 실행을 위한 경매는 채권자가 그 목적물을 제출하거나, 그 목적물의 점유자가 압류를 승낙한 때에 개시한다.

제272조(준용규정) 제271조의 경매절차에는 제2편 제2장 제4절 제2관의 규정과 제265조 및 제266조의 규정을 준용한다.

제273조(채권과 그 밖의 재산권에 대한 담보권의 실행) ① 채권, 그 밖의 재산권을 목적으로 하는 담보권의 실행은 담보권의 존재를 증명하는 서류(권리의 이전에 관하여 등기나 등록을 필요로 하는 경우에는 그 등기사항증명서 또는 등록원부의 등본)가 제출된 때에 개시한다. *〈개정 2011. 4. 12.〉*

② 민법 제342조에 따라 담보권설정자가 받을 금전, 그 밖의 물건에 대하여 권리를 행사하는 경우에도 제1항과 같다.

③ 제1항과 제2항의 권리실행절차에는 제2편 제2장 제4절 제3관의 규정을 준용한다.

제274조(유치권 등에 의한 경매) ① 유치권에 의한 경매와 민법·상법, 그 밖의 법률이 규정하는 바에 따른 경매(이하 "유치권등에 의한 경매"라 한다)는 담보권 실행을 위한 경매의 예에 따라 실시한다.

② 유치권 등에 의한 경매절차는 목적물에 대하여 강제경매 또는 담보권 실행을 위한 경매절차가 개시된 경우에는 이를 정지하고, 채권자 또는 담보권자를 위하여 그 절차를 계속하여 진행한다.

③ 제2항의 경우에 강제경매 또는 담보권 실행을 위한 경매가 취소되면 유치권 등에 의한 경매절차를 계속하여 진행하여야 한다.

제275조(준용규정) 이 편에 규정한 경매 등 절차에는 제42조 내지 제44조 및 제46조 내지 제53조의 규정을 준용한다.

제4편 보전처분

제276조(가압류의 목적) ① 가압류는 금전채권이나 금전으로 환산할 수 있는 채권에 대하여 동산 또는 부동산에 대한 강제집행을 보전하기 위하여 할 수 있다.

② 제1항의 채권이 조건이 붙어 있는 것이거나 기한이 차지 아니한 것인 경우에도 가압류를 할 수 있다.

제277조(보전의 필요) 가압류는 이를 하지 아니하면 판결을 집행할 수 없거나 판결을 집행하는 것이 매우 곤란할 염려가 있을 경우에 할 수 있다.

제278조(가압류법원) 가압류는 가압류할 물건이 있는 곳을 관할하는 지방법원이나 본안의 관할법원이 관할한다.

제279조(가압류신청) ① 가압류신청에는 다음 각호의 사항을 적어야 한다.
  1. 청구채권의 표시, 그 청구채권이 일정한 금액이 아닌 때에는 금전으로 환산한 금액
  2. 제277조의 규정에 따라 가압류의 이유가 될 사실의 표시
② 청구채권과 가압류의 이유는 소명하여야 한다.

제280조(가압류명령) ① 가압류신청에 대한 재판은 변론 없이 할 수 있다.

② 청구채권이나 가압류의 이유를 소명하지 아니한 때에도 가압류로 생길 수 있는 채무자의 손해에 대하여 법원이 정한 담보를 제공한 때에는 법원은 가압류를 명할 수 있다.

③ 청구채권과 가압류의 이유를 소명한 때에도 법원은 담보를 제공하게 하고 가압류를 명할 수 있다.

④ 담보를 제공한 때에는 그 담보의 제공과 담보제공의 방법을 가압류명령에 적어야 한다.

제281조(재판의 형식) ① 가압류신청에 대한 재판은 결정으로 한다. *〈개정 2005. 1. 27.〉*

② 채권자는 가압류신청을 기각하거나 각하하는 결정에 대하여 즉시항고를 할 수 있다.

③ 담보를 제공하게 하는 재판, 가압류신청을 기각하거나 각하하는 재판과 제2항의 즉시항고를 기각하거나 각하하는 재판은 채무자에게 고지할 필요가 없다.

제282조(가압류해방금액) 가압류명령에는 가압류의 집행을 정지시키거나 집행한 가압류를 취소시키기 위하여 채무자가 공탁할 금액을 적어야 한다.

제283조(가압류결정에 대한 채무자의 이의신청) ① 채무자는 가압류결정에 대하여 이의를 신청할 수 있다.

② 제1항의 이의신청에는 가압류의 취소나 변경을 신청하는 이유를 밝혀야 한다.

③ 이의신청은 가압류의 집행을 정지하지 아니한다.

제284조(가압류이의신청사건의 이송) 법원은 가압류이의신청사건에 관하여 현저한 손해 또는 지연을 피하기 위한 필요가 있는 때에는 직권으로 또는 당사자의 신청에 따라 결정으로 그 가압류사건의 관할권이 있

는 다른 법원에 사건을 이송할 수 있다. 다만, 그 법원이 심급을 달리하는 경우에는 그러하지 아니하다.

제285조(가압류이의신청의 취하) ①채무자는 가압류이의신청에 대한 재판이 있기 전까지 가압류이의신청을 취하할 수 있다. 〈개정 2005. 1. 27.〉

② 제1항의 취하에는 채권자의 동의를 필요로 하지 아니한다.

③ 가압류이의신청의 취하는 서면으로 하여야 한다. 다만, 변론기일 또는 심문기일에서는 말로 할 수 있다.〈개정 2005. 1. 27.〉

④ 가압류이의신청서를 송달한 뒤에는 취하의 서면을 채권자에게 송달하여야 한다.

⑤ 제3항 단서의 경우에 채권자가 변론기일 또는 심문기일에 출석하지 아니한 때에는 그 기일의 조서등본을 송달하여야 한다.〈개정 2005. 1. 27.〉

제286조(이의신청에 대한 심리와 재판) ① 이의신청이 있는 때에는 법원은 변론기일 또는 당사자 쌍방이 참여할 수 있는 심문기일을 정하고 당사자에게 이를 통지하여야 한다.

② 법원은 심리를 종결하고자 하는 경우에는 상당한 유예기간을 두고 심리를 종결할 기일을 정하여 이를 당사자에게 고지하여야 한다. 다만, 변론기일 또는 당사자 쌍방이 참여할 수 있는 심문기일에는 즉시 심리를 종결할 수 있다.

③ 이의신청에 대한 재판은 결정으로 한다.

④ 제3항의 규정에 의한 결정에는 이유를 적어야 한다. 다만, 변론을 거치지 아니한 경우에는 이유의 요지만을 적을 수 있다.

⑤ 법원은 제3항의 규정에 의한 결정으로 가압류의 전부나 일부를 인가·변경 또는 취소할 수 있다. 이 경우 법원은 적당한 담보를 제공하도록 명할 수 있다.

⑥ 법원은 제3항의 규정에 의하여 가압류를 취소하는 결정을 하는 경우에는 채권자가 그 고지를 받은 날 부터 2주를 넘지 아니하는 범위 안에서 상당하다고 인정하는 기간이 경과하여야 그 결정의 효력이 생긴다는 뜻을 선언할 수 있다.

⑦ 제3항의 규정에 의한 결정에 대하여는 즉시항고를 할 수 있다. 이 경우 민사소송법 제447조의 규정을 준용하지 아니한다.

[전문개정 2005. 1. 27.]

제287조(본안의 제소명령) ① 가압류법원은 채무자의 신청에 따라 변론 없이 채권자에게 상당한 기간 이내에 본안의 소를 제기하여 이를 증명하는 서류를 제출하거나 이미 소를 제기하였으면 소송계속사실을 증명하는 서류를 제출하도록 명하여야 한다.

② 제1항의 기간은 2주 이상으로 정하여야 한다.

③ 채권자가 제1항의 기간 이내에 제1항의 서류를 제출하지 아니한 때에는 법원은 채무자의 신청에 따라 결정으로 가압류를 취소하여야 한다.

④ 제1항의 서류를 제출한 뒤에 본안의 소가 취하되거나 각하된 경우에는 그 서류를 제출하지 아니한 것으로 본다.

⑤ 제3항의 신청에 관한 결정에 대하여는 즉시항고를 할 수 있다. 이 경우 민사소송법 제447조의 규정은 준용하지 아니한다.

제288조(사정변경 등에 따른 가압류취소) ① 채무자는 다음 각호의 어느 하나에 해당하는 사유가 있는 경우에는 가압류가 인가된 뒤에도 그 취소를 신청할 수 있다. 제3호에 해당하는 경우에는 이해관계인도 신청할 수 있다.

　　1. 가압류이유가 소멸되거나 그 밖에 사정이 바뀐 때

　　2. 법원이 정한 담보를 제공한 때

　　3. 가압류가 집행된 뒤에 3년간 본안의 소를 제기하지 아니한 때

② 제1항의 규정에 의한 신청에 대한 재판은 가압류를 명한 법원이 한다. 다만, 본안이 이미 계속된 때에는 본안법원이 한다.

③ 제1항의 규정에 의한 신청에 대한 재판에는 제286조제1항 내지 제4항·제6항 및 제7항을 준용한다.

[전문개정 2005. 1. 27.]

제289조(가압류취소결정의 효력정지) ① 가압류를 취소하는 결정에 대하여 즉시항고가 있는 경우에, 불복의 이유로 주장한 사유가 법률상 정당한 사유가 있다고 인정되고 사실에 대한 소명이 있으며, 그 가압류를 취소함으로 인하여 회복할 수 없는 손해가 생길 위험이 있다는 사정에 대한 소명이 있는 때에는, 법원은 당사자의 신청에 따라 담보를 제공하게 하거나 담보를 제공하지 아니하게 하고 가압류취소결정의 효력을 정지시킬 수 있다.

② 제1항의 규정에 의한 소명은 보증금을 공탁하거나 주장이 진실함을 선서하는 방법으로 대신할 수 없다.

③ 재판기록이 원심법원에 있는 때에는 원심법원이 제1항의 규정에 의한 재판을 한다.

④ 항고법원은 항고에 대한 재판에서 제1항의 규정에 의한 재판을 인가·변경 또는 취소하여야 한다.

⑤ 제1항 및 제4항의 규정에 의한 재판에 대하여는 불복할 수 없다.

[전문개정 2005. 1. 27.]

제290조(가압류 이의신청규정의 준용) ①제287조제3항, 제288조제1항에 따른 재판의 경우에는 제284조의 규정을 준용한다. 〈개정 2005. 1. 27.〉

② 제287조제1항·제3항 및 제288조제1항에 따른 신청의 취하에는 제285조의 규정을 준용한다.〈개정 2005. 1. 27.〉

제291조(가압류집행에 대한 본집행의 준용) 가압류의 집행에 대하여는 강제집행에 관한 규정을 준용한다. 다만, 아래의 여러 조문과 같이 차이가 나는 경우에는 그러하지 아니하다.

제292조(집행개시의 요건) ① 가압류에 대한 재판이 있은 뒤에 채권자나 채무자의 승계가 이루어진 경우에 가압류의 재판을 집행하려면 집행문을 덧붙여야 한다.

② 가압류에 대한 재판의 집행은 채권자에게 재판을 고지한 날부터 2주를 넘긴 때에는 하지 못한다. 〈개정 2005. 1. 27.〉

③ 제2항의 집행은 채무자에게 재판을 송달하기 전에도 할 수 있다.

제293조(부동산가압류집행) ① 부동산에 대한 가압류의 집행은 가압류재판에 관한 사항을 등기부에 기입하여야 한다.

② 제1항의 집행법원은 가압류재판을 한 법원으로 한다.

③ 가압류등기는 법원사무관등이 촉탁한다.

제294조(가압류를 위한 강제관리) 가압류의 집행으로 강제관리를 하는 경우에는 관리인이 청구채권액에 해당하는 금액을 지급받아 공탁하여야 한다.

제295조(선박가압류집행) ① 등기할 수 있는 선박에 대한 가압류를 집행하는 경우에는 가압류등기를 하는 방법이나 집행관에게 선박국적증서등을 선장으로부터 받아 집행법원에 제출하도록 명하는 방법으로 한다. 이들 방법은 함께 사용할 수 있다.

② 가압류등기를 하는 방법에 의한 가압류집행은 가압류명령을 한 법원이, 선박국적증서등을 받아 제출하도록 명하는 방법에 의한 가압류집행은 선박이 정박하여 있는 곳을 관할하는 지방법원이 집행법원으로서 관할한다.

③ 가압류등기를 하는 방법에 의한 가압류의 집행에는 제293조제3항의 규정을 준용한다.

제296조(동산가압류집행) ① 동산에 대한 가압류의 집행은 압류와 같은 원칙에 따라야 한다.

② 채권가압류의 집행법원은 가압류명령을 한 법원으로 한다.

③ 채권의 가압류에는 제3채무자에 대하여 채무자에게 지급하여서는 아니 된다는 명령만을 하여야 한다.

④ 가압류한 금전은 공탁하여야 한다.

⑤ 가압류물은 현금화를 하지 못한다. 다만, 가압류물을 즉시 매각하지 아니하면 값이 크게 떨어질 염려가 있거나 그 보관에 지나치게 많은 비용이 드는 경우에는 집행관은 그 물건을 매각하여 매각대금을 공탁하여야 한다.

제297조(제3채무자의 공탁) 제3채무자가 가압류 집행된 금전채권액을 공탁한 경우에는 그 가압류의 효력은 그 청구채권액에 해당하는 공탁금액에 대한 채무자의 출급청구권에 대하여 존속한다.

제298조(가압류취소결정의 취소와 집행) ① 가압류의 취소결정을 상소법원이 취소한 경우로서 법원이 그 가압류의 집행기관이 되는 때에는 그 취소의 재판을 한 상소법원이 직권으로 가압류를 집행한다. 〈개정 2005. 1. 27.〉

② 제1항의 경우에 그 취소의 재판을 한 상소법원이 대법원인 때에는 채권자의 신청에 따라 제1심 법원이 가압류를 집행한다.

[제목개정 2005. 1. 27.]

제299조(가압류집행의 취소) ① 가압류명령에 정한 금액을 공탁한 때에는 법원은 결정으로 집행한 가압류를 취소하여야 한다. 〈개정 2005. 1. 27.〉

② 삭제〈2005. 1. 27.〉

③ 제1항의 취소결정에 대하여는 즉시항고를 할 수 있다.

④ 제1항의 취소결정에 대하여는 제17조제2항의 규정을 준용하지 아니한다.

제300조(가처분의 목적) ① 다툼의 대상에 관한 가처분은 현상이 바뀌면 당사자가 권리를 실행하지 못하거나 이를 실행하는 것이 매우 곤란할 염려가 있을 경우에 한다.

② 가처분은 다툼이 있는 권리관계에 대하여 임시의 지위를 정하기 위하여도 할 수 있다. 이 경우 가처분은 특히 계속하는 권리관계에 끼칠 현저한 손해를 피하거나 급박한 위험을 막기 위하여, 또는 그 밖의 필요한 이유가 있을 경우에 하여야 한다.

제301조(가압류절차의 준용) 가처분절차에는 가압류절차에 관한 규정을 준용한다. 다만, 아래의 여러 조문과 같이 차이가 나는 경우에는 그러하지 아니하다.

제302조 삭제 〈2005. 1. 27.〉

제303조(관할법원) 가처분의 재판은 본안의 관할법원 또는 다툼의 대상이 있는 곳을 관할하는 지방법원이 관할한다.

제304조(임시의 지위를 정하기 위한 가처분) 제300조제2항의 규정에 의한 가처분의 재판에는 변론기일 또는 채무자가 참석할 수 있는 심문기일을 열어야 한다. 다만, 그 기일을 열어 심리하면 가처분의 목적을 달성할 수 없는 사정이 있는 때에는 그러하지 아니하다.

제305조(가처분의 방법) ① 법원은 신청목적을 이루는 데 필요한 처분을 직권으로 정한다.

② 가처분으로 보관인을 정하거나, 상대방에게 어떠한 행위를 하거나 하지 말도록, 또는 급여를 지급하도록 명할 수 있다.

③ 가처분으로 부동산의 양도나 저당을 금지한 때에는 법원은 제293조의 규정을 준용하여 등기부에 그 금지한 사실을 기입하게 하여야 한다.

제306조(법인임원의 직무집행정지 등 가처분의 등기촉탁) 법원사무관등은 법원이 법인의 대표자 그 밖의 임원으로 등기된 사람에 대하여 직무의 집행을 정지하거나 그 직무를 대행할 사람을 선임하는 가처분을 하

거나 그 가처분을 변경·취소한 때에는, 법인의 주사무소 및 분사무소 또는 본점 및 지점이 있는 곳의 등기소에 그 등기를 촉탁하여야 한다. 다만, 이 사항이 등기하여야 할 사항이 아닌 경우에는 그러하지 아니하다.

제307조(가처분의 취소) ① 특별한 사정이 있는 때에는 담보를 제공하게 하고 가처분을 취소할 수 있다.

② 제1항의 경우에는 제284조, 제285조 및 제286조제1항 내지 제4항·제6항·제7항의 규정을 준용한다.〈개정 2005. 1. 27.〉

제308조(원상회복재판) 가처분을 명한 재판에 기초하여 채권자가 물건을 인도받거나, 금전을 지급받거나 또는 물건을 사용·보관하고 있는 경우에는, 법원은 가처분을 취소하는 재판에서 채무자의 신청에 따라 채권자에 대하여 그 물건이나 금전을 반환하도록 명할 수 있다.

제309조(가처분의 집행정지) ① 소송물인 권리 또는 법률관계가 이행되는 것과 같은 내용의 가처분을 명한 재판에 대하여 이의신청이 있는 경우에, 이의신청으로 주장한 사유가 법률상 정당한 사유가 있다고 인정되고 주장사실에 대한 소명이 있으며, 그 집행에 의하여 회복할 수 없는 손해가 생길 위험이 있다는 사정에 대한 소명이 있는 때에는, 법원은 당사자의 신청에 따라 담보를 제공하게 하거나 담보를 제공하게 하지 아니하고 가처분의 집행을 정지하도록 명할 수 있고, 담보를 제공하게 하고 집행한 처분을 취소하도록 명할 수 있다.

② 제1항에서 규정한 소명은 보증금을 공탁하거나 주장이 진실함을 선서하는 방법으로 대신할 수 없다.

③ 재판기록이 원심법원에 있는 때에는 원심법원이 제1항의 규정에 의한 재판을 한다.

④ 법원은 이의신청에 대한 결정에서 제1항의 규정에 의한 명령을 인가·변경 또는 취소하여야 한다.

⑤ 제1항·제3항 또는 제4항의 규정에 의한 재판에 대하여는 불복할 수 없다.

[전문개정 2005. 1. 27.]

제310조(준용규정) 제301조에 따라 준용되는 제287조제3항, 제288조제1항 또는 제307조의 규정에 따른 가처분취소신청이 있는 경우에는 제309조의 규정을 준용한다.

[전문개정 2005. 1. 27.]

제311조(본안의 관할법원) 이 편에 규정한 본안법원은 제1심 법원으로 한다. 다만, 본안이 제2심에 계속된 때에는 그 계속된 법원으로 한다.

제312조(재판장의 권한) 급박한 경우에 재판장은 이 편의 신청에 대한 재판을 할 수 있다. 〈개정 2005. 1. 27.〉

부칙

〈제18671호,2022. 1. 4.〉

이 법은 공포한 날부터 시행한다.

민사집행법 시행령

[시행 2019. 4. 1.] [대통령령 제29603호, 2019. 3. 5., 일부개정]

제1조(목적) 이 영은 「민사집행법」에서 위임된 사항과 그 시행에 필요한 사항을 규정함을 목적으로 한다. 〈개정 2011. 7. 1.〉

제2조(압류금지 생계비) 「민사집행법」(이하 "법"이라 한다) 제195조제3호에서 "대통령령이 정하는 액수의 금전"이란 185만원을 말한다. 다만, 법 제246조제1항제8호에 따라 압류하지 못한 예금(적금·부금·예탁금과 우편대체를 포함하며, 이하 "예금등"이라 한다)이 있으면 185만원에서 그 예금등의 금액을 뺀 금액으로 한다. 〈개정 2011. 7. 1., 2019. 3. 5.〉

제3조(압류금지 최저금액) 법 제246조제1항제4호 단서에서 "「국민기초생활 보장법」에 의한 최저생계비를 감안하여 대통령령이 정하는 금액"이란 월 185만원을 말한다. 〈개정 2011. 7. 1., 2019. 3. 5.〉

제4조(압류금지 최고금액) 법 제246조제1항제4호 단서에서 "표준적인 가구의 생계비를 감안하여 대통령령이 정하는 금액"이란 제1호에 규정된 금액 이상으로서 제1호와 제2호의 금액을 합산한 금액을 말한다. 〈개정 2011. 7. 1.〉

1. 월 300만원
2. 법 제246조제1항제4호 본문에 따른 압류금지금액(월액으로 계산한 금액을 말한다)에서 제1호의 금액을 뺀 금액의 2분의 1

제5조(급여채권이 중복되거나 여러 종류인 경우의 계산방법) 제3조 및 제4조의 금액을 계산할 때 채무자가 다수의 직장으로부터 급여를 받거나 여러 종류의 급여를 받는 경우에는 이를 합산한 금액을 급여채권으로 한다. 〈개정 2011. 7. 1.〉

제6조(압류금지 보장성 보험금 등의 범위) ① 법 제246조제1항제7호에 따라 다음 각 호에 해당하는 보장성보험의 보험금, 해약환급금 및 만기환급금에 관한 채권은 압류하지 못한다.

1. 사망보험금 중 1천만원 이하의 보험금
2. 상해·질병·사고 등을 원인으로 채무자가 지급받는 보장성보험의 보험금 중 다음 각 목에 해당하는 보험금
   가. 진료비, 치료비, 수술비, 입원비, 약제비 등 치료 및 장애 회복을 위하여 실제 지출되는 비용을 보장하기 위한 보험금
   나. 치료 및 장애 회복을 위한 보험금 중 가목에 해당하는 보험금을 제외한 보험금의 2분의 1에 해당하는 금액
3. 보장성보험의 해약환급금 중 다음 각 목에 해당하는 환급금
   가. 「민법」 제404조에 따라 채권자가 채무자의 보험계약 해지권을 대위행사하거나 추심명령(推尋命令) 또는 전부명령(轉付命令)을 받은 채권자가 해지권을 행사하여 발생하는 해약환급금
   나. 가목에서 규정한 해약사유 외의 사유로 발생하는 해약환급금 중 150만원 이하의 금액
4. 보장성보험의 만기환급금 중 150만원 이하의 금액

② 채무자가 보장성보험의 보험금, 해약환급금 또는 만기환급금 채권을 취득하는 보험계약이 둘 이상인 경우에는 다음 각 호의 구분에 따라 제1항 각 호의 금액을 계산한다.

1. 제1항제1호, 제3호나목 및 제4호: 해당하는 보험계약별 사망보험금, 해약환급금, 만기환급금을 각각 합산한 금액에 대하여 해당 압류금지채권의 상한을 계산한다.
2. 제1항제2호나목 및 제3호가목: 보험계약별로 계산한다.

[본조신설 2011. 7. 1.]

제7조(압류금지 예금등의 범위) 법 제246조제1항제8호에 따라 압류하지 못하는 예금등의 금액은 개인별 잔액이 185만원 이하인 예금등으로 한다. 다만, 법 제195조제3호에 따라 압류하지 못한 금전이 있으면

185만원에서 그 금액을 뺀 금액으로 한다. 〈개정 2019. 3. 5.〉

[본조신설 2011. 7. 1.]

부칙

〈제29603호,2019. 3. 5.〉

제1조(시행일) 이 영은 2019년 4월 1일부터 시행한다.

제2조(압류금지 생계비, 급여채권 및 예금등에 관한 적용례) 제2조, 제3조 및 제7조의 개정규정은 이 영 시행 이후 접수되는 압류명령 신청사건부터 적용한다.

민사소송비용법

[시행 2013. 12. 19.] [법률 제11551호, 2012. 12. 18., 타법개정]

제1조(소송비용의 목적) 민사소송법의 규정에 의한 소송비용은 소송행위에 필요한 한도의 비용으로 하고 이하 수조의 규정에 의하여 산정한다.

제2조(인지액) 민사소송등인지법에 의하여 붙인 인지액은 그 정액에 의한다. 〈개정 1997. 12. 13., 2012. 12. 18.〉

제3조(서기료등) 소장 기타 소송에 필요한 서류의 서기료 및 도면의 작성료는 대법원규칙의 정한 금액에 의한다.

제4조(증인, 감정인등에 대한 일당, 여비등) 당사자, 증인, 감정인, 통역인과 번역인의 일당은 1일 70원 이내, 여비는 기차나 선박에는 2등 이하의 차임 또는 선임, 기차없는 육로에는 4킬로미터에 5원이내, 숙박료는 1박에 240원 이내의 한도에서 법원 또는 수탁판사가 정한다. 〈개정 1962·7·31〉

제5조(법관등의 일당·여비) ① 법관과 법원서기의 증거조사에 요하는 일당·여비와 숙박료는 실비액에 의한다.
② 전항의 규정에 의한 실비액과 그 시행에 필요한 사항은 대법원규칙으로 정한다.
[전문개정 1970·6·18]

제6조(감정등에 대한 특별요금) 감정, 통역, 번역과 측량에 관한 특별요금은 법원이 정한 금액에 의한다.

제7조(통신비) 통신과 운반에 요한 비용은 그 실비액에 의한다.

제8조(공고비) 관보, 신문지에 공고한 비용은 그 정액에 의한다.

제9조(기타 비용) 본법에 규정하지 아니한 비용은 그 실비액에 의한다.

제10조(강제집행, 신청사건의 비용) ① 강제집행과 신청사건에 관한 비용은 이상 수조의 규정에 준하여 산정한다.
② 강제집행 또는 신청사건에 관하여 보관인 또는 관리인을 임명한 때에는 그 비용은 법원의 정하는 바에 의한다.

제10조의2(제3채무자의 공탁비용) ① 민사집행법 제248조의 규정에 따라 채무액을 공탁한 제3채무자는 압류의 효력이 미치는 부분에 해당하는 금액의 공탁을 위하여 지출한 비용 및 같은 조제4항의 공탁신고서 제출을 위한 비용을 지급해 줄 것을 법원에 신청할 수 있다.
② 제3채무자는 민사집행법 제248조제4항의 공탁신고서를 낼 때까지 제1항의 신청을 하여야 한다.
③ 제1항의 비용은 압류의 효력이 미치는 부분에 해당하는 금액의 공탁금중에서 지급한다.
④ 제1항의 비용산정을 위한 구체적인 기준 및 지급절차는 대법원규칙으로 정한다.
[본조신설 2002. 1. 26.]

제11조(비용의 지급) 증인, 감정인, 통역인과 번역인의 일당, 여비와 숙박료 기타 필요한 비용은 청구에 의하여 법원이 지급한다.

제12조(비용의 수봉) ① 법원이 당사자의 예납하지 아니한 비용을 지급한 때에는 제1심 수소법원의 결정에 의하여 예납하지 아니한 당사자나 판결에 의하여 비용을 부담한 당사자로부터 수봉하여야 한다. 이 결정은 집행력있는 채무명의와 동일한 효력이 있다.
② 전항의 규정은 민사소송법 제131조 내지 제133조의 경우에 준용한다.〈개정 2002. 1. 26.〉

제13조(집행관 수수료) 집행관 수수료는 대법원규칙의 정한 바에 의한 금액으로 한다. 〈개정 1997. 12. 13.〉

부칙

〈제11551호,2012. 12. 18.〉(수입인지에 관한 법률)

제1조(시행일) 이 법은 공포 후 1년이 경과한 날부터 시행한다.

제2조(다른 법률의 개정) ① 생략

② 민사소송비용법 일부를 다음과 같이 개정한다.

제2조 중 "첨부한"을 "붙인"으로 한다.

③ 및 ④ 생략

민사소송비용규칙

[시행 2017. 2. 2.] [대법원규칙 제2712호, 2017. 2. 2., 일부개정]

제1조(목적) 이 규칙은 「민사소송비용법」에서 대법원규칙으로 정하도록 위임한 사항에 관하여 규정함을 목적으로 한다. 〈개정 2006. 6. 14.〉

제2조(소송서류의 서기료 및 도면의 작성료) ① 소장 기타 소송에 필요한 서류의 서기료는 1면 16행이상, 1행 20자이상으로 된 1면마다 250원으로 하고, 1면에 미달한 경우에는 1면으로 본다. 다만, 「소액사건심판법」 제4조 및 제5조의 규정에 의하여 구술로써 소를 제기한 경우에는 소장의 서기료를 소송비용으로 하지 못한다. 〈개정 2006. 6. 14.〉

② 도면의 작성료는 그 정밀도에 따라 1면에 250원이상 1,000원이하로 한다.

③ 법무사에게 지급한 또는 지급할 서기료, 도면작성료 및 제출대행수수료는 대한법무사협회의 회칙이 정하는 법무사의보수에관한규정에 정한 금액으로 한다.〈개정 1991. 11. 23.〉

④ 제3항의 금액 전부를 소송비용에 산입하는 것이 소송목적의 값, 사건의 특성과 난이도 등에 비추어 현저히 부당하다고 인정되는 경우에는 법원은 상당한 정도까지 감액 산정할 수 있다.〈신설 2017. 2. 2.〉

제3조(증인등의 일당) ① 당사자, 증인, 감정인, 통역인 또는 번역인(이하 "증인등"이라 한다)의 일당은 법원이 상당하다고 인정하는 출석 또는 조사 및 이를 위한 여행에 필요한 일수에 따라 지급한다.

② 증인등의 일당은 매년 대법관회의에서 정한다.

[전문개정 2003. 9. 13.]

제3조의2(증인등의 국내여비 · 숙박료) ① 증인등의 여비는 운임과 식비로 한다.

② 증인등의 국내운임은 철도운임 · 선박운임 · 항공운임 및 자동차운임의 4종으로 구분하되, 법원이 상당하다고 인정하는 교통수단을 기준으로 하여 지급한다.

③ 증인등의 식비 또는 숙박료는 법원이 상당하다고 인정하는 경우에 한하여 지급한다.

④ 증인등의 국내운임, 식비 또는 숙박료는 「법원공무원여비규칙」 제10조 내지 제13조 및 제16조제1항의 별표 2 "국내여비지급표"에 정한 제2호 해당자 소정액 이내로 한다.〈개정 2006. 6. 14., 2009. 1. 9.〉

[본조신설 2003. 9. 13.]

제3조의3(증인등의 국외여비 · 숙박료) ① 증인등의 국외여비 및 숙박료는 증인등이 국외로부터 국내로, 국내로부터 국외로 여행하거나 또는 국내로 입국하기 위하여 국외에서 여행(이하 이를 합하여 "국외여행"이라 한다)하는 경우에, 법원이 상당하다고 인정하는 때에 한하여 지급한다.

② 증인등이 국외여행하는 경우의 운임은 다음 각호의 구분에 의하되, 통행세를 가산한다.〈개정 2006. 6. 14.〉

  1. 철도운임 및 선박운임은 그 운임에 등급구별이 있는 경우에는 중간등급 이하의 운임, 등급구별이 없는 경우에는 승차나 승선에 요하는 실비액

  2. 자동차운임은 실비액

  3. 항공운임은 「법원공무원여비규칙」 제12조제2항 별표 3 "국외항공운임정액표"에 정한 기타의 자 소정액

③ 증인등이 국외여행하는 경우의 식비 및 숙박료는 「법원공무원여비규칙」 제16조제1항의 별표 4 "국외여비정액표"에 정한 별표 1의 제2호 나목 해당자 소정액으로 한다.〈개정 2006. 6. 14., 2009. 1. 9.〉

[본조신설 2003. 9. 13.]

제4조(법관과 법원사무관등의 여비, 숙박료) ① 법관, 그 밖의 법원공무원의 증거조사에 요하는 여비와 숙박료의 실비액은 「법원공무원여비규칙」 제1장 내지 제3장에 규정한 기준에 의한다. 다만, 물가변동 기타의 사정으로 위 규칙 제10조 내지 제13조 및 제16조제1항의 별표 2 "국내여비지급표"에 정한 금액이 실제

의 비용에 미달하는 경우에는 실제로 지출된 금액을 기준으로 하고, 관용차량에 의하여 여행하는 경우에는 자동차운임 또는 현지교통비에 갈음하여 그 차량운행에 소요되는 연료대(6킬로미터 당 1리터)를 기준으로 한다. 〈개정 1998. 5. 19., 2002. 6. 28., 2006. 6. 14., 2009. 1. 9.〉

② 법관, 그 밖의 법원공무원의 증거조사에 관하여는 일당을 지급하지 아니한다.〈개정 2002. 6. 28.〉

③ 삭제〈2006. 6. 14.〉

제4조의2(법원경위의 여비) ① 법원경위가 소송서류를 송달하는 경우 지급할 여비는 「법원공무원여비규칙」 [별표 2] 국내여비지급표에 정한 일비와 교통요금, 유류비 등 물가수준을 고려하여 대법관회의에서 정하고, 그 밖에 일당이나 수수료는 지급하지 아니한다. 〈개정 2009. 1. 9.〉

②동 일사건에 관하여 동일한 일시, 장소에서 동일인에게 소송에 관한 서류를 송달하는 경우에는 그 통수에 관계없이 1건으로 한다.

[본조신설 2006. 6. 14.]

부칙

〈제2712호,2017. 2. 2.〉

이 규칙은 공포한 날부터 시행한다.

민사소송 등 인지법

[시행 2023. 10. 19.] [법률 제19353호, 2023. 4. 18., 일부개정]

제1조(인지의 부착) 민사소송절차, 행정소송절차, 그 밖에 법원에서의 소송절차 또는 비송사건절차에서 소장(訴狀)이나 신청서 또는 신청의 취지를 적은 조서에는 다른 법률에 특별한 규정이 있는 경우가 아니면 이 법에서 정하는 인지(印紙)를 붙여야 한다. 다만, 대법원규칙으로 정하는 바에 따라 인지를 붙이는 대신 그 인지액에 해당하는 금액을 현금이나 신용카드·직불카드 등으로 납부하게 할 수 있도록 하되, 신용카드·직불카드 등으로 납부하는 경우 인지납부일, 인지납부대행기관의 지정 및 운영과 납부대행 수수료 등에 필요한 사항은 대법원규칙으로 정한다. 〈개정 2011. 3. 7.〉

[전문개정 2009. 5. 8.]

제2조(소장) ① 소장[반소장(反訴狀) 및 대법원에 제출하는 소장은 제외한다]에는 소송목적의 값에 따라 다음 각 호의 금액에 해당하는 인지를 붙여야 한다.
  1. 소송목적의 값이 1천만원 미만인 경우에는 그 값에 1만분의 50을 곱한 금액
  2. 소송목적의 값이 1천만원 이상 1억원 미만인 경우에는 그 값에 1만분의 45를 곱한 금액에 5천원을 더한 금액
  3. 소송목적의 값이 1억원 이상 10억원 미만인 경우에는 그 값에 1만분의 40을 곱한 금액에 5만5천원을 더한 금액
  4. 소송목적의 값이 10억원 이상인 경우에는 그 값에 1만분의 35를 곱한 금액에 55만5천원을 더한 금액
② 제1항에 따라 계산한 인지액이 1천원 미만이면 그 인지액은 1천원으로 하고, 1천원 이상이면 100원 미만은 계산하지 아니한다.
③ 소송목적의 값은 「민사소송법」 제26조제1항 및 제27조에 따라 산정(算定)하되, 대법원규칙으로 소송목적의 값을 산정하는 기준을 정할 수 있다.
④ 재산권에 관한 소(訴)로서 그 소송목적의 값을 계산할 수 없는 것과 비(非)재산권을 목적으로 하는 소송의 소송목적의 값은 대법원규칙으로 정한다.
⑤ 1개의 소로서 비재산권을 목적으로 하는 소송과 그 소송의 원인이 된 사실로부터 발생하는 재산권에 관한 소송을 병합한 경우에는 액수가 많은 소송목적의 값에 따라 인지를 붙인다.

[전문개정 2009. 5. 8.]

제3조(항소장, 상고장) 항소장(抗訴狀)에는 제2조에 따른 금액의 1.5배에 해당하는 인지를 붙이고, 상고장(上告狀, 대법원에 제출하는 소장을 포함한다)에는 제2조에 따른 금액의 2배에 해당하는 인지를 붙여야 한다.

[전문개정 2009. 5. 8.]

제4조(반소장) ① 제1심에 제출하는 반소장에는 제2조에 따른 금액의 인지를 붙이고, 항소심에 제출하는 반소장에는 제2조에 따른 금액의 1.5배에 해당하는 인지를 붙여야 한다.
② 본소(本訴)와 그 목적이 같은 반소장에는 심급에 따라 다음 각 호에 해당하는 금액의 인지를 붙여야 한다.
  1. 제1심의 경우에는 제1항 전단에 따른 금액에서 본소의 소송목적의 값에 대한 제2조에 따른 금액을 뺀 금액
  2. 항소심의 경우에는 제1항 후단에 따른 금액에서 본소의 소송목적의 값에 대한 제2조에 따른 금액의 1.5배를 뺀 금액

[전문개정 2009. 5. 8.]

제5조(청구변경신청서) 청구변경신청서에는 심급에 따라 다음 각 호에 해당하는 금액의 인지를 붙여야 한다.
  1. 제1심의 경우에는 변경 후의 청구에 관한 제2조에 따른 금액에서 변경 전의 청구에 관한 인지액을 뺀 금액

2. 항소심의 경우에는 변경 후의 청구에 관한 제2조에 따른 금액의 1.5배에서 변경 전의 청구에 관한 인지액을 뺀 금액

[전문개정 2009. 5. 8.]

제6조(당사자참가신청서) ① 「민사소송법」 제79조 또는 제83조에 따라 소송에 참가하는 경우 제1심 참가 신청서에는 제2조에 따른 금액의 인지를 붙이고, 항소심 참가신청서에는 제2조에 따른 금액의 1.5배에 해당하는 인지를 붙여야 한다.

② 「민사소송법」 제81조에 따른 참가신청에 대하여 피신청인이 신청인의 승계주장사실을 다투는 경우에도 제1항과 같다.

[전문개정 2009. 5. 8.]

제7조(화해신청서 등) ① 화해신청서에는 제2조에 따른 금액의 5분의 1에 해당하는 인지를 붙여야 한다.

② 지급명령신청서에는 제2조에 따른 금액의 10분의 1에 해당하는 인지를 붙여야 한다.

③ 「민사소송법」 제388조 또는 제472조에 따라 화해 또는 지급명령 신청을 한 때에 소가 제기된 것으로 보는 경우에는 해당 신청인은 소를 제기할 때 소장에 붙여야 할 인지액에서 해당 신청서에 붙인 인지 액을 뺀 금액에 해당하는 인지를 보정(補正)하여야 한다.

④ 제1항과 제2항에 따른 인지액에 관하여는 제2조제2항을 준용한다.

[전문개정 2009. 5. 8.]

제8조(재심소장 등) ① 재심소장에는 심급에 따라 제2조, 제3조 또는 제4조제1항에 따른 금액에 해당하는 인지를 붙여야 한다.

② 「민사소송법」 제220조의 조서에 대한 준재심의 경우에도 제1항과 같다. 다만, 「민사소송법」 제386조 의 조서에 대한 준재심의 소장에는 제7조제1항에 따른 금액에 해당하는 인지를 붙여야 한다.

[전문개정 2009. 5. 8.]

제9조(그 밖의 신청서) ① 다음 각 호의 신청을 위한 신청서에는 3만원의 인지를 붙여야 한다. 〈개정 2014. 12. 30.〉

1. 채권자가 하는 파산의 신청
2. 회생절차 또는 간이회생절차 개시의 신청
3. 개인회생절차 개시의 신청
4. 그 밖에 제1호부터 제3호까지의 신청에 준하는 신청으로서 대법원규칙으로 정하는 신청

② 「민사집행법」에 따른 가압류·가처분의 신청이나 가압류·가처분 결정에 대한 이의 또는 취소의 신청 을 위한 신청서에는 1만원의 인지를 붙여야 한다. 다만, 임시의 지위를 정하기 위한 가처분의 신청 및 그에 대한 이의 또는 취소의 신청은 그 본안의 소에 따른 인지액의 2분의 1에 해당하는 인지를 붙여 야 한다. 이 경우 인지액의 상한액은 50만원으로 한다. 〈신설 2011. 7. 18.〉

③ 다음 각 호의 신청을 위한 신청서에는 5천원의 인지를 붙여야 한다. 〈개정 2011. 7. 18.〉

1. 부동산의 강제경매의 신청, 담보권 실행을 위한 경매의 신청, 그 밖에 법원에 의한 경매의 신청
2. 강제관리의 신청이나 강제관리 방법으로 하는 가압류 집행의 신청
3. 그 밖에 제1호 또는 제2호의 신청에 준하는 신청으로서 대법원규칙으로 정하는 신청

④ 다음 각 호의 신청을 위한 신청서에는 2천원의 인지를 붙여야 한다. 〈개정 2011. 4. 12., 2011. 7. 18.〉

1. 채권의 압류명령의 신청, 그 밖에 법원에 의한 강제집행의 신청(제2항에 따른 신청은 제외한다)
2. 「행정소송법」에 따른 집행정지의 신청
3. 「부동산등기법」 제90조제1항에 따른 가처분명령의 신청, 그 밖에 등기 또는 등록에 관한 법령에 따른 가등기 또는 가등록의 가처분명령의 신청
4. 즉시항고로 불복을 신청할 수 있는 결정 또는 명령이 확정된 경우에 하는 준재심의 신청

5. 그 밖에 제1호부터 제4호까지의 신청에 준하는 신청으로서 대법원규칙으로 정하는 신청
⑤ 다음 각 호의 신청을 위한 신청서에는 1천원의 인지를 붙여야 한다. 〈개정 2011. 7. 18.〉
  1. 「민사소송법」 제475조에 따른 공시최고(公示催告)의 신청
  2. 「비송사건절차법」에 따라 재판을 구하는 신청
  3. 재산명시신청이나 채무불이행자명부 등재(登載)신청 또는 그 말소(抹消)신청
  4. 그 밖에 대법원규칙으로 정하는 각종 사건부에 등재할 신청(제1항부터 제3항까지의 신청은 제외한다)
[전문개정 2009. 5. 8.]

제10조(그 밖의 신청서) 제2조부터 제9조까지에 규정되지 아니한 신청서에는 500원의 인지를 붙여야 한다. 다만, 답변서, 증거신청서, 법원의 직권 발동을 촉구하는 의미의 신청서 및 대법원규칙으로 정하는 신청서에는 인지를 붙이지 아니한다. 〈개정 2011. 7. 18.〉
[전문개정 2009. 5. 8.]

제11조(항고장 등) ① 제9조 또는 제10조의 신청에 관한 재판(항고법원의 재판을 포함한다)에 대한 항고장(抗告狀) 및 상소장(上訴狀)에는 해당 신청서에 붙인 인지액의 2배에 해당하는 인지를 붙여야 한다.
② 제1항의 항고장 외의 항고장에는 2천원의 인지를 붙여야 한다.
[전문개정 2009. 5. 8.]

제12조(재판서 등의 등본·초본의 청구) 재판서 또는 조서의 등본 또는 초본 발급을 청구하는 경우에는 대법원규칙으로 정하는 금액의 인지를 붙여야 한다.
[전문개정 2009. 5. 8.]

제13조(인지를 붙이지 아니한 경우의 효력) ① 이 법에 따른 인지를 붙이지 아니하거나 인지액에 해당하는 금액을 현금이나 신용카드·직불카드 등으로 납부하지 아니하고 한 신청은 부적법하다. 다만, 법원은 신청인에게 보정(補正)을 명할 수 있고, 신청인이 그 명령에 따라 인지를 붙이거나 인지액에 해당하는 금액을 현금이나 신용카드·직불카드 등으로 납부한 경우에는 그러하지 아니하다. 〈개정 2011. 3. 7., 2023. 4. 18.〉
② 제1항 단서에도 불구하고 제2조의 소장, 제6조제1항의 참가신청서 또는 제8조의 재심소장·준재심소장에 붙이거나 납부한 인지액이 다음 각 호의 금액에 미달하는 경우 법원은 그 소장, 참가신청서, 재심소장 또는 준재심소장의 접수를 보류할 수 있다.〈신설 2023. 4. 18.〉
  1. 소송목적의 값이 3천만원 이하인 경우에는 1천원
  2. 소송목적의 값이 3천만원 초과 5억원 이하인 경우에는 1만원
  3. 소송목적의 값이 5억원을 초과하는 경우에는 5만원
③ 제2항에 따른 접수 보류와 접수 보류된 서류의 반환 및 폐기 등에 관한 구체적인 절차와 방법은 대법원규칙으로 정한다.〈신설 2023. 4. 18.〉
[전문개정 2009. 5. 8.]

제14조(인지액 중 일정액의 환급) ① 원고, 상소인, 그 밖의 신청인은 다음 각 호의 어느 하나에 해당하는 경우에는 해당 심급의 소장·항소장·상고장·반소장·청구변경신청서·당사자참가신청서 및 재심소장(이하 "소장등"이라 한다)에 붙인 인지액의 2분의 1에 해당하는 금액(인지액의 2분의 1에 해당하는 금액이 10만원 미만이면 인지액에서 10만원을 빼고 남은 금액)의 환급을 청구할 수 있다. 〈개정 2012. 1. 17.〉
  1. 소장등에 대한 각하명령이 확정된 경우
  2. 제1심 또는 항소심에서 해당 심급의 변론종결 전에 소·항소·반소·청구변경신청·당사자참가신청 또는 재심의 소가 취하(취하로 간주되는 경우를 포함한다)된 경우
  3. 상고이유서 제출기간이 지나기 전에 상고가 취하된 경우
  4. 제1심 또는 항소심에서 청구의 포기 또는 인낙(認諾)이 있은 경우

5. 제1심 또는 항소심에서 재판상 화해 또는 조정이 성립된 경우(「민사소송법」 제231조 및 「민사조정법」 제34조제4항에 따라 재판상 화해와 동일한 효력이 있는 경우를 포함한다)
6. 「상고심절차에 관한 특례법」 제4조에 해당하여 기각된 경우
7. 「민사소송법」 제429조에 해당하여 기각된 경우
② 제1항에 따른 청구는 그 사유가 발생한 날부터 3년 이내에 하여야 한다.
③ 제1항에 따른 인지액의 환급 절차 등에 관하여 필요한 사항은 대법원규칙으로 정한다.
[전문개정 2009. 5. 8.]

제14조(인지액 중 일정액의 환급) ① 원고, 상소인, 그 밖의 신청인은 다음 각 호의 어느 하나에 해당하는 경우에는 해당 심급의 소장·항소장·상고장·반소장·청구변경신청서·당사자참가신청서 및 재심소장(이하 "소장등"이라 한다)에 붙인 인지액의 2분의 1에 해당하는 금액(인지액의 2분의 1에 해당하는 금액이 10만원 미만이면 인지액에서 10만원을 빼고 남은 금액)의 환급을 청구할 수 있다. 〈개정 2012. 1. 17., 2024. 1. 16.〉
  1. 소장등에 대한 각하명령이 확정된 경우
  2. 제1심 또는 항소심에서 해당 심급의 변론종결 전에 소·항소·반소·청구변경신청·당사자참가신청 또는 재심의 소가 취하(취하로 간주되는 경우를 포함한다)된 경우
  3. 상고이유서 제출기간이 지나기 전에 상고가 취하된 경우
  4. 제1심 또는 항소심에서 청구의 포기 또는 인낙(認諾)이 있은 경우
  5. 제1심 또는 항소심에서 재판상 화해 또는 조정이 성립된 경우(「민사소송법」 제231조 및 「민사조정법」 제34조제4항에 따라 재판상 화해와 동일한 효력이 있는 경우를 포함한다)
  6. 「상고심절차에 관한 특례법」 제4조에 해당하여 기각된 경우
  6의2. 「민사소송법」 제402조의3제1항 본문에 따라 각하된 경우
  7. 「민사소송법」 제429조에 해당하여 기각된 경우
② 제1항에 따른 청구는 그 사유가 발생한 날부터 3년 이내에 하여야 한다.
③ 제1항에 따른 인지액의 환급 절차 등에 관하여 필요한 사항은 대법원규칙으로 정한다.
[전문개정 2009. 5. 8.]
[시행일: 2025. 3. 1.] 제14조

제15조(위임규정) 제8조부터 제11조까지의 규정에 따른 인지액은 경제사정이 변동된 경우에는 이 법이 개정될 때까지 대법원규칙으로 올리거나 내릴 수 있다.
[전문개정 2009. 5. 8.]

제16조(전자소송에서의 특례) ① 「민사소송 등에서의 전자문서 이용 등에 관한 법률」 제8조에 따라 등록사용자로서 전산정보처리시스템을 이용한 민사소송 등의 진행에 동의한 자가 전자문서로 제출하는 소장에는 제2조에 따른 인지액의 10분의 9에 해당하는 인지를 붙여야 한다.
② 제1항은 제3조부터 제10조까지의 경우에 준용한다.
[본조신설 2011. 7. 18.]

부칙

〈제19353호,2023. 4. 18.〉

제1조(시행일) 이 법은 공포 후 6개월이 경과한 날부터 시행한다.

제2조(접수 보류에 관한 적용례) 제13조제2항의 개정규정은 이 법 시행 이후 같은 항에 따른 소장 등을 제출하는 경우부터 적용한다.

민사소송 등 인지규칙

[시행 2023. 10. 19.] [대법원규칙 제3103호, 2023. 8. 31., 일부개정]

제1장 통칙

제1조(목적) 이 규칙은 「민사소송 등 인지법」(이하 "법"이라 한다)에서 대법원규칙으로 정하도록 위임한 사항 기타 필요한 사항에 관하여 규정함을 목적으로 한다. 〈개정 2006. 3. 23.〉

제2조(인지의 확인 등) ① 소장·상소장 기타의 신청서(신청의 취지를 기재한 조서를 포함한다. 이하 같다)(이하 "소장등"이라 한다)의 인지확인은 접수사무를 담당하는 법원서기관, 법원사무관, 법원주사 또는 법원주사보(이하 "법원사무관등"이라 한다)가 한다.

② 접수담당 법원사무관등은 소장등의 인지가 첨부된 마지막 인지대지나 인지액 상당의 금액을 현금이나 신용카드·직불카드 등(이하 "신용카드등"이라 한다)으로 납부한 내역을 기재한 영수필확인서(소장등에 은행납부번호를 기재하거나 현금자동입출금기를 통해 납부하고 그 이용명세표를 첨부한 경우 위 납부번호기재나 이용명세표도 영수필확인서로 본다. 이하 같다)가 첨부된 용지의 여백 또는 조서용지의 여백에 별지 1과 같은 양식의 고무인을 찍어야 한다. 다만, 정액의 인지를 첨부하는 항고장·재항고장 그 밖의 신청서의 경우에는 그러하지 아니하다.〈개정 2012. 11. 30.〉

③ 접수담당 법원사무관등은 소장등의 첨부인지액 또는 현금이나 신용카드등으로 납부한 인지액 상당의 금액(이하 "납부액"이라 한다)의 상당여부를 조사하여 소송목적의 값(이하 "소가"라 한다), 첨부하여야 할 인지액과 첨부한 인지액 등을 기재하고 날인하며, 제5조에 따른 조치를 한 후 첨부된 인지에 소인하여야 한다. 다만, 법 제13조제2항에 따라 소장등의 접수를 보류하는 경우에는 별지 1 양식의 고무인 비고란에 법 제13조제2항 각 호 중 해당 소장등에 적용되는 금액을 추가로 기재하고, 첨부된 인지는 제4조의3제5항제1호에 따라 소장등을 접수할 때 소인한다.〈개정 2011. 7. 28., 2012. 11. 30., 2019. 1. 29., 2023. 8. 31.〉

④ 접수담당 법원사무관등이 청구취지(항소취지 포함) 변경신청서를 접수한 후 총인지액과 기첨부 인지액 등을 확인하기 어려울 경우에는 별지 1 양식의 청구취지 변경용 고무인만을 찍어 참여 법원사무관등에게 보내어 참여 법원사무관등으로 하여금 제3항의 조치를 취하게 할 수 있다.

⑤ 법원사무관등은 원고·상소인 그 밖의 신청인(이하 "신청인등"이라 한다)이 산정, 신고한 소가 또는 첨부인지액이나 납부액이 상당하지 아니하다고 인정한 때에는 신청인등에게 보정을 권고하거나 재판장의 명을 받아 직접 보정명령을 하고, 별지 1 양식의 고무인 비고란에 그 사유를 부기하여야 한다. 소가의 산정을 위한 자료의 미비 그 밖의 사유로 소가를 산정하기 어려운 경우에도 같다.〈개정 2011. 7. 28., 2015. 6. 29.〉

⑥ 원심법원의 법원사무관등이 상소장에 대하여 제2항 내지 제4항의 규정에 따른 인지확인을 하지 아니한 경우에는 상소법원의 접수담당 법원사무관등이 이를 한다.

[전문개정 2001. 4. 26.]

제2조의2(인지를 붙이지 아니하는 신청서) 법 제10조 단서에 따라 인지를 붙이지 아니하는 신청서는 민사소송절차와 민사소송법이 준용되는 소송절차, 집행절차 및 비송절차에서 민사소송법 제162조에 따른 신청서를 제외한 나머지 신청서를 말한다. 〈개정 2012. 2. 24.〉

[본조신설 2011. 7. 28.]

제3조(소가의 인정) 소가의 산정을 위한 자료의 미비, 그 밖의 사유로 인하여 소가를 산정하기 어려운 때에는 재판장이 소가인정을 한다. 이 경우 재판장은 소장등의 소송물가액표시 기재 오른쪽에 별지 2와 같은 양식의 고무인을 찍고 해당사항을 기입한 후 날인하여야 한다.

[전문개정 2002. 6. 28.]

제4조(인지의 보정명령) 재판장은 소장등에 첨부된 인지액 또는 그에 갈음한 납부액이 상당하지 아니하다고 인정한 때에는 지체 없이 신청인등에게 인지 또는 납부액의 보정을 명하여야 한다. 이 경우 재판장은 법원사무관등으로 하여금 위 보정명령을 하게 할 수 있다. 〈개정 2015. 6. 29.〉

[전문개정 2011. 7. 28.]

제4조의2(소장등 접수 보류의 대상) 법 제13조제2항에 따라 소장등의 접수를 보류할 수 있는 경우는 소장등에 붙이거나 납부한 인지액이 법 제13조제2항 각 호에서 정한 금액(이하 "최소인지금액"이라 한다)에 미달하는 경우로서 다음 각 호의 어느 하나에 해당하는 경우로 한다.

1. 소장등을 제출한 자가 동일인을 대상으로 반복하여 소장등을 제출한 전력(前歷)이 있고, 그 소(訴)등에 대하여 각하판결 또는 소장각하명령 등을 받은 적이 있는 경우
2. 소장등에 기재된 내용으로는 상대방의 인적사항 또는 청구의 취지가 특정되지 않아 소송 절차를 진행하기 곤란할 것이 명백한 경우
3. 소장등에 기재한 청구의 취지와 원인에 욕설, 비속어 등의 표현이 포함되어 있고, 그 정도가 사회통념상 용인되는 수준을 넘어서는 경우
4. 그 밖에 제1호부터 제3호까지의 규정에 준하는 경우

[본조신설 2023. 8. 31.]

제4조의3(접수 보류된 소장등의 처리) ① 법원사무관등은 법 제13조제2항에 따라 소장등의 접수를 보류한 경우에는 소장등을 제출한 자에게 지체 없이 다음 각 호의 사항을 통지하여야 한다. 다만, 법원의 책임이 아닌 사유로 통지할 수 없는 경우에는 그러하지 아니하다.

1. 법 제13조제2항에 따라 소장등의 접수가 보류되었다는 취지
2. 통지가 도달하였거나 제3항에 따라 통지가 도달한 것으로 보는 날(이하 "통지일등"이라 한다)부터 14일 이내에 제4항 각 호 중 하나의 행위를 할 수 있다는 취지
3. 통지일등부터 14일 이내에 제4항 각 호 중 하나의 행위가 이루어지지 않은 경우 제출된 소장등과 이에 첨부된 서류·물건(영수필확인서, 전자수입인지 등을 포함한다. 이하 "소장등관계서류·물건"이라 한다)은 처음부터 제출되지 않은 것으로 간주되고, 모두 폐기된다는 취지
② 제1항에 따른 통지는 구두·전화·팩시밀리·보통우편 또는 전자우편으로 하거나 그 밖에 적당하다고 인정되는 방법으로 할 수 있다.
③ 다음 각 호의 어느 하나에 해당하는 경우에는 해당 호에 규정된 때에 제1항에 따른 통지가 도달한 것으로 본다.

1. 제1항 본문에 따라 통지를 발송하였으나 발송일부터 1개월 이내에 해당 통지가 도달하지 않았거나 그 도달 여부를 확인할 수 없는 경우: 발송일부터 1개월이 지난 때
2. 제1항 단서에 따라 통지를 하지 아니하는 경우: 소장등이 제출된 날부터 1개월이 지난 때
④ 접수가 보류된 소장등을 제출한 자는 통지일등부터 14일 이내에 다음 각 호 중 하나의 행위를 할 수 있다.

1. 최소인지금액 이상의 인지액의 납부
2. 다음 각 목의 어느 하나의 방법에 의한 소장등관계서류·물건의 반환 신청
   가. 법원을 방문하여 소장등관계서류·물건을 교부하여 줄 것을 신청하는 방법
   나. 배송료를 본인이 부담할 것을 조건으로 소장등관계서류·물건을 본인에게 발송하여 줄 것을 신청하는 방법
   다. 그 밖에 다른 대법원규칙 또는 대법원예규로 정하는 방법
⑤ 법원사무관등은 접수가 보류된 소장등을 다음 각 호의 구분에 따라 처리한다.

1. 소장등을 제출한 자가 통지일등부터 14일 이내에 제4항제1호의 행위를 한 경우: 지체 없이 소장등을 접수

2. 소장등을 제출한 자가 통지일등부터 14일 이내에 제4항제2호의 행위를 한 경우: 지체 없이 소장등을 제출한 자가 신청한 방식으로 소장등관계서류ㆍ물건을 반환. 다만, 법원의 책임이 아닌 사유로 소장등관계서류ㆍ물건을 반환할 수 없는 경우에는 반환 신청이 있는 날부터 1개월이 경과한 때에 폐기한다.

3. 소장등을 제출한 자가 통지일등부터 14일 이내에 제4항 각 호 중 어느 하나의 행위도 하지 않은 경우: 지체 없이 해당 소장등관계서류ㆍ물건을 폐기

⑥ 제5항제2호 또는 제3호에 따라 반환 또는 폐기되는 소장등은 처음부터 제출되지 아니한 것으로 본다. [본조신설 2023. 8. 31.]

제5조(과첩인지등의 처리) ①접수된 소장등에 상당액수를 초과하여 첩부된 인지가 있는 때에는 접수담당 법원사무관등은 이를 떼어내어 신청인등에게 반환하여야 한다. 신청인등이 그 인지의 반환청구를 포기할 뜻을 표시한 때에는 인지가 첩부된 마지막 인지대지의 여백 또는 별지 1 양식의 고무인 비고란에 그 취지를 기재하고 신청인등의 기명날인 또는 서명을 받아야 한다. 〈개정 2001. 4. 26., 2002. 6. 28., 2023. 8. 31.〉

② 접수된 소장등에 상당액수를 초과하여 인지의 첩부에 갈음한 영수필확인서가 첩부되어 있는 때에는 접수담당 법원사무관등은 신청인등에게 제32조에 따라 과오납금의 반환을 청구할 수 있음을 고지하고, 신청인등이 그 반환청구를 포기할 뜻을 표시한 때에는 영수필확인서가 첩부된 용지의 여백 또는 별지 1 양식의 고무인 비고란에 그 취지를 기재하고 신청인등의 기명날인 또는 서명을 받아야 한다. 〈개정 2011. 7. 28., 2023. 8. 31.〉

제2장 소가산정의 기준

제1절 총칙

제6조(소가산정의 원칙) 법 제2조제1항의 규정에 의한 소가는 원고가 청구취지로써 구하는 범위내에서 원고의 입장에서 보아 전부 승소할 경우에 직접 받게 될 경제적 이익을 객관적으로 평가하여 금액으로 정함을 원칙으로 한다.

제7조(소가산정의 기준시) 소가는 소를 제기한 때(법률의 규정에 의하여 소의 제기가 의제되는 경우에는 그 소를 제기한 것으로 되는 때)를 기준으로 하여 산정한다.

제8조(소가산정의 방법등) ① 소장에는 소가의 산정을 위한 자료를 첨부하여야 한다.

② 토지 또는 건물에 관한 소송을 제기하는 경우에는 목적물의 개별공시지가 또는 시가표준액을 알 수 있는 토지대장등본, 공시지가확인원 또는 건축물대장등본 등을 제출하여야 한다. 〈개정 2002. 8. 26.〉

③ 법원은 소가의 산정을 위하여 필요한 때에는 직권 또는 신청에 의하여 공무소 기타 상당하다고 인정되는 단체 또는 개인에게 사실조사 또는 감정을 촉탁하고, 필요한 사항의 보고를 요구할 수 있다. 이 경우에는 「민사소송법」 제140조, 「민사소송규칙」 제29조의 규정을 준용한다. 〈개정 1997. 1. 23., 2002. 6. 28., 2006. 3. 23.〉

④ 소가의 산정을 위하여 필요한 비용은 당사자가 예납하여야 하며, 소송비용의 일부가 된다. 〈개정 1997. 1. 23.〉

제2절 소가산정의 표준

제9조(물건 등의 가액) ① 토지의 가액은 「부동산 가격공시에 관한 법률」에 의한 개별공시지가(개별공시지가가 없는 경우에는 시장ㆍ군수 또는 구청장이 같은 법 제3조제8항에 따라 국토교통부장관이 제공한 토지가격비준표를 사용하여 산정한 가액)에 100분의 50을 곱하여 산정한 금액으로 한다. 〈개정 2011. 7. 28., 2014. 7. 1., 2021. 12. 31.〉

② 건물의 가액은「지방세법 시행령」제4조제1항제1호·제1호의2의 방식에 의하여 산정한 시가표준액(이 경우 같은 법 시행령 제4조제1항제1호의 오피스텔, 제1호의2의 건축물은 건물로 한다)에 100분의 50을 곱한 금액으로 한다.〈개정 2011. 7. 28., 2014. 7. 1., 2021. 12. 31.〉

③ 선박·차량·기계장비·입목·항공기·광업권·어업권·골프회원권·승마회원권·콘도미니엄 회원권·종합체육시설 이용회원권 그 밖에「지방세법」제10조제2항 단서, 같은 법 시행령 제4조에 따른 시가표준액의 정함이 있는 것의 가액은 그 시가표준액으로 한다.〈개정 2011. 7. 28.〉

④ 유가증권의 가액은 액면금액 또는 표창하는 권리의 가액으로 하되, 증권거래소에 상장된 증권의 가액은 소 제기 전날의 최종거래가격으로 한다.

⑤ 유가증권 이외의 증서의 가액은 200,000원으로 한다.

[전문개정 2006. 3. 23.]

제10조(물건에 대한 권리의 가액) ① 물건에 대한 소유권의 가액은 그 물건가액으로 한다.

② 물건에 대한 점유권의 가액은 그 물건가액의 3분의 1로 한다.

③ 지상권 또는 임차권의 가액은 목적물건 가액의 2분의 1로 한다.

④ 지역권의 가액은 승역지 가액의 3분의 1로 한다.

⑤ 담보물권의 가액은 목적물건 가액을 한도로 한 피담보채권의 원본액(근저당권의 경우에는 채권최고액)으로 한다.

⑥ 전세권(채권적전세권을 포함한다)의 가액은 목적물건 가액을 한도로 한 전세금액으로 한다.

제11조(기타의 물건등의 가액) 제9조 및 제10조에 규정되지 아니한 물건 또는 권리(이하 이 조에서는 "물건등"이라 한다)의 가액은 소를 제기할 당시의 시가로 하고, 시가를 알기 어려운 때에는 그 물건등의 취득가격 또는 유사한 물건등의 시가로 한다.

제3절 각종의 소의 소가산정

제12조(통상의 소) 통상의 소의 소가는 다음 각호에 규정된 가액 또는 기준에 의하여 산정한다. 〈개정 2001. 4. 26., 2002. 6. 28., 2006. 3. 23.〉

1. 확인의 소(소극적확인의 소를 포함한다)에 있어서는 권리의 종류에 따라 제10조 및 제11조의 규정에 의한 가액

2. 증서진부확인의 소에 있어서는 그 증서가 유가증권인 경우에는 제9조제4항의 규정에 의한 가액의 2분의 1, 기타의 증서인 경우에는 제9조제5항의 규정에 의한 가액

3. 금전지급청구의 소에 있어서는 청구금액

4. 기간이 확정되지 아니한 정기금청구의 소에 있어서는 기발생분 및 1년분의 정기금 합산액

5. 물건의 인도·명도 또는 방해배제를 구하는 소에 있어서는 다음의 구별에 의한다.
   가. 소유권에 기한 경우에는 목적물건 가액의 2분의 1
   나. 지상권·전세권·임차권 또는 담보물권에 기한 경우 또는 그 계약의 해지·해제·계약기간의 만료를 원인으로 하는 경우에는 목적물건 가액의 2분의 1
   다. 점유권에 기한 경우에는 목적물건 가액의 3분의 1
   라. 소유권의 이전을 목적으로 하는 계약에 기한 동산인도청구의 경우에는 목적물건의 가액

6. 상린관계상의 청구에 있어서는 부담을 받는 이웃 토지 부분의 가액의 3분의 1

7. 공유물분할 청구의 소에 있어서는 목적물건의 가액에 원고의 공유지분 비율을 곱하여 산출한 가액의 3분의 1

8. 경계확정의 소에 있어서는 다툼이 있는 범위의 토지부분의 가액

9. 사해행위취소의 소에 있어서는 취소되는 법률행위의 목적의 가액을 한도로 한 원고의 채권액

10. 기간이 확정되지 아니한 정기금의 지급을 명한 판결을 대상으로 한 「민사소송법」 제252조에 규정

된 소에 있어서는 그 소로써 증액 또는 감액을 구하는 부분의 1년간 합산액

제13조(등기·등록 등 절차에 관한 소) ① 등기 또는 등록 등(이하 이 조에서는 "등기"라고만 한다) 절차의 이행을 구하는 소의 소가는 다음 각호에 규정된 가액 또는 기준에 의한다.

　1. 소유권이전등기의 경우에는 목적물건의 가액
　2. 제한물권의 설정등기 또는 이전등기의 경우에는 다음의 구별에 의한다.
　　가. 지상권 또는 임차권인 경우에는 목적물건가액의 2분의 1
　　나. 담보물권 또는 전세권인 경우에는 목적물건가액을 한도로 한 피담보채권액(근저당권의 경우에는 채권최고액)
　　다. 지역권인 경우에는 승역지 가액의 3분의 1
　3. 가등기 또는 그에 기한 본등기의 경우에는 권리의 종류에 따라 제1호 또는 제2호의 규정에 의한 가액의 2분의 1
　4. 말소등기 또는 말소회복등기의 경우에는 다음의 구별에 의한다.
　　가. 설정계약 또는 양도계약의 해지나 해제에 기한 경우에는 제1호 내지 제3호의 규정에 의한 가액
　　나. 등기원인의 무효 또는 취소에 기한 경우에는 제1호 내지 제3호의 규정에 의한 가액의 2분의 1
② 등기의 인수를 구하는 소의 소가는 목적물건 가액의 10분의 1
[전문개정 2004. 10. 18.]

제14조(명예회복을 위한 처분 청구의 소) 「민법」 제764조의 규정에 의한 명예회복을 위한 적당한 처분을 구하는 소는, 그 처분에 통상 소요되는 비용을 산출할 수 있는 경우에는 그 비용을 소가로 하고, 그 비용을 산출하기 어려운 경우에는 비재산권상의 소로 본다. 〈개정 2006. 3. 23.〉

제15조(회사등 관계소송등) ① 주주의 대표소송, 이사의 위법행위유지(留止)청구의 소 및 회사에 대한 신주발행유지(留止)청구의 소는 소가를 산출할 수 없는 소송으로 본다.
② 제1항에 규정된 것을 제외하고 상법의 규정에 의한 회사관계 소송은 비재산권을 목적으로 하는 소송으로 본다.
③ 회사 이외의 단체에 관한 것으로서 제2항에 규정된 소에 준하는 소송은 비재산권을 목적으로 하는 소송으로 본다.
④ 해고무효확인의 소는 비재산권을 목적으로 하는 소송으로 본다.

제15조의2(단체소송) 다음 각 호의 단체소송은 비재산권을 목적으로 하는 소송으로 본다.
　1. 「소비자기본법」 제70조에 따른 금지·중지 청구에 관한 소송
　2. 「개인정보 보호법」 제51조에 따른 금지·중지청구에 관한 소송
[전문개정 2011. 9. 28.]

제16조(집행법상의 소) 「민사집행법」에 규정된 각종 소의 소가는 다음 각호에 규정된 가액 또는 기준에 의한다. 〈개정 2002. 6. 28., 2004. 10. 18., 2006. 3. 23.〉

　1.
　　가. 집행판결을 구하는 소에 있어서는 외국판결 또는 중재판정에서 인정된 권리의 가액의 2분의 1
　　나. 중재판정취소의 소에 있어서는 중재판정에서 인정된 권리의 가액
　2. 집행문부여 또는 집행문부여에 대한 이의의 소에 있어서는 그 대상인 집행권원에서 인정된 권리의 가액의 10분의 1
　3. 청구이의의 소에 있어서는 집행력 배제의 대상인 집행권원에서 인정된 권리의 가액
　4. 제3자이의의 소에 있어서는 집행권원에서 인정된 권리의 가액을 한도로 한 원고의 권리의 가액
　5. 삭제〈2002. 6. 28.〉
　6. 배당이의의 소에 있어서는 배당증가액
　7. 공유관계부인의 소에 있어서는 원고의 채권액을 한도로 한 목적물건 가액의 2분의 1

제17조(행정소송) 행정소송의 소가는 다음 각호에 규정된 가액 또는 기준에 의한다.

　1. 조세 기타 공법상의 금전·유가증권 또는 물건의 납부를 명한 처분의 무효확인 또는 취소를 구하는 소송에 있어서는, 그 청구가 인용됨으로써 원고가 납부의무를 면하게 되거나 환급받게 될 금전, 유가증권 또는 물건의 가액의 3분의 1. 다만, 그 금전·유가증권 또는 물건의 가액이 30억원을 초과하는 경우에는 이를 30억원으로 본다.

　2. 체납처분취소의 소에 있어서는 체납처분의 근거가 된 세액을 한도로 한 목적물건의 가액의 3분의 1. 다만, 그 세액 또는 목적물건의 가액이 30억원을 초과하는 경우에는 이를 30억원으로 본다.

　3. 금전지급청구의 소에 있어서는 청구금액

　4. 제1호 내지 제3호에 규정된 것 이외의 소송은 비재산권을 목적으로 하는 소송으로 본다.

제17조의2(특허소송) 특허법원의 전속관할에 속하는 소송의 소가는 재산권상의 소로서 그 소가를 산출할 수 없는 것으로 본다.

[본조신설 1998. 2. 17.]

제18조(무체재산권에 관한 소) 무체재산권에 관한 소중 금전의 지급이나 물건의 인도를 목적으로 하지 아니하는 소는 소가를 산출할 수 없는 소송으로 본다.

제18조의2(소가를 산출할 수 없는 재산권상의 소 등) 재산권상의 소로서 그 소가를 산출할 수 없는 것과 비재산권을 목적으로 하는 소송의 소가는 5천만 원으로 한다. 다만, 제15조제1항 내지 제3항, 제15조의2, 제17조의2, 제18조에 정한 소송의 소가는 1억 원으로 한다. 〈개정 2007. 11. 28., 2014. 7. 1.〉

[본조신설 2001. 4. 26.]

[제목개정 2002. 8. 26.]

제18조의3(시효중단을 위한 재판상 청구 확인소송) 판결로 확정된 채권의 소멸시효 중단을 위한 재판상의 청구가 있다는 점에 대하여만 확인을 구하는 소송을 제기한 경우 그 소가는 그 대상인 전소 판결에서 인정된 권리의 가액(이행소송으로 제기할 경우에 해당하는 소가)의 10분의 1로 한다. 다만, 그 권리의 가액이 3억원을 초과하는 경우에는 이를 3억원으로 본다.

[본조신설 2019. 1. 29.]

제4절 병합청구의 소가산정

제19조(합산의 원칙) 1개의 소로써 수개의 청구를 하는 경우에 그 수개의 청구의 경제적 이익이 독립한 별개의 것인 때에는 합산하여 소가를 산정한다.

제20조(중복청구의 흡수) 1개의 소로써 주장하는 수개의 청구의 경제적 이익이 동일하거나 중복되는 때에는 중복되는 범위 내에서 흡수되고, 그중 가장 다액인 청구의 가액을 소가로 한다.

제21조(수단인 청구의 흡수) 1개의 청구가 다른 청구의 수단에 지나지 않을 때에는, 특별한 규정이 있는 경우를 제외하고, 그 가액은 소가에 산입하지 아니한다. 다만, 수단인 청구의 가액이 주된 청구의 가액보다 다액인 경우에는 그 다액을 소가로 한다.

제22조(비재산권상의 청구의 병합) 1개의 소로써 수개의 비재산권을 목적으로 하는 청구를 병합한 때에는 각 청구의 소가를 합산한다. 다만, 청구의 목적이 1개의 법률관계인 때에는 1개의 소로 본다.

제23조(재산권상의 청구와 비재산권상의 청구의 병합) ①법 제2조제5항에 규정된 경우를 제외하고, 1개의 소로써 비재산권을 목적으로 하는 청구와 재산권을 목적으로 하는 청구를 병합한 때에는 각 청구의 소가를 합산한다.

② 수개의 비재산권을 목적으로 하는 청구와 그 원인된 사실로부터 생기는 재산권을 목적으로 하는 청구

를 1개의 소로써 제기하는 때에는 제22조의 규정에 의한 소가와 재산권을 목적으로 하는 청구의 소가 중 다액을 소가로 한다.

제24조(수개의 소장에 의한 소) 1개의 소로써 병합제기할 수 있는 청구를 수개의 소장으로 나누어 소를 제기하는 경우에는 각각 별도로 소가를 산정한다.

제5절 상소장에 첨부할 인지액의 산정

제25조(원칙) 항소장 또는 상고장에 첨부할 인지액은 상소로써 불복하는 범위의 소가를 기준으로 하여 산정한다.

제26조(부대상소) 제25조의 규정은 부대항소장 또는 부대상고장에 이를 준용한다. 다만, 반소의 제기 또는 소의 변경을 위한 부대항소장에 첨부할 인지액은 법 제4조 및 제5조의 규정에 의하여 산정한다.

제3장 현금, 신용카드등에 의한 인지납부 *〈개정 2011. 7. 28.〉*

제27조(현금납부의 범위) ① 소장등에 첨부하거나 보정하여야 할 인지액(이미 납부한 인지액이 있는 경우에는 그 합산액)이 1만원 이상인 때에는 그 인지의 첨부 또는 보정에 갈음하여 인지액 상당의 금액 전액을 현금으로 납부하여야 한다. *〈개정 2004. 1. 28., 2011. 2. 22.〉*
② 제1항의 규정에 해당하지 아니하는 경우에도 신청인등은 인지의 첨부에 갈음하여 인지액 상당의 금액을 현금으로 납부할 수 있다. *〈개정 2001. 4. 26.〉*
③ 법 제10조 및 제12조에 규정된 신청서 등의 경우에는 제1항 및 제2항을 적용하지 아니한다. *〈개정 2012. 11. 30., 2014. 7. 1.〉*
④ 시·군법원에 제출하는 소장등에는 인지를 첨부하거나 인지액 상당의 금액을 현금 또는 신용카드 등으로 납부할 수있다. 다만, 소를 제기하는 경우에 소장에 붙여야 할 인지액이 10만원을 초과하는 화해, 지급명령 또는 조정신청 사건에 대하여 「민사소송법」 제388조, 제472조 또는 「민사조정법」 제36조에 따라 소의 제기가 있는 것으로 보아 인지를 보정하는 경우에는 현금 또는 신용카드 등으로 납부하여야 한다. *〈신설 2012. 11. 30.〉*

제28조(수납기관) 제27조의 규정에 의한 인지액 상당의 금액의 현금납부는 송달료규칙 제3조제1항에 규정된 송달료수납은행(이하 "수납은행"이라 한다)에 하여야 한다. *〈개정 2002. 6. 28.〉*

제28조의2(신용카드등에 의한 인지납부) ① 신청인등은 제27조에 따라 인지액 상당의 금액을 현금으로 납부할 수 있는 경우 이를 수납은행 또는 인지납부대행기관의 인터넷 홈페이지에서 인지납부대행기관을 통하여 신용카드등으로도 납부할 수 있다.
② 제1항의 "인지납부대행기관"이란 정보통신망을 이용하여 신용카드등에 의한 결제를 수행하는 기관으로서 인지납부대행기관으로 지정받은 자를 말한다.
③ 제1항에 따라 인지액 상당의 금액을 신용카드등으로 납부하는 경우에는 인지납부대행기관의 승인일을 인지납부일로 본다.
④ 인지납부대행기관은 신청인등으로부터 인지납부 대행용역의 대가로 납부대행수수료를 받을 수 있다. 납부대행수수료는 법원행정처장이 인지납부대행기관의 운영경비 등을 종합적으로 고려하여 승인한다.
⑤ 제4항의 납부대행수수료는 「민사소송비용법」 제9조에 따라 그 전액을 소송비용으로 본다.
[본조신설 2011. 7. 28.]

제29조(납부절차) ① 신청인등은 현금납부 또는 신용카드등에 의한 납부의 경우에는 대법원예규로 정하는 양식의 납부서, 영수증, 영수필확인서에 의하여 납부하고, 수납은행이나 인지납부대행기관은 그 중 영수증, 영수필확인서에 해당사항을 기입하여 신청인등에게 교부하여야 한다. 다만, 인터넷뱅킹을 이용하여 현

금으로 납부하거나 인지납부대행기관의 인터넷 홈페이지에서 신용카드등으로 납부하는 때에는 수납은행이나 인지납부대행기관은 영수증, 영수필확인서의 해당사항을 기재한 정보를 인터넷으로 제공하여 신청인등이 출력할 수 있도록 하여야 한다. 〈개정 2012. 11. 30.〉

② 신청인등은 제1항에 따라 수납은행이나 인지납부대행기관으로부터 교부받거나 출력한 영수필확인서를 소장등에 첨부하여 법원에 제출하여야 한다.〈개정 2011. 7. 28., 2012. 11. 30.〉

③ 접수담당 법원사무관등은 접수된 소장등에 첨부된 영수필확인서를 확인한 후 제2조제2항부터 제5항까지(같은 조 제3항 단서는 제외한다) 및 제5조제2항에 따른 조치를 하고, 은행납부번호를 전산등록하여야 한다.〈개정 2012. 11. 30., 2023. 8. 31.〉

④ 제27조제4항 단서에 따라 인지액 상당의 금액을 현금으로 납부하거나 이를 신용카드등으로 납부한 경우에는 시·군법원의 접수담당 법원사무관등은 소장등에 첨부된 영수필확인서를 확인한 후 제2조제2항부터 제5항까지 및 제5조제2항에 따른 조치를 하고 기록을 관할법원에 송부하며, 관할 법원의 접수담당 법원사무관등은 기록 접수 시에 은행납부번호를 전산등록하여야 한다.〈개정 2012. 11. 30.〉

⑤ 인지액 상당의 금액을 현금으로 납부받은 수납은행과 인지납부대행기관은 지체 없이 「송달료규칙」 제3조제4항에 규정된 송달료관리은행(이하 "관리은행"이라 한다)에 그 수납내역을 전송하여야 한다. 또한 수납은행은 매 영업일의 수납마감 후 지체 없이 인지액 상당 금액의 현금수납금을 법원별로 구분하여 한국은행의 국고대리점계정에 입금하고 수납일계표를 작성하여 관리은행에 송부하여야 하며, 인지납부대행기관은 매일의 수납내역을 법원별로 구분하여 한국은행에 전송하고 수납명세표를 작성하여 관리은행에 전송하여야 한다.〈개정 2012. 11. 30.〉

⑥ 관리은행은 매 영업일마다 제5항에 따라 수납은행과 인지납부대행기관으로부터 전송받은 수납 내역에 근거하여 인지액 상당 금액의 납부자의 성명, 주민등록번호(법인인 경우에는 사업자등록번호), 사건번호를 알 수 있는 경우에는 사건번호, 사건명, 수납은행 또는 인지납부대행기관 및 납부 금액을 기재한 인지액 상당 금액의 수납명세표를 지체 없이 관할법원의 수입징수관에게 전송하여야 한다.〈개정 2012. 11. 30.〉

[전문개정 2004. 1. 28.]

제30조(수입징수결정등) ① 수입징수관은 제29조제3항부터 제6항까지의 규정에 따라 송부받은 수납정보를 근거로 하여 수입징수결정을 하여야 한다. 〈개정 2012. 11. 30.〉

② 제1항의 경우에, 수입징수결정의 근거로 되는 수납정보의 내용이 추후 정정되거나 오류가 있음이 발견된 때에는 수입징수관은 그 사실을 당해사건의 법원사무관등에게 통지하여야 한다.〈개정 2012. 11. 30.〉

[전문개정 2004. 1. 28.]

제31조(보고) 수입징수관은 별지 5와 같은 양식에 의하여 매월의 인 지액 상당 금액의 현금 및 신용카드등에 의한 납부상황을 그 다음달 10일까지 법원행정처장에게 보고하여야 한다.

[전문개정 2011. 7. 28.]

제32조(과오납금의 반환) ① 신청인등이 소장등에 첨부한 인지가 소인되거나 인지액 상당의 금액을 현금이나 신용카드등으로 납부한 후 과오납금이 있음을 발견한 때에는 해당 법원의 수입징수관에게 그 반환을 청구할 수 있다. 다만, 신청인등이 소송등 인지의 납부서에 환급계좌를 기재한 경우에는 반환청구가 있는 것으로 보아 해당 사건의 법원사무관등이 수입징수관에게 반환을 의뢰하여야 한다. 〈개정 2011. 7. 28., 2012. 2. 24.〉

② 제1항의 청구는 서면으로 하여야 하고, 당해사건의 법원사무관등이 과오납을 확인한 서면을 첨부하여야 한다.〈개정 2012. 11. 30.〉

③ 수입징수관은 제1항의 청구가 이유있을 때에는 당해 법원의 수입징수금에서 과오납금을 반환하는 결정을 하고, 이유없을 때에는 청구를 기각하는 결정을 하여야 한다.

④ 과오납금의 반환결정은 반환을 신청하거나 소송등 인지의 납부서에 환급계좌의 명의인으로 기재된 신청인등에게 서면이나 기타 적당한 방법으로 통지하여야 한다. 〈개정 2012. 2. 24.〉

[전문개정 2004. 1. 28.]

제33조(환급청구절차등) ① 법 제14조제1항의 규정에 따른 환급청구는 서면으로 당해 법원의 수입징수관에게 하여야 한다. 다만, 신청인등이 소송등 인지의 납부서에 환급계좌를 기재한 경우에는 환급청구가 있는 것으로 보아 해당 사건의 법원사무관등이 수입징수관에게 환급을 의뢰하여야 한다. 〈개정 2012. 2. 24.〉

② 제1항의 청구서에는 당해 사건의 담당 법원사무관등이 환급사유 및 환급금액을 확인한 서면을 첨부하여야 한다.

③ 「민사소송법」 제27조제1항의 규정에 따른 합산이 이루어진 경우 수개의 청구 중 일부에 대하여 환급사유가 생긴 때에는 각 청구의 가액에 따라 안분한 후 환급사유가 있는 청구부분의 인지액에 해당하는 금액에서 환급금액을 계산한다. 〈개정 2006. 3. 23.〉

④ 제32조제3항·제4항의 규정은 수입징수관이 법 제14조제1항의 규정에 따라 수입금을 환급하는 경우에 이를 준용한다.

[본조신설 2004. 1. 28.]

[종전 제33조는 제34조로 이동 〈2004. 1. 28.〉]

제34조(여럿의 신청인등이 소송등 인지를 공동으로 납부한 경우의 특례) ① 여럿의 신청인등이 소송등 인지를 공동으로 납부한 경우에는 그 과오납금 반환 또는 환급도 공동으로 청구하여야 한다.

② 소송등 인지를 공동으로 납부한 여럿의 신청인등은 그 가운데에서 모두를 위하여 제32조에 따른 과오납금 반환청구 또는 제33조에 따른 환급청구를 할 한 사람(이하 '대표청구인'이라 한다)을 지정하여 신고할 수 있다.

③ 법원은 필요하다고 인정하면 소송등 인지를 공동으로 납부한 여럿의 신청인등에 대하여 소장등을 제출할 때 대표청구인을 지정하여 신고할 것을 권고할 수 있다.

④ 제1항부터 제3항까지는 여럿의 신청인등 중 일부에게만 소송등 인지의 과오납금 반환사유 또는 환급사유가 있는 경우에도 적용한다.

[전문개정 2015. 10. 29.]

제35조(준용규정) 과오납금의 반환 및 인지액 환급절차 기타 수입징수관의 사무처리에 관하여는 이 규칙에 정한 것을 제외하고는 「국고금관리법 시행규칙」의 규정을 준용한다.

[본조신설 2015. 10. 29.]

부칙

〈제3103호,2023. 8. 31.〉

이 규칙은 2023년 10월 19일부터 시행한다.

민사소송규칙

[시행 2021. 11. 18.] [대법원규칙 제3001호, 2021. 10. 29., 일부개정]

제1편 총칙

제1장 통칙

제1조(목적) 이 규칙은 민사소송법(다음부터 "법"이라 한다)이 대법원규칙에 위임한 사항, 그 밖에 민사소송절차에 관하여 필요한 사항을 규정함을 목적으로 한다.

제2조(법원에 제출하는 서면의 기재사항) ① 당사자 또는 대리인이 법원에 제출하는 서면에는 특별한 규정이 없으면 다음 각호의 사항을 적고 당사자 또는 대리인이 기명날인 또는 서명하여야 한다.

1. 사건의 표시
2. 서면을 제출하는 당사자와 대리인의 이름·주소와 연락처(전화번호·팩시밀리번호 또는 전자우편주소 등을 말한다. 다음부터 같다)
3. 덧붙인 서류의 표시
4. 작성한 날짜
5. 법원의 표시

② 당사자 또는 대리인이 제출한 서면에 적은 주소 또는 연락처에 변동사항이 없는 때에는 그 이후에 제출하는 서면에는 주소 또는 연락처를 적지 아니하여도 된다.

제3조(최고·통지) ① 민사소송절차에서 최고와 통지는 특별한 규정이 없으면 상당하다고 인정되는 방법으로 할 수 있다.

② 제1항의 최고나 통지를 한 때에는 법원서기관·법원사무관·법원주사 또는 법원주사보(다음부터 이 모두를 "법원사무관등"이라 한다)는 그 취지와 최고 또는 통지의 방법을 소송기록에 표시하여야 한다.

③ 이 규칙에 규정된 통지(다만, 법에 규정된 통지를 제외한다)를 받을 사람이 외국에 있거나 있는 곳이 분명하지 아니한 때에는 통지를 하지 아니하여도 된다. 이 경우 법원사무관등은 그 사유를 소송기록에 표시하여야 한다.

④ 당사자, 그 밖의 소송관계인에 대한 통지는 법원사무관등으로 하여금 그 이름으로 하게 할 수 있다.

제4조(소송서류의 작성방법 등) ① 소송서류는 간결한 문장으로 분명하게 작성하여야 한다.

② 소송서류는 특별한 사정이 없으면 다음 양식에 따라 세워서 적어야 한다.〈개정 2016. 8. 1.〉

1. 용지는 A4(가로 210㎜×세로 297㎜) 크기로 하고, 위로부터 45㎜,왼쪽 및 오른쪽으로부터 각각 20㎜, 아래로부터 30㎜(장수 표시 제외)의 여백을 둔다.
2. 글자크기는 12포인트(가로 4.2㎜×세로 4.2㎜) 이상으로 하고, 줄간격은 200% 또는 1.5줄 이상으로 한다.

③ 법원은 제출자의 의견을 들어 변론기일 또는 변론준비기일에서 진술되지 아니하거나 불필요한 소송서류를 돌려주거나 폐기할 수 있다.〈신설 2016. 8. 1.〉

제5조(소송서류의 접수와 보정권고) ① 당사자, 그 밖의 소송관계인이 제출하는 소송서류는 정당한 이유 없이 접수를 거부하여서는 아니 된다.

② 소송서류를 접수한 공무원은 소송서류를 제출한 사람이 요청한 때에는 바로 접수증을 교부하여야 한다.

③ 법원사무관등은 접수된 소송서류의 보완을 위하여 필요한 사항을 지적하고 보정을 권고할 수 있다.

제2장 법원

제6조(보통재판적) 법 제3조 내지 법 제6조의 규정에 따라 보통재판적을 정할 수 없는 때에는 대법원이 있는 곳을 보통재판적으로 한다.

제7조(관할지정의 신청 등) ① 법 제28조제1항의 규정에 따라 관계된 법원 또는 당사자가 관할지정을 신청하는 때에는 그 사유를 적은 신청서를 바로 위의 상급법원에 제출하여야 한다.
② 소 제기 후의 사건에 관하여 제1항의 신청을 한 경우, 신청인이 관계된 법원인 때에는 그 법원이 당사자 모두에게, 신청인이 당사자인 때에는 신청을 받은 법원이 소송이 계속된 법원과 상대방에게 그 취지를 통지하여야 한다.

제8조(관할지정신청에 대한 처리) ① 법 제28조제1항의 규정에 따른 신청을 받은 법원은 그 신청에 정당한 이유가 있다고 인정하는 때에는 관할법원을 지정하는 결정을, 이유가 없다고 인정하는 때에는 신청을 기각하는 결정을 하여야 한다.
② 소 제기 전의 사건에 관하여 제1항의 결정을 한 경우에는 신청인에게, 소 제기 후의 사건에 관하여 제1항의 결정을 한 경우에는 소송이 계속된 법원과 당사자 모두에게 그 결정정본을 송달하여야 한다.
③ 소송이 계속된 법원이 바로 위의 상급법원으로부터 다른 법원을 관할 법원으로 지정하는 결정정본을 송달받은 때에는, 그 법원의 법원사무관등은 바로 그 결정정본과 소송기록을 지정된 법원에 보내야 한다.

제9조(소송절차의 정지) 소 제기 후의 사건에 관하여 법 제28조제1항의 규정에 따른 관할지정신청이 있는 때에는 그 신청에 대한 결정이 있을 때까지 소송절차를 정지하여야 한다. 다만, 긴급한 필요가 있는 행위를 하는 경우에는 그러하지 아니하다.

제10조(이송신청의 방식) ① 소송의 이송신청을 하는 때에는 신청의 이유를 밝혀야 한다.
② 이송신청은 기일에 출석하여 하는 경우가 아니면 서면으로 하여야 한다.

제11조(이송결정에 관한 의견진술) ① 법 제34조제2항·제3항, 법 제35조 또는 법 제36조제1항의 규정에 따른 신청이 있는 때에는 법원은 결정에 앞서 상대방에게 의견을 진술할 기회를 주어야 한다.
② 법원이 직권으로 법 제34조제2항, 법 제35조 또는 법 제36조의 규정에 따른 이송결정을 하는 때에는 당사자의 의견을 들을 수 있다.

제3장 당사자

제12조(법인이 아닌 사단 등의 당사자능력을 판단하는 자료의 제출) 법원은 법인이 아닌 사단 또는 재단이 당사자가 되어 있는 때에는 정관·규약, 그 밖에 그 당사자의 당사자능력을 판단하기 위하여 필요한 자료를 제출하게 할 수 있다.

제13조(법정대리권 소멸 및 선정당사자 선정취소·변경 통지의 신고) ① 법 제63조제1항의 규정에 따라 법정대리권 소멸통지를 한 사람은 그 취지를 법원에 서면으로 신고하여야 한다.
② 법 제63조제2항의 규정에 따라 선정당사자 선정취소와 변경의 통지를 한 사람에게는 제1항의 규정을 준용한다.

제14조(필수적 공동소송인의 추가신청) 법 제68조제1항의 규정에 따른 필수적 공동소송인의 추가신청은 추가될 당사자의 이름·주소와 추가신청의 이유를 적은 서면으로 하여야 한다.

제15조(단독사건에서 소송대리의 허가) ① 단독판사가 심리·재판하는 사건으로서 다음 각 호의 어느 하나에 해당하는 사건에서는 변호사가 아닌 사람도 법원의 허가를 받아 소송대리인이 될 수 있다. 〈개정 2016. 9. 6.〉

1. 「민사 및 가사소송의 사물관할에 관한 규칙」 제2조 단서 각 호의 어느 하나에 해당하는 사건
2. 제1호 사건 외의 사건으로서 다음 각 목의 어느 하나에 해당하지 아니하는 사건
    가. 소송목적의 값이 소제기 당시 또는 청구취지 확장(변론의 병합 포함) 당시 1억원을 넘는 소송사건
    나. 가목의 사건을 본안으로 하는 신청사건 및 이에 부수하는 신청사건(다만, 가압류·다툼의 대상에 관한 가처분 신청사건 및 이에 부수하는 신청사건은 제외한다)
② 제1항과 법 제88조제1항의 규정에 따라 법원의 허가를 받을 수 있는 사람은 다음 각호 가운데 어느 하나에 해당하여야 한다.
    1. 당사자의 배우자 또는 4촌 안의 친족으로서 당사자와의 생활관계에 비추어 상당하다고 인정되는 경우
    2. 당사자와 고용, 그 밖에 이에 준하는 계약관계를 맺고 그 사건에 관한 통상사무를 처리·보조하는 사람으로서 그 사람이 담당하는 사무와 사건의 내용 등에 비추어 상당하다고 인정되는 경우
③ 제1항과 법 제88조제1항에 규정된 허가신청은 서면으로 하여야 한다.
④ 제1항과 법 제88조제1항의 규정에 따른 허가를 한 후 사건이 제1항제2호 각 목의 어느 하나에 해당하는 사건(다만, 제1항제1호에 해당하는 사건은 제외한다) 또는 민사소송등인지법 제2조제4항에 해당하게 된 때에는 법원은 허가를 취소하고 당사자 본인에게 그 취지를 통지하여야 한다. 〈개정 2010. 12. 13., 2015. 1. 28., 2016. 9. 6.〉

제16조(법률상 소송대리인의 자격심사 등) ① 법원은 지배인·선장 등 법률상 소송대리인의 자격 또는 권한을 심사할 수 있고 그 심사에 필요한 때에는 그 소송대리인·당사자 본인 또는 참고인을 심문하거나 관련 자료를 제출하게 할 수 있다.
② 법원은 법률상 소송대리인이 그 자격 또는 권한이 없다고 인정하는 때에는 재판상 행위를 금지하고 당사자 본인에게 그 취지를 통지하여야 한다.

제17조(소송대리권 소멸통지의 신고) 법 제97조에서 준용하는 법 제63조제1항의 규정에 따라 소송대리인 권한의 소멸통지를 한 사람에게는 제13조제1항의 규정을 준용한다.

제17조의2(기일 외 진술 등의 금지) ① 당사자나 대리인은 기일 외에서 구술, 전화, 휴대전화 문자전송, 그 밖에 이와 유사한 방법으로 사실상 또는 법률상 사항에 대하여 진술하는 등 법령이나 재판장의 지휘에 어긋나는 절차와 방식으로 소송행위를 하여서는 아니 된다.
② 재판장은 제1항을 어긴 당사자나 대리인에게 주의를 촉구하고 기일에서 그 위반사실을 알릴 수 있다.
[본조신설 2016. 9. 6.]

제4장 소송비용

제1절 소송비용의 부담

제18조(소송비용액의 확정을 구하는 신청의 방식) 법 제110조제1항, 법 제113조제1항 또는 법 제114조제1항의 규정에 따른 신청은 서면으로 하여야 한다.

제19조(소송비용의 예납의무자) ① 법 제116조제1항의 규정에 따라 법원이 소송비용을 미리 내게 할 수 있는 당사자는 그 소송행위로 이익을 받을 당사자로 하되, 다음 각호의 기준을 따라야 한다. 〈개정 2020. 6. 26.〉
    1. 송달료는 원고(상소심에서는 상소인을 말한다. 다음부터 이 조문 안에서 같다)
    2. 변론의 속기 또는 녹음(듣거나 말하는 데 장애가 있는 사람을 위한 속기, 녹음 및 제37조에 따라 녹음에 준하여 이루어지는 녹화를 제외한다. 다음부터 이 조문 안에서 같다)에 드는 비용은 신청인. 다만, 직권에 의한 속기 또는 녹음의 경우에 그 속기 또는 녹음으로 이익을 받을 당사자가 분명하지 아니한 때에는 원고

3. 증거조사를 위한 증인·감정인·통역인(듣거나 말하는 데 장애가 있는 사람을 위한 통역인은 제외한다. 다음부터 이 조문 안에서 같다) 등에 대한 여비·일당·숙박료 및 감정인·통역인 등에 대한 보수와 법원 외에서의 증거조사를 위한 법관, 그 밖의 법원공무원의 여비·숙박료는 그 증거조사를 신청한 당사자. 다만, 직권에 의한 증거조사의 경우에 그 증거조사로 이익을 받을 당사자가 분명하지 아니한 때에는 원고

4. 상소법원에 소송기록을 보내는 비용은 상소인

② 제1항제2호의 속기 또는 녹음, 제1항제3호의 증거조사를 양쪽 당사자가 신청한 경우와 제1항제4호의 상소인이 양쪽 당사인 경우에는 필요한 비용을 균등하게 나누어 미리 내게 하여야 한다. 다만, 사정에 따라 미리 낼 금액의 비율을 다르게 할 수 있다.

제19조의2(듣거나 말하는 데 장애가 있는 사람을 위한 비용 등) ① 듣거나 말하는 데 장애가 있는 사람을 위한 속기, 녹음 및 제37조에 따라 녹음에 준하여 이루어지는 녹화에 드는 비용은 국고에서 지급하고, 소송비용에는 산입하지 아니한다.

② 듣거나 말하는 데 장애가 있는 사람을 위한 통역인에게는 「민사소송비용규칙」에서 정하는 바에 따라 여비, 일당 및 숙박료를 지급하고 통역에 관한 특별요금은 법원이 정한 금액을 지급한다. 이에 소요되는 비용은 국고에서 지급하고, 소송비용에는 산입하지 아니한다.

[본조신설 2020. 6. 26.]

제20조(소송비용 예납 불이행시의 국고대납) 법원은 소송비용을 미리 내야 할 사람이 내지 아니하여(부속액을 추가로 내지 아니하는 경우를 포함한다) 소송절차의 진행 또는 종료 후의 사무처리가 현저히 곤란한 때에는 그 소송비용을 국고에서 대납받아 지출할 수 있다.

제21조(소송비용의 대납지급 요청) ① 소송비용의 대납지급 요청은 재판장이 법원의 경비출납공무원에게 서면이나 재판사무시스템을 이용한 전자적인 방법으로 하여야 한다. 다만, 서류 송달료의 대납지급 요청은 법원사무관등이 한다. *〈개정 2009. 12. 3.〉*

② 제1항의 요청은 소송비용을 지출할 사유가 발생할 때마다 하여야 한다. 다만, 서류의 송달료에 관하여는 필요한 범위 안에서 여러 번 실시할 비용의 일괄 지급을 요청할 수 있다.

제2절 소송비용의 담보

제22조(지급보증위탁계약) ① 법 제122조의 규정에 따라 지급보증위탁계약을 맺은 문서를 제출하는 방법으로 담보를 제공하려면 미리 법원의 허가를 받아야 한다.

② 제1항의 규정에 따른 지급보증위탁계약은 담보제공명령을 받은 사람이 은행법의 규정에 따른 금융기관이나 보험회사(다음부터 이 모두를 "은행등"이라 한다)와 맺은 것으로서 다음 각호의 요건을 갖춘 것이어야 한다.

1. 은행등이 담보제공명령을 받은 사람을 위하여, 법원이 정한 금액 범위 안에서, 담보에 관계된 소송비용상환청구권에 관한 집행권원 또는 그 소송비용상환청구권의 존재를 확인하는 것으로서 확정판결과 같은 효력이 있는 것에 표시된 금액을 담보권리자에게 지급한다는 것
2. 담보취소의 결정이 확정될 때까지 계약의 효력이 존속된다는 것
3. 계약을 변경 또는 해제할 수 없다는 것
4. 담보권리자가 신청한 때에는 은행등은 지급보증위탁계약을 맺은 사실을 증명하는 서면을 담보권리자에게 교부한다는 것

③ 법 제122조의 규정이 준용되는 다른 절차에는 제1항과 제2항의 규정을 준용한다.

제23조(담보취소와 담보물변경 신청사건의 관할법원) ① 법 제125조의 규정에 따른 담보취소신청사건과 법

제126조의 규정에 따른 담보물변경신청사건은 담보제공결정을 한 법원 또는 그 기록을 보관하고 있는 법원이 관할한다.

② 법 제125조 또는 법 제126조의 규정이 준용되는 다른 절차에는 제1항의 규정을 준용한다.

제3절 소송구조

제24조(구조신청의 방식) ① 법 제128조제1항의 규정에 따른 소송구조신청은 서면으로 하여야 한다.

② 제1항의 신청서에는 신청인 및 그와 같이 사는 가족의 자금능력을 적은 서면을 붙여야 한다.

제25조(소송비용의 지급 요청) ① 법 제128조제1항의 규정에 따라 구조결정을 한 사건에 관하여 증거조사나 서류의 송달을 위한 비용, 그 밖에 당사자가 미리 내야 할 소송비용을 지출할 사유가 발생한 때에는 법원사무관등은 서면이나 재판사무시스템을 이용한 전자적인 방법으로 경비출납공무원에게 그 소송비용의 대납지급을 요청하여야 한다. 〈개정 2009. 12. 3.〉

② 제1항의 경우에는 제21조제2항의 규정을 준용한다.

제26조(변호사보수 등의 지급) ① 법 제129조제2항의 규정에 따른 변호사나 집행관의 보수는 구조결정을 한 법원이 보수를 받을 사람의 신청에 따라 그 심급의 소송절차가 완결된 때 또는 강제집행절차가 종료된 때에 지급한다.

② 제1항과 법 제129조제2항의 규정에 따라 지급할 변호사나 집행관의 보수액은 변호사보수의소송비용산입에관한규칙 또는 집행관수수료규칙을 참조하여 재판장의 감독 하에 법원사무관등이 정한다.〈개정 2015. 1. 28.〉

③ 제1항의 규정에 따른 신청에는 법 제110조제2항(다만, 등본에 관한 부분을 제외한다)을 준용한다.〈개정 2015. 1. 28.〉

제27조(구조의 취소 등) ① 법 제131조의 규정에 따른 재판은 구조결정을 한 대상사건의 절차가 판결의 확정, 그 밖의 사유로 종료된 뒤 5년이 지난 때에는 할 수 없다.

② 소송구조를 받은 사람이 자금능력이 있게 된 때에는 구조결정을 한 법원에 그 사실을 신고하여야 한다. 다만, 제1항의 기간이 지난 때에는 그러하지 아니하다.

제5장 소송절차

제1절 변론

제28조(변론의 방법) ① 변론은 당사자가 말로 중요한 사실상 또는 법률상 사항에 대하여 진술하거나, 법원이 당사자에게 말로 해당사항을 확인하는 방식으로 한다.

② 법원은 변론에서 당사자에게 중요한 사실상 또는 법률상 쟁점에 관하여 의견을 진술할 기회를 주어야 한다.

[본조신설 2007. 11. 28.]

[종전 제28조는 제28조의2로 이동 〈2007. 11. 28.〉]

제28조의2(재판장의 명령 등에 관한 이의신청) ① 법 제138조의 규정에 따른 이의신청은 그 명령 또는 조치가 있은 후 바로 하여야 한다. 다만, 법 제151조 단서에 해당하는 사유가 있는 때에는 그러하지 아니하다.

② 제1항의 이의신청을 하는 때에는 그 이유를 구체적으로 밝혀야 한다.

[제28조에서 이동 〈2007. 11. 28.〉]

제28조의3(당사자 본인의 최종진술) ① 당사자 본인은 변론이 종결되기 전에 재판장의 허가를 받아 최종의견을 진술할 수 있다. 다만 변론에서 이미 충분한 의견진술 기회를 가졌거나 그 밖의 특별한 사정이 있는

경우에는 그러하지 아니하다.

② 재판장은 당사자 본인의 수가 너무 많은 경우에는 당사자 본인 중 일부에 대하여 최종의견 진술기회를 제한할 수 있다.

③ 재판장은 필요하다고 인정할 때에는 제1항에 따른 최종의견 진술시간을 제한할 수 있다.

[본조신설 2015. 6. 29.]

제29조(법원의 석명처분) 법 제140조제1항의 규정에 따른 검증·감정과 조사의 촉탁에는 이 규칙의 증거조사에 관한 규정을 준용한다.

제29조의2(당사자 본인 등에 대한 출석명령) ① 법원은 필요한 때에는 당사자 본인 또는 그 법정대리인에게 출석하도록 명할 수 있다.

② 법원은 필요한 때에는 소송대리인에게 당사자 본인 또는 그 법정대리인의 출석을 요청할 수 있다.

[본조신설 2007. 11. 28.]

제30조(석명권의 행사 등에 따른 법원사무관등의 조치) 법 제136조 또는 법 제137조의 규정에 따른 조치나 법 제140조제1항의 규정에 따른 처분이 있는 경우에 재판장 또는 법원은 법원사무관등으로 하여금 그 조치나 처분의 이행여부를 확인하고 그 이행을 촉구하게 할 수 있다.

제30조의2(진술 보조) ① 법 제143조의2에 따라 법원의 허가를 받아 진술보조인이 될 수 있는 사람은 다음 각 호 중 어느 하나에 해당하고, 듣거나 말하는 데 장애가 없어야 한다.

　　1. 당사자의 배우자, 직계친족, 형제자매, 가족, 그 밖에 동거인으로서 당사자와의 생활관계에 비추어 상당하다고 인정되는 경우

　　2. 당사자와 고용, 그 밖에 이에 준하는 계약관계 또는 신뢰관계를 맺고 있는 사람으로서 그 사람이 담당하는 사무의 내용 등에 비추어 상당하다고 인정되는 경우

② 제1항과 법 제143조의2제1항에 따른 허가신청은 심급마다 서면으로 하여야 한다.

③ 제1항과 법 제143조의2제1항에 따른 법원의 허가를 받은 진술보조인은 변론기일에 당사자 본인과 동석하여 다음 각 호의 행위를 할 수 있다. 이 때 당사자 본인은 진술보조인의 행위를 즉시 취소하거나 경정할 수 있다.

　　1. 당사자 본인의 진술을 법원과 상대방, 그 밖의 소송관계인이 이해할 수 있도록 중개하거나 설명하는 행위

　　2. 법원과 상대방, 그 밖의 소송관계인의 진술을 당사자 본인이 이해할 수 있도록 중개하거나 설명하는 행위

④ 법원은 제3항에 따라 진술보조인이 한 중개 또는 설명행위의 정확성을 확인하기 위하여 직접 진술보조인에게 질문할 수 있다.

⑤ 진술보조인이 변론에 출석한 때에는 조서에 그 성명을 기재하고, 제3항에 따라 중개 또는 설명행위를 한 때에는 그 취지를 기재하여야 한다.

⑥ 법원은 법 제143조의2제2항에 따라 허가를 취소한 경우 당사자 본인에게 그 취지를 통지하여야 한다.

[본조신설 2017. 2. 2.]

제31조(화해 등 조서의 작성방식) 화해 또는 청구의 포기·인낙이 있는 경우에 그 기일의 조서에는 화해 또는 청구의 포기·인낙이 있다는 취지만을 적고, 별도의 용지에 법 제153조에 규정된 사항과 화해조항 또는 청구의 포기·인낙의 취지 및 청구의 취지와 원인을 적은 화해 또는 청구의 포기·인낙의 조서를 따로 작성하여야 한다. 다만, 소액사건심판법 제2조제1항의 소액사건에서는 특히 필요하다고 인정하는 경우 외에는 청구의 원인을 적지 아니한다.

제32조(조서기재의 생략 등) ① 소송이 판결에 의하지 아니하고 완결된 때에는 재판장의 허가를 받아 증인

· 당사자 본인 및 감정인의 진술과 검증결과의 기재를 생략할 수 있다.

② 법원사무관등은 제1항의 재판장의 허가가 있는 때에는 바로 그 취지를 당사자에게 통지하여야 한다.

③ 당사자가 제2항의 통지를 받은 날부터 1주 안에 이의를 한 때에는 법원사무관등은 바로 그 증인·당사자 본인 및 감정인의 진술과 검증결과를 적은 조서를 작성하여야 한다.

④ 제1심에서 피고에게 법 제194조 내지 제196조에 따라 송달을 한 사건의 경우, 법원사무관등은 재판장의 허가를 받아 서증 목록에 적을 사항을 생략할 수 있다. 다만, 공시송달 명령 또는 처분이 취소되거나 상소가 제기된 때에는 서증 목록을 작성하여야 한다.〈신설 2007. 11. 28., 2015. 6. 29.〉

제33조(변론의 속기와 녹음) ① 법 제159조제1항의 규정에 따른 변론의 속기 또는 녹음의 신청은 변론기일을 열기 전까지 하여야 하며, 비용(듣거나 말하는 데 장애가 있는 사람을 위한 속기 또는 녹음에 필요한 비용은 제외한다)이 필요한 때에는 법원이 정하는 금액을 미리 내야 한다. 〈개정 2014. 12. 30., 2020. 6. 26.〉

② 당사자의 신청이 있음에도 불구하고 속기 또는 녹음을 하지 아니하는 때에는 재판장은 변론기일에 그 취지를 고지하여야 한다.

제34조(녹음테이프·속기록의 보관 등) ① 법 제159조제1항·제2항의 녹음테이프와 속기록은 소송기록과 함께 보관하여야 한다.

② 당사자나 이해관계를 소명한 제3자는 법원사무관등에게 제1항의 녹음테이프를 재생하여 들려줄 것을 신청할 수 있다.

③ 법 제159조제4항의 규정에 따라 녹음테이프 또는 속기록을 폐기한 때에는 법원사무관등은 그 취지와 사유를 소송기록에 표시하여야 한다.

제35조(녹취서의 작성) ① 재판장은 필요하다고 인정하는 때에는 법원사무관등 또는 속기자에게 녹음테이프에 녹음된 내용에 대하여 녹취서를 작성할 것을 명할 수 있다.

② 제1항의 규정에 따라 작성된 녹취서에 관하여는 제34조제1항·제3항과 법 제159조제4항의 규정을 준용한다.

제36조(조서의 작성 등) ① 법원사무관등이 법 제152조제3항에 따라 조서를 작성하는 때에는 재판장의 허가를 받아 녹음테이프 또는 속기록을 조서의 일부로 삼을 수 있다. 이 경우 녹음테이프와 속기록의 보관 등에 관하여는 제34조제1항·제2항을 준용한다.

② 제1항 전문 및 법 제159조제1항·제2항에 따라 녹음테이프 또는 속기록을 조서의 일부로 삼은 경우라도 재판장은 법원사무관등으로 하여금 당사자, 증인, 그 밖의 소송관계인의 진술 중 중요한 사항을 요약하여 조서의 일부로 기재하게 할 수 있다.〈개정 2014. 12. 30.〉

③ 제1항 전문 및 법 제159조제1항·제2항에 따라 녹음테이프를 조서의 일부로 삼은 경우 다음 각호 가운데 어느 하나에 해당하면 녹음테이프의 요지를 정리하여 조서를 작성하여야 한다. 다만, 제2항의 조서 기재가 있거나 속기록 또는 제35조에 따른 녹취서가 작성된 경우에는 그러하지 아니하다.〈개정 2014. 12. 30.〉

  1. 상소가 제기된 때

  2. 법관이 바뀐 때

④ 제3항 및 법 제159조제3항에 따라 조서를 작성하는 때에는, 재판장의 허가를 받아, 속기록 또는 제35조에 따른 녹취서 가운데 필요한 부분을 그 조서에 인용할 수 있다.〈개정 2014. 12. 30.〉

⑤ 제3항 및 법 제159조제3항에 따른 조서는 변론 당시의 법원사무관등이 조서를 작성할 수 없는 특별한 사정이 있는 때에는 당해 사건에 관여한 다른 법원사무관등이 작성할 수 있다.〈개정 2014. 12. 30.〉

[전문개정 2007. 11. 28.]

제37조(준용규정) ① 녹화테이프, 컴퓨터용 자기디스크·광디스크, 그 밖에 이와 비슷한 방법으로 음성이나

영상을 녹음 또는 녹화하여 재생할 수 있는 매체를 이용하여 변론의 전부나 일부를 녹음 또는 녹화하는 때에는 제33조 내지 제36조 및 법 제159조의 규정을 준용한다.

② 법원·수명법관 또는 수탁판사의 신문 또는 심문과 증거조사에는 제31조 내지 제36조 및 제1항의 규정을 준용한다.

제37조의2(소송기록의 열람과 증명서의 교부청구) ① 법 제162조제1항에 따라 소송기록의 열람·복사, 재판서·조서의 정본·등본·초본의 교부 또는 소송에 관한 증명서의 교부를 신청할 때에는 신청인의 자격을 적은 서면으로 하여야 한다.

② 법 제162조제2항에 따라 확정된 소송기록의 열람을 신청할 때에는 열람을 신청하는 이유와 열람을 신청하는 범위를 적은 서면으로 하여야 한다.

[본조신설 2007. 11. 28.]

제37조의3(당해 소송관계인의 범위와 동의) ① 법 제162조제3항에 따른 당해 소송관계인은 소송기록의 열람과 이해관계가 있는 다음 각호의 사람이다.

  1. 당사자 또는 법정대리인
  2. 참가인
  3. 증인

② 법원은 법 제162조제2항에 따른 신청이 있는 때에는 당해 소송관계인에게 그 사실을 통지하여야 한다.

③ 제2항에 따른 통지는 소송기록에 표시된 당해 소송관계인의 최후 주소지에 등기우편으로 발송하는 방법으로 할 수 있다.

④ 제3항에 따라 발송한 때에는 발송한 때에 송달된 것으로 본다.

⑤ 제2항에 따른 통지를 받은 당해 소송관계인은 통지를 받은 날부터 2주 이내에 소송기록의 열람에 관한 동의 여부를 서면으로 밝혀야 한다. 다만, 당해 소송관계인이 위 기간 이내에 동의 여부에 관한 서면을 제출하지 아니한 때에는 소송기록의 열람에 관하여 동의한 것으로 본다.

[본조신설 2007. 11. 28.]

제38조(열람 등 제한의 신청방식 등) ① 법 제163조제1항의 규정에 따른 결정을 구하는 신청은 소송기록 가운데 비밀이 적혀 있는 부분을 특정하여 서면으로 하여야 한다.

② 법 제163조제1항의 규정에 따른 결정은 소송기록 가운데 비밀이 적혀 있는 부분을 특정하여 하여야 한다.

제2절 전문심리위원 *〈신설 2007. 7. 31.〉*

제38조의2(전문심리위원의 지정) 법원은 별도의 대법원규칙에 따라 정해진 전문심리위원후보자 중에서 전문심리위원을 지정하여야 한다.

[본조신설 2007. 7. 31.]

제38조의3(기일 외의 전문심리위원에 대한 설명 등의 요구와 조치) 재판장이 기일 외에서 전문심리위원에 대하여 설명 또는 의견을 요구한 사항이 소송관계를 분명하게 하는 데 중요한 사항일 때에는 법원사무관 등은 양쪽 당사자에게 그 사항을 통지하여야 한다.

[본조신설 2007. 7. 31.]

제38조의4(서면의 사본 송부) 전문심리위원이 설명이나 의견을 기재 한 서면을 제출한 경우에는 법원사무관등은 양 쪽 당사자에게 그 사본을 보내야 한다.

[본조신설 2007. 7. 31.]

제38조의5(전문심리위원에 대한 준비지시) ① 재판장은 전문심리위원을 소송절차에 참여시키기 위하여 필요하다고 인정한 때에는 전문심리위원에게 소송목적물의 확인 등 적절한 준비를 지시할 수 있다.

② 재판장이 제1항의 준비를 지시한 때에는 법원사무관등은 양쪽 당사자에게 그 취지를 통지하여야 한다.

[본조신설 2007. 7. 31.]

제38조의6(증인신문기일에서의 재판장의 조치) 재판장은 전문심리위원의 말이 증인의 증언에 영향을 미치지 않게 하기 위하여 필요하다고 인정할 때에는 직권 또는 당사자의 신청에 따라 증인의 퇴정 등 적절한 조치를 취할 수 있다.

[본조신설 2007. 7. 31.]

제38조의7(조서의 기재) ① 전문심리위원이 소송절차의 기일에 참여한 때에는 조서에 그 성명을 기재하여야 한다.

② 전문심리위원이 재판장, 수명법관 또는 수탁판사의 허가를 받아 소송관계인에게 질문을 한 때에는 조서에 그 취지를 기재하여야 한다.

[본조신설 2007. 7. 31.]

제38조의8(전문심리위원 참여결정의 취소 신청방식 등) ① 법 제164조의2제1항의 규정에 따른 결정의 취소 신청은 기일에서 하는 경우를 제외하고는 서면으로 하여야 한다.

② 제1항의 신청을 할 때에는 신청 이유를 밝혀야 한다. 다만, 양쪽 당사자가 동시에 신청할 때에는 그러하지 아니하다.

[본조신설 2007. 7. 31.]

제38조의9(수명법관 등의 권한) 수명법관 또는 수탁판사가 소송절차를 진행하는 경우에는 제38조의5 내지 제38조의7의 규정에 따른 재판장의 직무는 그 수명법관이나 수탁판사가 행한다.

[본조신설 2007. 7. 31.]

제38조의10(비디오 등 중계장치 등에 의한 참여) ① 법원은 전문심리 위원이 법정에 직접 출석하기 어려운 특별한 사정이 있는 경우 당사자의 의견을 들어 전문심리위원으로 하여금 비디오 등 중계장치에 의한 중계시설을 통하거나 인터넷 화상장치를 이용하여 설명이나 의견을 진술하거나 소송관계인에게 질문하게 할 수 있다.

② 제1항에 따른 절차와 방법에 관하여는 제73조의3을 준용한다.

[본조신설 2021. 10. 29.]

제3절 기일과 기간 〈개정 2007. 7. 31.〉

제39조(변론 개정시간의 지정) 재판장은 사건의 변론 개정시간을 구분하여 지정하여야 한다.

제40조(기일변경신청) 기일변경신청을 하는 때에는 기일변경이 필요한 사유를 밝히고, 그 사유를 소명하는 자료를 붙여야 한다.

제41조(기일변경의 제한) 재판장등은 법 제165조제2항에 따른 경우 외에는 특별한 사정이 없으면 기일변경을 허가하여서는 아니 된다.

[전문개정 2007. 11. 28.]

제42조(다음 기일의 지정) ① 기일을 변경하거나 변론을 연기 또는 속행하는 때에는 소송절차의 중단 또는 중지, 그 밖에 다른 특별한 사정이 없으면 다음 기일을 바로 지정하여야 한다. 다만, 법 제279조제2항에 따라 변론기일을 연 뒤에 바로 사건을 변론준비절차에 부치는 경우에는 그러하지 아니하다.

② 기일을 변경하는 때에는 바로 당사자에게 그 사실을 알려야 한다.

[전문개정 2007. 11. 28.]

제43조(변론재개결정과 변론기일지정) 법 제142조에 따라 변론재개결정을 하는 때에는 재판장은 특별한 사정이 없으면 그 결정과 동시에 변론기일을 지정하고 당사자에게 변론을 재개하는 사유를 알려야 한다.

[전문개정 2007. 11. 28.]

제44조(증인 등에 대한 기일변경통지) ① 증인·감정인 등 당사자 외의 사람에 대하여 출석요구를 한 후에 그 기일이 변경된 때에는 바로 그 취지를 출석요구를 받은 사람에게 통지하여야 한다. 다만, 통지할 시간적 여유가 없는 때에는 그러하지 아니하다.

② 증인·감정인 등 당사자 외의 사람에 대하여 출석요구를 한 후에 소의 취하, 그 밖의 사정으로 그 기일을 실시하지 아니하게 된 경우에는 제1항의 규정을 준용한다.

제45조(기일의 간이통지) ① 법 제167조제2항의 규정에 따른 기일의 간이통지는 전화·팩시밀리·보통우편 또는 전자우편으로 하거나, 그 밖에 상당하다고 인정되는 방법으로 할 수 있다.

② 제1항의 규정에 따라 기일을 통지한 때에는 법원사무관등은 그 방법과 날짜를 소송기록에 표시하여야 한다.

제4절 송달 *〈개정 2007. 7. 31.〉*

제46조(전화 등을 이용한 송달방법) ① 변호사인 소송대리인에 대한 송달은 법원사무관등이 전화·팩시밀리·전자우편 또는 휴대전화 문자전송을 이용하여 할 수 있다. 〈개정 2007. 11. 28.〉

② 제1항의 규정에 따른 송달을 한 경우 법원사무관등은 송달받은 변호사로부터 송달을 확인하는 서면을 받아 소송기록에 붙여야 한다.

③ 법원사무관등은 변호사인 소송대리인에 대한 송달을 하는 때에는 제1항에 따른 송달을 우선적으로 고려하여야 한다. 〈신설 2007. 11. 28.〉

제47조(변호사 사이의 송달) ① 양쪽 당사자가 변호사를 소송대리인으로 선임한 경우 한쪽 당사자의 소송대리인인 변호사가 상대방 소송대리인인 변호사에게 송달될 소송서류의 부본을 교부하거나 팩시밀리 또는 전자우편으로 보내고 그 사실을 법원에 증명한 때에는 송달의 효력이 있다. 다만, 그 소송서류가 당사자 본인에게 교부되어야 할 경우에는 그러하지 아니하다.

② 제1항의 규정에 따른 송달의 증명은 소송서류의 부본을 교부받거나 팩시밀리 또는 전자우편으로 받은 취지와 그 날짜를 적고 송달받은 변호사가 기명날인 또는 서명한 영수증을 제출함으로써 할 수 있다. 다만, 소송서류 원본의 표면 여백에 송달받았다는 취지와 그 날짜를 적고 송달받은 변호사의 날인 또는 서명을 받아 제출하는 때에는 따로 영수증을 제출할 필요가 없다.

③ 제1항의 규정에 따라 소송서류를 송달받은 변호사는 제2항의 규정에 따른 송달의 증명절차에 협력하여야 하며, 제1항에 규정된 방법으로 소송서류를 송달한 변호사는 송달한 서류의 원본을 법원에 바로 제출하여야 한다.

제48조(부본제출의무 등) ① 송달을 하여야 하는 소송서류를 제출하는 때에는 특별한 규정이 없으면 송달에 필요한 수의 부본을 함께 제출하여야 한다.

② 법원은 필요하다고 인정하는 때에는 소송서류를 제출한 사람에게 그 문서의 전자파일을 전자우편이나 그 밖에 적당한 방법으로 법원에 보내도록 요청할 수 있다.

제49조(공동대리인에게 할 송달) 법 제180조의 규정에 따라 송달을 하는 경우에 그 공동대리인들이 송달을 받을 대리인 한 사람을 지정하여 신고한 때에는 지정된 대리인에게 송달하여야 한다.

제50조(송달서류의 교부의무 등) ① 법 제181조와 법 제182조의 규정에 따라 송달을 받은 청사·선박·교도소·구치소 또는 경찰관서(다음부터 이 조문 안에서 이 모두를 "청사등"이라 한다)의 장은 송달을 받을 본인에게 송달된 서류를 바로 교부하여야 한다.

② 제1항의 청사등의 장은 부득이한 사유가 없는 한 송달을 받은 본인이 소송수행에 지장을 받지 아니하도록 조치하여야 한다.

③ 제1항의 청사등의 장은 제2항에 규정된 조치를 취하지 못할 사유가 있는 때에는 그 사유를 적은 서면을 법원에 미리 제출하여야 한다.

제51조(발송의 방법) 법 제185조제2항과 법 제187조의 규정에 따른 서류의 발송은 등기우편으로 한다.

제52조(송달함을 이용한 송달절차) ① 송달함의 이용신청은 법원장 또는 지원장에게 서면으로 하여야 한다.

② 송달함을 이용하는 사람은 그 수수료를 미리 내야 한다.

③ 송달함을 이용하는 사람은 송달함에서 서류를 대신 수령할 사람을 서면으로 지정할 수 있다.

④ 송달함을 설치한 법원 또는 지원은 송달함의 관리에 관한 장부를 작성 · 비치하여야 한다.

⑤ 법원장 또는 지원장은 법원의 시설, 송달업무의 부담 등을 고려하여 송달함을 이용할 사람 · 이용방법, 그 밖에 필요한 사항을 정할 수 있다.

제53조(송달통지) 송달한 기관은 송달에 관한 사유를 서면으로 법원에 통지하여야 한다. 다만, 법원이 상당하다고 인정하는 때에는 전자통신매체를 이용한 통지로 서면통지에 갈음할 수 있다.

제54조(공시송달의 방법) ① 법 제194조제1항, 제3항에 따른 공시송달은 법원사무관등이 송달할 서류를 보관하고, 다음 각 호 가운데 어느 하나의 방법으로 그 사유를 공시함으로써 행한다. *〈개정 2015. 6. 29.〉*

　　1. 법원게시판 게시

　　2. 관보 · 공보 또는 신문 게재

　　3. 전자통신매체를 이용한 공시

② 법원사무관등은 제1항에 규정된 방법으로 송달한 때에는 그 날짜와 방법을 기록에 표시하여야 한다.

제5절 재판 *〈개정 2007. 7. 31.〉*

제55조(종전 변론결과의 진술) 법 제204조제2항에 따른 종전 변론결과의 진술은 당사자가 사실상 또는 법률상 주장, 정리된 쟁점 및 증거조사 결과의 요지 등을 진술하거나, 법원이 당사자에게 해당사항을 확인하는 방식으로 할 수 있다.

[본조신설 2007. 11. 28.]

[종전 제55조는 제55조의2로 이동 〈2007. 11. 28.〉]

제55조의2(상소에 대한 고지) 판결서의 정본을 송달하는 때에는 법원사무관등은 당사자에게 상소기간과 상소장을 제출할 법원을 고지하여야 한다.

[제55조에서 이동 〈2007. 11. 28.〉]

제56조(화해 등 조서정본의 송달) 법원사무관등은 화해 또는 청구의 포기 · 인낙이 있는 날부터 1주 안에 그 조서의 정본을 당사자에게 송달하여야 한다.

제6절 화해권고결정 *〈개정 2007. 7. 31.〉*

제57조(화해권고결정서의 기재사항 등) ① 화해권고결정서에는 청구의 취지와 원인을 적어야 한다. 다만, 소액사건심판법 제2조제1항의 소액사건에서는 특히 필요하다고 인정하는 경우 외에는 청구의 원인을 적지 아니한다.

② 법 제225조제1항의 결정 내용을 적은 조서의 작성방식에 관하여는 제31조의 규정을 준용한다.

제58조(당사자에 대한 고지사항) 법 제225조제2항의 규정에 따라 화해권고결정 내용을 적은 조서 또는 결정서의 정본을 송달하는 때에는, 그 조서 또는 결정서의 정본을 송달받은 날부터 2주 안에 이의를 신청하지

아니하면 화해권고결정이 재판상 화해와 같은 효력을 가지게 된다는 취지를 당사자에게 고지하여야 한다.

제59조(송달불능에 따른 소송복귀 등) ① 법 제185조제2항, 법 제187조 또는 법 제194조 내지 법 제196조의 규정에 따른 송달 외의 방법으로 양쪽 또는 한쪽 당사자에게 법 제225조제2항의 조서 또는 결정서의 정본을 송달할 수 없는 때에는 법원은 직권 또는 당사자의 신청에 따라 화해권고결정을 취소하여야 한다.
② 제1항의 규정에 따라 화해권고결정이 취소된 경우에 관하여는 법 제232조제1항의 규정을 준용한다.

제7절 소송절차의 중단과 중지 〈개정 2007. 7. 31.〉

제60조(소송절차 수계신청의 방식) ① 소송절차의 수계신청은 서면으로 하여야 한다.
② 제1항의 신청서에는 소송절차의 중단사유와 수계할 사람의 자격을 소명하는 자료를 붙여야 한다.

제61조(소송대리인에 의한 중단사유의 신고) 소송절차의 중단사유가 생긴 때에는 소송대리인은 그 사실을 법원에 서면으로 신고하여야 한다.

제2편 제1심의 소송절차

제1장 소의 제기

제62조(소장의 기재사항) 소장의 청구원인에는 다음 각호의 사항을 적어야 한다.
　1. 청구를 뒷받침하는 구체적 사실
　2. 피고가 주장할 것이 명백한 방어방법에 대한 구체적인 진술
　3. 입증이 필요한 사실에 대한 증거방법
[본조신설 2007. 11. 28.]
[종전 제62조는 제62조의2로 이동 〈2007. 11. 28.〉]

제62조의2(증거보전이 이루어진 경우의 소장 기재사항) 소 제기 전에 증거보전을 위한 증거조사가 이루어진 때에는 소장에 증거조사를 한 법원과 증거보전사건의 사건번호·사건명을 적어야 한다.
[제62조에서 이동 〈2007. 11. 28.〉]

제63조(소장의 첨부서류) ① 피고가 소송능력 없는 사람인 때에는 법정대리인, 법인인 때에는 대표자, 법인이 아닌 사단이나 재단인 때에는 대표자 또는 관리인의 자격을 증명하는 서면을 소장에 붙여야 한다.
② 부동산에 관한 사건은 그 부동산의 등기사항증명서, 친족·상속관계 사건은 가족관계기록사항에 관한 증명서, 어음 또는 수표사건은 그 어음 또는 수표의 사본을 소장에 붙여야 한다. 그 외에도 소장에는 증거로 될 문서 가운데 중요한 것의 사본을 붙여야 한다. 〈개정 2009. 1. 9., 2011. 9. 28.〉
③ 법 제252조제1항에 규정된 소의 소장에는 변경을 구하는 확정판결의 사본을 붙여야 한다.

제64조(소장부본의 송달시기) ① 소장의 부본은 특별한 사정이 없으면 바로 피고에게 송달하여야 한다.
② 반소와 중간확인의 소의 소장, 필수적 공동소송인의 추가·참가·피고의 경정·청구의 변경신청서 등 소장에 준하는 서면이 제출된 때에도 제1항의 규정을 준용한다.

제65조(답변서의 기재사항 등) ① 답변서에는 법 제256조제4항에서 준용하는 법 제274조제1항의 각호 및 제2항에 규정된 사항과 청구의 취지에 대한 답변 외에 다음 각호의 사항을 적어야 한다.
　1. 소장에 기재된 개개의 사실에 대한 인정 여부
　2. 항변과 이를 뒷받침하는 구체적 사실
　3. 제1호 및 제2호에 관한 증거방법
② 답변서에는 제1항제3호에 따른 증거방법 중 입증이 필요한 사실에 관한 중요한 서증의 사본을 첨부하

여야 한다.

③ 제1항 및 제2항의 규정에 어긋나는 답변서가 제출된 때에는 재판장은 법원사무관등으로 하여금 방식에 맞는 답변서의 제출을 촉구하게 할 수 있다.

[전문개정 2007. 11. 28.]

제66조(피고경정신청서의 기재사항) 법 제260조제2항의 규정에 따른 피고의 경정신청서에는 새로 피고가 될 사람의 이름·주소와 경정신청의 이유를 적어야 한다.

제67조(소취하의 효력을 다투는 절차) ① 소의 취하가 부존재 또는 무효라는 것을 주장하는 당사자는 기일지정신청을 할 수 있다.

② 제1항의 신청이 있는 때에는 법원은 변론을 열어 신청사유에 관하여 심리하여야 한다.

③ 법원이 제2항의 규정에 따라 심리한 결과 신청이 이유 없다고 인정하는 경우에는 판결로 소송의 종료를 선언하여야 하고, 신청이 이유 있다고 인정하는 경우에는 취하 당시의 소송정도에 따라 필요한 절차를 계속하여 진행하고 중간판결 또는 종국판결에 그 판단을 표시하여야 한다.

④ 종국판결이 선고된 후 상소기록을 보내기 전에 이루어진 소의 취하에 관하여 제1항의 신청이 있는 때에는 다음 각호의 절차를 따른다.

1. 상소의 이익 있는 당사자 모두가 상소를 한 경우(당사자 일부가 상소하고 나머지 당사자의 상소권이 소멸된 경우를 포함한다)에는 판결법원의 법원사무관등은 소송기록을 상소법원으로 보내야 하고, 상소법원은 제2항과 제3항에 규정된 절차를 취하여야 한다.

2. 제1호의 경우가 아니면 판결법원은 제2항에 규정된 절차를 취한 후 신청이 이유 없다고 인정하는 때에는 판결로 소송의 종료를, 신청이 이유 있다고 인정하는 때에는 판결로 소의 취하가 무효임을 각 선언하여야 한다.

⑤ 제4항제2호 후단의 소취하무효선언판결이 확정된 때에는 판결법원은 종국판결 후에 하였어야 할 절차를 계속하여 진행하여야 하고, 당사자는 종국판결 후에 할 수 있었던 소송행위를 할 수 있다. 이 경우 상소기간은 소취하무효선언판결이 확정된 다음날부터 전체기간이 새로이 진행된다.

제68조(준용규정) 법 제268조(법 제286조의 규정에 따라 준용되는 경우를 포함한다)의 규정에 따른 취하 간주의 효력을 다투는 경우에는 제67조제1항 내지 제3항의 규정을 준용한다.

제2장 변론과 그 준비

제69조(변론기일의 지정 등) ① 재판장은 답변서가 제출되면 바로 사건을 검토하여 가능한 최단기간 안의 날로 제1회 변론기일을 지정하여야 한다.

② 법원은 변론이 집중되도록 함으로써 변론이 가능한 한 속행되지 않도록 하여야 하고, 당사자는 이에 협력하여야 한다.

③ 법 제258조제1항 단서에 해당하는 경우, 재판장은 사건의 신속한 진행을 위하여 필요한 때에는 사건을 변론준비절차에 부침과 동시에 변론준비기일을 정하고 기간을 정하여 당사자로 하여금 준비서면, 그 밖의 서류를 제출하게 하거나 당사자 사이에 이를 교환하게 하고 주장 사실을 증명할 증거를 신청하게 할 수 있다.

[전문개정 2009. 1. 9.]

제69조의2(당사자의 조사의무) 당사자는 주장과 입증을 충실히 할 수 있도록 사전에 사실관계와 증거를 상세히 조사하여야 한다.

[제69조에서 이동 〈2007. 11. 28.〉]

제69조의3(준비서면의 제출기간) 새로운 공격방어방법을 포함한 준비서면은 변론기일 또는 변론준비기일의

7일 전까지 상대방에게 송달될 수 있도록 적당한 시기에 제출하여야 한다.

[본조신설 2007. 11. 28.]

제69조의4(준비서면의 분량 등) ① 준비서면의 분량은 30쪽을 넘어서는 아니 된다. 다만, 제70조제4항에 따라 그에 관한 합의가 이루어진 경우에는 그러하지 아니하다.

② 재판장, 수명법관 또는 법 제280조제4항의 판사(이하 "재판장등"이라 한다)는 제1항 본문을 어긴 당사자에게 해당 준비서면을 30쪽 이내로 줄여 제출하도록 명할 수 있다.

③ 준비서면에는 소장, 답변서 또는 앞서 제출한 준비서면과 중복·유사한 내용을 불필요하게 반복 기재하여서는 아니 된다.

[본조신설 2016. 8. 1.]

제69조의5(요약준비서면 작성방법) 법 제278조에 따른 요약준비서면을 작성할 때에는 특정 부분을 참조하는 뜻을 적는 방법으로 소장, 답변서 또는 앞서 제출한 준비서면의 전부 또는 일부를 인용하여서는 아니 된다.

[본조신설 2016. 8. 1.]

제70조(변론준비절차의 시행방법) ① 재판장등은 변론준비절차에서 쟁점과 증거의 정리, 그 밖에 효율적이고 신속한 변론진행을 위한 준비가 완료되도록 노력하여야 하며, 당사자는 이에 협력하여야 한다. 〈개정 2016. 8. 1.〉

② 당사자는 제1항에 규정된 사항에 관하여 상대방과 협의를 할 수 있다. 재판장등은 당사자에게 변론진행의 준비를 위하여 필요한 협의를 하도록 권고할 수 있다.

③ 재판장등은 변론준비절차에서 효율적이고 신속한 변론진행을 위하여 당사자와 변론의 준비와 진행 및 변론에 필요한 시간에 관한 협의를 할 수 있다.〈신설 2007. 11. 28.〉

④ 재판장등은 당사자와 준비서면의 제출횟수, 분량, 제출기간 및 양식에 관한 협의를 할 수 있고, 이에 관한 합의가 이루어진 경우 당사자는 그 합의에 따라 준비서면을 제출하여야 한다.〈신설 2007. 11. 28.〉

⑤ 재판장등은 기일을 열거나 당사자의 의견을 들어 양 쪽 당사자와 음성의 송수신에 의하여 동시에 통화를 하거나 인터넷 화상장치를 이용하여 제3항 및 제4항에 따른 협의를 할 수 있다.〈신설 2007. 11. 28., 2020. 6. 1.〉

⑥ 삭제〈2021. 10. 29.〉

제70조의2(변론준비기일에서의 주장과 증거의 정리방법) 변론준비기일에서는 당사자가 말로 변론의 준비에 필요한 주장과 증거를 정리하여 진술하거나, 법원이 당사자에게 말로 해당사항을 확인하여 정리하여야 한다.

[본조신설 2007. 11. 28.]

제70조의3(절차이행의 촉구) ① 법 제280조에 따른 변론준비절차를 진행하는 경우 재판장등은 법원사무관등으로 하여금 그 이름으로 준비서면, 증거신청서 및 그 밖의 서류의 제출을 촉구하게 할 수 있다.

② 법원이나 재판장등의 결정, 명령, 촉탁 등에 대한 회신 등 절차이행이 지연되는 경우 재판장등은 법원사무관등으로 하여금 그 이름으로 해당 절차이행을 촉구하게 할 수 있다.

[본조신설 2015. 1. 28.]

제71조(변론준비기일의 조서) ① 변론준비기일의 조서에는 법 제283조제1항에 규정된 사항 외에 제70조의 규정에 따른 변론준비절차의 시행결과를 적어야 한다.

② 변론준비기일의 조서에는 제31조 내지 제37조제1항의 규정을 준용한다.

제72조(변론준비절차를 거친 사건의 변론기일지정 등) ① 변론준비절차를 거친 사건의 경우 그 심리에 2일 이상이 소요되는 때에는 가능한 한 종결에 이르기까지 매일 변론을 진행하여야 한다. 다만, 특별한 사정이 있는 경우에도 가능한 최단기간 안의 날로 다음 변론기일을 지정하여야 한다.

② 변론준비기일을 거친 사건의 경우 변론기일을 지정하는 때에는 당사자의 의견을 들어야 한다.

③ 제1항의 규정에 따라 지정된 변론기일은 사실과 증거에 관한 조사가 충분하지 아니하다는 이유로 변경할 수 없다.

제72조의2(변론준비기일 결과의 진술) 변론준비기일 결과의 진술은 당사자가 정리된 쟁점 및 증거조사 결과의 요지 등을 진술하거나, 법원이 당사자에게 해당사항을 확인하는 방식으로 할 수 있다.

[본조신설 2007. 11. 28.]

제73조(준용규정) 변론준비절차에는 제28조의2 내지 제30조의 규정을 준용한다. 〈개정 2007. 11. 28.〉

제73조의2(비디오 등 중계장치 등에 의한 기일의 신청 및 동의) ① 법 제287조의2제1항 및 제2항에 따른 기일(이하 "영상기일"이라 한다)의 신청은 기일에서 하는 경우를 제외하고는 서면으로 하여야 한다. 이 경우 신청의 대상이 되는 영상기일의 종류와 신청의 이유를 밝혀야 한다.

② 법 제287조의2제1항의 재판장등 또는 같은 조 제2항의 법원(이하 "재판장등 또는 법원"이라 한다)은 영상기일의 신청에 이유가 없다고 인정하거나 비디오 등 중계장치에 의한 중계시설 또는 인터넷 화상장치를 이용하기 곤란한 사정이 있는 때에는 영상기일을 열지 아니할 수 있다.

③ 영상기일의 신청이 있는 경우 재판장등 또는 법원은 지체 없이 영상기일의 실시 여부를 당사자에게 통지하여야 한다. 이 경우 서면으로 통지할 시간적 여유가 없는 때에는 제45조에 따른 간이한 방법으로 통지할 수 있다.

④ 다음 각 호의 어느 하나에 해당하는 경우에는 영상기일을 열지 아니하는 것으로 본다.
  1. 영상기일의 신청 이후 법정에 직접 출석하는 기일을 지정하는 경우
  2. 법정에 직접 출석하는 기일의 개정시간까지 제3항의 통지가 없는 경우

⑤ 당사자는 서면으로 영상기일의 신청을 취하하거나 동의를 철회할 수 있다. 다만, 양 쪽 당사자의 신청 또는 동의에 따라 영상기일이 지정된 이후에는 상대방의 동의를 받아야 한다.

⑥ 재판장등 또는 법원은 한 쪽 당사자로부터 영상기일의 신청 또는 동의가 있는 경우 양 쪽 당사자에 대한 영상기일이 필요하다고 인정하는 때에는 상대방에 대하여 영상기일 동의 여부를 확인할 수 있다.

⑦ 재판장등 또는 법원은 영상기일을 연기 또는 속행하는 때에는 당사자의 동의 여부를 확인하여 다음 기일의 영상기일 실시 여부를 정할 수 있다.

[본조신설 2021. 10. 29.]

제73조의3(영상기일의 실시) ① 영상기일은 당사자, 그 밖의 소송관계 인을 비디오 등 중계장치에 의한 중계시설에 출석하게 하거나 인터넷 화상장치를 이용하여 지정된 인터넷주소에 접속하게 하고, 영상과 음향의 송수신에 의하여 법관, 당사자, 그 밖의 소송관계인이 상대방을 인식할 수 있는 방법으로 한다.

② 제1항의 비디오 등 중계장치에 의한 중계시설은 법원 청사 안에 설치하되, 필요한 경우 법원 청사 밖의 적당한 곳에 설치할 수 있다.

③ 재판장등 또는 법원은 제2항 후단에 따라 비디오 등 중계장치에 의한 중계시설이 설치된 관공서나 그 밖의 공사단체의 장에게 영상기일의 원활한 진행에 필요한 조치를 요구할 수 있다.

④ 영상기일에서 제96조제1항의 문서 등을 제시하는 경우 비디오 등 중계장치에 의한 중계시설, 인터넷 화상장치 또는 「민사소송 등에서의 전자문서 이용 등에 관한 규칙」 제2조제1호에 정한 전자소송시스템을 이용하거나 모사전송, 전자우편, 그 밖에 이에 준하는 방법으로 할 수 있다.

⑤ 인터넷 화상장치를 이용하는 경우 영상기일에 지정된 인터넷 주소에 접속하지 아니한 때에는 불출석한 것으로 본다. 다만, 당사자가 책임질 수 없는 사유로 접속할 수 없었던 때에는 그러하지 아니하다.

⑥ 통신불량, 소음, 문서 등 확인의 불편, 제3자 관여 우려 등의 사유로 영상기일의 실시가 상당하지 아니한 당사자가 있는 경우 재판장등 또는 법원은 영상기일을 연기 또는 속행하면서 그 당사자가 법정에 직접 출석하는 기일을 지정할 수 있다.

⑦ 영상기일에 「법원조직법」 제58조제2항에 따른 명령을 위반하는 행위, 같은 법 제59조에 위반하는 행

위, 심리방해행위 또는 재판의 위신을 현저히 훼손하는 행위가 있는 경우 감치 또는 과태료에 처하는 재판에 관하여는 「법정등의질서유지를위한재판에관한규칙」에 따른다.

⑧ 영상기일을 실시한 경우 그 취지를 조서에 적어야 한다.

[본조신설 2021. 10. 29.]

제73조의4(개정의 장소 및 심리의 공개) ① 영상기일은 법원 청사 내 의 적당한 장소에서 열되, 법원장의 허가가 있는 경우 법원 청사 외의 장소에서 열 수 있다.

② 법 제287조의2제2항에 따른 변론기일을 법정에서 열지 아니하는 경우 다음 각 호 중 하나의 방법으로 심리를 공개하여야 한다. 다만, 「법원조직법」 제57조제1항 단서에 의해 비공개 결정을 한 경우에는 그러하지 아니하다.

  1. 법정 등 법원 청사 내 공개된 장소에서의 중계
  2. 법원행정처장이 정하는 방법에 따른 인터넷 중계

[본조신설 2021. 10. 29.]

제3장 증거

제1절 총칙

제74조(증거신청) 증거를 신청하는 때에는 증거와 증명할 사실의 관계를 구체적으로 밝혀야 한다.

제75조(증인신문과 당사자신문의 신청) ① 증인신문은 부득이한 사정이 없는 한 일괄하여 신청하여야 한다. 당사자신문을 신청하는 경우에도 마찬가지이다.

② 증인신문을 신청하는 때에는 증인의 이름·주소·연락처·직업, 증인과 당사자의 관계, 증인이 사건에 관여하거나 내용을 알게 된 경위, 증인신문에 필요한 시간 및 증인의 출석을 확보하기 위한 협력방안을 밝혀야 한다.⟨개정 2007. 11. 28.⟩

제76조(감정서 등 부본 제출) 법원이 감정을 명하거나 법 제294조 또는 법 제341조의 규정에 따라 촉탁을 하는 때에는 감정서 또는 회답서 등의 부본을 제출하게 할 수 있다.

제76조의2(민감정보 등의 처리) ① 법원은 재판업무 수행을 위하여 필요한 범위 내에서 「개인정보 보호법」 제23조의 민감정보, 제24조의 고유식별정보, 제24조의2의 주민등록번호 및 그 밖의 개인정보를 처리할 수 있다. ⟨개정 2014. 8. 6.⟩

② 법원이 법 제294조 또는 법 제352조에 따라 촉탁을 하는 때에는 필요한 범위 내에서 제1항의 민감정보, 고유식별정보, 주민등록번호 및 그 밖의 개인정보가 포함된 자료의 송부를 요구할 수 있다. ⟨개정 2014. 8. 6.⟩

③ 법원사무관등은 소송관계인의 특정을 위한 개인정보를 재판사무시스템을 이용한 전자적인 방법으로 관리한다.⟨신설 2018. 1. 31.⟩

④ 당사자는 법원사무관등에게 서면으로 제3항의 개인정보에 대한 정정을 신청할 수 있다. 그 신청서에는 정정 사유를 소명하는 자료를 붙여야 한다.⟨신설 2018. 1. 31.⟩

⑤ 법원은 재판서가 보존되어 있는 동안 제3항의 개인정보를 보관하여야 한다.⟨신설 2018. 1. 31.⟩

[본조신설 2012. 5. 2.]

제77조(증거조사비용의 예납) ① 법원이 증거조사의 결정을 한 때에는 바로 제19조제1항제3호 또는 같은 조 제2항의 규정에 따라 그 비용을 부담할 당사자에게 필요한 비용을 미리 내게 하여야 한다.

② 증거조사를 신청한 사람은 제1항의 명령이 있기 전에도 필요한 비용을 미리 낼 수 있다.

③ 법원은 당사자가 제1항의 명령에 따른 비용을 내지 아니하는 경우에는 증거조사결정을 취소할 수 있다.

제2절 증인신문

제78조(직무상 비밀에 관한 증언) ① 법 제304조와 제305조에 규정한 사람 외의 공무원 또는 공무원이었던 사람이 직무상 비밀에 관한 사항에 대하여 증언하게 된 때에는 증언할 사항이 직무상 비밀에 해당하는 사유를 구체적으로 밝혀 법원에 미리 신고하여야 한다.

② 제1항의 신고가 있는 경우 법원은 필요하다고 인정하는 때에는 그 소속관청 또는 감독관청에 대하여 신문할 사항이 직무상 비밀에 해당하는지 여부에 관하여 조회할 수 있다.

제79조(증인진술서의 제출 등) ① 법원은 효율적인 증인신문을 위하여 필요하다고 인정하는 때에는 증인을 신청한 당사자에게 증인진술서를 제출하게 할 수 있다.

② 증인진술서에는 증언할 내용을 그 시간 순서에 따라 적고, 증인이 서명날인하여야 한다.

③ 증인진술서 제출명령을 받은 당사자는 법원이 정한 기한까지 원본과 함께 상대방의 수에 2(다만, 합의부에서는 상대방의 수에 3)를 더한 만큼의 사본을 제출하여야 한다.

④ 법원사무관등은 증인진술서 사본 1통을 증인신문기일 전에 상대방에게 송달하여야 한다.

제80조(증인신문사항의 제출 등) ① 증인신문을 신청한 당사자는 법원이 정한 기한까지 상대방의 수에 3(다만, 합의부에서는 상대방의 수에 4)을 더한 통수의 증인신문사항을 적은 서면을 제출하여야 한다. 다만, 제79조의 규정에 따라 증인진술서를 제출하는 경우로서 법원이 증인신문사항을 제출할 필요가 없다고 인정하는 때에는 그러하지 아니하다.

② 법원사무관등은 제1항의 서면 1통을 증인신문기일 전에 상대방에게 송달하여야 한다.

③ 재판장은 제출된 증인신문사항이 개별적이고 구체적이지 아니하거나 제95조제2항 각호의 신문이 포함되어 있는 때에는 증인신문사항의 수정을 명할 수 있다. 다만, 같은 항 제2호 내지 제4호의 신문에 관하여 정당한 사유가 있는 경우에는 그러하지 아니하다.

제81조(증인 출석요구서의 기재사항 등) ① 증인의 출석요구서에는 법 제309조에 규정된 사항 외에 다음 각호의 사항을 적어야 한다.

1. 출석하지 아니하는 경우에는 그 사유를 밝혀 신고하여야 한다는 취지

2. 제1호의 신고를 하지 아니하는 경우에는 정당한 사유 없이 출석하지 아니한 것으로 인정되어 법률상 제재를 받을 수 있다는 취지

② 증인에 대한 출석요구서는 출석할 날보다 2일 전에 송달되어야 한다. 다만, 부득이한 사정이 있는 경우에는 그러하지 아니하다.

제82조(증인의 출석 확보) 증인이 채택된 때에는 증인신청을 한 당사자는 증인이 기일에 출석할 수 있도록 노력하여야 한다.

제83조(불출석의 신고) 증인이 출석요구를 받고 기일에 출석할 수 없을 경우에는 바로 그 사유를 밝혀 신고하여야 한다.

제84조(서면에 의한 증언) ① 법 제310조제1항의 규정에 따라 출석·증언에 갈음하여 증언할 사항을 적은 서면을 제출하게 하는 경우 법원은 증인을 신청한 당사자의 상대방에 대하여 그 서면에서 회답을 바라는 사항을 적은 서면을 제출하게 할 수 있다.

② 법원이 법 제310조제1항의 규정에 따라 출석·증언에 갈음하여 증언할 사항을 적은 서면을 제출하게 하는 때에는 다음 각호의 사항을 증인에게 고지하여야 한다.

1. 증인에 대한 신문사항 또는 신문사항의 요지

2. 법원이 출석요구를 하는 때에는 법정에 출석·증언하여야 한다는 취지

3. 제출할 기한을 정한 때에는 그 취지

③ 증인은 증언할 사항을 적은 서면에 서명날인하여야 한다.

제85조(증인에 대한 과태료 등) ① 법 제311조제1항의 규정에 따른 과태료와 소송비용 부담의 재판은 수소법원이 관할한다.

② 제1항과 법 제311조제1항의 규정에 따른 재판절차에 관하여는 비송사건절차법 제248조와 제250조(다만, 제248조제3항 후문과 검사에 관한 부분을 제외한다)의 규정을 준용한다.

제86조(증인에 대한 감치) ① 법 제311조제2항 내지 제8항의 규정에 따른 감치재판은 수소법원이 관할한다.

② 감치재판절차는 법원의 감치재판개시결정에 따라 개시된다. 이 경우 감치사유가 발생한 날부터 20일이 지난 때에는 감치재판개시결정을 할 수 없다.

③ 감치재판절차를 개시한 후 감치결정 전에 그 증인이 증언을 하거나 그 밖에 감치에 처하는 것이 상당하지 아니하다고 인정되는 때에는 법원은 불처벌결정을 하여야 한다.

④ 제2항의 감치재판개시결정과 제3항의 불처벌결정에 대하여는 불복할 수 없다.

⑤ 법 제311조제7항의 규정에 따라 증인을 석방한 때에는 재판장은 바로 감치시설의 장에게 그 취지를 서면으로 통보하여야 한다.

⑥ 제1항 내지 제5항 및 법 제311조제2항 내지 제8항의 규정에 따른 감치절차에 관하여는 법정등의질서유지를위한재판에관한규칙 제6조 내지 제8조, 제10조, 제11조, 제13조, 제15조 내지 제19조, 제21조 내지 제23조 및 제25조제1항 · 제2항(다만, 제13조중 의견서에 관한 부분은 삭제하고, 제19조제2항 중 "3일"은 "1주"로, 제23조 제8항 중 "감치의 집행을 한 날"은 "법 제311조제5항의 규정에 따른 통보를 받은 날"로 고쳐 적용한다)의 규정을 준용한다.

제87조(증인의 구인) 정당한 사유 없이 출석하지 아니한 증인의 구인에 관하여는 형사소송규칙중 구인에 관한 규정을 준용한다.

제88조(증인의 동일성 확인) 재판장은 증인으로부터 주민등록증 등 신분증을 제시받거나 그 밖의 적당한 방법으로 증인임이 틀림없음을 확인하여야 한다.

[전문개정 2006. 3. 23.]

제89조(신문의 순서) ① 법 제327조제1항의 규정에 따른 증인의 신문은 다음 각호의 순서를 따른다. 다만, 재판장은 주신문에 앞서 증인으로 하여금 그 사건과의 관계와 쟁점에 관하여 알고 있는 사실을 개략적으로 진술하게 할 수 있다.

  1. 증인신문신청을 한 당사자의 신문(주신문)
  2. 상대방의 신문(반대신문)
  3. 증인신문신청을 한 당사자의 재신문(재주신문)

② 제1항의 순서에 따른 신문이 끝난 후에는 당사자는 재판장의 허가를 받은 때에만 다시 신문할 수 있다.

③ 재판장은 정리된 쟁점별로 제1항의 순서에 따라 신문하게 할 수 있다. 〈신설 2007. 11. 28.〉

제90조(주신문을 할 당사자가 출석하지 아니한 경우의 신문) 증인신문을 신청한 당사자가 신문기일에 출석하지 아니한 경우에는 재판장이 그 당사자에 갈음하여 신문을 할 수 있다.

제91조(주신문) ① 주신문은 증명할 사항과 이에 관련된 사항에 관하여 한다.

② 주신문에서는 유도신문을 하여서는 아니된다. 다만, 다음 각호 가운데 어느 하나에 해당하는 경우에는 그러하지 아니하다.

  1. 증인과 당사자의 관계, 증인의 경력, 교우관계 등 실질적인 신문에 앞서 미리 밝혀둘 필요가 있는 준비적인 사항에 관한 신문의 경우
  2. 증인이 주신문을 하는 사람에 대하여 적의 또는 반감을 보이는 경우
  3. 증인이 종전의 진술과 상반되는 진술을 하는 때에 그 종전 진술에 관한 신문의 경우

4. 그 밖에 유도신문이 필요한 특별한 사정이 있는 경우

③ 재판장은 제2항 단서의 각호에 해당하지 아니하는 경우의 유도신문은 제지하여야 하고, 유도신문의 방법이 상당하지 아니하다고 인정하는 때에는 제한할 수 있다.

제92조(반대신문) ① 반대신문은 주신문에 나타난 사항과 이에 관련된 사항에 관하여 한다.

② 반대신문에서 필요한 때에는 유도신문을 할 수 있다.

③ 재판장은 유도신문의 방법이 상당하지 아니하다고 인정하는 때에는 제한할 수 있다.

④ 반대신문의 기회에 주신문에 나타나지 아니한 새로운 사항에 관하여 신문하고자 하는 때에는 재판장의 허가를 받아야 한다.

⑤ 제4항의 신문은 그 사항에 관하여는 주신문으로 본다.

제93조(재주신문) ① 재주신문은 반대신문에 나타난 사항과 이와 관련된 사항에 관하여 한다.

② 재주신문은 주신문의 예를 따른다.

③ 재주신문에 관하여는 제92조제4항·제5항의 규정을 준용한다.

제94조(증언의 증명력을 다투기 위하여 필요한 사항의 신문) ① 당사자는 증언의 증명력을 다투기 위하여 필요한 사항에 관한 신문을 할 수 있다.

② 제1항에 규정된 신문은 증인의 경험·기억 또는 표현의 정확성 등 증언의 신빙성에 관련된 사항 및 증인의 이해관계·편견 또는 예단 등 증인의 신용성에 관련된 사항에 관하여 한다.

제95조(증인신문의 방법) ① 신문은 개별적이고 구체적으로 하여야 한다.

② 재판장은 직권 또는 당사자의 신청에 따라 다음 각호 가운데 어느 하나에 해당하는 신문을 제한할 수 있다. 다만, 제2호 내지 제4호에 규정된 신문에 관하여 정당한 사유가 있는 때에는 그러하지 아니하다.

1. 증인을 모욕하거나 증인의 명예를 해치는 내용의 신문
2. 제91조 내지 제94조의 규정에 어긋나는 신문
3. 의견의 진술을 구하는 신문
4. 증인이 직접 경험하지 아니한 사항에 관하여 진술을 구하는 신문

제95조의2(비디오 등 중계장치 등에 의한 증인신문) 법 제327조의2에 따른 증인신문의 절차와 방법에 관하여는 제73조의3을 준용한다.

[전문개정 2021. 10. 29.]

제96조(문서 등을 이용한 신문) ① 당사자는 재판장의 허가를 받아 문서·도면·사진·모형·장치, 그 밖의 물건(다음부터 이 조문 안에서 이 모두를 "문서등"이라 한다)을 이용하여 신문할 수 있다.

② 제1항의 경우에 문서등이 증거조사를 하지 아니한 것인 때에는 신문에 앞서 상대방에게 열람할 기회를 주어야 한다. 다만, 상대방의 이의가 없는 때에는 그러하지 아니하다.

③ 재판장은 조서에 붙이거나 그 밖에 다른 필요가 있다고 인정하는 때에는 당사자에게 문서등의 사본(사본으로 제출할 수 없는 경우에는 그 사진이나 그 밖의 적당한 물건)을 제출할 것을 명할 수 있다.

제97조(이의신청) ① 증인신문에 관한 재판장의 명령 또는 조치에 대한 이의신청은 그 명령 또는 조치가 있은 후 바로 하여야 하며, 그 이유를 구체적으로 밝혀야 한다.

② 법원은 제1항의 규정에 따른 이의신청에 대하여 바로 결정으로 재판하여야 한다.

제98조(재정인의 퇴정) 법정 안에 있는 특정인 앞에서는 충분히 진술하기 어려운 현저한 사유가 있는 때에는 재판장은 당사자의 의견을 들어 그 증인이 진술하는 동안 그 사람을 법정에서 나가도록 명할 수 있다.

제99조(서면에 따른 질문 또는 회답의 낭독) 듣지 못하는 증인에게 서면으로 물은 때 또는 말을 못하는 증인에게 서면으로 답하게 한 때에는 재판장은 법원사무관등으로 하여금 질문 또는 회답을 적은 서면을 낭

독하게 할 수 있다.

제100조(수명법관·수탁판사의 권한) 수명법관 또는 수탁판사가 증인신문을 하는 경우에는 이 절에 규정된 법원과 재판장의 직무를 행한다.

제3절 감정

제100조의2(감정인 의무의 고지) 법원은 감정인에게 선서를 하게 하기에 앞서 법 제335조의2에 따른 의무를 알려야 한다.

[본조신설 2016. 9. 6.]

제101조(감정사항의 결정 등) ① 감정을 신청하는 때에는 감정을 구하는 사항을 적은 서면을 함께 제출하여야 한다. 다만, 부득이한 사유가 있는 때에는 재판장이 정하는 기한까지 제출하면 된다.
② 제1항의 서면은 상대방에게 송달하여야 한다. 다만, 그 서면의 내용을 고려하여 법원이 송달할 필요가 없다고 인정하는 때에는 그러하지 아니하다.
③ 상대방은 제1항의 서면에 관하여 의견이 있는 때에는 의견을 적은 서면을 법원에 제출할 수 있다. 이 경우 재판장은 미리 그 제출기한을 정할 수 있다. *〈개정 2016. 9. 6.〉*
④ 법원은 제1항의 서면을 토대로 하되, 제3항의 규정에 따라 의견이 제출된 때에는 그 의견을 고려하여 감정사항을 정하여야 한다. 이 경우 법원이 감정사항을 정하기 위하여 필요한 때에는 감정인의 의견을 들을 수 있다.
⑤ 삭제*〈2016. 9. 6.〉*

제101조의2(감정에 필요한 자료제공 등) ① 법원은 감정에 필요한 자료를 감정인에게 보낼 수 있다.
② 당사자는 감정에 필요한 자료를 법원에 내거나 법원의 허가를 받아 직접 감정인에게 건네줄 수 있다.
③ 감정인은 부득이한 사정이 없으면 제1항, 제2항에 따른 자료가 아닌 자료를 감정의 전제가 되는 사실 인정에 사용할 수 없다.
④ 법원은 감정인에게 감정에 사용한 자료를 제출하게 하거나 그 목록을 보고하게 할 수 있다.

[본조신설 2016. 9. 6.]

제101조의3(감정의견에 관한 의견진술) ① 법원은 법 제339조제1항, 제2항에 따른 감정인의 의견진술이 있는 경우에 당사자에게 기한을 정하여 그에 관한 의견을 적은 서면을 제출하게 할 수 있다.
② 법원은 법 제339조제1항, 제2항에 따른 감정인의 서면 의견진술이 있는 경우에 그에 관하여 말로 설명할 필요가 있다고 인정하는 때에는 감정인에게 법정에 출석하게 할 수 있다.
③ 제2항의 경우 법원은 당사자에게 기한을 정하여 감정인에게 질문할 사항을 적은 서면을 감정인이 출석할 신문기일 전에 제출하게 할 수 있다.
④ 법원사무관등은 제3항에 따른 서면의 부본을 감정인이 출석할 신문기일 전에 상대방에게 송달하여야 한다.

[본조신설 2016. 9. 6.]

제102조(기피신청의 방식) ① 감정인에 대한 기피는 그 이유를 밝혀 신청하여야 한다.
② 기피하는 이유와 소명방법은 신청한 날부터 3일 안에 서면으로 제출하여야 한다.

제103조(감정서의 설명) ① 법 제341조제2항의 규정에 따라 감정서를 설명하게 하는 때에는 당사자를 참여하게 하여야 한다.
② 제1항의 설명의 요지는 조서에 적어야 한다.

제103조의2 삭제 *〈2021. 10. 29.〉*

제104조(증인신문규정의 준용) 감정에는 그 성질에 어긋나지 아니하는 범위 안에서 제2절의 규정을 준용한다.

제4절 서증

제105조(문서를 제출하는 방식에 의한 서증신청) ① 문서를 제출하여 서증의 신청을 하는 때에는 문서의 제목·작성자 및 작성일을 밝혀야 한다. 다만, 문서의 기재상 명백한 경우에는 그러하지 아니하다.

② 서증을 제출하는 때에는 상대방의 수에 1을 더한 수의 사본을 함께 제출하여야 한다. 다만, 상당한 이유가 있는 때에는 법원은 기간을 정하여 사본을 제출하게 할 수 있다.

③ 제2항의 사본은 명확한 것이어야 하며 재판장은 사본이 불명확한 때에는 사본을 다시 제출하도록 명할 수 있다.

④ 문서의 일부를 증거로 하는 때에도 문서의 전부를 제출하여야 한다. 다만, 그 사본은 재판장의 허가를 받아 증거로 원용할 부분의 초본만을 제출할 수 있다.

⑤ 법원은 서증에 대한 증거조사가 끝난 후에도 서증 원본을 다시 제출할 것을 명할 수 있다.

제106조(증거설명서의 제출 등) ① 재판장은 서증의 내용을 이해하기 어렵거나 서증의 수가 방대한 경우 또는 서증의 입증취지가 불명확한 경우에는 당사자에게 서증과 증명할 사실의 관계를 구체적으로 밝힌 설명서를 제출할 것을 명할 수 있다.

② 서증이 국어 아닌 문자 또는 부호로 되어 있는 때에는 그 문서의 번역문을 붙여야 한다. 다만, 문서의 일부를 증거로 하는 때에는 재판장의 허가를 받아 그 부분의 번역문만을 붙일 수 있다.

제107조(서증 사본의 작성 등) ① 당사자가 제105조제2항의 규정에 따라 서증 사본을 작성하는 때에는 서증 내용의 전부를 복사하여야 한다. 이 경우 재판장이 필요하다고 인정하는 때에는 서증 사본에 원본과 틀림이 없다는 취지를 적고 기명날인 또는 서명하여야 한다.

② 서증 사본에는 다음 각호의 구분에 따른 부호와 서증의 제출순서에 따른 번호를 붙여야 한다.

  1. 원고가 제출하는 것은 "갑"
  2. 피고가 제출하는 것은 "을"
  3. 독립당사자참가인이 제출하는 것은 "병"

③ 재판장은 같은 부호를 사용할 당사자가 여러 사람인 때에는 제2항의 부호 다음에 "가" "나" "다" 등의 가지부호를 붙여서 사용하게 할 수 있다.

제108조(서증 사본의 제출기간) 법 제147조제1항의 규정에 따라 재판장이 서증신청(문서를 제출하는 방식으로 하는 경우에 한한다)을 할 기간을 정한 때에는 당사자는 그 기간이 끝나기 전에 서증의 사본을 제출하여야 한다.

제109조(서증에 대한 증거결정) 당사자가 서증을 신청한 경우 다음 각호 가운데 어느 하나에 해당하는 사유가 있는 때에는 법원은 그 서증을 채택하지 아니하거나 채택결정을 취소할 수 있다.

  1. 서증과 증명할 사실 사이에 관련성이 인정되지 아니하는 때
  2. 이미 제출된 증거와 같거나 비슷한 취지의 문서로서 별도의 증거가치가 있음을 당사자가 밝히지 못한 때
  3. 국어 아닌 문자 또는 부호로 되어 있는 문서로서 그 번역문을 붙이지 아니하거나 재판장의 번역문 제출명령에 따르지 아니한 때
  4. 제106조제1항의 규정에 따른 재판장의 증거설명서 제출명령에 따르지 아니한 때
  5. 문서의 작성자 또는 그 작성일이 분명하지 아니한 경우로서 이를 밝히도록 한 재판장의 명령에 따르지 아니한 때

제110조(문서제출신청의 방식 등) ① 법 제345조의 규정에 따른 문서제출신청은 서면으로 하여야 한다.

② 상대방은 제1항의 신청에 관하여 의견이 있는 때에는 의견을 적은 서면을 법원에 제출할 수 있다.

③ 법 제346조의 규정에 따른 문서목록의 제출신청에 관하여는 제1항과 제2항의 규정을 준용한다.

제111조(제시·제출된 문서의 보관) ① 법원은 필요하다고 인정하는 때에는 법 제347조제4항 전문의 규정에 따라 제시받은 문서를 일시적으로 맡아 둘 수 있다.

② 제1항의 경우 또는 법 제353조의 규정에 따라 문서를 맡아 두는 경우 문서를 제시하거나 제출한 사람이 요구하는 때에는 법원사무관등은 문서의 보관증을 교부하여야 한다.

제112조(문서가 있는 장소에서의 서증신청 등) ① 제3자가 가지고 있는 문서를 법 제343조 또는 법 제352조가 규정하는 방법에 따라 서증으로 신청할 수 없거나 신청하기 어려운 사정이 있는 때에는 법원은 그 문서가 있는 장소에서 서증의 신청을 받아 조사할 수 있다.

② 제1항의 경우 신청인은 서증으로 신청한 문서의 사본을 법원에 제출하여야 한다.

제113조(기록 가운데 일부문서에 대한 송부촉탁) ① 법원·검찰청, 그 밖의 공공기관(다음부터 이 조문 안에서 이 모두를 "법원등"이라 한다)이 보관하고 있는 기록의 불특정한 일부에 대하여도 법 제352조의 규정에 따른 문서송부의 촉탁을 신청할 수 있다.

② 법원이 제1항의 신청을 채택한 때에는 기록을 보관하고 있는 법원등에 대하여 그 기록 가운데 신청인 또는 소송대리인이 지정하는 부분의 인증등본을 보내 줄 것을 촉탁하여야 한다.

③ 제2항의 규정에 따른 촉탁을 받은 법원등은 법 제352조의2제2항에 규정된 사유가 있는 경우가 아니면 문서송부촉탁 신청인 또는 소송대리인에게 그 기록을 열람하게 하여 필요한 부분을 지정할 수 있도록 하여야 한다. 〈개정 2012. 5. 2.〉

제114조 삭제 〈2007. 11. 28.〉

제115조(송부촉탁 신청인의 사본제출의무 등) 제113조, 법 제347조제1항 또는 법 제352조의 규정에 따라 법원에 문서가 제출된 때에는 신청인은 그 중 서증으로 제출하고자 하는 문서를 개별적으로 지정하고 그 사본을 법원에 제출하여야 한다. 다만, 제출된 문서가 증거조사를 마친 후 돌려 줄 필요가 없는 것인 때에는 따로 사본을 제출하지 아니하여도 된다.

제116조(문서의 진정성립을 부인하는 이유의 명시) 문서의 진정성립을 부인하는 때에는 그 이유를 구체적으로 밝혀야 한다.

제5절 검증

제117조(검증목적물의 제출) 검증목적물의 제출절차에 관하여는 제107조제2항·제3항의 규정을 준용한다. 이 경우에는 그 부호 앞에 "검"이라고 표시하여야 한다.

제118조(검증목적물의 보관 등) 제출된 검증목적물에 관하여는 제105조제5항과 제111조제2항의 규정을 준용한다.

제6절 당사자신문

제119조(증인신문 규정의 준용) 당사자 본인이나 당사자를 대리·대표하는 법정대리인·대표자 또는 관리인의 신문에는 제81조, 제83조 및 제88조 내지 제100조의 규정을 준용한다. 이 경우 제81조제1항제2호 중 "법률상 제재를 받을 수 있다는 취지"는 "법률상 불이익을 받을 수 있다는 취지"로 고쳐 적용한다. 〈개정 2015. 6. 29.〉

제119조의2(당사자진술서 또는 당사자신문사항의 제출) ① 법원은 효율적인 당사자신문을 위하여 필요하다고 인정하는 때에는 당사자신문을 신청한 당사자에게 당사자진술서 또는 당사자신문사항을 제출하게 할 수 있다.

② 제1항에 따른 당사자진술서의 제출 등에 관하여는 제79조제2항부터 제4항까지를, 당사자신문사항의

제출 등에 관하여는 제80조제1항 본문, 제2항 및 제3항을 각 준용한다.

[본조신설 2015. 6. 29.]

제7절 그 밖의 증거

제120조(자기디스크등에 기억된 문자정보 등에 대한 증거조사) ① 컴퓨터용 자기디스크·광디스크, 그 밖에 이와 비슷한 정보저장매체(다음부터 이 조문 안에서 이 모두를 "자기디스크등"이라 한다)에 기억된 문자정보를 증거자료로 하는 경우에는 읽을 수 있도록 출력한 문서(다음부터 이 조문 안에서 "출력문서"라고 한다)를 제출할 수 있다.

② 자기디스크등에 기억된 문자정보를 증거로 하는 경우에 증거조사를 신청한 당사자는 법원이 명하거나 상대방이 요구한 때에는 자기디스크등에 입력한 사람과 입력한 일시, 출력한 사람과 출력한 일시를 밝혀야 한다.

③ 자기디스크등에 기억된 정보가 도면·사진 등에 관한 것인 때에는 제1항과 제2항의 규정을 준용한다.

제121조(음성·영상자료 등에 대한 증거조사) ① 녹음·녹화테이프, 컴퓨터용 자기디스크·광디스크, 그 밖에 이와 비슷한 방법으로 음성이나 영상을 녹음 또는 녹화(다음부터 이 조문 안에서 "녹음등"이라 한다)하여 재생할 수 있는 매체(다음부터 이 조문 안에서 "녹음테이프등"이라 한다)에 대한 증거조사를 신청하는 때에는 음성이나 영상이 녹음등이 된 사람, 녹음등을 한 사람 및 녹음등을 한 일시·장소를 밝혀야 한다.

② 녹음테이프등에 대한 증거조사는 녹음테이프등을 재생하여 검증하는 방법으로 한다.

③ 녹음테이프등에 대한 증거조사를 신청한 당사자는 법원이 명하거나 상대방이 요구한 때에는 녹음테이프등의 녹취서, 그 밖에 그 내용을 설명하는 서면을 제출하여야 한다.

제122조(감정 등 규정의 준용) 도면·사진, 그 밖에 정보를 담기 위하여 만들어진 물건으로서 문서가 아닌 증거의 조사에 관하여는 특별한 규정이 없으면 제3절 내지 제5절의 규정을 준용한다.

제8절 증거보전

제123조(증거보전절차에서의 증거조사) 증거보전절차에서의 증거조사에 관하여는 이 장의 규정을 적용한다.

제124조(증거보전의 신청방식 등) ① 증거보전의 신청은 서면으로 하여야 한다.

② 제1항의 신청서에는 증거보전의 사유에 관한 소명자료를 붙여야 한다.

제125조(증거보전 기록의 송부) ① 증거보전에 관한 기록은 증거조사를 마친 후 2주 안에 본안소송의 기록이 있는 법원에 보내야 한다.

② 증거보전에 따른 증거조사를 마친 후에 본안소송이 제기된 때에는 본안소송이 계속된 법원의 송부요청을 받은 날부터 1주 안에 증거보전에 관한 기록을 보내야 한다.

제3편 상소

제1장 항소

제126조(항소취하를 할 법원) 소송기록이 원심법원에 있는 때에는 항소의 취하는 원심법원에 하여야 한다.

제126조의2(준비서면 등) ① 항소인은 항소의 취지를 분명하게 하기 위하여 항소장 또는 항소심에서 처음 제출하는 준비서면에 다음 각호의 사항을 적어야 한다. *〈개정 2016. 8. 1.〉*

1. 제1심 판결 중 사실을 잘못 인정한 부분 또는 법리를 잘못 적용한 부분
2. 항소심에서 새롭게 주장할 사항
3. 항소심에서 새롭게 신청할 증거와 그 입증취지

4. 제2호와 제3호에 따른 주장과 증거를 제1심에서 제출하지 못한 이유

② 재판장등은 피항소인에게 상당한 기간을 정하여 제1항제1호에 따른 항소인의 주장에 대한 반박내용을 기재한 준비서면을 제출하게 할 수 있다.〈신설 2016. 8. 1.〉

[본조신설 2007. 11. 28.]

[제목개정 2016. 8. 1.]

제127조(항소기록 송부기간) ① 항소장이 판결 정본의 송달 전에 제출된 경우 항소기록 송부기간은 판결정본이 송달된 날부터 2주로 한다.

② 원심재판장등이 판결정본의 송달 전에 제출된 항소장에 대하여 보정명령을 내린 경우의 항소기록 송부기간은 판결정본의 송달 전에 그 흠이 보정된 때에는 판결정본이 송달된 날부터 2주, 판결정본의 송달 이후에 그 흠이 보정된 때에는 보정된 날부터 1주로 한다.〈개정 2015. 6. 29.〉

제127조의2(제1심 변론결과의 진술) 제1심 변론결과의 진술은 당사자가 사실상 또는 법률상 주장, 정리된 쟁점 및 증거조사 결과의 요지 등을 진술하거나, 법원이 당사자에게 해당사항을 확인하는 방식으로 할 수 있다.

[본조신설 2007. 11. 28.]

제128조(제1심 소송절차의 준용) 항소심의 소송절차에 관하여는 그 성질에 어긋나지 아니하는 범위 안에서 제2편의 규정을 준용한다.

제2장 상고

제129조(상고이유의 기재방식) ① 판결에 영향을 미친 헌법·법률·명령 또는 규칙(다음부터 이 장 안에서 "법령"이라 한다)의 위반이 있다는 것을 이유로 하는 상고의 경우에 상고이유는 법령과 이에 위반하는 사유를 밝혀야 한다.

② 제1항의 규정에 따라 법령을 밝히는 때에는 그 법령의 조항 또는 내용(성문법 외의 법령에 관하여는 그 취지)을 적어야 한다.

③ 제1항의 규정에 따라 법령에 위반하는 사유를 밝히는 경우에 그 법령이 소송절차에 관한 것인 때에는 그에 위반하는 사실을 적어야 한다.

제130조(절대적 상고이유의 기재방식) 법 제424조제1항의 어느 사유를 상고이유로 삼는 때에는 상고이유에 그 조항과 이에 해당하는 사실을 밝혀야 한다.

제131조(판례의 적시) 원심판결이 대법원판례와 상반되는 것을 상고이유로 하는 경우에는 그 판례를 구체적으로 밝혀야 한다.

제132조(소송기록 접수의 통지방법) 법 제426조의 규정에 따른 소송기록 접수의 통지는 그 사유를 적은 서면을 당사자에게 송달하는 방법으로 한다.

제133조(상고이유서의 통수) 상고이유서를 제출하는 때에는 상대방의 수에 6을 더한 수의 부본을 붙여야 한다.

제133조의2(상고이유서 등의 분량) 상고이유서와 답변서는 그 분량을 30쪽 이내로 하여 제출하여야 한다.

[본조신설 2016. 8. 1.]

제134조(참고인의 진술) ① 법 제430조제2항의 규정에 따라 참고인의 진술을 듣는 때에는 당사자를 참여하게 하여야 한다.

②제1항의 진술의 요지는 조서에 적어야 한다.

제134조의2(참고인 의견서 제출) ① 국가기관과 지방자치단체는 공익과 관련된 사항에 관하여 대법원에 재

판에 관한 의견서를 제출할 수 있고, 대법원은 이들에게 의견서를 제출하게 할 수 있다.

② 대법원은 소송관계를 분명하게 하기 위하여 공공단체 등 그 밖의 참고인에게 의견서를 제출하게 할 수 있다.

[본조신설 2015. 1. 28.]

제135조(항소심절차규정의 준용) 상고와 상고심의 소송절차에는 그 성질에 어긋나지 아니하는 범위 안에서 제1장의 규정을 준용한다.

제136조(부대상고에 대한 준용) 부대상고에는 제129조 내지 제135조의 규정을 준용한다.

제3장 항고

제137조(항소·상고의 절차규정 준용) ① 항고와 그에 관한 절차에는 그 성질에 어긋나지 아니하는 범위 안에서 제1장의 규정을 준용한다.

② 재항고 또는 특별항고와 그에 관한 절차에는 그 성질에 어긋나지 아니하는 범위 안에서 제2장의 규정을 준용한다.

제4편 재심

제138조(재심의 소송절차) 재심의 소송절차에는 그 성질에 어긋나지 아니하는 범위 안에서 각 심급의 소송절차에 관한 규정을 준용한다.

제139조(재심소장의 첨부서류) 재심소장에는 재심의 대상이 되는 판결의 사본을 붙여야 한다.

제140조(재심소송기록의 처리) ① 재심절차에서 당사자가 제출한 서증의 번호는 재심 전 소송의 서증의 번호에 연속하여 매긴다.

② 재심사건에 대하여 상소가 제기된 때에는 법원사무관등은 상소기록에 재심 전 소송기록을 붙여 상소법원에 보내야 한다.

제141조(준재심절차에 대한 준용) 법 제461조의 규정에 따른 재심절차에는 제138조 내지 제140조의 규정을 준용한다.

제5편 공시최고절차

제142조(공시최고의 공고) ① 공시최고의 공고는 다음 각호 가운데 어느 하나의 방법으로 한다. 이 경우 필요하다고 인정하는 때에는 적당한 방법으로 공고사항의 요지를 공시할 수 있다.

1. 법원게시판 게시
2. 관보·공보 또는 신문 게재
3. 전자통신매체를 이용한 공고

② 법원사무관등은 공고한 날짜와 방법을 기록에 표시하여야 한다.

제143조(제권판결의 공고) 제권판결의 요지를 공고하는 때에는 제142조의 규정을 준용한다.

제6편 판결의 확정 및 집행정지

제144조(집행정지신청 등의 방식) 법 제500조제1항 또는 법 제501조의 규정에 따른 집행정지 등의 신청은 서면으로 하여야 한다.

부칙

〈제3001호,2021. 10. 29.〉

제1조(시행일) 이 규칙은 2021년 11월 18일부터 시행한다.

제2조(계속사건에 관한 경과조치) 이 규칙은 이 규칙 시행 당시 법원에 계속 중인 사건에 대하여도 적용한다.

제3조(다른 규칙의 개정) 법원보관금취급규칙 일부를 다음과 같이 개정한다.

제13조의2의 제목 "비디오 등 중계장치에 의한 신문절차에서의 특칙"을 "비디오 등 중계장치 등에 의한 신문절차에서의 특칙"으로 하고, 같은 조 제목 외의 부분 중 "비디오 등 중계장치에 의한"을 "비디오 등 중계장치 또는 인터넷 화상장치에 의한"으로 한다.

▣ 편 저 최 용 환 ▣

- 전 서울강서등기소 근무
- 전 남부지방법원 민사과장
- 전 서울중앙지방법원 민사신청과장(법원서기관)
- 전 서울서부지방법원 은평등기소장
- 전 수원지방법원 시흥등기소장
- 전 인천지방법원 본원 집행관
- 현 법무사

민사소송, 민사집행

청구취지, 신청취지, 준비서면, 답변서 작성례

定價 90,000원

2024年 6月 15日 초판 인쇄
2024年 6月 20日 초판 발행

편 저 : 최 용 환

발행인 : 김 현 호
발행처 : 법문 북스
공급처 : 법률미디어

저자와
협약으로
인지는
생략합니다.

서울특별시 구로구 경인로54길 4 구로유통상가 B동 308호
TEL : 2636-2911~3, FAX : 2636~3012
Home : www.lawb.co.kr

등록일자 1979년 8월 27일
등록번호 제5-22호

ISBN 979-11-93350-52-2 (93360)

정가 90,000원